초판 발행 2013년 7월 30일

편저 윤영관 펴낸곳 (주)늘품플러스 펴낸이 전미정 기획·교정 이동익 손시한 디자인·편집 남지현 조선희
출판등록 2008년 1월 18일 제2-4350호 주소 서울 중구 필동 1가 39-1 국제빌딩 607호
전화 070-7090-1177 팩스 02-2275-5327 이메일 go5326@naver.com 홈페이지 www.npplus.co.kr

ISBN 978-89-93324-55-6 04340 정가 15,000원
        978-89-93324-54-9 04340(세트 전 2권)
ⓒ 윤영관, 2013

 늘품은 항상 발전한다는 순수한 우리말입니다.

한국외교 2020 어디로 가야하나?
I

윤영관 편저

Contents

한국외교 2020 어디로 가야하나?

I. 총론

1. 2020년 세계정치와 한국의 대외전략 _ 윤영관 · 9

Ⅱ. 2020 한국의 선진 지역외교 전략

  2. 대 미국 외교 _ 차두현 · 79

  3. 대 중국 외교 _ 김흥규·신종호 · 169

  4. 대 일본 외교 _ 박철희 · 233

  5. 대 러시아 외교 _ 신범식·서동주·성원용 · 289

  6. 대 동남아 외교 _ 이선진 · 361

총론

2020년 세계정치와 한국의 대외전략

윤영관

목표

• 현재부터 2020년에 이르는 국제정세를 세계, 동북아, 한반도로 나누어 살펴
봄으로써 한국이 처할 대외환경과 도전을 예측하고 이에 대비한 한국의 중
기 대외전략을 제시

2010년대 정세 전망

• 글로벌 정세 전망
  - 미중 간 협력과 경쟁 심화
    · 미국 국력의 상대적 하강과 중국 국력의 상대적 상승으로 권력전이 추
      세 지속 예상(단 미국 내 재정적자 해소 및 경제개혁으로 경쟁력 회복 시
      이러한 추세 지연 가능)
    · 그러나 중국은 다양한 내부적 제약 요인으로 2020년까지는 미국에 버
      금가는 주도적 국제정치 리더십을 발휘하기는 힘들 것
    · 미국을 포함한 서방 국가들은 기존의 서방 중심의 가치와 제도의
      틀 안에 중국을 포용(engagement)하려 할 것이나 실패에 대비 견제
      (hedging)전략도 동시 추진할 것
    · 러시아는 푸틴 중심으로 민족주의적 공세외교를 펼치면서 중국과 연합
      하여 미국을 견제하려 할 가능성이 높음.
    · 따라서 2010년대 중후반 세계전략구도의 중요변수는 미국이 러시아를
      얼마만큼 미국-유럽-일본의 서방연대로 포섭해 내느냐일 것임.
    · 인도는 경제성장과 함께 국제무대에서 전략적 가치를 더욱 발휘하게 될 것
    · 미중관계는 표면적으로 포용협력을 하면서도 이면적으로 영향력 확보를
      위한 상호경쟁을 지속하는 이중적 관계일 것. 국제 권력구조는 다극화
      되어도 미국의 리더십이 상대적으로 크게 유지되는 미국 우위의 다극화
      가 진행될 것임.
    · 미국은 리더십 발휘 차원에서 더욱 다자적이고 국제적 협력방식을 선호
      할 것
  - 다양한 글로벌 이슈의 부상

- 신자유주의 물결과 함께 양적 성장에 치우쳐 온 지구촌은 2008년 금융위기 이후 성장둔화, 빈부격차, 자원남용, 환경악화 등 난제와 갈등 요인이 확산되고 있음.
  - 특히 이러한 상황에서 국가 간, 집단 간 갈등과 경쟁이 치열해지면서 정치적 불안정이 심화되고 효율적이고 민주적인 글로벌 거버넌스에 대한 요구가 강화될 것임.

- 동아시아 정세 전망
  - 동아시아는 미중경쟁의 핵심대상지역이 될 것임. 미중 간의 협력과 갈등 양면관계 중에서도 갈등의 측면이 강하게 드러날 것임.
  - 중국은 상승하는 경제력에 상응하여 영향력 확대에 힘쓸 것임. 그러면서 미일동맹, 한미동맹을 통한 미국의 영향력을 축소시키려 할 것임. 동중국해 및 남중국해를 실질적인 중국의 내해로 만들고 서태평양에서 미국 해군의 활동을 제약하려 할 것
  - 미국은 2010년 이래 동아시아로의 회귀전략에서 보여주었듯이 더욱 개입을 강화해 나갈 것임. 일본, 한국과는 동맹심화를 추구하고 중국, 일본, 인도 사이에서 세력 균형자 역할을 해나가려 할 것임.
  - 일본은 내부정치정세의 불안정, 경제침체로 인해 국제적 영향력이 침체. 단기간 내에 이를 회복하기는 힘들 것. 군사적으로 보통국가화를 추구하며 보수 우경화 경향을 보일 것임.
  - 러시아는 아태지역의 영향력 강화를 위해 선택적 협력과 견제를 병행하며 미중 어느 쪽도 동아시아 내 영향력을 독점하는 것을 방지하려 할 것임.
  - 동남아는 2010년 중국의 공세적 대외정책을 목도한 후 경제 등 분야에서는 중국과 협력을 지속해 나가면서도 미국을 끌어들여 중국을 견제하는 정책을 지속할 것임.
  - 중국의 영향력 확대 노력과 이에 대한 미국의 대응이 북한문제를 안고 있는 한반도 정세에 어떻게 맞물릴 것인가가 향후 중요한 변수가 될 것임.

- 한반도 정세 전망
  - 향후 10년간 미중경쟁은 한반도에서 가장 두드러질 가능성이 높음. 중국은 일본보다 한국을 자국 영향권 안으로 끌어들이는 것이 비교적 쉽다고

생각할 것임.
- 북한의 대 중국 의존도는 심화되었고 한국도 경제적으로는 이미 중국 경제의 영향권 안에 들어와 있음. 한중 FTA 협상도 한미 FTA 체결에 대한 정치적 대응의 성격이 강함.
- 한국에서는 한미동맹을 중심축으로 하며 대중관계를 개선하려는 기조는 지속되고 있으나 그 방법과 정도를 놓고 다양한 견해가 제기되고 있음.
- 이러한 가운데 북한 정세는 갈수록 심각해지고 변화 가능성은 높아갈 것임. 단기적으로 김정은 체제는 안정된 모습을 보이나 현재의 폐쇄된 체제만으로는 중장기적 성공 가능성은 낮음.
- 북한의 정치적 변화는 예측이 힘드나 김정은 체제 안착론과 2-3년 내 집단지도체제로의 전환 가능성과 권력엘리트의 내분 가능성이 높다는 전망이 동시에 제기됨.
- 그러나 경제적으로 김정은이 핵과 미사일 개발에 집착하면서 지금같은 폐쇄경제구조를 유지하는 경우 경제회생은 어려울 것이라는 의견이 지배적임.
- 그럼에도 북한 내 시장메커니즘의 확산은 불가피할 것이며 이는 주민들의 인식변화 및 점진적 사회변화를 초래할 것임.

대외전략 2020의 구상

• 목표와 도전
- 한국의 대외전략목표는 헌법의 내용에 비추어 볼 때 한반도의 평화와 안보, 경제발전과 번영, 평화 통일, 자유민주적 가치 확산으로 설정할 수 있음.
- 이 같은 전략목표를 실행하는 데 다양한 도전 요인이 존재함.
  · 동북아 신냉전구도: 북한의 고립행보와 미중대립 심화는 한국의 외교 행보를 제약. 미중대립 격화는 중국의 북한 무조건 두둔을 낳고 북한 문제를 악화시킬 가능성이 있음. 그러나 북한의 지나친 일탈행위는 북중관계를 변화시킬 수도 있음.
  · 북한의 군사적 위협: 체제불안정 요인 확산 시 핵 미사일 개발 집착, 대남 국지도발 한반도 긴장 조성 가능
  · 세계경제 성장 둔화: 보호주의 확산 및 정치적 갈등 심화. 중국의 경제

성장 둔화는 한국경제뿐 아니라 중국 내부 불안정으로 인한 대외관계
긴장고조 가능성
- 신흥국가 부상과 경쟁 강화: 중국, 인도, 브라질 등 경쟁심화로 한국에
  부정적 영향 가능성
- 글로벌 거버넌스: 국제분쟁, 자원, 환경, 인권 문제 등의 관리를 위한 효
  과적 민주적 거버넌스 수립과정에서 한국의 적극적 역할 수립의 필요성
  부각

• 대외전략의 구상
  - 2020년 한국이 '평화, 안보, 번영의 신뢰받는 중견국가'로 등장하기 위해
    서는 앞에서 설명한 도전과제를 헤쳐 나가야 하는데 이를 위해서는 한국
    의 대외전략을 3차원의 시각에서 바라보는 새로운 접근법이 필요함.
  - 한반도를 중심으로 횡과 종, 그리고 글로벌 차원에서 바라보는 3축 전략
    이 필요함.
  - 첫째, 한반도문제의 1차적 당사국, 즉 미국, 일본, 중국을 중심으로 하는
    횡축전략. 이를 통해 미국과 중국 사이에서 한국의 전략적 위치 정립과
    새로운 대북정책이 필요
  - 둘째, 한반도의 북과 남에 존재하는 러시아, 동남아, 인도를 대상으로 하
    는 종축전략. 과거에 상대적으로 소홀히 했던 종축외교를 강화해서 한국
    의 자율적 외교공간을 확대할 필요가 있음.
  - 셋째, 전 지구사회를 대상으로 자원, 환경, 개발, 인권 등 이슈를 대상으
    로 하는 글로벌축 외교전략. 글로벌 이슈 중심의 다양한 네트워크 형성과
    관리를 통해 적극적 리더십을 추구하고 국격을 증진시킬 필요가 있음.

한국의 대외정책 방향

• 조화로운 원맹근교의 중첩외교(횡축외교 I)
  - 유연한 원맹근교전략이 필요함. 미중은 상호경쟁하지만 동시에 여러 채널
    을 통해 협력하고 있음. 따라서 미국과 중국 중 택일하는 것이 아닌 양국
    과의 관계를 동시적으로 조화시켜 나가는 중첩외교가 필요함.

- 원미친중정책의 문제점 (i) 향후 최소 20여 년 이상 세계정치를 주도할 미국 및 미국의 동맹국 일본과의 관계 악화로 오는 손실을 감수해야 할 것. (ii) 한국의 대외적 발언권은 약화되고 북한이 한반도 대표주자 역할을 하려 할 것. (iii) 민주주의적 가치의 중심수호세력이 멀어지게 될 것
- 친미원중정책의 문제점 (i) 대중무역이 대일 및 대미무역의 합보다 큰 상황에서 중국과의 경제협력이 어려워질 것임. (ii) 북한문제등 한반도 안정과 평화에 중국의 영향이 큼.
- 바람직한 전략은 한미동맹을 튼튼하게 유지하면서 이를 통해 일본과의 협력도 확보하는 것을 기본으로 그 위에 중국의 협력을 심화시켜 나가는 것
- 이를 위해서는 한미동맹이 북한을 대상으로 하는 것이지 중국을 포위하기 위한 것이 아니라는 태도를 중국을 향해 견지해야 함.
- 중국에 대해서도 북한의 안보위협이 존재하는 한 한미동맹의 필요성을 이해하고 협조를 요구해야 함.
- 일본과의 협력은 중국과의 대결을 위한 것이 아니라 중국을 관여 (engage)하기 위한 방향으로 지향해 나가야 할 것임.

• 관여(engagement)에 기반하는 신대북정책(횡축외교 II)
  - 관여의 대북정책
    · 한반도 냉진구도의 해체를 위해시는 비핵화를 위한 외교적 노력이리는 단기적 양방처방과 함께 장기적인 구상 속에서 북한의 체질을 변화시켜 나가는 한방처방이 필요함.
    · 이는 비군사 영역, 즉 경제, 사회, 문화, 환경, 의료 등 다양한 분야에서 교류를 심화시키고 단절된 남북관계를 해소하며 북한사회의 변화를 유도하는 원칙 있는 대북포용정책, 즉 관여의 대북정책임.
    · 통일은 제도와 사람, 두 가지 측면에서 동시에 접근해야 함. 아무리 외교를 잘해서 제도적으로 통일국가를 만들어 놓아도 남북 사람들 간의 통합이 이뤄지지 않으면 모래성이 될 것임.
    · 따라서 북한 주민들의 인간적인 삶을 지원하는 정책이 대북정책의 중요한 축으로 제시되어야 함.
    · 이를 위해 모니터링의 전제 하에 식량을 지원하고 시장기제 정착이라는 전제 하에 경제협력을 심화하며 북한의 관료 및 학생에 대한 교육훈련

프로그램을 실시
- 포섭의 통일외교
  · 평화의 거점국가, 그리고 통상의 허브국가로의 통일비전을 제시하며 주
    변국의 협조를 확보해야
  · 한미동맹을 축으로 하되 중국의 우려사항을 대화로 해소시키고 통일에
    대한 협력을 도출해 나가야
  · 동북아 다자협력 메커니즘을 통해 통일의 충격을 흡수할 완충장치를
    마련하고 유리한 통일 환경을 조성해야
  · 민족주의를 넘어서서 한반도 통일이 어떻게 세계사회의 보편적 가치인
    평화증진, 인권존중, 빈곤해소에 부합하는지 설명해야
  · 북한의 비핵화는 장기적인 시간이 필요할 수 있음. 따라서 북한의 시장
    개혁 및 경제사회문화분야 교류를 핵문제에 연계시키지 말고 분리해서
    동시에 추구해 나가는 2트랙 전략이 필요함.
  · 한중 FTA가 체결되는 경우 남북교역의 내국인거래 인정조항을 삽입하
    여 남북 간 경제통합을 촉진토록 하고 러시아와는 철도 및 파이프라인
    연결 등의 프로젝트를 통해 북방경제네트워크를 심화시켜 실질적 통합
    과정을 촉진해야 할 것임.

• 외교공간의 확대(종축외교, 글로벌축 외교)
  - 협력대상 국가군의 확대(종축외교)
    · 역외에 한국외교의 우군 확보를 위하여 비주변국, 비강대국과의 교류활
      성화를 통해 외교지평을 넓히는 입체적 외교를 펼쳐나가야 함.
    · 이를 위해 러시아, 동남아, 인도와의 관계를 심화시켜 종축외교를 강화
      해야 함.
    · 한반도 주변정세가 미중으로 양극화되는 것을 막고 다원화시키기 위해
      시베리아 연해주 개발을 추구하는 러시아와 관계를 심화시켜 적극적으
      로 신북방외교를 추진해야
    · 4강의 틀 안에서 고립되지 않고 국제사회에서 지지기반을 확대하기 위
      해 중위권 국가들이며 한국의 2대 교역대상지역인 동남아국들과 교류
      를 심화시켜 나가야
    · 중국의 뒤를 이을 대국으로 기대되는 인구 12억의 인도와 협력을 심화

시켜 중앙아시아와 중동아프리카 진출의 교두보로 삼아야

- 글로벌 이슈 외교의 확대(글로벌축 외교 I)
  · 국제사회의 중요이슈인 환경, 인권, 경제 분야의 글로벌외교를 강화하고 공공외교를 강화하여 중견국이지만 국격과 위상을 제고시킴.
  · 기존의 녹색성장전략을 심화시키고 국제환경외교를 강화하여 선도국가의 이미지를 제고하고 한국의 브랜드 가치를 높임.
  · 산업화와 민주화를 성공시킨 한국은 연성국력을 확대하고 한국이 지지하는 가치를 확산시키기 위해 인권과 민주주의 외교를 강화해 나감.
  · FTA와 같은 국제무역외교, 금융위기의 예방과 해결을 위한 금융외교 등 경제외교를 강화하고 자원확보외교를 효율화시킴.
  · 한국에 대한 우호적 여론을 조성하고 재외한국인의 활동여건을 향상시키며 한국의 문화와 역사를 세계에 알리는 공공외교를 강화시킴.
- 다자협력의 강화(글로벌축 외교 II)
  · 한국은 다자외교를 통해 미중관계 밖에서도 독자적 영역을 확보해야 함. 한국이 미중관계에만 함몰하면 양국관계가 악화될 경우 우리의 외교 행동반경은 극히 제약될 것
  · ASEAN+3, ARF, APEC, ASEM, ADMM+ 등 한국이 참여하는 다자기구외교에 보다 적극적으로 임하여 국력에 걸맞는 국제적 리더십을 강화해야 함.
  · 통일에 우호적인 국제환경을 조성하기 위해 동북아 다자안보협력 메커니즘을 형성해 나가고 한국의 경제개발경험을 전수할 다자경제협력도 강화해 나감.

• 원칙과 투명성 증대와 가치 확산 외교
  - 대외관계에서 원칙과 투명성이 필요함. 예를 들어 주권과 관련된 사항이라면 그것이 중국뿐 아니라 일본, 미국을 상대로 해서도 동일한 잣대를 일관되게 적용해야 함.
  - 싱가포르는 국내법의 권위를 지키기 위해 위법행위를 한 미국인에게 태형을 금지해 달라는 미국의 압력을 뿌리쳤음. 대국의 압력에 주권이 흔들리는 것을 묵과할 수 없다는 단호한 자세였음.
  - 남중국해문제로 압력을 가해온 중국에 대해서도 항행의 자유가 싱가포

르의 국익에 중요하다는 명분으로 거부했음.
- 한국은 기여외교, 공적개발원조의 참여 확대, 국가건설을 위한 다국적 지원단 및 전문인력 파견 등을 통해 일관되고 장기적인 외교를 추진하고 국가적 가치와 철학을 확산시켜야 함.

• 내적 외교역량 강화
- 외교환경 변화와 다가올 도전요소들을 극복하고 위에서 언급한 대외전략목표를 달성하기 위해서는 내적 외교역량이 강화되어야 함. 이를 위해 다음 사항이 필요함.
- 전통적 외교안보문제 외에도 환경, 에너지, 보건 등 새로운 이슈가 증가하고 있음. 따라서 적정 조직을 구비하고 정책의 총괄조정 메커니즘을 강화해서 외교, 국방, 통일, 정보 관련 부서 간의 보완협력이 강화되어야 함.
- 대외관계의 확장과 복합성 강화로 인력의 전문성을 강화해야 하고 도덕성을 강화시켜 외교 관련 사고를 척결해야 함.
- 적정한 예산확보 및 효율적인 집행체제의 보강이 필요함. 현재 외교, 통일 예산은 국가총예산의 1.2% 남짓으로 대외적 국력신장과 외교업무 확장에 훨씬 못미침.
- 여·야, 보수·진보 간의 정책수렴 및 공통분모 영역을 넓히는 노력을 강화하여 외교 및 통일정책이 국내정치의 포로가 되지 않도록 노력해야 함.

맺음말

- 이 글에서는 한국이 지향해야 할 대외전략 방향을 횡축, 종축, 글로벌축이라는 '3축 전략'으로 제시했음. 이를 통해 2010년대 제기되는 대외적 도전을 극복하고 평화, 안보, 번영을 동시에 이루고자 함.
- 이를 위해 조화로운 원맹근교정책, 관여에 기반하는 신대북정책, 외교공간의 확대정책, 원칙과 투명성의 가치외교, 대내적 외교역량 강화정책을 추구해야 함을 주장했음.
- 이하에서는 이러한 문제의식을 바탕으로 각 전략을 보다 구체적으로 이행할 수 있는 심도 깊은 논의를 전개하고자 함.

I. 한반도의 미래와 대외전략 구상의 중요성

동서고금을 막론하고 모든 국가는 미래를 예측함으로써 보다 안정적인 국정운영을 추구해 왔다. 서구의 고대 그리스나 로마에서는 도시나 도로를 건설하기에 앞서 미래의 수요 변화를 예측했고, 고대 중국에서 유학자들이 국가경영을 위해 공부한 '사서삼경四書三經'의 하나인 『주역周易』 또한 음양의 이치로 미래를 예측하는 법을 담고 있다. 근대에 와서는 많은 국가들이 보다 과학적인 방법으로 미래를 예측하고 또 이를 통해 국가정책의 효율성을 높이고자 노력하고 있다.

한국은 세계 4강에 둘러싸여 있는 지정학적 여건 속에서 북한의 군사적 위협에 직면하고 있다. 또한 무역의존도가[1] 100%를 넘는 경제상황을 고려할 때, 한국은 대외관계를 통해 생존을 영위하고 있다고 해도 과언이 아니다. 그 결과 어떠한 대외전략 비전을 가지

....

[1] 한 나라의 국민경제가 무역에 의존하고 있는 정도를 보여주는 지표로서, '무역의존도 = 수출입 총액/국내총생산(GDP)'의 방식으로 산정한다.

고 당면한 외교, 안보, 경제 문제들을 풀어갈 것인가 하는 고민은 그 어떤 국정과제보다 중요한 의미를 지닌다. 특히 날로 치열해지는 국제경쟁과 급변하는 국제정세를 고려할 때 미래 대외환경을 전망하고 그 속에서 한국의 활로活路를 찾는 노력은 한국의 미래를 개척하는 구상에 있어서 빠져서는 안 될 핵심 사안이다.

한편, 대외전략 구상에 있어 미래 전망은 미래 예측 자체에 목적이 있는 것이 아니며, 단순한 미래의 추세만을 보고자 하는 것 또한 아니다. 향후 한국이 어떠한 환경 속에서 어떠한 도전에 직면할 것인가를 분석적으로 고찰함으로써 대외전략의 영역에서의 국가목표 달성을 위해 어떠한 준비를 해야 할 것인지를 살펴보기 위함이다.

이 글은 한국이 처한 대외전략의 현실을 면밀히 고찰하고, 다가올 도전 요인을 예측하며, 이를 극복하기 위한 전략적 고민과 정책 방향을 제시하고자 한다. 그 대상 기간은 오늘날의 국제관계 요인들의 상호 영향을 관찰함으로써 그 변화를 어느 정도 예측할 수 있는 2020년까지이다. 일반적으로 장기 전망은 15년 이후의 미래를 예측하되 변화 요인과 잠재적 도전 요인 식별에 중점을 두며, 중기 전망은 5년 이후를 예측하되 미래 변화 요인보다도 가용한 자산 및 예산의 균형적 배분 등과 같은 정책대안에 중점을 두고 있다. 이 글은 장기와 중기의 중간 시점을 선택하여, 기간 내 변화 요인과 도전 요인을 식별함과 동시에 보다 구체적인 대응방안 또한 강구해 보고자 노력할 것이다.

다음 2절에서는 2010년대 국제정세를 세계, 동북아, 한반도로 나누어 살펴봄으로써 한국이 처할 것으로 예측되는 대외환경의 주요 내용을 3가지 수준으로 나누어 고찰하기로 한다. 3절에서는 2020년까지 제기될 수 있는 대외관계의 도전 요인을 식별해 보고,

이를 극복하기 위한 한국의 대외전략 방향을 살펴본다. 4절에서는 한국의 대외정책 방향을 외교전략, 대북정책, 외교공간의 확대, 원칙과 가치의 확산, 내적 외교역량 강화로 구분하여 제시하고자 한다.

한국에게 다가올 다양한 도전을 극복하고 평화와 안정, 번영과 통일을 이루기 위해서 한국은 첫째, 횡축橫軸전략을 통해 한반도를 중심으로 동서의 횡축에 있는 국가들과의 관계를 중첩적으로 개선해 나가야 한다. 이를 통해 한미동맹 강화와 더불어 대중관계를 심화하고 남북관계 개선과 한일관계 회복을 추진하면서 한반도문제의 주도력을 확보해 나가야 할 것이다. 둘째, 종축縱軸전략을 통해 한반도의 남북의 종축에 있는 러시아, 동남아, 인도 등과의 관계를 개선하여 대외관계의 영역을 확대하고 외교적 자율성을 확대해야 할 것이다. 셋째, 글로벌global축 전략을 통해 다양한 이슈외교를 선점하며 주도해 나가야 한다. 경제, 문화, 인권, 환경 등 다양한 이슈들과 관련한 한국의 역할 증대로 중견국이지만 세계사회에 기여하는 한국의 위상과 품격을 제고하여 다시 국내 발전과 선순환시키는 노력이 필요하다.

Ⅱ. 2010년대 정세 전망

1. 글로벌 정세 전망

가. 미중 간 협력과 경쟁 심화

오늘날 세계정세는 다양한 변화를 맞고 있다. 지난 10년간 지속되었던 테러와의 전쟁이 종식되고 일부 지역에 민주화가 확산되는 긍정적인 변화를 맞은 반면, 폭력과 인권탄압, 대량살상무기 개발이 지속되는 불안정한 상황도 이어지고 있다. 또한 미국과 유럽의 재정위기와 글로벌 경제의 침체와 변화무쌍한 정세 변화 속에서 배타적인 국익경쟁이 심화되고 있다. 이러한 변화의 추세는 당분간 지속될 전망이다.

이러한 글로벌 질서의 가장 핵심 이슈는 미중 간의 협력과 갈등이다. 미국 국력의 상대적 하강과 중국 국력의 상대적 상승으로 인해 2010년대 전반에 걸쳐 세계정치에서 권력의 전이현상이 계속될 것으로 전망된다. 그러나 만일 오바마 대통령이 제2기 임기 동안 강력한 리더십을 행사하면서 경제시스템 개혁과 재정적자 해소로 미국

경제의 경쟁력을 회복시키고 이를 위해 필요한 정치적 통합을 달성한다면 권력의 전이현상을 지연 또는 중단시킬 수 있을 것이며, 그 결과 미국의 대외적 영향력의 약화 추세를 막을 수 있을 것이다. 사실 미국의 경제력은 상대적으로 하강해 왔지만 군사력은 중국에 비해 압도적이다. 예를 들어 중국의 군사력과 군사비 지출은 아직 미국의 그것과 비할 바가 아니다. 〈그림 1〉과 〈그림 2〉는 이러한 추세를 잘 보여주고 있다.

〈그림 1〉 미국 국방비 추세[2]

단위: 10억 달러(2012년 기준)

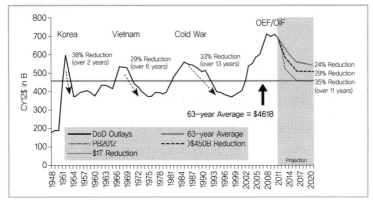

....
[2] *U.S. Air Force*, March 17, 2012. (Peter Singer, "The U.S. Defense Budget," Brookings Institution, 2012. 9. 6. 재인용) 예산 총액은 전비를 포함한 것이며, 에너지성(Department of Energy)의 국가안보 관련 비용은 포함하지 않았다.

〈그림 2〉 10대 국방비 지출국의 2011 국방예산[3]

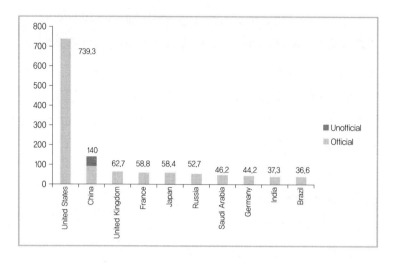

그럼에도 불구하고 중국은 여러 가지 내외적 도전에 직면하면서도 경제의 외형적 성장과 함께 대외적 영향력 증대를 지속할 것이다. 중국이 당면한 내부 도전은 경제성장의 결과 사회계층이 분화되고 이익집단이 다원화됨에 따라 제각기 다른 목소리들을 조정하는 일이 어렵게 되고 있다는 것이다. 부처 간, 이익집단 간 갈등, 인터넷을 통한 여론 압박을 조정하고 합의를 이뤄내는 것이 갈수록 어려워지고 있어 중앙의 정치적 리더십 행사가 약해질 것이다. 중국이 대외적으로는 강경한 대결적 정책의 기조를 약화시키고 당분간 도광양회韜光養晦, 화평발전和平發展의 기본 구도를 견지하려 할 것이나, 위와 같은 국내적 조정능력 약화로 의도치 않은 대결국면이 수시로 발생할 수 있을 것이다. 2020년에 이르기까지 중국은 빈부격차 증대, 빈

....

[3] Peter Singer, 위의 발표 자료.

곤, 부패, 환경, 복지 문제 등 다양한 내부적인 제약 요인으로 인해 본격적인 글로벌 파워로서 미국에 버금가는 주도적 국제정치 리더십을 행사하기는 힘들 것이다.

2010년대 중후반 세계질서에 영향을 미치는 추가적인 변수들은 유럽, 러시아, 일본, 인도이다. 유럽과 일본은 상대적 쇠퇴를 경험하는 과정에서 미국과의 연계를 강화해나갈 것이며 미국도 북미와 유럽, 일본을 연결하는 서방국가들 간의 연대를 강화하려 노력할 것으로 예측된다.

미국을 포함한 서방 국가들은 상승하는 세력인 중국을 기존의 서방 중심의 가치와 제도의 틀 안에 포섭해냄으로써 스스로의 물적 능력의 약화에도 불구하고 국제적 영향력을 유지하고 안정적인 협력관계를 모색하려 힘쓸 것이다. 그러나 다른 한편으로 이러한 포용engagement의 실패 가능성에 대한 대비 차원에서 견제hedging전략도 동시에 추진할 것이다.

러시아는 미국과의 관계를 개선해 나가겠지만 푸틴시대의 재개로 인해 민족주의 성향이 강화되는 공세적 외교를 펼쳐 나갈 가능성이 높다. 특히 에너지 자원을 대외적 영향력 확대의 수단으로 삼으면서 중국과 연합하여 미국을 견제해 나가려 할 것이다. 따라서 향후 2010년대 중후반의 전략구도의 중요 변수는 미국이 러시아를 얼마만큼 미국-유럽-일본 중심의 서방연대에 포섭해 들이느냐의 성공 여부이다. 러시아의 민주화와 내부개혁을 지원하면서 '러시아의 서방화'에 성공한다면 미국은 중-러 연합의 고리를 약화시키면서 미국 주도로 세계정세를 안정화시킬 수 있을 것이다.

인도는 경제성장과 함께 국제무대에서 갈수록 그 전략적 가치를 중요하게 인정받게 될 것이다. 특히 미국은 장기적으로 인도와의 관계를 심화시켜 나가려 할 것이다. 그러나 인도는 미국이 원하는 것만큼 미국에 일방적으로 경도되어 대 중국 카드로 활용되는 것을 원하지 않을 수도 있다.

이상을 고려할 때 미중관계는 표면적으로 포용협력을 하면서도 이면적으로 영향력 확보를 위한 상호경쟁을 지속하는 이중적 관계를 견지할 것이다. 즉 세력전이와 함께 국제권력구조의 다극화가 진행된다고 하더라도 여전히 미국 우위의 다극질서가 전개될 것이다. 중동, 아프가니스탄, 환경, 비핵화 문제 등 세계정치 현안을 풀어나가는 데 있어서 미국의 영향력은 과거보다 떨어질 것이나, 같은 기간 중 다른 어느 국가도 미국을 대체할 리더십을 행사하기는 어렵다. 오히려 미국은 현안들의 해결을 위한 리더십 발휘 차원에서 더욱 다자적이고 국제적인 협력방식을 선호함으로써 최소의 비용으로 최대의 외교적 효과를 내려고 할 것이다.

나. 다양한 글로벌 이슈의 부상

한편 2010년대에는 지역이나 국가 차원과는 별개로 글로벌 차원의 다양한 이슈가 제기될 것으로 전망된다. 경제성장의 둔화, 자원 및 환경 문제, 지적재산권 보호문제, 인권문제 등 다양한 영역에서의 국제적 갈등이 부각될 전망이다. 신자유주의 물결과 함께 양적 성장에 치우쳐 왔던 지구촌 경제는 자원남용, 빈부격차 등과 같은 어두운 그림자를 남겼다. 그 결과 곳곳에서 갈등 요인이 확산되고 있으며, 국제사회의 안정을 해칠 수 있는 원인이 배태되고 있다.

최근 부분적으로 세계경제의 회복 가능성이 점쳐지고 있고 글로벌 유동성 위기도 어느 정도 회복단계를 보이고 있다. 그러나 상당수 국가들에서의 경제둔화가 지속되고 있으며 다수 유럽 국가들의 경제상황이 어렵고, 유로존의 신뢰문제는 2010년대 전반에 걸쳐서 고질적인 문제로 자리 잡게 될 가능성이 있다. 만일 세계경제의 침체가 해소되지 않고 성장의 둔화가 지속된다면 국제교류의 활성화에 부정적 영향을 미칠 것이다. 시장 점유와 환율 문제 등에 있어 국가 간의 경쟁이 더욱 치열해질 것이기 때문이다. 또한 경제성장 부진에 따른 국내정치적 압박이 국제갈등으로 표출될 우려도 제기된다.

인구의 증가와 생활수준의 향상은 지구자원의 고갈을 낳고 있다. 자원부족 현상은 날로 심화되고 있으며, 미국 등에서의 셰일가스 개발에도 불구하고 에너지 자원을 확보하기 위한 경쟁이 영토분쟁이나 국가 간 갈등으로 확산될 가능성이 여전히 존재한다. 반면 개발도상국의 환경오염은 날로 심각해지면서 지구온난화, 대양오염, 대기오염 등 수많은 문제들을 양산하고 있다. 인류가 화석에너지의 사용을 중단하고 새로운 친환경 대체에너지를 개발하지 못하는 한 자원과 환경 문제는 2010년대에 걸쳐 국제적 갈등의 중심에 놓여 있을 전망이다.

국가 간의 경쟁이 치열해지면서 보호하려는 재산의 범위가 유형에서 무형으로 확대되고 있다. 그 대표적인 예로 지적재산권을 들 수 있다. 최근 삼성과 애플 간의 소송이 보여주는 바와 같이, 첨단기술이 국가 간의 경계를 넘나들며 지적재산권 보호에 관한 기업 간의 갈등은 지적재산권 침해국과 피침해국 간의 국가 대 국가 간의 갈등으로 확산되려는 양상을 보이고 있다. 향후 지적재산권에 대한 국제사회의 관심이 높아질수록 기술선진국과 기술후진국 간의 갈등은 더욱 커질 것이다. 대규모 지적재산권 소송은 단지 기업의 경영 문제를 넘어서고 있으며, 국가경제에 커다란 영향을 미칠 수 있기 때문에 경제성장의 둔화 추세가 이어질 경우 그 파급영향은 더욱 커질 전망이다.

그 밖에도 2010년대에는 세계화가 더욱 촉진되면서 기존에 제기되었던 갈등원인들이 지속될 전망이다. 자유와 인권에 대한 관심이 높아짐에 따라 일부 지역이나 국가에서는 정치적 불안정이 촉발되고 있다. '아랍의 봄' 이후에도 지속되고 있는 불안정한 중동정세가 대표적인 사례이다. 2010년대 전 기간에 걸쳐 독재정치를 유지하고 있는 국가들에게는 불안정 요인이 확산될 것이며, 궁극적으로는 민주세력과 시민사회의 승리를 통해 보다 근본적인 안정이 구축될 전망이다. 국가 간 빈부 차의 문제인 남북문제는 더욱 많은 국제적 관심을 모으게 될 것이며, 결과적으로 글로벌 거버넌스의 민주화문제도 더욱 빈번하게 제기될 것이다. 따라서 강대국 주도의 국제기구 운영에 대한 반대의 물결 또한 거세질 것으로 예상된다.

2. 동아시아 정세 전망

동아시아는 미중경쟁의 핵심 대상target지역이 될 것이다. 이 지역에서는 미중관계의 협력과 갈등이라는 양면적 성격 중에서도 다른 지역에 비해 갈등의 측면이 더욱 강하게 드러날 것이다. 무엇보다도 중국은 상승하는 경제력에 걸맞는 새로운 역할과 위상을 추구할 것이다. 물론 중국은 향후 10여 년간 글로벌 차원에서 미국에 도전하고 미국의 리더십을 대체하려 하는 것은 시기상조라고 판단할 것이다. 하지만 글로벌 차원은 아닐지라도 지역적 차원의 리더십은 확보해야 한다고 판단할 수 있다. 즉 자국의 앞마당이라고 생각되는 동아시아에서의 패권적 위상 확보를 위해 더욱 적극적으로 행동하게 될 것으로 예측된다. 그 결과 동북아시아와 동남아시아에서 미중 간 경쟁은 지구촌 그 어느 곳에서의 경쟁보다 치열한 양상을 보일 것으로 전망된다.

미국은 2010년 이래 보여주었듯이 동아시아 지역에서의 상대적 후퇴를 고려하지 않고 오히려 더욱 개입 약속을 강화해 나갈 것이다. 미국의 동아시아 개입은 20세기 초 이래 대외전략의 핵심이었다. 이를 통해 유라시아대륙 동쪽의 아시아가 어느 특정국가의 지배적인 영향력 하에 들어가는 것을 막아 왔다. 2차 대전 이후 유라시아대륙 서쪽 유럽에서는 NATO 결성을 통해, 동아시아에서는 일본, 한국과의 동맹 구축을 통해 이러한 목적을 달성해 왔다. 앞으로도 중국, 일본, 인도 사이에서 세력균형자 역할을 계속하면서 중국을 견제하려 할 것이다.

반면 중국의 경우 동아시아에 대한 미국의 영향력을 축소시키고자 할 것이다. 중국은 미국이 동아시아 국가가 아닌 역외국으로서 이 지역에 개입할 명분이 없다고 생각할 수 있다. 바로 이 때문에 미일동맹, 한미동맹을 '냉전의 유산'으로 몰아붙이면서 미국의 영향력을 이 지역에서 밀어내려 노력할 것이다. 동시에 한반도 주변 해역 및 동중국해, 남중국해를 중국의 실질적인de facto 내해內海로 만들려는 시도를 지속할 것이다. 이러한 시도는 북한의 나선항과 중국의 동해안 쪽 항구들을 연결하고, 동중국해, 남중국해의 관할권 주장을 계속함으로써 이뤄질 것이다. 이러한 노력은 서태평양과 중국 연안에서 미국 해군의 작전활동에 제약을 가하고 이를 더욱 밖으로 밀어내려는 중국 군부의 노력과 동시에 진행될 것이다.

그 결과 군사적으로는 중국의 반접근 지역거부anti-access & area denial전략을 중심으로 하는 미중 간의 군사경쟁으로 나타날 것이다. 중국은 서태평양의 대규모 미군 전진기지로부터 미군 전력의 대중 군사작전을 차단하고, 자유로운 군사행동을 거부하려 할 것이다. 반면 미국은 이러한 중국의 의도를 분쇄하기 위해 공해전투air sea battle 개념을 도입하는 등 적극적인 대응의지를 내비치고 있는 상황이다.

미국은 중국의 4~5배에 달하는 군사력을 가지고 있는 세계 최강 군사대국으로서, 중국의 접근차단 의도를 수용하고 서태평양 지역에서 군사력을 후퇴시키는 정책을 선택하지는 않을 것이다. 그러나 주목할 점은 최근 미국 내 일부에서 서태평양을 중국의 영향권으로 인정해주고 미국은 인도양을 핵심적 전략요충으로 삼아야 된다는 견해도 나오고 있다는 것이다.[4] 물론 이러한 주장이 향후 10년 이내에 미국의 주요전략으로 채택될 가능성은 희박하다. 그러나 이러한 논의가 나왔다는 것 자체가 한반도의 전략적 지형의 미래가 불확실할 수 있음을 보여주고 있다.

일본의 경우 고이즈미 총리 퇴임 이후 그리고 자민당의 몰락과 민주당의 집권 이후 보여지는 정치적 리더십의 부재와 정국 혼미, 그리고 경제적 침체와 후쿠시마 원전사태로 국제적 영향력과 위상은 침체일로에 있고 단기간 내에 이를 회복하기는 힘들 것이다. 2012년 말 자민당 아베 신조 총리의 등장을 전후하여 일본 정치지도자들은 국제적 위상 저하와 국내적 문제점을 극복하기 위해 보수우경화 경향을 보이고 있다. 군사적으로도 일본은 보통국가를 본격 추구하기 위해 동적방위력dynamic defense force 개념에 기초한 군사력 증

....
4 Robert D. Kaplan, *Monsoon: The Indian Ocean and the Future of American Power* (New York: Random House, 2010).

강을 추진하고 있다. 동시에 정치적으로는 영토분쟁이나 역사문제를 재활용하며, 역내 분쟁 심화의 원인을 제공하고 있다. 결과론이지만 일본의 상대적 쇠퇴는 동아시아에서 미중 대결구도를 조기에 가속화시켰고, 일본의 보수우경화는 동아시아를 긴장구조로 이끌며 미중경쟁의 파도를 더욱 높이고 있다.

러시아의 경우 아태지역의 영향력 회복을 위해 선택적 협력과 견제를 병행할 것이다. 2012년 푸틴의 재집권 이래 러시아는 석유와 무한한 자원을 바탕으로 더욱 강한 러시아를 만들기 위해 노력하고 있다. 그러나 미국과 중국이 주도하고 있는 동아시아의 현실을 인정하면서도 미국이나 중국 어느 쪽도 역내 영향력을 독점하는 것을 방지하는 정책을 전개하고 있다. 그 결과 2012년 4월 중국과는 해상연합훈련을 실시하면서 2012년 7월에는 미국 주도의 RIMPAC 훈련에 최초로 참가하는 등 미중 양측과 선택적 협력을 병행하고 있다. 동시에 극동아시아지역 경제발전을 위해 역내 국가들과의 협력의사를 강하게 내비치고 있다.

동남아시아는 2010년 중국의 공세적인 강경 대외정책을 목도한 이후 그리고 특히 남중국해문제로 중국과의 갈등이 심화된 이후, 미국을 더욱 적극적으로 끌어들이는 모습을 보여주고 있다. 특히 베트남, 필리핀, 인도네시아, 싱가포르, 미얀마 등이 그 같은 경향이 강하고 캄보디아, 라오스 등이 친중 성향을 보여준다. 2010년 7월 ARF회의 당시 집중적인 대 중국 성토와 미국의 동조가 이를 잘 보여주었다. 향후 10년간 경제적으로는 중국과 협력을 심화시켜 가면서도 정치적으로는 미국과의 연계를 통한 대 중국 견제전략을 계속해 나갈 전망이다.

대만문제는 당분간 소강상태에 머무를 것이다. 양안관계가 최근 4~5년 동안 급속도로 진전되어 왔다. 중국 정부는 대만문제를 단기간에 해결하기보다 장기적으로 경제적 통합을 통해 실질적 통일의 길로 나아가겠다는 모습을 보이고 있고, 대만의 마잉주 정부 또한 대만 독립을 추진하기보다는 안정적인 대 중국관계를 유지하겠다는 입장이어서 갈등이 증폭되고 있는 동아시아에 그나마 안정적인 변수로 작용하고 있는 형국이다.

정리해 보면, 향후 동아시아 지역의 전략적 지형은 미중 간의 협력이 표면적으로 진행되면서 다양한 영역에서의 미중 간 갈등이 동시에 발생할 것으로 전망된다. 이 과정에서 미국은 일본, 한국, 아세안, 호주, 인도와의 연계를 심화하고 중국은 경제적 영향력을 통해 동남아와 한반도에 영향력을 강화하는 방향으로 나아갈 것이다. 중요한 것은 '중국의 영향력 확대 노력이 어느 정도의 속도로 진행될 것인가? 그리고 이에 대해 미국이 어떻게 대응할 것인가?'일 것이다. 그리고 '이러한 동아시아 역내 환경이 북한문제와 어떻게 맞물릴 것인가?'가 한반도문제 해결을 위한 외교과정에서 중요한 변수가 될 것이다.

3. 2010년대 한반도 정세 전망

향후 10년간 미중 간의 눈에 보이지 않는 경쟁은 한반도에서 가장 두드러지게 나타날 가능성이 높다. 중국은 기본적으로 일본은 흔들기가 쉽지 않다고 생각하고 있다. 미일동맹의 깊이와 미일 양국이 동맹에 부여하는 전략적 중요성을 고려할 때 그러한 판단을 했을 것이다. 그러나 과거의 역사적 연계가 깊고 경제적으로 중국에 많이

의존하고 있는 한국의 특성을 고려할 때 한반도를 중국의 영향권 안으로 끌어들이는 것은 비교적 쉽다고 생각할 것이다.

한반도의 북쪽은 이미 중국의 영향권 안에 들어와 있다. 중국의 경제적 지원이 없으면 북한 경제는 언제 무너질지 모른다. 북중 간에는 상대방의 의도에 대한 정치적 불신에도 불구하고 편의상의 결합marriage of convenience이 지속되고 있다. 또한 한반도의 남쪽은 이미 경제적으로 중국의 영향권 안에 깊이 들어와 있다. 정치적으로도 노무현 정부 때의 '균형자 외교' 노선 천명, 반미 친중 경향 심화로 중국이 내심 우호적인 상황 진전을 반겼던 적이 있었다. 이러한 경험을 가진 중국은 한국에 대해 경제적 레버리지 행사나 심리적 전술을 통해 지속적으로 한국을 중국의 영향권 안으로 끌어들이려 노력할 가능성이 있다. '한중 FTA' 체결에 대해 중국 수뇌부가 적극적으로 나오고 있는 것도 '한미 FTA' 체결의 효과에 대한 정치적 대응책으로서의 성격이 크다. 반면 한국의 선택은 미지수다. 한미동맹을 중심축으로 하며, 대 중국관계 개선을 시도하려는 정책기조는 지속되고 있으나, 그 구체적 내용에 있어서는 다양한 목소리가 제기되고 있다. 미중경쟁이 격해질수록 이에 대한 한국 내 의견차 또한 커질 것으로 보인다.

그러한 가운데 북한 정세는 갈수록 불안정해지고 변화 가능성이 높아갈 것이다. 2011년 12월 17일 김정일 사망으로 김정은 시대가 시작되었고 한반도 정세에 상당한 변화가 진행될 것으로 예상된다. 특히 김정은 체제의 안정성 여부가 주목된다. 단기적으로는 안정된 모습을 보이고 있으나, 중장기적으로 볼 때 현재와 같은 폐쇄된 체제만으로는 김정은의 성공 가능성은 높지 않을 것으로 전망된다. 그러나 김정은 정권이 2012년 여름에 보여주었던 미키마우스와 록

키, 그리고 리설주로 상징된 변화의 모습을 실현하려 할 경우에는 체제의 변화는 물론이고, 남북관계를 비롯한 한반도 정세의 변화까지 예상된다.

북한의 변화는 정치, 경제, 사회로 나누어 전망할 수 있다. 정치적인 관점에서 북한의 변화는 예측하기 어렵다. 김정은 체제가 이미 안착되었고 중장기적으로 별 문제가 없을 것이라는 전망과, 향후 2~3년을 전후하여 실질적인de facto 집단지도체제로의 변화가능성을 지적하며 권력엘리트들 간의 내부 분열과 대립 가능성이 높다는 전망이 동시에 제기되고 있는 실정이다. 그러나 경제적인 관점에서 김정은이 현재와 같은 폐쇄적 경제구조를 유지하려 할 경우 북한 경제의 회생은 어려울 것이라는 목소리가 지배적이다. 북한 내 시장메커니즘의 점진적인 확산은 불가피한 추세이며, 이를 김정은 정권이 어떻게 통제해 나갈 것인가가 경제회생과 체제안정에 동시에 영향을 미칠 것이다. 그리고 북한 사회의 변화 또한 심상치 않다. 북한 주민들의 체제에 대한 충성이 약해졌다고 단언하기에는 이르나, 종전과 같은 강력한 주민통제는 점차 더 어려워질 것으로 전망된다. 보다 많은 외부사조들이 보다 다양한 매체를 통해 북한에 흘러들어가고 있으며, 유일영도사상에 대한 인식 역시 서서히 변화할 것으로 전망된다.

Ⅲ. 대외전략 2020의 구상

1. 목표와 도전

미래 대외전략을 구상함에 있어 가장 먼저 고려해야 할 것은 대외전략의 지향점이다. 대외관계와 관련하여 대한민국이 지향하는 국가목표는 무엇이며, 이를 달성하기 위해 대외전략은 어떠한 도전을 받고 있는지 식별해야 한다. 글로벌 사회 속에서 한국이 추구하는 지향점을 명확히 함으로써 현재 어떠한 환경에 놓여 있는지 그리고 목표달성에 있어 어떠한 도전을 받고 있는지 알 수 있으며, 이를 바탕으로 우리가 구상해야 할 대외전략을 분명히 할 수 있을 것이다.

대한민국을 구성하는 가장 기본적 합의라 할 수 있는 헌법의 내용을 기초로 볼 때 우리 대외전략목표는 한반도의 평화와 안보, 경제적 번영, 자유민주적 가치의 확산, 그리고 평화통일을 들 수 있다. 한반도의 평화와 안보는 대한민국의 국가안전 보장을 의미한다. 경제적 번영은 통상의 확대와 국익 창출을 통한 국민생활 향상과 국민경제의 성장을 의미한다. 자유민주적 가치 확산은 국제사회의 공공재로서 한국이 지향해야 할 가치적 측면으로 이를 세계사회와 함께 공유하려는 노력을 의미한다. 끝으로 평화통일은 분단된 조국의 현실을 극복하고 통일한국이라는 역사적 과업을 달성하는 것을 의미한다.[5]

그러나 국제환경의 변화나 국가이익의 충돌로 인해 한국이 지향하는 미래를 만들어 나가는 데에는 적지 않은 도전이 제기될 것이다. 그 속에서 한반도의 평화와 안보, 경제적 번영, 자유민주적 가치의 확산, 그리고 평화통일을 이루어 내기 위한 전략을 수립하기 위해서는 다양한 도전 요인의 실체를 명확히 인식해야 할 것이다. 특히 동북아의 신냉전구조, 북한의 군사적 위협, 세계경제 성장의 둔화, 신흥강국 부상에 따른 외교적 불확실성의 증대, 글로벌 이슈들의 부상은 한국의 대외전략목표를 가로막을 수 있는 핵심 도전 요인들로 전망된다.

만일 동북아에서 신냉전구도가 강화된다면 그것은 한국의 대외행보를 제한할 것으로 전망된다. 미중 간 세력변화로 인한 갈등 요인 증대와 북한의 전근대적 고립행보는 한반도를 냉전구도의 틀 안에 가두어 놓을 것이다. 미중 간의 대립이 격화될수록 중국은 북한이 미국의 영향력 하에 놓이게 되는 것을 막기 위해 북한의 잘못된 행동들을 외면할 것이다. 그 경우 북한문제 해결의 기회는 점점 더

....

[5] 지난 노무현 정부의 외교안보의 비전과 전략이라 할 수 있는 「평화번영과 국가안보(청와대, 2004. 3.)」의 경우 국가이익은 이 글에서 제시한 헌법 원칙과 같은 입장을 취했으며, 국가안보 목표는 ① 한반도의 평화와 안정, ② 남북한과 동북아의 공동번영, ③ 국민생활의 안전 확보 세 가지를 제시했다. 반면 이명박 정부의 외교안보의 비전과 전략이라 할 수 있는 「성숙한 세계국가(청와대, 2009. 3.)」는 국가이익에 대해서는 특별히 밝히지 않고 있으며, 지향해야 할 핵심 가치로서 ① 정의와 평화, ② 공동번영, ③ 세계주의, ④ 창조적 실용주의 등을 제시하고 있다.

줄어들 것이다. 반면 미국은 한국 일본과의 동맹을 강화하며 중국의 잠재적 위협에 대응하려 할 것이고, 한국을 대 중국 포위구도에 끌어들이려는 압력을 강화할 수 있다. 그 경우 동북아 외교에서 한국의 운신 폭은 더욱 줄어들게 될 것이다.

북한의 군사적 위협 또한 2020년까지 지속될 중대한 안보 도전이다. 북한의 군사적 위협은 동북아의 냉전구도에서만 비롯되는 것이 아니다. 갓 출범한 김정은 체제는 표면적으로는 안정화되어 가고 있는 것처럼 보이지만 20대 지도자에 의한 1인 지배체제의 부작용과 심화되고 있는 정치경제의 구조적 모순 때문에 불안정 요인은 앞으로도 상존할 것이다. 따라서 2020년 이전에 북한이 급작스러운 변화 상황에 직면할 가능성을 배제할 수 없다. 또한 사실상의 핵보유에 따른 자신감은 김정은 정권으로 하여금 천안함과 연평도 공격과 같이 핵보유 이전보다도 더 과감하고 무모한 대외적 행동을 시도하도록 만들 수 있다. 그러나 2013년 봄, 북한의 핵실험과 지나친 위협외교는 중국 내 여론과 정부의 부정적 반응을 초래했다는 점에 주목할 필요가 있다. 결국 한국은 국제정세와는 별개로 북한 김정은의 선택에 따라 끊임없는 안보도전을 받는 구조적 결함을 지속적으로 경험하게 될 것이다.

2013년 초 현재 미국 경제에 회복의 기미가 보이기는 하지만 유럽 및 일본 경제는 아직도 어려움에 처해 있다. 이 같은 세계경제의 침체 가능성도 한국의 대외관계에 커다란 도전이 아닐 수 없다. 한국의 외교적 성장은 경제적 성장에 힘입은 바가 크다. 어쩌면 경제적 성장이 외교적 성장을 선도하고 있을지도 모른다. 그러나 세계경제는 2008년을 정점으로 하향세의 모습을 나타내고 있다. 이러한 추세가 중국의 과잉투자, 인도와 브라질 등의 성장과 경쟁 심화, 아프리카 등 새로운 시장의 형성 지연 등과 겹쳐질 경우 심각한 경제난에 직면할 우려가 있다. 특히 중국의 경제성장 둔화는 중국 내부의 불안정을 촉발할 수 있고, 이는 다시 대외관계에서의 긴장으로 연계될 수 있다. 세계경제 성장의 둔화가 안보영역에서의 갈등으로 변질되는 현상으로까지 연계될 경우 한국의 대외전략에 커다란 부담이 제기될 것이다.

한편, 인도나 브라질과 같은 신흥국가들의 부상으로 인한 불확실성 증대 역시 한국의 대외관계에 새로운 도전 요인이다. 기존의 주변국 및 서방 강대국들과의 교류 중심의 외교에서 보다 다차원적이고 다극적인 외교적 노력을 요구하기 때문이다. 변화하는 글로벌 현상을 따라잡지 못할 경우 한국은 새로운 기회 요인을 상실할 수 있다. 반대로 새로운 기회만을 강조하다가 기존의 동맹과 우방국 외교에 소홀할 경우 더 큰 손실이 발생할 수 있다. 신흥국의 부상이 자칫 '찻잔 속의 태풍'에 그칠 가능성도 존재하기 때문이다.

끝으로 한국이 세계화를 지향할수록 글로벌 거버넌스 문제에서 오는 다양한 도전에 직면할 것이다. 국제분쟁의 지속, 자원부족 현상의 심화, 인권이나 환경문제의 격화는 국제사회의 구성원들로 하여금 현재와 같은 글로벌 거버넌스에 대한 근본적 문제제기를 낳을 것이다. 보다 많은 국가들이 보다 민주화된 국제기구 운영을 요구할 것이며, 한국의 입장 표명을 요구할 수 있다. 그러나 한국은 전통적으로 미국과 서방국가들의 의견에 동조해 왔으며, 그 틀 안에서 외교적 역할을 증대시켜 왔다. 이는 과거의 관점에서는 매우 효율적인 외교전략이었고 한국의 성장에 기여했던 것으로 볼 수 있다. 그러나 다른 한편으로는 한국의 외교적 자율성을 제한해 왔으며 진정한 중견국으로서의 발전을 막아 온 것도 사실이다. 따라서 향후 수

년간 한국은 사안별로 한국의 국가 이익과 글로벌 거버넌스의 개선 목표를 세련되게 조화시켜나가는 노력을 기울여야 할 것이다.

2. 대외전략의 구상

2020년 한국이 '평화, 안보, 번영의 신뢰받는 중견국가'로서 평화와 안보, 평화통일, 경제적 발전과 번영, 자유민주적 가치 확산을 추진해 나가기 위해서는 앞서 제기된 다양한 도전 요인들을 극복해 나가야 한다. 즉 미중 간의 갈등 요인에 따른 부정적 파급효과를 예방 또는 최소화하고, 북한의 위협에 대응하면서도 통일을 지향하는 협력을 추진하며, 세계경제 둔화에 대비한 새로운 시장을 개척하는 한편, 글로벌 거버넌스를 선도하는 과제를 안고 있다.

이를 달성하기 위해서는 한국의 대외전략을 3차원의 시각에서 바라보는 새로운 접근법이 필요하다. 3차원 접근이란 한국의 대외전략을 한반도 중심으로 횡과 종, 그리고 글로벌 차원에서 바라보는 것으로 각각의 전략을 통해 한국의 대외정책목표를 달성하고자 하는 접근이다. 이를 '3축軸 전략'이라고 부르기로 한다.

첫째, 한반도문제에 1차적 당사자들, 특히 한반도의 동서로 펼쳐져 있는 국가들을 중심으로 하는 횡축橫軸전략이다. 즉 동맹국 미국과 우방국 일본 그리고 최대의 교역국인 중국을 대상으로 하는 대외전략이다. 대외전략 중 가장 중요한 부분을 차지하고 있는 횡축전략을 통해 한반도의 평화와 안정을 확보하고 통일을 달성하는 한반도문제의 주도권을 확보해야 한다. 한반도문제는 남북 당사자가 중심이 되어야 하지만, 남북 당사자만으로 해결될 문제가 아니다. 북한 핵문제, 도발문제, 평화체제 구축문제, 경제협력 확대문제, 평화통일문제 등은 주변국과의 긴밀한 협력 없이는 그 근본적인 해결에 한계가 있다. 따라서 이들과의 관계 재설정을 통해 한국 주도로 한반도문제가 해결될 수 있는 전략을 전개하는 것이 횡축전략의 핵심 내용이다. 횡축전략의 구체적 추진을 위해서는 미국과 중국 사이에서 신중한prudent 한국의 위치 정립과 새로운 대북정책의 고려가 필요할 것이다.

둘째, 한반도의 북과 남에 위치하는 러시아, 동남아, 인도 등을 대상으로 하는 종축縱軸전략이다.[6] 변화하는 국제정세 속에서 세계경제의 둔화 가능성과 신흥국가의 부상은 과거 한국이 소홀히 했던 지역으로의 협력 확대문제를 더욱 중요하게 만들고 있다. 특히 동남아는 중국과 더불어 한국의 가장 중요한 무역파트너로 성장했으며, 2011년 한 해에만 510억 달러의 무역흑자를 냄으로써 478억 달러의 흑자를 낸 중국을 제치고 제1의 무역흑자 지역으로 부상하였다. 이처럼 그간 상대적으로 소홀히 했던 종축관계를 강화하여 횡축관계를 보강하고 새로운 외교의 자율적 공간을 만들며, 경제적 번영과 기회 확대를 도모하자는 것이 종축전략의 핵심 내용이다. 종축전략의 구체적 추진을 위해서는 대상 국가들과의 관계 확대 및 경제적 호혜성 증대를 위한 보다 세부적인 계획이 필요할 것이다.

....
[6] 윤영관, "러시아와 동남아에도 눈을 돌려야," 조선일보 아침논단, 2011년 11월 14일.

<그림 3> 2020 대외전략 개념도

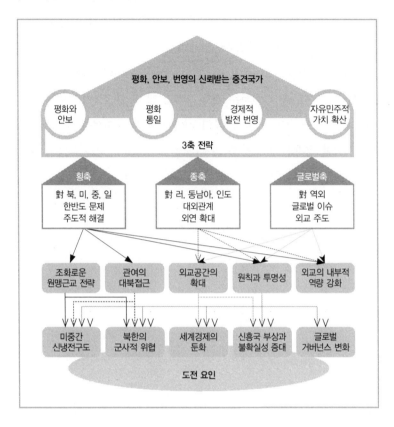

셋째, 횡축과 종축이 아닌 역외축 외교로서 공간적 범위를 전 지구를 대상으로 하는 글로벌global축 전략이다. 글로벌축 전략은 특정 지역이나 공간을 떠나 자원, 환경, 개발, 인권 등을 대상으로 하는 이슈외교를 포함한다. 세계화가 촉진되면서 이제 '국가 대 국가' 간의 외교를 넘어 다양한 문제들을 연계로 한 다양한 네트워크 가 형성되고 있다. 이러한 영역은 강대국과 약소국의 이분법적 구분 으로 접근해서는 안 되며, 각 이슈별로 국제사회가 지향해야 할 바

를 제시하고 이를 선도하는 지혜가 요구된다. 녹색성장의 영역에서
리더십을 확대해 나가는 것처럼, 국제사회에서 논의될 다양한 이슈
들을 제기하고 선도함으로써 한국의 리더십과 국격을 동시에 증대
시켜 나가는 것이 글로벌축 전략의 핵심 내용이다. 글로벌축 전략
의 성공적 추진을 위해서는 자원, 환경, 개발, 인권 등의 문제에 보
다 적극적으로 참여하며 한국의 기여 노력과 진정성을 보여주어야
한다. 또한 국제사회의 공통 과제라 할 수 있는 규범과 투명성 제고
를 위해 노력해야 한다.

Ⅳ. 한국의 대외정책 방향

1. 조화로운 원맹근교의 중첩외교(횡축외교 Ⅰ)

한반도문제의 주도권을 확보하기 위해서는 먼저 조화로운 원맹근
교遠盟近交정책이 필요하다. 한반도 냉전구도의 지속과 북한의 군사
적 위협은 한국에게 여전히 강력한 동맹 유지를 필요하게 만든다.
이는 현재뿐만 아니라 2020년이라는 시간적 범주를 고려한다 해도
마찬가지다. 미국은 2020년에도 여전히 세계 최강국일 것이며, 한국
과 영토적·역사적 이해가 충돌하지 않는 유일한 주변국이다. 반면
중국과의 교류·협력은 앞으로도 더욱 증진시켜 나가야 할 것이나,
적대적 북한이라는 실체가 존재하고 그 후원국으로서 중국의 위상
이 한중관계의 발목을 잡고 있다. 그 결과 전통적인 원맹근교의 원
칙이 한반도에 여전히 적용되는 상황이다. 그러나 대립적·적대적인
한중관계를 지양하고 포괄적 친선관계를 심화시켜 전략적 협력관
계로까지 나아가야 한다는 점에서 유연성을 가미한 원맹근교정책
이 필요하다. 즉 미국과 중국 중 어느 하나를 택하고 다른 하나를

버리는 것이 아닌, 동시적이고 조화적인 관계로 만들어 가야 한다. 이처럼 한미관계와 한중관계를 양자택일의 문제로 보지 않고 상호 조화의 문제로 본다는 점에서 이를 '중첩重疊외교'라 할 수 있을 것이다.

한국은 동맹국 미국과 바로 옆에 인접한 경제대국 중국 사이에 끼어 있다. 그리고 미국과 중국은 제각기 한반도에서 영향력 경쟁을 벌이고 있다. 이러한 상황에서 가장 피해야 할 어리석은 외교는 미국과 중국 사이에서 어느 한 나라를 선택해야 한다는 '양자택일 외교'이다. 이것이 어리석은 몇 가지 이유가 있다. 미국과 중국은 서로 경쟁하지만 동시에 협력과 대화를 지속해 오고 있다. 우리는 가끔 미중관계의 경쟁적 측면만 기억하고 상호 협력적 측면을 잊기 쉽다. 미중 간에는 매년 경제 및 안보 분야에서 전략적 대화가 진행되고 있고 수십개의 정부간 협력채널이 작동 중이다. 이러한 측면을 무시한 채 미국이면 미국, 중국이면 중국 하나를 택일해야 한다고 생각한다면 그것은 단순논리이고 그러한 단순논리에 입각한 일방외교를 시행한다면 선택받지 않은 측으로부터 부정적 대우와 관계 악화를 각오해야 할 것이다.

특히 이제 미국의 시대가 갔으니 중국을 선택해야 한다는 한때 우리 사회 일각에서 힘을 받았던 과거의 주장으로 되돌아간다면 커다란 외교적 실책이 될 것이다. 앞에서 설명했던 것처럼 미국의 경제력이 쇠퇴하고 있다고 하더라도 군사력은 세계에서 압도적인 우위를 차지하고 있으며 최소한 향후 20년 정도는 미국이 세계정세를 주도할 것이라는 예측이 많다. 그 후 수십 년 동안에도 중국이 세계의 패권국으로서 미국을 대체할 수는 없을 것이다. 앞으로도 최소한 20년 동안 미국이 세계정치를 민주적, 다자적 방식으로 주도할 것이 예측되는데 만일 한국이 등거리식 균형외교나 원미친중遠美親中전략을 채택한다면 최소한 20년간 국제질서에 부응하지 못하는 외교적 실책이 될 것이고, 그에 따른 정치적·경제적 손실은 상당할 것이다. 모든 정치는 타이밍의 예술이라고 하는데 국제정치도 마찬가지다.

원미친중외교 시, 한반도문제에 대한 한국의 대외적 발언권은 중국의 그늘 아래 묻히고 약해지는 반면 지금과 같은 북중협력관계가 지속된다면 북한의 상대적 발언권은 강화될 것이다. 그 결과 북한은 한반도의 대표주자 노릇을 하려 들 것이다. 한국의 국민들이 누려오고 존중해 오던 민주주의, 정치적 자유, 인권 등의 기본적 가치를 수호하기 위한 국제적 동조세력이 멀어지는 데서 오는 파장 또한 만만치 않을 것이다. 가장 가깝게 된 중국이 미국 주도의 서방 민주주의국가들만큼 그러한 가치를 존중해주고 동조해줄 것인가? 그뿐만이 아니다. 일본은 중국의 상승에 대비하기 위해 미국과의 동맹관계를 더욱 강화하고 있다. 결국 원미친중전략을 선택한다면 미국에 더해 일본과의 관계까지 멀어질 것이다. 그 경우 한국은 외교적으로 고립되는 방향으로 나아가게 될 가능성이 높다.

이와 반대로 동맹국 미국만을 선택하고 중국을 소홀히 하는 친미원중의 방책도 바람직하지 않다. 중국과의 무역액이 일본, 미국과의 무역액의 합계보다 큰 것이 오늘날 한국 경제의 현실이다. 그러한 경제현실뿐만 아니라 북한에 대한 중국의 영향력을 고려할 때 중국과의 협력적인 관계는 대단히 중요하다. 중국과 협력이 제대로 되지 않으면 경제문제뿐만 아니라 북한문제를 순탄히 풀어가는 것도 쉽지 않다. 예를 들어 천안함 폭침이나 연평도 포격과 같은 일이 벌어지지 않도록 하는 데 있어서 원만한 남북관계도 중요하지만 중국과의 전략적 협력도 중요하다. 한중관계가 이명박 정부로 들어서서 전략적 협력동반자관계로 정의되었는데 전혀 전략적으로 협력해 오지 못한 것이 지난 5년간의 현실이었다.

이러한 점들을 고려할 때 가장 바람직한 전략은 한미동맹을 튼 튼하게 유지하면서 이를 통해 일본과의 협력도 확보하는 것을 기본 으로 하고 그 위에 중국과의 협력을 심화시켜 나가는 방법이다. 쉽 지 않은 전략이지만 그래도 한국 정부가 세련된 외교를 펼쳐나간다 면 가능한 전략이다. 그리고 우리만 그런 것이 아니고 다른 많은 국 가들도 유사한 전략을 채택하고 있다. 베트남, 싱가포르 등 다른 아세안 국가들과 중국의 주변국들이 대부분 중국과 협력하면서도 미국을 끌어안는 전략을 추구하고 있다.

미국과의 동맹관계를 유지해 나가면서도 중국의 협조를 얻기 위 해서는 또한 한미동맹이 북한을 대상으로 하는 것이지 중국을 포 위하기 위한 것이 아니라는 태도를 한국 정부는 견지해야 할 것이 다. 이는 북한문제를 머리에 이고 있는 한국의 입장에서는 충분히 이해할 수 있는 일이다. 그러나 미국 내 일부 인사들의 경우 한미동 맹을 대중국 포위용으로 활용하는 것을 원하고 있는 것도 사실이 다. 만일 한국으로 하여금 그러한 선택을 강요하는 것이 미국의 정 책이 된다면 그것은 바람직한 한반도 정책이 되지 못할 것이다.

대신 중국에 대해서도 한미동맹의 약화를 시도하지 말고 한중 관계의 출발점으로 받아들일 것을 요구해야 한다. 핵무장을 지속 하며 국지 무력도발을 일삼는 북한이 엄연히 존재하고, 북중 간에 는 아직도 동맹조약이 유지되고 있는데 '한미동맹은 냉전의 유산' 운운하는 것은 현실을 무시하는 정치적 언사이다. 또한 중국 측에 게는 한국이 중국의 배타적 영향권 안에 들어가는 것이 결코 중국 의 국익에 장기적으로 도움이 못 된다는 것을 알릴 필요가 있다. 그렇게 되는 경우 일본은 더욱 위협을 느끼고 미국과의 동맹을 강화해나갈 것이고 미일 양국은 대만문제에 대해 더욱 강한 정책을 추구할 것이기 때문이다. 동북아시아가 그처럼 양극화되는 것은 중국에게도 이득이 되지 못할 것이다.[7]

일본과의 협력 추구도 중요하다. 그러나 그 협력의 방향은 한국과 일본이 동북아시아의 평화와 협력을 주도하는 방향으로 모색이 되어야 할 것이다. 무엇보다도 중국에 대결하는 한일협력이 아니라 중국을 관여engage시키는 한·일과 한·중·일의 협력이 되어야 한다. 한국과 일본은 미국의 동맹국이지만 서로 협력하여 동북아시아가 미중 간 양극화의 방향으로 가는 것이 아니고 미중 간 안정적 협력이 이뤄지도록 매개자 역할을 하는 것이 바람직하다. 미중 간의 갈등이 심화되어 긴장이 높아질수록 한국과 일본 모두 득보다 실이 클 것이기 때문이다. 특히 한일은 동아시아 지역의 비전통 안보영역에서 협력할 소지가 크다.

중국과의 FTA 체결을 결정하는 경우에도 그것이 남북한관계의 발전과 한반도 안정에 기여하는 방향으로 한국 측이 노력해야 할 것이다. 특히 한중 FTA 협정문 안에 필수적으로 남북한 교역을 내국인 거래로 중국이 인정하도록 하는 조항을 넣도록 해야 한다. 그리하여 한중경제관계 심화와 함께 남북경제교류도 심화될 수 있도록 해야 할 것이다. 평소에 중국이 한국 정부에 대해서 항상 대북포용정책을 권유해왔고 한반도 안정을 강조해왔던 점과도 논리적으

....

[7] Kenneth Liberthal, "How Domestic Politics Shape PRC's Grand Strategy and International Impact," *Strategic Asia 2007–08*, National Bureau of Asian Research, 2008.

로 부합되는 것이기에 우리 측에서 강하게 주장할 명분이 충분히 있다.

2. 관여engagement에 기반하는 신대북정책(횡축외교 II)

한반도 냉전구도 해체를 위한 신대북정책이 필요하다. 한반도 냉전구도와 북한의 군사적 위협은 소극적 관리만으로는 풀 수 없다. 냉전구도를 완화시키고 종국적으로는 해체하기 위한 보다 적극적이고 포괄적인 전략이 동시에 전개되어야 한다. 이를 위해서는 장기적인 구상 속에서 국제사회와 협력하여 북한문제를 해결해 나가야 한다. 북한 체제의 불안정성, 북한 경제의 후진성, 북한 주민의 인권상황, 북한의 군사적 위협이라는 다양한 문제들을 적극적으로 해결하기 위한 정책으로 과거의 북방정책과 같이 새로운 대북정책을 강구해야 한다. 그 방향은 원칙과 포용에 입각한 대북 관여를 기조로 남북관계를 적극적으로 개선하며, 그 선순환을 통해 북한의 안보위협을 해소해 나가는 것이다. 이러한 '신대북정책'은 다음과 같은 내용으로 구상할 수 있다.

가. 관여의 대북정책

지난 수십 년간의 대북정책은 그 당시의 역사적 경험과 전략적 필요에 의해 전개되어 왔다. 그러나 미래 환경은 우리에게 보다 포괄적이고 장기적인 대북정책 추진을 요구하고 있다. 남북 간의 실질적 화해를 통해 한반도의 평화와 안정을 확보하고 제도와 생활의 통합을 통해 민족적 가치를 보존하고 발전시켜야 한다. 그리고 그 지향점의 끝에 통일이 있어야 한다. 따라서 통합의 대원칙이 필요하며, 정치제도로서의 통일전략뿐 아니라 사람 간의 통합도 준비해 나가야 할 것이다.

이를 위해서는 남북 간 원칙에 입각한 상호 교류와 관계의 지속이 중요하다. 북한의 비핵화를 위한 외교적 노력을 지속하되 안보 이외의 경제, 문화, 환경, 교육, 의료 등 분야에서 지속적인 교류를 추진하여 이를 통해 북한과의 연계고리와 접촉채널을 확산시키는 전략이 되어야 한다.[8] 북한 비핵화를 위한 6자회담 등 외교적 노력이 북한문제에 대한 양약처방이라면 장기적으로 북한 스스로의 성격과 본질을 변화시키는 한약처방도 동시에 곁들여야 할 것이다. 북을 포용하되 원칙 있는 포용이라는 점에서, 즉 '퍼주기'도 아니고 '안 주기'도 아닌 '원칙을 지켜가면서 주는' 구조적인 관계를 심화시켜 간다는 측면에서 '관여정책'이라는 차별화된 이름으로 부를 수 있겠다. 이는 또한 중장기적으로 북한의 변화를 유도해 낼 수 있는 보다 전략적인 포용정책이라고 말할 수 있을 것이다.

한편 통일은 제도와 사람, 두 가지 측면에서 동시에 접근해야 한다. 제도적 측면이란 외교와 협상을 통해 정치적 통일을 이루는 것이고 사람의 측면이란 남과 북의 사람들 간의 통합을 달성해 나가는 것을 말한다. 아무리 외교나 정치를 잘해서 제도적으로 통일을 시켜 놓아도 남북 사람들 간의 통합이 이뤄지지 않으면 그 통일은 오래가지 못할 것이다. 그런데 사람 간의 통합은 오랜 시간이 걸

....
[8] 과거의 '포용정책'이라는 말이 북한에 물질적 지원을 '제공하는' 측면에 강조점이 주어졌다면 '관여정책'은 이처럼 북한과의 '연계고리와 접촉채널의 확산'이라는 측면에 강조점이 주어져 있다.

린다. 따라서 통일 이전 지금부터라도 북한 주민들을 대상으로 하여 그들이 보다 인간다운 삶을 살도록 지원하고, 그들을 이해하며, 그들의 마음을 사는 정책, 그리고 북한 내부에 시장메커니즘이 확산되도록 하는 정책, 북한 주민들의 외부세계에 대한 정확한 인식과 정보 확산을 돕는 정책들이 추진되어야 한다.[9]

이제까지 역대 한국 정부들의 대북정책은 북한 정권을 상대로 하는 정책만 있었지 주민들을 상대로 하는 정책은 없었다고 해도 과언이 아니다. 냉전기에는 공산주의에 대한 혐오와 체제경쟁에 대한 부담감으로 북한 주민에 접근하지 못했으며, 탈냉전기에 접어들어서도 안보적 관점을 벗어나지 못했다. 2000년대 들어 남북 간 경제협력의 중요성이 부각되긴 하였으나 이 역시 북한 주민의 삶을 개선시키겠다는 목적보다는 평화와 안정, 경제적 성과에 중점을 두었다고 보아야 할 것이다.

따라서 이제부터라도 북한 주민들의 인간적인 삶을 지원하는 정책이 대북정책의 중요한 축으로 추가되어야 할 것이다.[10] 독일 통일의 경우, 통일 그 자체를 위한 외교보다는 동독 주민들의 인간적인 삶을 지원하기 위한 노력이 통일되기 오래전부터 지속되어 왔고 이것이 독일 통일의 기반을 조성했다. 그러한 통일의 인적 통합기반이 마련되었기에 정치적 통일의 기회를 성공시켰을 때 지금의 통일이 이루어진 것이다. 인적 차원에서의 통합의 준비 없는 정치제도적 통일은 모래 위에 쌓는 성이 될 것이다.

남북한 사람들 간의 통합을 위해서는 대북정책이 원칙을 지키

....

[9] 윤영관, "험한 정치 세계에도 사랑의 기적은 있다," 조선일보 아침논단, 2011년 12월 12일.
[10] 윤영관, "국내 정치용 대북 논쟁 제발 그만," 조선일보 아침논단, 2011년 1월 3일.

면서도 협력을 모색하는 방향이 되어야 할 것이다.[11] 예를 들어 철저한 모니터링의 전제 하에 식량지원을 하고, 시장기제의 확장이라는 전제 하에 경제협력을 실시해야 할 것이며, 북한 주민들이 대외적인 접촉기회를 많이 갖게 하여 바깥 세계의 변화 모습을 정확하게 인식하도록 교육훈련 프로그램을 통해서 도와야 할 것이다. 이러한 노력은 북한의 인권상황을 개선시키고 남북 간 동질성을 회복하며, 나아가 통일한국의 잠재적 불안정까지 해소시키는 다양한 실익을 가져다 줄 수 있을 것이다. 따라서 통합의 대원칙은 새로운 대북정책의 출발점이 되어야 한다.

나. 포섭의 통일외교

관여를 대북정책의 대원칙으로 상정한다면 통일외교의 기조는 대결과 흡수가 아닌 포섭이 되어야 한다. 이를 통해 남북 간의 실질적 통합을 위해 주변국과 국제사회의 협조를 구해 나가야 한다. 동시에 민족주의를 넘어서 세계사회의 보편적 가치 규범에 호소해 가면서, 북한의 비핵화문제와 경제사회분야의 협력을 동시에 추진하는 2트랙 정책을 병행해야 한다.

먼저 북한문제 해결을 위해서는 한미동맹의 축 위에서 중국을 포섭해야 한다. 미국은 한국의 동맹국이며 중국은 한국 경제에 중요한 영향을 미치는 인접 국가이다. 양국 간의 관계가 우호적이고 협력적일수록 한반도 통일외교의 성공을 위한 국제환경은 유리해질 것이다. 반대로 양국관계가 경쟁적이고 대립적이 될수록 통일환경은

....
[11] 윤영관, "원칙 있는 대북포용-파병을," 동아일보 송년 릴레이 시론, 2009년 12월 30일.

어려워질 것이다. 한국의 입장에서는 미국과의 동맹을 기본축으로 하고 그에 추가하여 그 위에 중국, 일본, 러시아의 협력을 쌓아 나가야 할 것이다.

평화지향적 통상국가로의 통일비전과 이득을 강조하여 주변국의 협조를 확보하는 노력도 중요하다. 독일 통일은 통일을 이루기 위해서는 주변국 모두의 협력을 확보해야 한다는 점을 보여주었다. 독일의 통일을 가장 먼저 적극적으로 지원해주고 긴밀하게 협력해준 국가는 미국이었다. 특히 미국 부시 대통령과 서독의 헬무트 콜 총리 간의 긴밀한 관계는 통일을 달성하는 기본축이 되었고 이를 통해 서독은 영국과 프랑스의 통일 반대 분위기를 잠재울 수 있었다. 소련의 고르바초프 정부에 대해서는 경제적 지원을 대가로 통일 후 '나토NATO에의 잔류'라는 통일방식에 대한 협조를 받아낼 수 있었다. 이처럼 서독은 어떤 형태로든 주변국 모두의 협력을 확보할 수 있었다.

따라서 한국의 경우에도 미국, 일본, 중국, 러시아라는 주변 4국의 협력을 받아내야 한다. 이를 위해서는 한미동맹을 기본축으로 활용하여 양국 간 긴밀한 협력으로 통일을 추진해 나가되 동시에 중국과의 대화를 통해 그들의 우려사항을 해소시켜 주고 통일에 대한 협력을 도출해 나가도록 해야 할 것이다. 특히 한, 미, 중 3자간의 조용하면서도 솔직한 의견 교환과 상호이해를 통한 사전공감대가 이루어질 수 있도록 최대한 노력해야 할 것이다. 동시에 일본과 러시아와의 양자대화를 통해 통일에 대한 협조를 확보해 내야 한다.

이 과정에서 한국인들이 어떠한 통일한국의 정책과 비전을 모색할 것인가가 주변 국가들의 중요한 관심사가 될 것이다. 한반도의 통일이 이루어지면 동북아에서 과거 반세기 이상의 안보 긴장과 대립 갈등의 원인인 북한문제가 원천적으로 해소되고 그 대신 평화의 거점지역으로 한반도가 다시 태어나게 될 것임을 알려야 한다. 다른 대륙에서는 20년 전에 해소되었으나 동아시아에서는 그러지 못했던 냉전대립구조가 이제 아시아에서 완전히 사라지게 되고 평화와 안정의 모멘텀이 한반도 통일로 배가될 것이며, 이로써 주변 모든 국가들이 득을 보는 시대가 열릴 것이라는 점을 주변국들에게 설득해야 한다.[12]

또한 동북아 다자협력 메커니즘을 통해 유리한 통일환경을 조성해야 할 것이다. 독일의 통일과정에서 중요한 역할을 해준 것은 유럽안보협력기구OSCE나 유럽공동체EC와 같은 다자안보 및 경제협력 메커니즘이었다. 다자 차원에서 모든 국가가 존중하고 따르는 원칙과 원리, 규칙이나 의사결정과정이 있었기 때문에 독일의 콜 총리는 통일된 독일이 그러한 다자기구의 충실한 구성원이 될 것임을 미리 서약했다. '유럽의 독일화가 아니라 독일의 유럽화'를 약속함으로써 주변 국가들을 안심시키는 데 노력했던 것이다. 이처럼 다자기구의 존재가 독일 통일을 달성하는 과정에서 발생할 수 있는 주변국들 간의 상호 견제심리를 약화시키고 독일 통일에 대한 협조를 강

....

[12] 통일외교 노선과 관련해서도 유념할 점이 있다. 통일 한국이 중국으로 기울어질 것이라고 예측이 된다면 미국과 일본이 반발할 것이다. 그러나 통일한국이 중국의 이익에 반하는 방향으로, 예를 들어 미국, 일본 등과 연합하여 중국을 포위하는 국가가 될 것이라고 중국 측에서 예측한다면 중국은 통일에 협조하지 않을 가능성이 있다. 또한 통일한국이 핵보유국을 지향한다면 주변국 중 어느 국가도 통일을 지원하지 않을 것이다. 그런 맥락에서 볼 때 통일한국이 군사대국을 지향하는 것이 아니라 유럽대륙의 네덜란드와 같은 평화지향적 통상국가를 지향할 것이라는 비전을 주변국들에게 심어주어야 할 것이다. 무엇보다도 동아시아의 통상 거점국가로서의 비전을 제시하면서 각 국가들에게 어떻게 한반도 통일이 득이 될 것인지를 설득해야 할 것이다.

화시켜 주었던 측면이 있었다.

한반도의 경우 통일이 되더라도 주변국들의 국력에 비교하면 소국이 될 것이다. 그러나 통일된 한국이 외교정책 방향을 어떻게 설정할 것이냐 하는 것에 대해 모든 국가들이 관심을 갖고 주시할 것이며 상호 견제심리가 발동할 것이다. 만일 동북아국가들 간에 정치, 안보, 경제적으로 서로 협력하기 위한 원칙과 규범체계가 존재해서 각국의 행동에 영향을 미치고 신뢰를 강화시킨다면 한반도 통일을 전후해서 전개될 타주변국 간의 갈등과 견제심리를 약화시킬 수 있을 것이다. 즉 다자 메커니즘이 한반도 통일의 충격을 어느 정도 흡수시켜 줄 수 있는 완충장치 역할을 할 수 있다는 것이다. 따라서 한국은 통일 이전에도 미국을 포함한 동북아국가들 간의 안보 및 경제협력 메커니즘들을 구축해 나가는 노력을 할 필요가 있다.

한편, 통일과정에서 부각될 수 있는 민족주의를 넘어서야 한다. 민족주의 감정이 통일의 원동력이 됨을 부정할 수는 없다. 그러나 민족주의 논리나 감정만을 가지고 국제사회에 호소하는 것은 설득력이 약할 수 있다. 따라서 한반도 통일이 어떻게 세계사회의 보편적 가치인 인권 존중, 빈곤 해소, 평화 구축에 부합하는 것인지를 국제사회에 호소해야 할 것이다. 통일 그 자체가 아니라 북한 주민의 인간적인 삶을 돕기 위해서는 통일이 불가피하며 그 어떤 주변국가들보다도 한국이 북한 주민의 삶의 개선을 위해 가장 크게 공헌할 수 있음을 강조해야 할 것이다.

이를 위해서는 국제사회에서의 보편적 가치 실현을 위한 한국의 기여도를 높여 나가야 한다. 그동안 한국은 경제성장의 정도에 비해 국제사회의 빈곤, 테러, 인권, 개발, 환경 문제 등에 대한 기여도가 낮았다. 앞으로는 이러한 분야에 있어서 한국의 기여도를 점차 높여나가 국제사회에서 한국에 대한 이미지를 제고시키고 도덕적 발언권과 리더십을 확보하는 것이 중요하다. 그렇게 될 때에만 통일 상황에서 통일을 위한 우리의 주장과 발언이 국제사회에 더욱 호소력 있게 먹혀들어갈 것이고 통일에 대한 국제사회의 지원과 협력을 확보해낼 수 있을 것이다.

또한 앞에서 언급했듯이 북한의 비핵화문제와 경제사회분야 협력을 동시에 추진하는 2트랙 정책 추진이 필요하다. 역대 한국 정부의 통일방안은 남북 간의 점진적인 수렴과정을 거친 후 통일하는 방안이다. 단순한 분단관리가 아니라 궁극적인 통일을 지향하는 것이 우리의 목표라면 이 과정에서 가장 중요한 것은 북한 경제가 시장메커니즘의 도입을 통해 개혁, 개방하고 경제가 살아나는 일이다. 경제가 재건되어야만 남북한 간의 경제 격차가 줄고 통일비용과 부담도 줄어들 것이다. 또한 북한 주민과 제도가 시장메커니즘을 도입해서 익숙해져야만 통일 이후 시장경제로의 남북통합이 손쉽게 이루어질 수 있을 것이다. 따라서 한국은 북핵문제 등 안보문제와 북한의 시장개혁 등 경제 및 사회 분야 교류문제를 분리해서 동시에 추구해 나가야 할 것이다. 핵문제는 핵문제대로 6자회담 등 국제외교에 참여하여 적극적으로 북한의 비핵화를 추진해 나가되, 이 문제와 북한의 경제협력문제를 연계시키지 말고 별도로 북한의 개혁개방을 유도해 나가는 것이 바람직하다. 여기서 대북압박을 위한 경제제재와 시장경제 개혁을 위한 협력문제는 별도로 동시에 추진해 나갈 수 있을 것이다.[13] 예를 들어 핵문제와 관련하여 경제제재를 지속하면서도, 만일 북한당국이 국제경제규범을 존중하고 북한

....
[13] 윤영관, "새 대북정책의 모색," 조선일보 아침논단, 2010년 10월 6일.

경제에 대한 데이터를 제공할 의지가 있다면 북한의 IMF 가입을 찬성하고 지원할 필요가 있다.

한국 정부는 그동안 개방형 통상국가를 지향하면서 세계경제의 중요 국가들과 FTA를 추진해 오고 있다. 미국, 유럽, 인도뿐만 아니라 이제 중국과의 FTA 협상을 추진하고 있다. 한국을 중심으로 하는 경제통합의 네트워크가 점차 심화되고 있는 것이다. 한국이 점진적인 통일을 지향한다면 북한을 점차 이러한 동북아 경제통합의 과정에 끌어들이는 것이 중요하다. 이 과정에서 우선적으로 중요한 협력대상국은 중국인데 한중자유무역협정의 협상과정도 남, 북, 중 간의 상호호혜적인 협력 심화를 염두에 두고 임해야 할 것이다. 특히 중국 정부와의 신뢰구축과 외교증진을 통해 북한 내부에 점진적이고 체계적인 경제개혁조치가 이루어질 수 있도록 상호 협력을 모색해야 하며 그런 맥락에서 전기한 바와 같이 남북교역의 내국인거래인정조항을 FTA 협정 문안에 포함시켜야 한다.

또한 러시아 정부는 특히 시베리아 개발을 중요한 경제정책으로 채택해 왔다. 러시아 정부는 한국과의 연계 가능성이 있는 사업으로 시베리아 횡단철도와 한반도 종단철도의 연결, 시베리아로부터의 에너지 파이프라인 연결 등의 프로젝트에 관심을 가져왔으나 그동안 북핵문제 등 정치현안에 가로막혀 달성하지 못해왔다. 2011년을 전후해 러시아에서 북한을 거쳐 남쪽으로 오는 가스 파이프라인 건설에 있어서 진전을 보이는 듯했으나 2013년 현재 제자리걸음을 하고 있다. 만일 김정은 후계체제가 공고화되고 경제발전에 역점을 두게 된다면 그 상황에서 우리가 적극적으로 추진해볼 만한 프로젝트가 바로 이러한 남, 북, 러를 연결하는 철도나 에너지 파이프라인 연결사업일 것이다.

3. 외교공간의 확대(종축외교, 글로벌축 외교)

가. 협력대상 국가군의 확대(종축외교)

이제 한국은 역외 우군 확보를 위한 글로벌 확대전략이 필요하다. 향후 세계질서에서 불안정과 불확실성이 증대되는 것에 대비하여 대외관계에서 오는 위험risk을 분산시키는 전략이 필요한 것이다. 세계화의 심화와 인권이나 자유 등 가치문제의 확산, 환경이나 빈부격차 등 글로벌 거버넌스 문제는 주변국 외교나 강대국 중심의 외교만으로 해결할 수 없다. 한국이 지향하는 가치와 외교적 방향에 동참하고 강대국 간의 갈등을 완화시킬 수 있는 제3의 길을 모색해야 한다. 주변국들과 강대국들을 뛰어넘는 범위에서의 교류활성화를 통한 우군화 작업이 필요하며, 이는 양자 및 다자 협력의 다변화를 통해 실현될 수 있다. 또한 당장의 국익에 따라 좌고우면하는 것보다는 일관성 있는 원칙을 견지함으로써 한국에 대한 신뢰를 만들어 나가고 중장기적으로 보다 우호적인 대외전략환경을 조성하는 지혜를 발휘해야 한다. 따라서 미국과 중국 일본과의 관계에만 매달리는 1차원적 외교로는 부족하다. 한국의 국력이 이미 이만큼 신장되었다면 그것에 걸맞게 우리의 외교지평을 넓히고 입체적 외교를 펼쳐나가야 한다.

먼저 대 러시아 외교를 강화해나가야 한다. 러시아는 한반도문제에 있어서 그동안 대체적으로 중국과 공동보조를 취해 왔다. 그러나 최근 러시아 IMEMO 연구소의 연구결과가 발표됐듯이 러시아는 한반도 통일이 자국의 국익에 도움이 된다고 평가하고 있다. 무엇보다 시베리아 연해주 개발과 동아시아에서의 정치적 위상 강화에 한국과의 협력이 필요하다고 느끼고 있다. 이는 한국의 입장에서 한반도문제를 풀어나가는 데 있어서 러시아가 잠재적 협력파트너가 될 수 있음을 말해주고 있는 것이다. 그러한 잠재적 가능성을 현실화시키기 위해 대러관계를 한 단계 업그레이드해나 갈 필요가 있다. 최근까지 진행되어 온 가스 파이프라인 연결사업뿐만 아니라 더 나아가 철도연결사업과 시베리아 개발참여사업에 한국이 적극적으로 나설 필요가 있다.

러시아와의 관계 강화는 무엇보다도 한반도를 중심으로 하는 동북아 정세가 미국 대 중국을 중심으로 양극화되는 상황을 다원화시키고 한국의 자율적 외교공간을 확대하는 데 도움이 될 것이다. 천안함, 연평도 공격사건 직후에 관찰했듯이 남북대결이 미중 간 대결로 곧바로 연결되어 격화되는 상황에서 한국의 외교적 활동 범위는 극히 제한되기 마련이었다. 러시아가 동북아 정치에 진입하는 경우 한반도 주변 국제정치구조가 다극화되어 한국의 외교적 행동범위가 넓어질 수 있을 것이다. 특히 러시아가 한국에 대한 실질적 협력동반자 역할을 해줄 수 있다면 한국의 입장에서는 상당한 도움이 될 것이다.

그러나 한 가지 유념해야 할 것은 이처럼 대러정책을 강화하는 데 있어서 그것이 한미동맹과 병존할 수 있도록 노력해야 한다는 점이다. 러시아는 종종 한국에게 미국이나 중국에 상응하는 역할 부여를 기대해 왔으나 그것은 현실적으로 쉽지 않은 요구이다. 따라서 러시아와의 관계발전은 상호간에 이득이 예상되는 경제영역에서부터 심화시켜 나가는 것이 바람직하고 정치적 관계가 서서히 심화되면서 한반도문제의 특수성을 러시아가 이해하는 방향으로 공감대를 넓혀 가는 것이 중요하다. 미러관계가 순탄하지 않은 적이 많기 때문에 한미 간에 이러한 정책을 놓고 미묘한 상황이 발생하지 않도록 신경을 써야 할 것이다.

한국외교의 외연을 넓혀야 될 대상으로서 북쪽에 러시아가 있다면 남쪽에는 동남아가 있다. 동남아는 한국에게 두 번째 규모의 교역대상지역으로 자리 잡았다. 그동안 한국은 동남아 지역과 실질적인 관계 강화를 시도해 오지 못했다. 항상 북핵외교나 한중일외교에 매몰되어 왔기 때문이다. 그러나 세계 13위권의 경제규모를 가진 국가에 상응하는 외교는 더 이상 그러한 수준에서 머물 수 없다.

동남아국가들과의 외교가 중요한 이유는 3가지를 꼽을 수 있다. 첫째, 한국은 강대국이 아닌 중위권 국가이고 국제무대에서 우리의 외교목표를 달성하는 데 있어서 중위권 국가들과 연대와 협력을 강화하는 것이 중요하다. 4강의 틀 안에 외롭게 고립되지 않기 위해서는 역외, 그리고 국제사회에서 우리의 입장을 지지해줄 세력이 필요하다. 무엇보다도 우리와 입지가 비슷한 중위권 국가들과의 연대를 통해 국제사회에서 우리를 지지해줄 우군을 만들어 가야 한다. 그러한 대상으로 동남아국가들이 최적의 위치에 있다. 예를 들어 평창 동계올림픽 유치과정이나 2012년 세계기후변화총회의 유치를 놓고서도 한국 주변국이나 아세안국가들로부터도 지지를 확보하기 힘들었던 것이 우리 외교역량의 현주소이다.

둘째, 동남아국가들은 ASEAN이나 ARF와 같은 지역다자협력기구를 운용해 오고 있다. 동남아국가들은 이처럼 서로 연합해서 주변 강대국에 외교적 역량을 발휘해 오고 있는 것이다. 다자협력기구에는 나름대로 지켜 나가고자 하는 원칙과 규범이 있고 그러한 규범을 강대국들마저 지켜 나가도록 함으로써 참여국들의 자율적 역량을 보호하는 것이다. 한국은 이미 1998년부터 ASEAN+3의 구성국으로 활동해 오고 있는데 이러한 아세안 중심의 다자협력의 틀을 적극적으로 활용해 한반도문제나 다른 외교적 사안에 대해 우리 외교목표를 달성할 수 있도록 해야 할 것이다.

셋째, 동남아국가들과의 외교관계 강화가 중요한 이유는 이제 더 이상 동북아와 동남아를 구분하는 지역적 경계가 허물어졌기 때문이다. 이는 1997년 태국에서 시작된 경제위기가 동북아에 위치한 한국으로까지 확산되었던 점에서 잘 드러난다. 또한 동남아국가들은 한국의 2대 교역대상이며, 2대 투자대상이자 2대 방문국가들로서 해외노동자나 결혼상대자의 유입 등 인적 교류도 심화되어 왔다. 그리고 앞으로도 경제발전 잠재력이 풍부한 나라이다. 이 지역과의 외교를 좀 더 체계화하고 효율화하여 정치, 경제, 외교적 협력관계를 심화시켜 나가야 할 것이다.

한편, 우리가 미래를 생각하며 우리 외교의 지평을 넓혀 나가려 할 때 깊은 관심을 쏟아야 하는 지역은 동남아를 넘어서서 인도이다. 인도는 인구 12억의 대륙으로 최근 연평균 경제성장률이 7%에 달하는 엄청난 잠재력을 가지고 있는 국가이다. 그래서 적지 않은 사람들이 중국의 뒤를 이어 세계 대국으로 등장할 것을 예측하고 있다. 한국은 2009년 한-인도포괄적경제동반자협정CEPA을 체결하였고, 이를 계기로 한국과 인도 간 협력 심화의 물꼬가 트였다. 지금은 대기업 중심으로 한국이 진출했지만 앞으로는 중소기업까지도 진출할 수 있도록 해야 하며 양국 간의 산업협력을 강화해 나가야 할 것이다. 인도는 중앙아시아와 중동아프리카 지역 진출을 위한 교두보로서의 중요성도 있으며, 신흥시장으로서 한국의 경제 번영에 커다란 도움이 될 기회의 나라다.

나. 글로벌 이슈외교의 확대(글로벌축 외교)

대외영역 확대정책은 비단 적극적인 외교적 노력을 경주할 대상 국가들의 확대만을 의미하지 않는다. 다양한 글로벌 이슈들을 주도함으로써 국제적 위상과 국격을 높이는 외교가 병행되어야 한다. 이러한 이슈외교는 환경외교, 인권외교, 경제외교로 대표되며, 그 대상이 특정국가로 제한되지 않고, 국가, 지역, 국제기구 등으로 확대되는 특징을 지닌다.

첫째, 환경외교 강화가 필요하다. 환경권에 대한 국제적인 관심과 노력은 오랫동안 추구되었지만, 구체적 발전이 더디게 진행되어 온 것이 사실이다. 환경문제에 적극적으로 관여함으로써 선도국가로서의 이미지를 구축하는 것은 한국의 브랜드 가치를 높여줄 것이다. 한국은 이미 녹색성장을 통해 환경분야에서 선도적 역할을 수행해 왔다. 이 분야에서의 노력을 더욱 강화하고, 자연보전, 생물다양성, 기후변화 등 지구적 환경문제 해결에 참여함으로써 고유의 브랜드를 만들어 낼 수 있다. 이를 위해서는 녹색산업에 대한 투자확대와 친환경적 산업 육성 경험을 축적하여 지구사회 전체의 발전전략으로 제시하는 방안도 고려해야 한다. 또한 UN 차원에서 지속가능한 발전을 위한 제도적인 장치 마련에 적극적으로 참여하고, 기후환경변화 대응을 위해 한국의 의무부담의 기여도를 높이는 방법도 고려할 수 있다. 환경외교는 중국의 산업화에 따라 발생하는 장거리 이동 대기오염물질, 산성비문제와 황해의 오염문제, 러시아로부터 흘러오는 폐기물로 인한 동해 오염문제 등 초국경적 성격의 문제들이 야기하는 주변국들과의 외교 갈등을 예방하는 차원에서도 필요하다.

둘째, 인권외교의 강화가 필요하다. 인권은 인류보편의 가치이며,

이제는 한국적 가치이기도 하다. 과거 국내적으로 인권탄압이 문제가 되던 시기도 있었으나, 이제 한국은 정치적·시민적 기본권과 경제적·사회적 기본권의 모든 영역에서 일정 수준에 이르고 있다. 반면 국제사회에는 아직도 기본적인 인권을 보장받지 못하는 국가들이 다수 존재하고 있다. 가장 가까이에 있는 북한 주민의 경우도 심각한 인권침해에 노출된 채 삶을 영위하고 있다. 산업화와 함께 민주화를 성공적으로 이루어 낸 모범사례로서의 한국은 연성국력을 극대화하는 차원에서 인권 및 민주주의 외교에 관심을 기울어야 한다. 실제로 북유럽국가들과 캐나다 등은 전통적으로 인권외교를 특화시켜 국가위상 제고에 활용해 왔다. 한국도 마찬가지다. 인권환경이 열악한 국가의 인권문제를 공론화하고 긍정적인 변화를 요구하는 인권증진 노력에 앞장서야 한다. 한국의 경제개발과 민주화의 경험을 토대로 서구적 방식의 인권개선을 넘어 각국의 특성에 맞게 점진적이면서도 실효적인 인권증진방안을 강구하여 협력할 때 관련 국들의 지지와 존경을 함께 얻을 수 있다. 인권문제는 인류의 보편적 가치로서 향후 북한 인권상황 개선이 논의될 경우 인권 중시 정책의 연속성 차원에서 우리 정부의 입장을 강화시킬 수 있다. 따라서 한국은 국제사회의 인권개선 노력에 적극 동참함으로써 한국적 가치를 세계 속에 확산시키는 노력이 필요하다. 동시에 국내적으로도 아직 부족한 영역으로 제기되고 있는 각종 문제들을 해결함으로써 한국의 인권 제고가 국격 제고로 이어질 수 있도록 해야 한다.

셋째, 공공외교의 강화가 필요하다. 공공외교를 통해 한국에 대한 우호적 여론을 조성하고 적극적으로 정보를 제공하며 영향력을 확보해야 한다. 한국의 공공외교의 잠재력은 이미 한류열풍의 확산을 통해 확인된 바 있다. 또한 단순히 국가이미지를 제고하는 차원에서뿐만이 아니라, 재외한국인의 활동여건을 향상시키고, 비군사적 분야에서의 외교적 자율성을 높이며, 한국의 문화와 역사를 널리 알림으로써 역사왜곡문제를 둘러싼 갈등의 우회적 해결방안이 될 수 있다. 따라서 단순히 한국을 홍보하는 차원에서 추진되어서는 안 되며, 문화교류, 장학교류 및 학술재단 지원사업, 시민단체의 지원활동 등 다양한 영역에서 장기적인 프로그램을 다각적으로 개발해야 한다.

넷째, 경제외교를 강화해야 한다. 한국은 아시아를 넘어서 세계 13위권의 경제규모를 자랑하는 통상강국이다. 그러나 세계시장에서 기업 간의 경쟁은 물론이고 국가 간의 경쟁이 날로 심화되고 있다. 이 과정에서 한국 기업은 해외로 해외 기업들은 한국으로 진입하기 위해 노력하고 있다. 국익을 창출하고 국가경쟁력을 제고하기 위한 경제외교는 보다 많은 관심이 요구된다. 먼저 FTA의 확대를 들 수 있다. 양자 및 다자 간 FTA를 활성화하여 한국 상품의 수출시장을 확대하고 관련국들과의 통상 네드워크를 강화해야 한다. 통화안정을 위한 국제협력도 경제외교의 중요한 부분이다. 어떠한 경제상황이 도래한다 해도 1990년대 말의 유동성 위기를 반복하지 않기 위해서는 통화스왑과 같은 국제금융협력을 확대해 나가야 할 것이다. 전통적 의미의 외교와 경제 영역이 갈수록 상호 중첩되어 감을 고려하여, 통합과 시너지를 추구함으로써 국가경제 성장을 지속할 수 있는 실질적 기반을 외교를 통해 강구해야 할 것이다. 자원확보외교도 중요하다. 한국은 천연자원이 부족하여 대부분의 에너지원과 산업원료를 해외에서 조달하고 있다. 따라서 자원시장에 대한 끊임없는 관심과 투자를 통해 안정적인 자원 확보를 보장해야할 것이다.

다. 다자협력의 강화(종축외교, 글로벌축 외교)

종축전략을 통해 대외관계의 지평을 확대하기 위해서는 양자외교를 넘어선 다자외교를 강화해야 한다. 지금까지 우리의 외교는 한반도문제, 특히 북한문제를 4대 강국과의 양자관계와 6자회담의 틀 속에서 다루어 왔다. 다시 말해 그동안에는 주로 북한문제와 직결된 횡축외교에 무게 중심이 쏠려 왔다는 것이다. 그러나 이제 종축전략을 강화함과 동시에 보다 적극적인 다자외교를 전개함으로써 횡축과 종축이 균형을 이루며 글로벌축을 확대해 나가는 지혜가 필요하다.

다자외교 또는 다자협력의 중요성은 미중관계가 격화될 경우 더욱 부각될 수 있을 것이다. 중견국 한국은 미국이나 중국과의 외교 이외에 독자적인 영역을 필요로 한다. 만일 한국이 다양한 외교적 접점을 찾지 못할 경우 미국과 중국과의 양자관계에 함몰될 가능성이 높다. 이때 미중관계가 악화되면 한국의 행동반경은 제약될 수밖에 없다. 미국이나 중국과의 양자관계에서 한국이 영향력을 행사할 여지가 크지 않기 때문이다. 이러한 관점에서 다자협력은 한국 외교의 새로운 돌파구가 될 수 있다. 다양한 지역과의 다자협력 관계를 구축하고 선도함으로써 한국의 외교적 영향력을 확대하고, 국제사회에 기여하며, 선도적인 중견국의 위상을 확보할 수 있기 때문이다.

이를 위해 한국은 기존에 참여하고 있는 다자협력체제 속에서 보다 긴밀한 협력을 추진해야 한다. 이미 한국은 APEC, ASEM, ASEAN+3, ARF, ADMM+ 등을 통해 아시아·태평양과 동남아국가들과의 다자협력을 추진하고 있다. 그러나 한국이 이들 다자협력에 얼마나 많은 관심을 갖고, 적극적으로 참여해 왔는지 반성의 여지가 있다. 따라서 다자협력의 첫 단계는 이미 한국이 참여하고 있는 기존의 협력을 실질적으로 강화하여 관련 국제회의나 국제기구에서 리더십을 확보하는 것이다.[14] 중요한 것은 리더십은 그저 얻어지는 것이 아니라는 사실이다. 해당 다자협력기구들의 현안을 풀기 위한 노력에 앞장서야 하며, 때로는 비용분담에도 적극적이어야 비로소 리더가 될 수 있다. 따라서 ODA 등 한국의 글로벌 기여외교와도 잘 조율하여 보다 효율적으로 정책을 추진해야 한다.

또한 한국이 주도할 수 있는 새로운 다자협력의 영역과 모델을 개발해야 한다. 이미 다른 국가들이 주도해서 만든 다자협력체제에 들어갈 경우 주도권 행사나 위상 제고에는 한계가 있기 마련이다. 따라서 한국이 주도하고, 다른 국가들이 적극적으로 참여할 수 있는 새로운 다자협력체제를 만들어야 한다. 예를 들어 동북아 다자안보협력을 위한 메커니즘을 형성하고 발전시켜 나간다면 이는 한반도 통일을 둘러싼 주변국들 간의 긴장과 갈등을 어느 정도 흡수해줄 완충장치 역할을 할 것이다. 또한 동남아나 서남아 아프리카 등의 개발을 선도하기 위해 이들 국가들과 경제협력분야의 다자협력기구를 구성하고 한국의 경제개발 경험을 전수하는 것도 바람직하다. 이를 통해 한국의 외교공간을 확대하고 국제적 위상을 제고할 수 있을 것이다.

....
[14] 한국은 동아시아비전그룹(EAVG) 1차회의 (1998-99년)와 2차회의 (2011-12)의 의장국으로서 아세안+3의 향후 발전방향 논의를 주도하고 이를 아세안+3 정상회담에 제출하여 채택하도록 한 바 있다.

4. 원칙과 투명성 증대와 가치 확산 외교

대외관계에서의 원칙과 투명성 증대정책이 필요하다. 그리고 한국이 지향하는 미래 모습에 합당하는 노력을 기울여야 한다. 가치를 지향하고자 한다면 국제적 공익과 공공재public good의 확산을 위해 노력해야 한다. 한국의 경제력에 부합하는 중견 모범국가로서의 위상을 확보하기 위해서는 국제기여를 확대해야 한다. 또한 국제규범의 형성에도 적극 관여하며 보다 원칙 있는 국제사회의 발전에 앞장서야 한다. 이는 결국 국제기준global standard을 만드는 일이며, 한국의 일관성 있는 원칙 준수가 요구된다. 동시에 국제관계에서 투명성을 확산시키는 일은 국가 간 협력의 증진과 함께 긴장 완화에도 커다란 도움이 될 것이다.

원칙을 견지하는 한국의 대외정책은 단기적으로는 그 이행이 쉽지 않을 수 있으나, 이를 꾸준히 추진할 경우 결국 국제사회에서 한국의 국격과 리더십을 향상시켜 줄 것이다. 예를 들어 미국과 중국 사이에서 고민하는 한국의 입장은 유연한 원맹근교전략을 추진하면서 일관성 있는 원칙을 준수함으로써 미중관계로부터 발생하는 부정적 파급영향을 최소화할 수 있을 것이다. 이것이 가능하려면 한국 정부가 흔들리지 말고 그때그때 필요한 원칙을 지켜 나가야 된다. 예를 들어 한국의 주권과 관련된 사항이라면 그것이 중국뿐만 아니라 때로는 일본, 미국을 상대로 해서도 똑같은 잣대를 적용하며 우리 입장을 분명히 표명해야 한다.

과거 싱가포르는 국내법의 권위를 지키기 위해 미국의 젊은 청년이 위법행위를 했을 때 태형을 금지해 달라는 미국의 압력을 단호히 뿌리쳤다. 동시에 남중국해문제를 놓고 외교적 압력을 가해오는 중국 정부에 대해서도 직접당사국은 아니지만 "항행의 자유가 싱가포르의 국익에 중요하다"는 명분을 내세워 거부했다. 한국보다 훨씬 작은 싱가포르와 같은 나라도 이처럼 원칙 있는 외교를 해나 가기에 중국도 그들을 존중해주는 것이다. 중국 유학생들이 2008 년 올림픽 성화 봉송 시 한국 길거리에서 위법행위를 했는데도 제대 로 법집행도 못한 한국 정부의 태도와는 대조적이다. 또한 우리의 사활이 걸린 교역로가 남중국해를 거치게 되어 있음에도 불구하고 2010년 남중국해문제가 불거졌을 때 아세안이나 미국, 일본 정부는 남중국해에서의 항행의 자유를 분명히 주장했음에도 불구하고 한 국 정부는 침묵을 지킨 것도 우리 정부가 원칙의 문제를 소홀히 하 고 있음을 보여준다. 이러한 태도로는 우리 외교가 인접국 및 국제 사회로부터 존중받는 외교가 될 수 없다.

또한, 한국 대외정책의 원칙과 투명성의 증대와 함께 한국이 주 도적으로 국제사회의 가치를 확산시켜 나가는 정책이 전 외교영역에 서 일관성 있게 장기간 추진되어야 한다. 그중에서도 가장 중요한 영역은 기여외교의 영역이 아닐까 생각한다. 20세기의 국제사회에서 는 인간의 시민-정치적 권리가 보다 강조되어 왔지만, 21세기에서는 경제사회적 권리의 보호 목소리가 높아지고 있다. 또한 외교적 교 류, 한국에 대한 지지 확보, 그리고 경제활동의 지평 확보라는 개발 권 차원에서도 기여외교에 적극적으로 나서야 한다. 기여외교는 가 뭄, 홍수와 같은 자연재해로 인한 구호활동에 적극적으로 참여하 는 인도주의 외교뿐만 아니라, 개발도상국의 경제개발과 저개발국 의 빈곤퇴치를 위한 경제적 지원에 동참하는 형태로도 추진될 수 있다. 실제로 제3세계 국가들은 자원이나 기회 분배의 공정성을 강 조하면서 선진국들이 이들 국가의 문제점 해결을 돕고 경제발전에 기여할 것을 요구해 왔다. 한국 역시 개도국에서 선진국으로 성장한 특유의 경험을 바탕으로 인류의 지속가능한 발전을 위해 책임 있는 행동을 해야 한다.

특히 개도국 원조를 위한 공적개발원조ODA 확대로 우리 기업의 해외 진출의 촉진을 기대할 수 있다는 차원에서 기여외교는 외교정책의 수단이자 동시에 목표도 될 수 있다. ODA를 비용이나 부담의 관점에서만 접근하면 한국의 국격이나 리더십을 확보하는 데 활용할 수 없다. 동시에 보다 효율적인 ODA 사용을 위해 기획력을 강화하고 경험을 축적해야 할 것이다. 적정한 능력에 따라 국제사회에 기여하는 것을 기쁜 일로 생각할 때 비로소 원칙 있는 외교정책이 자리 잡게 될 것이고 국격 향상과 국익 확보에 도움이 될 수 있을 것이다.

아울러 민주주의 국가건설state-building에 참여할 다국적 지원단 및 전문인력 파견은 국제사회에 대한 실질적 기여일 뿐만 아니라 한국의 위상을 높이고 통일을 준비하는 계기가 될 수 있다는 점에서 적극 추진해 나가야 할 영역이다. 이를 위해 정부와 NGO 간의 긴밀한 협의를 통한 역할조정을 이루어 내고, 민관협력 프로그램의 효율성 제고를 위한 방안들을 모색해야 한다.

5. 내적 외교역량 강화

또한 한국에게 앞으로 다가올 도전요소들을 극복하고 대외전략 목표를 달성할 수 있기 위해서는 외교의 내적 역량이 구비되어야 한다. 특히 외교영역의 확장에 대응할 수 있는 포괄성과 전문성, 급변하는 환경에 적응할 수 있는 유연성, 국가자원의 효율적인 운영을 가능케 할 수 있는 능력, 한국적 가치를 세계에 알리고 국민을 설득할 수 있는 도덕성 등이 필요한데 이를 구비하기 위한 조직, 인력, 예산 보강이 필요하다. 그리고 일관성 있는 대외전략의 추진을 위해 외교가 지나치게 국내정치적 고려에 의해 좌우되는 것을 피해야 할 것이다. 다시 말해 외교환경 변화와 업무영역의 확대 및 심화에 따른 적절한 조직이 구비되어야 하고, 외교 인력의 전문성과 도덕성이 확보되어야 한다. 또한 이를 뒷받침할 적정한 예산 확보 및 효율적 집행체제의 보강이 필요하다.

먼저 환경 변화에 따른 적절한 조직이 구비되어야 한다. 전통적 외교안보문제 외에도 환경, 에너지, 보건 등과 같은 새로운 이슈가 날로 늘어가며 각 영역 간의 상호작용이 활성화되고 있다. 따라서 어느 한 시각만으로는 해결할 수 없는 복잡한 이슈들이 날로 증가하는 추세에 있다. 현재의 조직만으로 새롭고 복잡한 문제들을 기존의 조직적 사고로 해결하는 것은 한계가 있다. 따라서 적정한 조직을 구비해야 한다. 외교부, 통일부는 물론이고 기타 정부부처와 공공기관을 포괄적이고 체계적으로 운영하며, 그 속에서 부족한 영역을 찾아 새로운 조직을 구비하고 적응력과 유연성을 강화해 나가야 한다. 특히 조직 정비과정에서 총괄기능의 보강이 필요하다. 2010년대는 모든 일들이 급속도로 빠르게 진행이 될 것이다. 그러한 과정에서 가장 중요한 것은 모든 외교안보 부처들이 손발이 맞아야 되고 전략적 일관성이 있도록 정부 정책이 수립되고 집행되어야 한다는 점이다. 수십 년 동안 한국 정부는 그러한 정책총괄조정 메커니즘이 제대로 작동해 오지 못했다. 외교부, 국방부, 통일부, 국정원의 역할이 서로 경쟁이 아니라 보완협력관계로 긴밀하게 맞물려

돌아가야 할 텐데 그러지를 못해왔다. 국방부와 국정원이 손발만 맞았더라면 천안함·연평도 공격을 막을 수 있었을 것이라는 사후 분석이 나왔고,[15] 북에서 수 명의 탈북자들이 집단으로 내려온 것을 통일부 장관이 일주일 후 신문을 보고 알았다는 국회 발언이 나왔다.[16] 안방 정리도 안 되어 있는 상태로 대국들을 상대하는 것은 결코 성공하기 힘들 것이다. 외교안보 및 통일 관련 정책이 일관성을 갖고 가장 효과적으로 만들어지고 집행되도록, 그리고 각 부처 간에 경쟁이 아니라 상호보완관계가 심화되도록 명실상부한 정책총괄 조정기구를 청와대 내에 설립해서 지금부터 효율적으로 운용해 나가는 노력을 경주해야 할 것이다.

둘째, 인력의 전문성과 도덕성 확보가 시급하다. 대외관계의 확장과 복합성의 강화로 인해 인력의 전문성은 2020년 한국외교의 성패를 결정지을 수 있는 중요한 요인이다. 일례로 과거 군사외교문제는 동맹관리나 군사교류 확장 수준에 머물렀으나, 이제는 확장억제 등과 같은 군사전략 및 전력의 공유, 획득 및 방산 협력 등 복잡한 영역에서 전문성을 요구하고 있다. 인력의 전문성과 도덕성 확보가 절실한 상황이다. 그러나 민간부문의 활성화로 인해 전문 인력을 확보하는 문제는 날로 어려워지고 있다. 외교부는 국립외교원의 창립과 함께 변화된 전문 인력 수급을 시도하고 있으나, 그 성과를 확보하기에는 일정 시간이 소요될 것으로 판단되며 본래의 목적을 달성하기 위해서는 과감한 투자와 지원 그리고 인내심이 요구된다.

....

[15] 안용현, "[천안함 1년] 천안함 뒤에도 정보교류 안해 연평도까지 당해," 조선일보, 2011년 3월 25일.
[16] "북 주민 귀순과 대북정보 공유 시스템의 난맥상," 중앙일보 사설, 2011년 6월 18일.

인력의 도덕성의 확보는 최근 들어 그 중요성을 더하고 있다. 민간 부문의 괄목할 만한 성장으로 과거 외교영역에서 일한다는 사명감과 우월감은 점차 낮아지고 있다. 동시에 물질주의적 가치의 지나친 확산과 개인적 욕심이 조직적 무관심과 연계되며, 도덕성이 흔들리는 상황이 종종 발생했다. 그 대표적인 사례가 바로 2012년 발생한 다이아몬드 주가조작사건이다. 어찌 보면 도덕적 불감증에서 출발한 사건이 외교부의 허위보도자료 배부로 이어졌고 결국 정부의 신뢰를 해치는 국가적 문제로 확대되었다. 2011년 말 국가권익위원회에서 발표된 정부부처 청렴조사에서 외교부는 중앙정부부처 중에서 하위권에 머물렀다. 해당 부처 과장급 이하 직원들 스스로의 평가인 만큼 변명의 여지가 없다. 전문성과 도덕성을 강화하기 위해서는 선발 과정·절차 및 보수교육·연수를 강화함과 동시에 외교부의 감사제도와 내부 경쟁 시스템을 강화할 필요가 있다. 우수한 인력을 양성하여 선발하고, 필요한 영역에 배치함으로써 개인과 조직의 발전이 상호보완관계가 되는 상승효과를 서두어야 한다. 또한 새로운 업무영역에 대한 적정한 보수교육 실시를 통해 대외역량에 빈 공간을 채우는 노력을 강화해야 한다. 이 모든 것이 인력 운용의 문제이며, 선발, 보직, 재교육, 재보직의 체계화된 운용이 필요하다.

셋째, 적정한 예산 확보 및 효율적 집행체제 보강이 필요하다. 조직의 효율적 개편과 인력의 전문성과 도덕성 확보는 적정한 예산 지원이 뒷받침되어야 한다. 현재 한국의 외교, 통일 예산은 3.9조로 국가총예산 323조의 1.2% 남짓이다. 이는 외교부, 통일부의 직접 예산은 물론이고 국제기구 분담금 및 무상원조까지도 포함한 금액이다. 물론 총 33조로 국가예산의 10% 가까이 차지하고 있는 국방예산의 일부도 대외전략에 사용된다고 볼 수 있지만, 우리나라와 같이 대외 경제의존도가 높은 국가로서는 대외관계에 사용하는 예산이 그리 높다고는 볼 수 없다. 향후 외교역량 강화와 국제기구 분담금 증가, 그리고 ODA의 증가가 필요하므로 적절한 예산이 뒷받침되어야 할 것이다. 2020년 한국이 지향하는 국제위상을 확보하기 위한 적정한 예산 증액이 필요한 것이다. 예산과 관련된 또 다른 문제는 효율적 집행의 문제이다. 2012년 수십억대의 과다한 국제행사 비용과 대조되는 5천만 원의 독도 관련 예산문제로 언론의 관심을 모은 적이 있다. 제한된 예산을 얼마만큼 효율적으로 사용하는가의 문제는 매우 중요한 일이다. 예산의 효율적 배분과 공관의 예산 관리문제 등을 종합적으로 평가하는 기획문서 작성이 필요하며 이를 바탕으로 운용의 효율화를 도모해야 할 것이다.

넷째, 대외전략의 탈국내정치화가 필요하다. 독일 통일과정에서 주목할 만한 점은 급속도로 진행되는 국내외 상황 변화 속에서 기민당 콜Kohl 정부에 의해 주도되는 통일 과정과 방식을 놓고 국내정치적 분열이 없었다는 점이다. 물론 사민당이 주장하는 통일방식은 기민당의 주장과 달랐으나 양 정당 간에 통일과정을 마비시킬 정도의 극단적 대결 양상은 없었고 어디까지나 합법적인 절차에 따르는 논의과정을 거쳤다. 그러나 한국의 경우 지금과 같은 여-야 간, 보수-진보 간 이념 대결 양상이 지속된다면 그러한 순탄한 통일 과정이 가능할지 의문이다. 상황에 따라서는 극단적인 대결국면도 있을 수 있다는 우려가 있다. 대국들에게 둘러싸인 작은 나라 한국의 경우 단합해서 지혜와 역량을 모두 모아도 우리의 전략과 전술을 실천해 나가기 힘들지 모른다. 그런데 좌-우, 보수-진보로 나뉘어 국론이 수렴되지 않고 극단적인 대결상태로 간다면, 그리고 그것을 막아낼 정치적 리더십이 없다면 구한말 상황이 반복되지 말라는 보장이 없다. 이러한 가능성을 미리 막고 여-야 간의, 보수-진보 간의 정책을 수렴하고 공통분모의 영역을 넓혀 가기 위한 노력을 지금부터 강화해 나가야 한다. 그중 하나로 정부 여권은 중요한 대북 관련 상황이 발생했을 때 야권의 핵심 지도부와 진지하고 솔직한 의견교환을 조용히 할 수 있는 제도적 메커니즘을 발전시켜 나가야 한다. 이 경우, 여야는 또한 북한문제를 국내정치적 목적으로 활용하지 않는다는 약속을 해야 할 것이다. 어느 북한 전문가의 말처럼 급변 상황이 북한에 벌어졌는데 서울광장이 촛불로 뒤덮인다면 어떻게 할 것인가?[17] 보다 장기적이고 효율적인 그리고 지속가능한sustainable 대외정책을 이행하기 위해서는, 무엇보다 여야 간 합의가 중요하다. 물론 정치적 현실을 고려할 때 여야가 모든 대외전략에서 공감대를 형성할 가능성은 낮으므로, 주요 사안에 대해서만이라도 당적과 진영을 떠난 공동의 협력을 이루어 내야 할 것이다.

....

[17] 안드레이 란코프, "북이 무너질 때 서울에 촛불이 켜지면," 조선일보, 2008년 7월 2일.

V. 맺음말

철혈정치鐵血政治로 유명한 독일의 명재상 비스마르크는 독일 통일을
이루어 내고 유럽의 중심국으로 자리매김하기 위해 영국과의 충돌
을 철저히 회피했다. 그러나 새로운 황제로 등극한 빌헬름 2세는 비
스마르크를 퇴출시켰을 뿐만 아니라 지속적인 독일의 부상에 따른
자신감 때문이었는지 영국과의 충돌을 두려워하지 않게 되었고, 결
국 1차 세계대전에 말려들어가는 결정적인 우愚를 범하고 만다. 그
결과 그는 세계대전에 패한 직후 황제직에서 밀려나고 망명지 네덜
란드에서 쓸쓸히 생을 마감한다.

　오늘날 한국에서는 대외전략의 중요성이 충분히 강조되지 못하
고 있다. 대신 그 자리를 민생과 복지가 차지하고 있는 느낌이다. 그
러나 민생과 복지가 한 국가를 구성하는 사람들의 삶의 수준을 의
미하는 데 반해 대외전략은 한 국가의 흥망성쇠를 좌우한다. 안보
가 흔들리면 민생이나 복지는 그 의미를 상실한다. 우리는 향후 다
가올 다양한 대외적 도전 요인들에 대비하지 못할 경우, 한반도가
다시금 19세기 말 때처럼 또 다시 역사의 미궁에 빠져들어갈 수 있

다는 점을 결코 잊어서는 안 된다.

이 글에서는 한국이 지향해야 하는 대외전략의 방향을 '3축 전략'으로 제시했다. 횡축과 종축 그리고 글로벌축을 동시에 강화함으로써 한국의 2010년대에 제기될 대외환경의 도전들을 극복하고 평화, 안보, 번영을 동시에 이루어 낼 수 있을 것이다. 이러한 전략을 이행하기 위해 한국은 그 목표에 부합하는 노력을 강화해야 한다. 조화로운 원맹근교정책, 관여에 기반하는 신대북정책, 대외적 외교공간의 확대정책, 원칙과 투명성과 가치확산 외교, 내부적 외교역량 강화정책 등을 통해 당면할 도전들을 극복하고 국가목표를 달성해야 할 것이다.

이 책의 뒷 부분에서는 이러한 문제의식을 바탕으로 한국의 외교전략을 보다 구체적으로 이행할 수 있는 방안을 지역별 및 이슈별로 심도 깊게 논의해 보고자 한다. 이 같은 논의를 통해 한국 외교가 수많은 도전과 과제들을 풀어 나가면서 명실공히 선진국 외교로 도약할 수 있기를 기대한다.

참고문헌

Kaplan, Robert D., *Monsoon: The Indian Ocean and the Future of American Power*, New York, Random House, 2010

Liberthal, Kenneth. "How Domestic Politics Shape PRC's Grand Strategy and International Impact," *Strategic Asia 2007-08*, National Bureau of Asian Research, 2008.

Singer, Peter. "The U.S. Defense Budget," Brookings Institution, 2012. 9. 6.

란코프, 안드레이. "북이 무너질 때 서울에 촛불이 켜지면," 조선일보, 2008년 7월 2일.

안용현, 「[천안함 1년] 천안함 뒤에도 정보교류 안해 연평도까지 당해," 조선일보, 2011년 3월 25일.

윤영관, "원칙 있는 대북포용-파병을," 동아일보 송년 릴레이 시론, 2009년 12월 30일.

_____. "새 대북정책의 모색," 조선일보 아침논단, 2010년 10월 6일

_____. "국내 정치용 대북 논쟁 제발 그만," 조선일보 아침논단, 2011년 1월 3일.

_____. "러시아와 동남아에도 눈을 돌려야," 조선일보 아침논단, 2011년 11월 14일

_____. "험한 정치 세계에도 사랑의 기적은 있다," 조선일보 아침논단, 2011년 12월 12일.

_____. "북 주민 귀순과 대북정보 공유 시스템의 난맥상," 중앙일보 사설, 2011년 6월 18일.

청와대, 「평화번영과 국가안보」, 2004. 3.

청와대, 「성숙한 세계국가」, 2009. 3.

2020

한국의

선진

지역외교

전략

대 미국 외교

차두현

문제의 인식

- 한미동맹은 한국전쟁 이후 수많은 곡절을 겪어오며 발전해 왔음.
  - 노무현 정부 당시 한미동맹의 결속도나 주한미군 규모 및 기지 조정을 둘러싸고 '동맹의 위기'를 경험
  - 이명박 정부는 한미동맹의 '복원'을 선거 당시부터 공약하였고, 실제로 한미동맹의 강화를 위한 다양한 시도를 전개
    · 2009년 한미 정상회담에서 21세기 전략동맹 비전을 선언하고, 미국의 한국에 대한 '확장억제(Extended Deterrence)' 공약이 천명
    · 2010년의 정상회담에서는 2012년 4월로 예정돼 있던 전작권 전환 시점을 2015년 12월 1일로 연기
    · 2011년에는 한미 FTA 양국 의회의 비준을 통과
    ※ 표면적으로는 전례 없는 동맹의 밀월시기라고 해도 과언이 아님.

- 2020년 한미동맹을 고려 시, 위기 재현 가능성이 존재
  - 한미동맹 변화의 과정에서 해결되어야 할 구조적인 문제가 여전히 미완으로 남아 있는 상황
    · 중국의 부상과 미국의 재정난으로 말미암아 한미 양국 간의 공통이익의 범위와 수준이 점차 줄어들 가능성이 존재
    · 미국의 입장에서 볼 때 한반도의 전략적 가치는 동남아시아에 비해 점차 약화
  - 따라서 향후 한국이나 미국의 국내 상황과 국제정세 변화에 따라 동맹의 '위기'가 재현될 가능성이 존재
  ※ 한미동맹 발전을 위한 이익의 공통분모를 확대해 나가야 함.

미래 도전 요인

- '중국변수'의 관리
  - 중국 위협론이 확산될 경우, 미국은 중국의 영향력 확대를 막기 위해 한·미·일이나 한·미·일·호 등과 같은 다자안보체제로의 편입을 한국에 요구할 것임.

- 반면 미중 간에 전략적 협력이 강화될 경우에는 양국의 직거래관계에 따라 한국의 대외정책이 부정적 영향을 우려됨.
- 한국의 입장에서는 무역분쟁 등과 같이 중국과의 직접적 관계로부터 압력을 받거나 한중 혹은 한미 관계의 양자택일이라는 선택의 기로에 설 수 있음.
  · 대북정책이나 한국의 전력증강 등 각종 동맹이슈들에 대한 중국의 반발이나 견제가 예견
  ※ 중국 변수의 관리와 관련해 어떻게 입장 차를 조율해 나가고, 또 최적의 공동 대응 방안을 이끌어 낼 수 있는가는 미래 한미관계의 주요한 변수임.

• 미국의 재정난
  - 미국의 경제상황과 재정난으로 인해 전반적으로 동맹국들에 대해 기여를 늘려 달라고 요청할 전망이며, 한국도 예외가 아님.
    · 국내정치적으로는 이러한 요구가 미국의 비용부담 전가라는 부정적 의미로 받아들여질 가능성이 높음.
  - 미국의 한국에 대한 지역·국제 차원에서의 기여 증대 요구도 예견됨.
    · 이는 단지 미국의 요구 문제가 아니며, 세계 10위권의 경제대국으로서 한국의 국제적 기여 방향과 함께 고민해야 하는 문제임.

• 북한 위협에 대한 시각차
  - 향후 수년 간 한미 간 북한 위협에 대한 인식 차가 더욱 커질 전망
    · 한국은 북한이 여전히 전면전을 도발할 가능성이 있다고 보는 반면, 미국은 사실상 전면전보다는 국지전이나 극심한 체제위기 가능성에 더 무게를 두고 있음.
  - 이러한 위협인식의 편차는 향후 한반도의 평화와 안정을 위협하는 한미 간 갈등 요인이 될 수 있음.

한미동맹 발전 방향 (정책 목표)

• 한미동맹의 포괄적 동맹으로서의 협력의 범위를 확대
  - 안보영역에 국한되지 않는 포괄적 동맹으로서의 동맹의 범위 확대가 필요

- · 북한의 재래식 군사위협이나 핵문제 등과 같이 동북아에 국한됐던 동 맹의 폭을 넓혀야 함.
  - 새로운 안보환경에 대비하고 기후변화, 에너지, 자원, 빈곤, 국제 금융위기 등 다양한 이슈에서 협력을 강화해 나가야 함.
    - · 이를 통해 안보를 넘어 정치, 경제, 사회, 문화 등 제반분야에서의 협력 을 강화해야 양국의 국가이익 간 공통분모의 폭을 넓힐 수 있음.

- · '지속가능한 창조적 동맹' 비전을 실현
  - 이제는 단순한 수사를 넘어선 실질적인 동맹비전이 정립되어야 함.
    - · 이를 위해서는 현 시점에서부터의 국가이익에서 출발하여 양국간 미래 의 공통 국가이익을 실현할 수 있는 수단들을 식별해야 함.
    - · 이미 한미 양국은 자유민주주의와 시장경제, 그리고 인권이라는 가치와 국가이익을 공유
    - · 이제 필요한 것은 이러한 동맹을 환경에 흔들리지 않고 일관성 있게 발 전시키는 지속가능성과 동맹 상호간에 대한 신뢰가 중요
  - 따라서 새로운 정부의 동맹비전은 '지속가능한 창조적 동맹(sustainable & creative alliance)'으로 정립하는 것이 필요함.
    - · 한미동맹이 건전한 기반 하에 미래에도 양국의 국익에 봉사하며 지속적 인 발전을 이루어야 한다는 점을 미래 비전으로 부각시킬 필요가 있음.
    - · 또한 동맹은 결국 상대방에 대한 신뢰에 기반하고 있다는 점에서 양국 간 신뢰의 폭을 넓혀 나가는 것이 그 어떤 구호보다 실질적인 미래 비전 이 될 수 있을 것임.

핵심과제 (정책과제)

- · 2020년 한미관계 발전 비전 및 외교 전략이 성공하기 위해서는 미래에 구축 할 수 있는 한미협력의 모습을 구체화해야 함.
  - 첫째, 2020년의 한미동맹은 여전히 한반도 안보에서 한국의 방위충분성 에 도움을 주어야 한다는 공감대를 이끌어 내어야 함.
    - · 북한의 전면전이나 핵위협은 물론이고, 국지도발부분에서도 북한의 도

발 억제 및 한국의 대응과 관련해서도 동맹이 역할을 수행해야 함.
- 북한으로부터의 위협이 소멸된 이후에는 주변국의 한반도에 대한 부당한 군사적 간섭이나 침공을 억제할 수 있어야 함.
- 이는 미래 동맹의 역할이 확장되더라도 변함없이 유지되어야 할 사항임.
- 둘째, 한반도 방위와 국제적 기여의 조화가 이루어져야 함.
  - 한국의 국제적 기여는 미국의 수요가 더 크다고 보지만, 한국으로서도 간과해서는 안 되는 영역임.
  - 한국이 국제적 위상에 부합하는 기여를 이행하지 않을 때 국제사회에서 이기적인 국가로 낙인될 것이며, 이는 한국의 외교적 미래에 부정적인 영향을 미칠 것임.
  - 한국의 국제적 기여와 관련한 한미 간 조율은 미국에 대해 한국이 무임승차하지 않고 있음을 보여주는 기능을 할 것임.
  - 한반도 안보와 국제적 기여를 상호거래의 관계로 두어서는 안 될 것이나 보완적 역할로 설정할 수는 있을 것임.
- 셋째, 2020년에도 한미동맹은 한반도 통일을 지원하는 동맹이어야 함.
  - 미국의 동아시아정책은 한반도 통일에 소극적으로 전환될 우려가 있음.
  - 따라서 한국은 보다 적극적인 외교적 노력을 통해 한국의 통일방안에 대해 미국의 지지를 확보해야 함.
  - 한반도의 미래는 한국에 있고, 분단의 고착은 한미 양국의 안보비용 증대와 연결된다는 점을 꾸준히 설득함으로써 한국 주도의 한반도 통일이 미국의 국익에 이익이 된다는 점을 알려야 함.
  - 정치·전략적 측면에서 통일한국의 등장은 동아시아 및 아태 지역에서 미국 안보에 긴요한 동맹 네트워크가 강화·확대됨을 의미함을 전해야 함.
- 넷째, 한미 양자동맹의 기본틀은 유지되어야 함.
  - 동북아 역학구도에서 한·미·일이나 한·미·일·호의 다자동맹구조는 중국을 포위하는 구도가 될 수밖에 없음.
  - 이 경우 동북아의 긴장은 더욱 고조될 것이고 한국은 미국인가 중국인가 하는 선택을 요구받게 될 것임.
  - 따라서 미국으로 하여금 하나의 다자동맹보다는 잘 조화된 양자동맹을 다층적으로 운용하는 것이 바람직한 것임을 이해시켜나가야 함.
  - 물론, 이러한 접근이 지역 다자안보협력체제의 창설 자체를 배제하는 것

은 아니며, 양자동맹 일변도의 정책만을 강조하는 것은 더더욱 아님.
· 중요한 것은 동맹이든 다자안보협력체든 간에 이것이 한쪽의 대체재로 여겨져서는 안 된다는 것임.

• 한미 간 핵심 안보현안을 조용히 처리하며 신뢰를 공고화해야 함.
  – 첫째, 전시작전통제권 전환과 관련하여 보다 명확한 정책조율이 있어야 함.
    · 전작권 전환 이후 한미연합방위체제가 얼마나 잘 운영될 것인가에 대한 적지 않은 우려가 존재한다는 점 역시 고려하여 최적의 협력체제를 만들어 나가기 위한 노력을 계속해야 함.
    · 특히 2012년 10월 24일 한미연례안보협의회(SCM)에서 합의된 새로운 연합지휘체계는 전작권 전환의 의미를 살리면서도 효율적인 전쟁 수행을 보장할 수 있도록 발전시켜 나가야 할 것임.
    · 또한 한국군의 국방개혁과 잘 연계시켜 지휘체계 변화 못지않게 전력의 균형을 이루어 내야 함.
  – 둘째, 당장 2013년 말로 다가온 방위비 분담을 조용히 해결해야 함.
    · 미국 정부가 국내경제 사정, 주한미군 안정 주둔과 연합방위력 증강의 필요성을 고려하여 한국 측 방위비 분담을 늘려야 한다는 주장을 할 경우, 자칫 주한미군 비판여론을 상심화시키게 될 우려가 존재
    · 결국 방위비 분담은 여론과의 싸움이 될 것이기에 사전에 이러한 문제점을 인식하고 협상에 임해야 함.
    · SMA 협상은 기존의 증액 수준인 4%대를 유지하는 것이 바람직하며, 그 대신 한국의 글로벌 기여를 확대함으로써 실질적인 방위비 기여의 폭을 늘이는 방법이 바람직
  – 셋째, 한미 간 확장억제협력을 보다 구체화해야 함.
    · 확장억제는 핵무기 외에도 재래식 정밀타격무기와 미사일방어에도 관심을 둔다는 점에서 보다 효율적인 측면이 존재함.
    · 따라서 확장억제의 구체적 제공 내용과 관련한 긴밀한 협의가 필요하며, 억제력 제공 절차를 구축해야 함.
    · 또한 확장억제에 대한 신뢰도 제고를 위해 보다 많은 정보를 국민들과 공유하는 노력이 필요함.
    · 반면 미사일방어와 관련해서는 북한의 탄도미사일 위협 및 대주변국 관

계를 고려하여 한국형 저고도·하층 미사일방어에 집중해야 할 것임.
- 넷째, 한미원자력협정 개정이 필요함.
  · 민족주의적 관점에서 원자력협정을 바라보는 것은 바람직하지 못하며, 현실적이고 기능적으로 바라볼 때 해법을 찾을 수 있음.
  · 당장 2013년에는 미국에 대해 원자력협정 개정을 통해 한국의 핵연료주기 완성을 추진해야 함.
  · 미국 의회, 정부, 산업계 등에 대한 전방위 노력을 통해 원자력협정 개정을 추진을 위해 최선을 노력을 다해야 할 것이나, 그럼에도 불구하고 미국의 입장이 불변할 경우에는 우회적인 전략을 통해 핵연료주기를 완성할 수 있도록 해야 할 것임.
  · 즉 미국의 입장이 변하지 않더라도 원자력협정을 폐기하기보다는 양국 산업계 간의 협력을 확대하고, 제3국에서의 원전 공동수주 및 기술협력을 통해 양국 간 신뢰를 증진하며, 종국적으로는 핵연료주기를 완성해 내는 지혜가 필요함.
- 다섯째, 보다 포괄적으로 한미동맹의 미래를 논의할 수 있는 협의기구를 구축해야 함.
  · 현재의 '한미전략구상협의(SPI)'나 '통합방위협체(KIDD)'와 같이 동맹의 군사적·기술적 차원에 국한된 것이 아닌, 양국의 외교·국방 차관보급을 공동단장으로 하는 정기적인 전략협의체를 구축해야 함.
  · 동 협의체에 정부인사뿐만 아니라 한미 전문가들의 폭넓은 의견수렴 기회가 주어져야 함.

I. 미래 구상과 문제 인식

한미동맹은 지난 60여 년간 한국의 성장을 지켜 온 방패의 역할을 수행해 왔다. 한국전쟁의 참화와 냉전의 추위를 극복하고 오늘날 G20의 한국을 만드는 데 있어 양국 간 동맹은 필수불가결한 요소로 자리 잡아 왔다. 그러나 영원히 변하지 않는 관계가 존재하지 않듯이 변하지 않는 동맹은 없다. 한미동맹 또한 마찬가지일 것이다.

돌이켜보면 한미동맹이 가장 견고했던 시절은 한국전쟁 당시일 것이다. 미국은 자유진영의 맹주이자 수호자로서 3만 5천 이상의 인명을 희생하며 한국을 지켜냈다. 이후 한미동맹은 한국의 정치·경제적 성장과 함께 보다 형평성 있는 동맹으로의 진화를 모색해 왔다. 2008년 이명박 정부 출범 이후 한미정상회담이 개최될 때마다 한미관계의 미래에 관한 다양한 청사진들이 제시되었다. 2008년의 정상회담에서는 '21세기 전략동맹'의 방향이 제시되었고,[1] 2009년의

....

[1] 한미 양 정상은 21세기 안보환경의 변화와 미래 수요에 보다 잘 대처하기 위해 한미동맹을 전략적이고 미래지향적인 구조로 발전시켜 나가기로 하였다. 양 정상은 한미동맹이 공통의 가치와 신뢰를 기반으로 안보협력뿐 아니라 정치·경제·사회·문화 협

정상회담에서는 '21세기 전략동맹' 선언과 함께 미국의 한국에 대한 '확장억제Extended Deterrence' 공약이 천명되었고, 2010년의 정상회담에서는 2012년 4월로 예정돼 있던 전작권 전환 시점을 2015년 12월 1일로 연기하기로 합의하였다. 그리고 2011년의 정상회담에서는 미국의 '한미 FTA' 상원 비준과 함께 '다원적 전략동맹'이라는 표현이 등장하게 되었다.

그러나 이러한 표면적인 발전의 이면에는 또 다른 근본적인 의문이 제기된다. 2000년대 중반 이야기되던 '동맹의 위기'는 과연 어떤 이유에서 비롯되었을까. 노무현 정부 시절 동맹조정을 둘러싼 마찰음은 동맹환경의 변화에서 비롯된 불가피한 것이었을까, 아니면 특정 행정부의 잘못된 정책 방향에 의해 영향 받는 것일까? 이명박 정부는 출범 직후부터 '동맹의 복원復元'을 핵심적 대외정책 과제의 하나로 표방한 바 있으며, 이후에도 이 '복원'이라는 단어는 대관계에 있어 주요한 키워드가 되어 왔다.

'복원'이라는 단어 속에는 이전의 관계가 매우 바람직했으며, 한미 간에는 1990년대 이후의 대내외적 변화에도 불구하고 근본적인 구조 변환transformation의 필요성이 존재하지 않거나 아니면 시간에 따라 자연히 해결될 것이라는 인식이 내재되어 있다. 한미동맹관계에 있어 부침의 원인은 해당 행정부의 대미정책에 의해 좌우되며, 2000년대 초·중반 찾아왔던 동맹의 '위기'는 오로지 노무현 행정부의 국내정치적 고려 일변도의 대미정책으로부터 비롯되었다는 시각

....
력까지 포괄하도록 협력의 범위가 확대 심화되어 나가야 하며, 지역 및 범세계적 차원의 평화와 번영에도 기여하는 방향으로 발전해 나가야 한다는 데 의견을 같이 하였다. 연합뉴스, 2008년 8월 6일자.

이 작용한 것이다. 그러나 1990년대 이후 한미동맹의 근본적인 구조와 양국의 손익계산이 변화해 왔다면 단순히 행정부 교체나 정책의 변화만으로 진정한 미래지향적 관계를 구축하기는 어려울 수밖에 없다. 돌아갈 곳이 없는 마당에 '복원'에 집착할 필요가 없는 것이다.[2] 즉 앞서 제시한 전자의 가정을 고려한다면, 그리고 그 변화의 과정에서 해결되어야 할 구조적인 문제가 여전히 해결되지 않고 남아 있다면, 한미동맹 조정은 여전히 현재진행형의 성격을 띤다고 할 수 있다. 상황에 따라 '위기'가 재현될 가능성이 충분히 있다는 의미이다.

이러한 상황에서 달력을 2020년으로 넘겨 본다면 한국의 대미 외교 방향은 어떠해야 하는가? 만일 거대한 변화의 시대를 헤쳐 나갈 전략과 비전이 없다면, 19세기 말 그러했던 것처럼 한국의 외교는 커다란 시련에 직면하게 될 것이다. 따라서 한국의 미래 대외전략, 그중에서도 가장 중요한 영역이라 할 수 있는 대미외교를 구상함에 있어 가장 먼저 해야 할 과제는 국제관계의 흐름 속에서 미국이라는 가치를 다시 한 번 평가하는 데서 출발해야 한다. 한미 양국의 국익은 어떠한지 그 속에서 미국은 어떠한 역할을 할 수 있는지를 따져보지 않고 무작정 '강력한 동맹'만을 외친다면 한미동맹은 내용은 없고 외형만 존재하는 속 빈 강정과도 같아질 것이다.

다른 한편으로 대미외교의 미래를 구상하는 데 있어 중요한 문제는 현재 제기되고 있는 도전 요인들에 대한 이해와 중장기적 해결 방안이다. 지금도 한미 간에는 다양한 문제들이 산재해 있으며, 그

....

[2] 이에 대해서는 하영선 외, 『변환시대의 한미동맹: 미래를 향한 지휘관계 재건축』(서울: 동아시아연구원, 2008)을 참조할 것.

중 많은 것들은 수년 이상의 해결을 필요로 한다. 결국 2020년 한미관계의 실체는 각종 현안들이 해결된 결과에 따라 좌우될 수밖에 없다. 따라서 현재 무슨 이슈들이 논의되고 있고, 앞으로 어떻게 해결될 것인지를 그려보아야 할 것이다.

끝으로 미래 한미관계의 거시적 발전 방향을 고민할 필요가 있다. 오늘날 국제관계나 동북아 주변국과의 관계는 보다 복합적이고 상호의존적인 형태를 지니고 있어 순수한 양자관계의 영역은 점차 줄고 있다. 특히 중국의 부상 이후 국내적으로 제기되고 있는 한미관계와 한중관계의 조화문제는 한국외교 2020년의 가장 큰 도전이 아닐 수 없다. 따라서 한국에게 가장 중요한 두 양자 외교 간의 균형점을 설정하는 노력 없이는 실효적인 외교전략 수립이 불가능하며, 이에 대한 진지한 고민과 성찰이 요구된다. 또한 미래에 발생할 수 있는 잠재적 갈등 요인에 대한 충분한 고민이 필요하며 그 해결 방안과 함께 한미관계의 미래를 구상해야 할 것이다.

이 글은 오늘날 변화하는 안보환경을 전제로 2020년의 상황에서 다가올 수 있는 외교안보이슈와 한미동맹의 역할을 그려보고 한미관계가 발전해야 할 미래상을 짚어보기 위해 작성되었다. 이를 위해 앞서 언급한 미국관계의 추이와 각국의 이익에서 출발하는 동맹의 이익, 동맹에 대한 도전 요인, 동맹현안의 해결 방향 등을 차례로 짚어보며 한미관계와 대미외교 방향을 그려보기로 한다. 보다 미래지향적인 사고를 위해 한미관계에 대한 다양한 문제제기를 할 것이나, 이는 동맹 자체의 필요성과 논거에 대한 회의적 시각에서 비롯된 것이라기보다는 한미관계와 동맹의 건전성을 유지, 발전시키기 위함임을 밝혀둔다.

II. 한국외교와 한미관계

1. 21세기 한미관계의 추세

지난날 한미관계는 국제질서, 미국의 동아시아정책, 한국의 국제적 위상, 한국 국민의 인식, 북한의 군사적 위협 등과 밀접히 연계되며 변화되어 왔다. 다행히도 한국의 경제적 성장과 함께 경제, 안보 양 부문 모두에서 대미 의존적이었던 양국관계는 점차 동반자적인 국가관계로 발전해 왔다. 한국에 대한 미국의 인식도 식민지를 탈피한 개발도상국이자 단순 수혜국에서 G20 국가로 미국의 글로벌 네트워크에 없어서는 안 될 중요한 파트너로 개선되어 왔다. 앞으로도 보다 형평성 있는 관계를 지향하는 한미관계의 추세는 지속될 것으로 보인다.

그러나 한미관계가 순탄한 길을 걸어온 것만은 아니다. 1990년대 탈냉전 도래에 따른 미국의 안보, 경제적 인식 변화와 한국의 민주화 이후 보다 '대등한' 양자관계 요구를 받는 과정에서 적지 않은 갈등이 표출된 바 있다. 안보분야에서는 한반도에서의 현실주의적 위협 판단과 한국의 방위분담이 주된 이슈를 이루며 변화를 거듭했다. 사실 미국은 탈냉전 이후 동아시아에 주둔하는 미 군사력의 유지비용 축소를 꾸준히 검토해 왔다. 1990년대 「Nun-Warner 수정안」,[3] 「동아시아전략이니셔티브East Asia Strategy Initiative」,[4] 「동아시아전략검토East Asia Strategy Review」[5] 등에서는 한국의 경제성장을 미국의 안보정책에 활용해야 한다는 견해가 반영되어 있다. 그 이후에 나타난 한미 간의 각종 협상에서는 이러한 미국의 인식이 반영되며 한국의 방위비 분담액은 꾸준히 증가하게 된다.

경제분야에서는 엄청난 교역량 증가와 질적 성장 속에서 미국으로부터의 꾸준한 통상압력이 이어지고 있다. 1980년대 이후 한국의 대미수출이 급격히 증가하며, 한국의 무역흑자폭이 커지면서부터 슈퍼 301조의 적용, 반덤핑 제소 등으로 양국 간의 갈등이 표면화된 바 있으며, 보다 최근에는 소고기 재수입 협상, FTA 협상 등에

....

[3] 1990년 동아시아에 주둔하는 미 군사력 능력강화와 동시에 유지비용 축소를 위한 임무와 전력구조 변경방안을 검토한 것이다. 동 보고서에는 주한미군 관련 내용이 있으며, 최초로 주한미군을 주도적 역할에서 지원적 역할로 변경한다는 내용을 담고 있다. 그에 따른 주한미군 병력 수의 점진적 참축 및 재배치, 한국군의 부담 증대 또한 포함되어 있는 것으로 전해진다. 차상철, 『한미동맹 50년』(생각의 나무, 2004), p.61.

[4] 1990년과 1992년 두 차례에 걸쳐 아태지역 주둔 미군의 점진적 감축을 계획한 보고서이다. 아태지역의 중요성을 재인식한다는 표현을 담고 있으나 방위예산의 대폭 삭감을 포함하고 있다. 자세한 내용은 Dick Cheney, *Defense Strategy for the 1990s: The Regional Defense Strategy* (U.S. DoD, 1993), http://www.informationclearinghouse.info/pdf/naarpr_Defense.pdf.

[5] 클린턴 정부 이후 1995년과 1998년 두 차례에 걸쳐 만들어진 보고서로 북한 핵문제로 인해 변화된 안보환경을 반영하여 EASI에서 검토된 병력 감축 등을 포기하였으나, 한국 등의 경제력 신장에 따른 방위비 분담액을 증액시키는 내용을 포함하고 있다. William Perry, *The United States Security Strategy for the East Asia-Pacific Region* (U.S. Dod, 1998), http://www.dod.gov/pubs/easr98/easr98.pdf.

서 자국 경제를 우선적으로 생각하는 관행이 잘 나타나고 있다.

한편 한국 내에서는 미국에 대해 보다 당당한 자세를 취할 것을 요구하는 목소리가 커지고 있다. 1990년대 초 주한미군 범죄로 인한 사회적 파장은 주둔군지위협정SOFA의 개정으로 이어졌으며, 아직도 주한미군 범죄는 종종 사회적 이슈가 되고 있다.[6] 특히 일부의 반미감정 조성은 국내정치적으로 적지 않은 파장을 몰고 왔는데, 2002년 발생한 여중생 장갑차 교통사고는 일부의 선동과 미 측의 미숙한 초동대응으로 대통령선거의 중요 이슈로까지 부각되었다. 사실 이러한 국내적 목소리는 북한 위협에 대한 국민들의 인식이 변화했고, 국제관계에서 한국의 위상을 스스로 인식하기 시작한 것에서 비롯된 것으로 보아야 한다.[7]

이러한 한미관계의 정치, 안보, 경제, 사회적 변화는 21세기 들어 폭발하게 되며, 그 결과 2000년대에 전반에 걸쳐 한미 간의 불협화음이 지속되다가 2008년 이명박 정부 출범 이후에야 안정(최소한 외형상으로는)을 되찾았다. 2003년 출범한 노무현 정부는 한미동맹의 중요성은 인정하나, 북한문제 및 국제문제에 있어 반드시 같은 목소리를 낼 필요는 없다고 보았다. 그 결과 대북 포용정책 전개와 주한미군 재배치와 전략적 유연성 적용, 그리고 전시작전통제권 '전환' 등을 겪으며 미국의 부시 행정부와 갈등을 겪게 되었다. 그러나 노무현 정부 역시 이라크 파병이나 FTA 합의 등에서 보여준 바

....

[6] 최근 주한미군 여고생 강간사건 등으로 다시 문제가 야기되고 있다. "주한미군 성폭행 사건 서울서도 발생," 연합뉴스, 2011년 10월 27일.

[7] 천안함 폭침이나 연평도 포격도발 이후 국민들의 한미동맹에 대한 인식이 급격히 향상된 점이 이를 잘 보여준다. 윤영미, 『천안함 프리즘을 통해서 본 굳건한 한미동맹』 (국제전략연구원, 2010) 참조.

와 같이 한미관계를 결정적으로 해치는 정책은 추진하지 않았다. 오히려 노무현 대통령과 부시 대통령은 2005년 11월 경주정상회담을 통해 「한미동맹과 한반도 평화에 관한 공동선언Joint Declaration on the ROK-US Alliance and Peace on the Korean Peninsula」에 합의하였다. 그 내용은 한미관계가 "포괄적이고 역동적이며 호혜적인" 동맹관계로 발전시키겠다는 것이었다.

"포괄적·역동적·호혜적"인 동맹의 구체적 내용을 들여다보면 전통적 안보 개념인 군사적 차원을 넘어 정치, 경제 등 포괄적 안보도전에 대처하고 양국 정부 및 민간부문의 협력과 교류를 통하여 새로운 안보환경에 능동적으로 대응하면서 상호존중하며 보완적인 동반자관계를 지향하는 미래지향적인 동맹 개념이다.[8] 이는 21세기 안보환경 변화와 부쩍 성장한 한국의 위상을 인정하며 기존의 한반도 중심의 군사동맹에서 다양한 영역에서 함께 행동하는 포괄적 영역과 능동적 태도를 반영한 것으로 볼 수 있으나, 사실 노무현 정부 동안 한미관계는 그리 '미래 지향적'이지만은 않았다. 많은 대미조치들이 실질적인 동맹의 미래보다는 국내정치적 인기에 영합했으며, 실질적으로는 많은 양보와 타협이 있었으면서도 무늬만 자존심을 내세우는 경우도 적지 않았던 것이다.

2008년 등장한 이명박 정부는 노무현 정부에 비해 한미관계를 더욱 중요시하며, 보다 강력한 동맹의 '복원'을 위해 노력하였다. 그 결과가 바로 2009년 6월의 「21세기 전략 동맹 비전 선언Joint Vision for the 21st Century Strategy Alliance」이었다.[9] 양국 정상은 한미동맹을 한반도

....

[8] 하영선, 『변환의 세계정치』(을유문화사, 2010), p.263.

[9] 김재철, "21세기 한미 전략동맹'의 안보적 과제와 대비방향," 『대한정치학회보』 17권 2

에서 양자적 관계를 넘어 글로벌 이슈에 대한 협력으로 발전시키고, 미국은 북한의 위협에 대해 '확장억제extended deterrence'를 제공하며, 한국은 대테러, 비확산 등에 기여를 확대하겠다는 내용에 합의한 다. 그리고 그 내용을 군사적으로 발전시킨 「전략동맹 2015strategic Alliance 2015」가 2010년 10월 개최된 양국 국방장관 간의 제42차 한 미연례안보협의회를 통해 합의된다. 이 과정에서 당초 2012년으로 설정했던 전시작전통권 전환 시기는 2015년으로 연기되었다. 경제분 야에서도 한층 더 긴밀한 관계가 형성되는데 그 최정점에는 한미 간 FTA가 있다.[10] 2011년 11월의 한미정상회담에서는 경제위기, 테러리 즘, 기후변화 등 인류가 당면한 다양한 분야의 문제 해결에 양국이 기여하는 '다원적 전략 동맹'으로 발전시키겠다는 합의를 하기에 이 른다. 새롭게 '다원적'이라는 표현이 들어간 것은 당시 미국 상원의 FTA 비준과 연계하여 경제영역에서의 협력이 강조된 것으로 본다.[11]

이상을 발전과정을 고려할 때 한미관계의 미래 추세는 어느 정 도 가시화될 수 있다. 그것은 안보영역에 국한되지 않는 포괄적 동 맹으로서의 범위 확대이다. 북한의 재래식 군사위협이나 핵문제 등 과 같이 동북아에 국한됐던 동맹의 폭을 넓혀 새로운 안보환경에 대비하고 기후변화, 에너지, 자원, 빈곤, 국제 금융위기 등 다양한 이 슈에서 협력하는 것이다. 이를 위해 안보를 넘어 정치, 경제, 사회, 문

....

호.(2010), pp.273-297.

[10] 지난 노무현 대통령 다시 합의되고 약간의 조정을 거친 자유무역협정은 마침내 2011 년 양국 의회의 비준 승인을 거쳐 2012년부터 발효하게 되었다. 국회 승인을 확인하 고 각주를 정리할 것임.

[11] 김종우·이승우, "한미안보동맹 다원적전략동맹으로 버전업," 연합뉴스, 2011년 10월 14일.

화 등 제반분야에서의 협력을 강화하겠다는 것이다. 이처럼 한미관계가 다원적이고 포괄적인 전략적 동맹관계로 발전하고 있는 것은 안보 및 경제 분야에서 한국의 위상 제고와 그에 따른 보다 형평성 있는 관계 설정의 과제가 존재하고 있음을 의미한다. 그러나 이른바 '대등한 관계'로 대변되는 미래의 양자관계에 내포된 한국의 정치, 경제, 외교적 부담까지에 대해서는 여전히 본격적인 국내적 논의가 이루어지지 않은 상태이다. 전작권 전환을 둘러싸고 2000년대 중반에서 현재까지 대책 없는 자주론과 상대방의 입장을 고려하지 않은 안보편승론이 교차된 것도 이러한 냉철한 판단의 부재에 기인한다. '대등'은 외형상의 평등성 못지않게 효용과 기여의 평등이 보장되어야 한다. 만일, 한반도 방위를 위해 그리고 세계적 위상을 위해 미국이 필요하다면, 그에 따른 반대급부가 제시되어야 비로소 '평등'할 수 있다.

2. 한미 양국의 국가이익

외교에서 국가가 현재 추구하고 또는 추구해야 하는 중요한 가치가 바로 '국가의 이익'이다. 비단 현실주의적 입장이 아니라 해도 국가가 국제정치의 기본단위인 이상 국익은 외교정책 논쟁의 초점으로서 계속 논의될 것이다. 한미관계라는 양자관계에서 양국의 국익은 관계 형성의 기초이자 동맹을 지탱하는 힘이며, 양국의 국가이익은 2020년 한미관계를 조망하는 데 있어 가장 기초적인 기준이 될 수 있다. 다행히 한미 양국은 미래에도 상당부분의 국가이익을 공유할 수 있음을 확인할 수 있다.

가. 미국의 국가이익

'국가이익national interests'은 통상적으로 주권국가의 대외정책 차원에서 사용된 중심개념으로서 오늘날에는 국내적 차원에서의 공공이익을 포함하여 포괄적인 개념으로 사용되고 있다.[12] 일반적으로 국가이익은 이익을 상정할 수 있는 주요 분야별로 설명되어 왔다. 예를 들어, 생존, 정치적·영토적 독립성, 경제적 번영 그리고 안정적 국제질서는 모든 국가들에 보편적으로 적용되는 국가이익으로 볼 수 있을 것이다.[13]

미국의 국가이익은 미국의 국가안보전략에 잘 나타나 있다. 2010년에 발간된 『국가안보전략서National Security Strategy, NSS』에 투영된 미국의 국가이익은 안보, 번영, 가치, 국제질서이다.[14] 이 네 영역에서 미국은 자신들의 국가이익을 추구하고 있다. 이는 1997년 발간된 『국가안보전략서』의 세 가지 목표, 즉 효과적인 외교와 싸워서 승리할 준비가 되어 있는 군사력으로 안보를 강화하고, 미국의 경제를 번영시키며, 해외에서 민주주의를 증진하는 것과 유사하나, 국제질서를 보다 세분화한 것으로 평가할 수 있다.[15]

....

[12] 국가이익은 역사, 문화, 전통, 규범 및 시대상황에 따라 다소 변할 수 있지만 일반적으로 국가의 보존, 번영과 발전, 국위선양 및 국민이 소중히 여기는 가치와 체제의 보존과 신장 등을 추구하는 것을 의미한다. 임동원, "한국의 국가전략: 개념과 변천과정," 『국가전략』 제1권 1호(1995), pp.28-35.

[13] 임동원, 위의 각주.

[14] The White House, *National Security Strategy* (Washington, D.C.: The White House, May 2010), http://www.whitehouse.gov/sites/default/files/rss_viewer/national_security_strategy.pdf.

[15] The White House, *A National Security Strategy for A New Century* (Washington, D.C.: The White House, 1997), p.2.

첫째, 안보로서 미국 국민의 생명과 재산 보호를 가장 중요한 국익으로 보고 있다. 따라서 국민들의 안전을 위한 범정부 차원의 노력을 지적하고 있다. 특히 미국은 재래식 전쟁을 통해 자국을 위협할 수 있는 국가는 없다고 인식하고 테러 및 대량살상무기 억제에 중점을 두고 있다. 테러에 대한 대처는 미국에서 출생하고 성장한 자생적 테러리스트들에 대한 대처와 알카에다 및 폭력적 극단주의 세력의 분쇄disrupt, 와해dismantle 및 격퇴defeat를 들고 있다. 또한 미국은 국민들의 안전을 위해 핵무기나 핵물질의 안전을 확보하고 생물무기의 확산을 막기 위해 노력하고 있다. 이를 위해 '핵무기 없는 세상'을 추구하고 있으며, 생물무기위협 대처능력을 강호하고 있다. 그 밖에도 외교적 영역에서 중동지역의 평화와 안전을 희망하며, 사이버 공간의 안전을 강화하려고 노력하고 있다.

둘째, 미국의 경제적 회복과 번영을 중요한 국익으로 보고 있다. 그리고 이를 위한 기초체력이라 할 수 있는 교육 및 과학기술의 강화를 목표로 들고 있다. 미국 경제의 지속적인 발전을 위해 균형된 성장을 추진하는 한편, 청정에너지 중심의 새로운 산업혁명 선도 필요성을 강조하며 2014년까지 수출액의 2배 증가를 목표로 하고 있다. 또한 미국 내 금융시스템 개혁을 추진하고 저축률 증가와 소비 절감 등을 통해 경제적 기반을 튼튼히 하고, 정부부문에서는 예산 적자를 축소하고 신흥시장의 내수 증진을 통해 세계경제 재균형rebalancing을 추구하고자 한다. 또한 교육의 경쟁력을 강화시킴으로써 인적 자본을 충실히 하고, 과학기술에 대한 지속적인 투자를 통해 첨단기술을 발전시키겠다는 의지를 보이고 있다.

셋째, 미국이 중요시하는 가치로서 미국의 보편적 가치 실현, 즉 민주주의와 인권의 확산을 중요한 국익으로 보고 있다. 이를 위해

외교역량을 발휘하여 고문 금지, 합법적인 대테러조치, 인권보호, 여성권리 강화 지원, 반부패 규범 강화 등을 위한 협력을 확대해 나가고자 한다. 보편적 가치 증진을 위한 협력 확대를 통한 인간의 존엄성 증진 외에도 인도적 지원을 포함하고 있는데, HIV/AIDS 퇴치, 식량안보 증진, 인도적 위기대응 지원 등 또한 국가이익을 수호하기 위한 활동으로 보고 있다.

넷째, 미국 주도의 국제질서를 지속하는 것을 중요한 국익으로 보고 있다. 이를 위해서는 강력한 동맹을 확보하고 기타 중심세력과 협력이 필요하다는 인식을 갖고 있다. 강력한 동맹으로는 먼저 유럽 동맹국들을 들 수 있으며, 이들과의 관계는 미국의 전 세계적 개입의 초석이자 국제적 행동의 촉진제로 인식하고 있다. 아시아에서는 한국, 일본, 호주, 필리핀, 태국과의 동맹은 아시아 안보의 근간根幹이며, 21세기에 걸맞도록 관계를 심화해야 한다고 보고 있다. 기타 중심세력과의 협력문제는 중국, 인도, 러시아를 들고 있는데 중국과는 긍정적, 건설적, 포괄적 관계를 추진하고 중국의 책임 있는 지도적 역할을 환영하며, 평화·안보·번영에 기여하는 선택을 하도록 계속 권장하겠다는 입장이다. 물론 중국의 군사력 현대화 노력을 주시하고 이로 인해 부정적 영향이 발생하지 않도록 준비하는 것도 게을리하지 않고 있다. 인도와는 전략적 파트너십을 구축 중이며, 범세계적 문제와 관련한 인도의 지도력 확대를 환영한다는 입장이다. 끝으로 러시아와는 비확산이나 군축분야에서 안정되고 실질적인 관계를 구축하고자 하는 입장이다. 동시에 이러한 협력을 위한 제도 및 메커니즘을 강화하고자 하는데, 대對유엔 협력강화 및 안보리 개혁을 추진하고 G8보다는 G20에 중점을 두고 세계경제문제를 조율하겠다는 입장이다.

이처럼 미국의 『국가안보전략서』에 나타난 국익은 비단 자국민의 안전 및 재산보호와 같은 국내문제에 머무르지 않고 국제평화의 유지와 분쟁 해결 그리고 미국적 가치의 확산과 같은 범세계적 협력을 강화하는 것에 있음을 보여준다.[16]

나. 한국의 국가이익

한국의 국가이익은 지금까지 정부 차원에서 공식적으로 정의된 바 없다. 이는 국가이익의 정확한 개념과 국가목표와의 차이점 등에 대한 구체적 이해가 부족했던 것에 기인했다는 평가도 존재한다.[17] 일부에서는 대한민국 헌법의 전문과 본문에 의거하여 국가안전보장, 경제성장과 국가번영, 자유민주체제 유지·발전, 국위선양과 세계평화에 기여 그리고 조국의 평화적 통일 등 다섯 가지를 한국의 국가

....

[16] 참고로 미국의 '국익검토위원회(The Commission on America's National Interests)'의 분류방법을 들 수 있다. 동 위원회는 국가이익의 중요도를 "존망의 이익"(vital interests), "핵심적 이익"(extremely important interests), "중요한 이익"(just important interests) 그리고 "부차적 이익"(secondary interests)으로 구분하고 있다. 가장 중요한 존망의 이익은 국가의 존립과 관계된 것으로 "자유롭고 안전한 국가에서 미국민들의 생활을 보장하고 증진하는 데 반드시 필요한 것들"로 정의하며, 구체적 예로서, 미국에 대한 대량파괴무기 공격과 공격위협의 방어·억제, 유럽과 아시아에서 새로운 패권국의 등장 방지, 동맹국의 생존 보장 등을 들고 있다. The Commission on America's National Interests, *America's National Interests* (Cambridge, MA: Harvard University, 1996) 참조.

[17] 전성훈은 이와 관련하여 다음과 같은 예를 들고 있다. 1973년 국무회의는 한국의 국가목표로 다음 세 가지를 의결한 바 있다. 첫째, 자유민주주의의 이념하에 국가를 보위하고 조국을 평화적으로 통일하여 영구적 독립을 보존함, 둘째, 국민의 자유와 권리를 보장하고 국민생활의 균등한 향상을 기하여 복지사회를 실현함, 셋째, 국제적 지위를 향상시켜 국위를 선양하고 항구적 세계평화에 이바지함 등이다. 이는 국가목표라기보다는 국가이익에 가까운 사항들이다. 전성훈, "국가이익과 국가전략: 통일·외교·안보를 중심으로," 『국가전략』(세종연구소, 1999), pp.180-181.

이익을 대표하는 분야로 제시한 바 있다.[18]

물론 헌법에 이러한 내용이 대한민국의 국가이익이라고 명시되어 있는 것은 아니지만 국가의 기본이념과 철학을 유추할 때 매우 설득력 있는 접근으로 평가한다. 이를 기반으로 하여 각각의 국가이익을 좀 더 자세히 들여다보면, 첫째, 국가안전보장은 국민의 안전보장, 영토보존 및 주권보호를 통해 굳건한 독립국가로서 생존하는 것이다. 그 내용은 다소 다를 것이나, 미국의 국가이익 중 안보가 바로 이와 직결된 것으로 볼 수 있을 것이다. 따라서 북한의 위협이나 초국가 비전통위협 등과 같은 잠재적 위협으로부터 국민의 생명과 안전을 지키는 일이 될 것이다.

둘째, 경제성장과 국가번영은 국민생활의 균등한 향상을 기하고 복지를 증진하며 국가의 발전과 번영을 추구하는 것이다. 이 역시 미국의 국가이익 중 번영과 유사한 개념으로 볼 수 있으며, 경제의 지속적인 성장을 통한 발전, 국민생활의 향상, 복지 강화, 정부 및 금융 기능의 지속적인 혁신 등이 그 실질적인 내용으로 포함될 수 있을 것이다.

셋째, 자유민주주의체제 유지·발전은 자유와 평등, 인간의 존엄 등 기본적 가치와 자유민주체제를 유지·발전시키며 민족문화를 창달하는 것이다. 이것 또한 미국의 국가이익 중 가치와 유사한 개념으로 볼 수 있다. 한국 또한 미국과 마찬가지로 자유민주주의와 시장경제를 기반으로 하고 있으며, 인권 보호를 중시하고 있기에 거의 유사한 개념이라고 할 수 있겠다.

넷째, 국위선양과 세계평화 기여는 국위를 선양하고 국제평화와

....
[18] 임동원, 앞의 각주 11, p.18.

인류공영에 이바지함으로써 한국의 국가가치를 범세계적으로 실현하는 것이다. 이 역시 미국 국가이익 중 국제질서와 유사하나, 양국 간의 국력 차로 인해 한국의 경우 국제질서를 스스로 주도하기보다는 국제평화와 안전에 기여하고 그에 부합하는 국가위상을 확보하는 내용으로 제한될 것이다.

다섯째, 조국의 평화통일은 평화적인 방법으로 남북 분단상황을 종식시키고 통일을 달성하여 한 민족, 한 국가로 살아가는 것이다. 이는 미국의 국가이익에는 나타나지 않는 한국 고유의 국가이익이라고 할 수 있다. 어찌 보면 분단된 현실에서 오는 국가이익으로 앞서 살펴본 첫째부터 넷째까지의 모든 국가이익과 연계된 문제라고도 볼 수 있다.

한편, 미국의 『국가안보전략서』와 유사한 성격을 지닌 문서라 할 수 있는 이명박 정부의 성숙한 세계국가는 국가이익을 구체적으로 밝히지 않고 국익 개념이 국제사회의 공공성과 연계되며 자유민주주의, 인도주의 가치, 시장경제에 대한 공감대와 확산을 들고 있다.[19] 국가안보전략과 관련하여 다른 문서가 존재하는지 알 수 없지만 국가이익을 명시하고 국가안보전략을 그와 연계하여 풀어나가지 못한 방법론상의 아쉬움이 있다.

다. 접점과 동맹이슈

이상 살펴본 바와 같이 한국과 미국은 국가이익 측면에서 상당한 부분을 공유하고 있다. 이는 국가이익이 점차 국제화되어 국제사회

....

[19] 청와대, 『이명박 정부 외교안보의 비전과 전략: 성숙한 세계국가』(청와대, 2009. 3.), p.7.

의 기본가치와 연계되는 특징을 보이기 때문이며, 동시에 한국과 미국이 추구하는 가치가 매우 유사하기 때문으로 볼 수 있다. 그러나 구체적인 국가이익부문에서 한국과 미국이 공유하는 이익은 정도의 차이가 있다는 점도 이해해야 할 것이다.

먼저 북한 위협에 공동으로 대응한다는 점에서 한미동맹은 양국의 국가이익에 기여한다. 미국의 『국가안보전략서』에서는 한반도 관련사항이 일부 등장한다. 그것은 북한 핵무기 프로그램의 포기 요구와 한국과의 관계 증진, 그리고 주한미군의 주둔이다. 먼저 북한 핵무기를 국제사회의 위협으로 인식하고, 북한이 핵 프로그램을 포기할 경우 국제사회로의 정치·경제적 편입이 가능하나, 의무 미준수 시에는 고립 강화를 위한 다양한 수단이 강구될 것임을 경고하고 있다. 이 점에서 한국의 국가이익과 미국의 국가이익은 완전한 일치를 보이고 있다고 볼 수 있다. 군사적 가치의 측면에서 미국은 여전히 한반도 방위에 중요한 역할을 차지하고 있으며, 한국의 입장에서는 향후에도 상당기간 주한미군의 주둔과 유사시 미국의 안보공약을 필요로 하기 때문이다.

다음으로 국제사회에서의 다양한 협력 필요성과 관련하여 한미 양국의 국가이익이 중첩된다. 미국의 『국가안보전략서』에서는 아시아에서 한국의 관계 증진을 언급하며, 한국을 동북아 역내 및 범세계적 문제 해결, 민주적 가치 증진에 중요한 지도국으로 표현하고 있다. 동시에 한국의 역할을 증대시키고자 하는 방향성까지도 담고 있다. 이 점은 한국의 국익과도 유사하다고 볼 수 있다. 한국이 국제사회의 중견국으로서 발돋움하며, 국제사회에서의 기여를 확대해 나가고 있기 때문이다. 그러나 한국의 역할 증대는 결국 한국의 부담 증대와도 연계되므로 사안에 따라 양국의 국익이 반드시 일치

한다고는 볼 수 없다.

끝으로 주한미군 주둔과 관련해서 한미 양국의 이해가 부합된다. 미국은 대등한 파트너십 원칙에 기초, 미군의 지속적 주둔 기반 확보를 위해 한국과의 안보관계를 현대화modernizing하고 있음을 밝히고 있다. 다만, 주한미군 주둔방식과 관련해서는 한미 간의 의견 차가 존재한다. 미국의 입장에서 한국의 전략적 가치는 점차 약화되고 있다는 점은 군사적 효용성과 관련된 양측의 거래비용을 높이는 주요 원인이 되고 있었다. 미국이 해외에 신속하게 군사력을 전개하는 데 한계가 있었던 1990년대까지만 해도 안정적인 상설기지의 확보는 미국에게도 매우 중요한 이익이었다. 그러나 1990년대 중·후반 이후 진행되어 온 군사혁신RMA과 국방변환Military Transformation은 미국으로 하여금 필요시 본토로부터의 신속한 전력 전개 시간을 점차 단축하여 왔고, 이로 인해 상설기지가 지니는 중요성이 점차 감소되기 시작하였다. 그러나 이러한 미국의 입장은 주한미군의 안정적 주둔을 강조하는 한국과 차이를 보이고 있다. 동시에 주권국가에서 외국의 주둔을 국가이익으로 볼 수 있는가 하는 점에서 중장기적인 검토는 필요한 영역이다.

Ⅲ. 미래 한미관계에의 도전

2020년 한미관계를 전망하고 준비하기 위해서는 한미관계에 다가올 새로운 도전들을 이해하는 것 역시 중요하다. 무서운 속도로 떠오르는 중국, 미국의 경제난과 재정난의 여파, 지속적으로 위협을 제기하는 북한의 위협에 대한 인식 차, 한국의 글로벌 기여에 대한 기대, 한미 간 경제적 호혜성 등이 한미관계의 안정적 발전에 도전 요인이 될 것이다. 따라서 이들 요인에 대한 보다 정확한 인식이 필요하다. 미국은 한국의 성장을 인식하며 한국의 위상에 부합하는 국제적 기여를 촉구할 것이다. 이는 한반도 방위에 대한 한국의 부담 증대와 한국의 국제적 기여 확대에 따른 경제적 부담 증가와 연계된다. 그러나 한국의 국내정치적 상황은 동시다발적으로 국민들의 복지요구가 분출하며 제한된 재정을 안보나 국제적 기여에 활용하기 어려운 처지가 되어 가고 있다. 그 결과 앞으로 상당기간 한미관계에서의 요구사항과 국내적 수요에 따른 재정 배분에 있어 많은 고민이 발생할 것이다.

1. 중국 변수의 관리와 미중관계

중국의 부상은 어제 오늘만의 일이 아니며, 앞으로도 꾸준히 한반도 안보에 영향을 미칠 것이다. 사실 미국은 오늘날 고유명사처럼 회자되고 있는 '중국의 부상' 이전 시기부터 중국문제에 대한 적지 않은 고민을 해온 것으로 보인다. 그러나 경제력을 기반으로 한 중국의 국제적 위상은 더욱 높아지고 있다.[20] 매년 10%를 상회하는 고도의 성장률을 보이고 있는 중국은 이미 세계의 공장이 된 지 오래이며, 골드만삭스의 전망에 의할 때 2027년이 되면 GDP 규모가 미국을 초월할 것으로 보인다.[21] 물론 중국의 미래에 대해서는 반론도 제기되지만[22] 고질적인 재정과 고용 문제를 앓고 있는 미국의 경제상황을 고려할 때 G2의 시대의 도래가 그리 멀지만은 않은 것 같다. 미국은 이미 중국과 다양한 글로벌 이슈들을 논의하고 있으며, 앞으로도 이러한 추세는 지속되고 확산될 것이다.

한미관계에 있어서도 예외가 아니다. 벌써부터 한미 간의 각종 대화에는 중국 이슈가 자리 잡고 있다. 따라서 중국문제는 미래 한미관계의 도전 요인이 아닐 수 없다. '떠오르는 중국'의 추세 속에서 한국이 어떠한 전략적 자리매김을 할 것인가는 분명 현재와 미래 한미관계의 주요한 영향 요인이다. 중국의 부상에 대한 평가는 객

....

[20] Wayne M. Morrison, *China's Economic Conditions* (CRS Report for Congress, June 2011), http://www.fas.org/sgp/crs/row/RL33534.pdf.

[21] Jim O'Neill and Anna Stupnytska, "The Long Term Outlook for the BRICs and N-11 Post Crisis," *Global Paper No. 192* (Goldman Sachs, Dec. 4, 2009), pp.21-22.

[22] Gorden G. Chang, "A Pessimistic View on China Economic Future," http://nextbigfuture.com/2010/01/pessimist-view-of-china-economic-future.html.

관적 분석의 결과로 도출되기도 하지만, 미국의 국력과 세계적 영향력에 대한 미국 자체의 주관적 시각에 의해서도 많은 영향을 받는 것이 사실이다. 2000년대 이후 출간된 많은 저서들이 미국의 상대적 영향력 쇠퇴와 중국의 약진을 기정사실화하고 있으며, 이러한 추세가 거의 불가역적인 것으로 평가해 왔다.[23] 이러한 추세는 때에 따라서는 미국 내의 한국에 대한 감정 혹은 한국 내의 대미감정과 맞물려 적지 않은 부정적 영향을 양국의 동맹관계에 미칠 수 있다. 예를 들어, '떠오르는 중국'이 미국의 이익을 침해할 수 있다는 강박관념이 미국 사회 내에 팽배한 가운데, 한국 내에서 반미정서가 상승할 경우 이는 미국으로부터 양국 간 동맹관계뿐만 아니라 한국 주도의 통일에 대해서도 부정적 시각을 초래하는 원인이 될 수도 있다. 2000년대 중반 한국 사회에서 일어났던 '동맹의 위기'에 대한 논쟁을 상기해 보면 이와 같은 파급영향은 충분히 이해가 가능하리라고 판단된다.

그러나 동시에 최근 들어 결국은 중국의 국력 상승이 계속되더라도 미국의 세계적 영향력은 지속될 것이라는 지적들이 힘을 얻기 시작한 경향 역시 감안할 필요가 있다. 즉 중국의 국력이 지속적으로 신장되기는 하지만, 21세기와 같은 다문화 및 정보화 시대에 있어 미국의 강점은 여전히 유지되며, 미국은 여전히 세계를 위해 책임 있는 역할을 할 수 있다는 주장들이 제기되기 시작한 것이다.[24] 이

....

[23] 이에 대해서는 Michael K. Connors, Remy Davison and Jorn Dosch, eds., *The New Global Politics of the Asia-Pacific* (London and New York: Routledge Curzon, 2005); Terrence Edward Pupp, *The Future of Global Relations* (New York: Palgrave & Macmillan, 2009)을 참조할 것.

[24] 이에 대해서는 Anne-Marie Slaughter "America's Edge: Power in the Networked

러한 점에서 과연 '떠오르는 중국'을 관리하는 데 있어 한국이 어떠한 역할을 할 수 있을까 역시 한미관계의 주요 관심사의 하나라 할 수 있다.

중국 이슈가 한미관계에 영향을 미치는 것은 크게 세 가지이다. 첫째, 미중관계로 인해 한국이 영향을 받는 것이다. 이는 미국의 문제로서 그 결과가 한국에 미치는 부문이다. 둘째, 중국 이슈로 인해 한국이 영향을 받는 것이다. 이는 한국의 문제로서 스스로 한미관계를 포함한 대외전략을 조정해야 하는 부문이다. 셋째, 중국 이슈로 인한 한미의 안보정책상 파급효과가 발생하는 것이다. 이는 한미 공동의 문제로서, 미국의 동아시아정책과 한국의 대북정책, 그리고 양국 각각의 대중정책이 조화를 이루어야 하는 부문이다.

먼저 중국 이슈로 미국이 영향을 받는 것이다. 중국의 부상이 지속되고 중국이 G2로서의 위상을 공고히 할 경우 미국은 한국보다 중국을 우선시할 수 있다. 이 경우 미중관계의 전개 방향에 따라 한국은 적지 않은 영향을 받게 될 것이다. 예를 들면 미중 간의 갈등이 강화될 경우 한국은 미국으로부터 중국과의 거리 유지를 요구받을 가능성이 크다. 예를 들면, 중국 위협론이 확산될 경우, 미국은 중국의 영향력 확대를 막기 위한 한·미·일이나 한·미·일·호 등과 같은 다자안보체제로의 편입을 요구받을 수도 있다. 반면 미중 간에 전략적 협력이 강화될 경우에는 양국의 의도에 따라 한국의 대외정책이 영향을 받을 우려도 존재한다. 예를 들면, 북한문제 해법이나 한반도 통일문제와 관련하여 미중 간에 한반도의 현상유지status quo에 합의할 경우, 미국이 한국의 요청사항을 충분히 반

....

Century," *Foreign Affairs* (January/February 2009), pp.94-113을 참조할 것.

영시키기 위해 중국을 압박하기보다는 역으로 중국의 영향을 받아 한국을 설득하려 할 가능성도 배제할 수 없다. 따라서 미중관계의 변화를 주시하며 대미외교를 추진해야 할 것이다.

다음으로 중국 이슈로 인해 한국이 영향을 받는 것이다. 이미 중국은 한국의 최대교역국이다. 더구나 한국은 중국을 제외한 전 세계 모든 국가들과의 거래에서 발생하는 무역흑자보다 중국으로부터 더 많은 무역흑자를 보고 있다. 실로 중국의 부상은 경제적 차원에서 한국에게는 커다란 혜택이 아닐 수 없다. 그럼에도 한국은 중국이 아닌 미국의 시각에서 중국문제를 바라봐 왔다. 그 이유는 미국과의 전통적 동맹관계, 중국의 북한 비호, 중국의 아직은 덜 개방된 정치, 사회체제 등과 같이 다양한 원인을 들 수 있다. 그러나 향후 중국이 경제적으로 미국과 대등한 위치에 선다면, 그 영향력을 무시할 수 없을 것이다. 중국으로부터의 경제적 이익이 한중관계의 문제점을 덮고도 남음이 있다면, 그리고 한국 국민들이 중국과의 경제교류의 중요성을 잘 이해하게 된다면, 한중관세의 심화는 미국으로부터의 원심력으로 작용하게 될 것이다. 지난 노무현 정부에서 주한미군의 전략적 유연성을 논의할 때 중국으로부터는 주한미군이 대만사태에 개입될 수 있다는 불평 섞인 우려가 제기된 바 있다. 실제로 일부 인사들은 그러한 시각에서 전략적 유연성에 매우 강경한 입장을 펴기도 했다. 2020년 중국의 위상이 더욱 부각되고, 한중 간 경제협력이 더욱 강화될 때 중국은 한국 스스로에게도 한미동맹 유지의 도전요소가 될 것이다.

끝으로 중국 이슈로 인해 한미 양국의 안보정책에 영향을 받는 것이다. 사실 이는 새로운 도전 요인이 아니며 벌써부터 한미동맹은 중국 요인에 대한 많은 고민을 해오고 있다. 한국의 미사일방어 가입문제, 북한의 국지도발 대응, 북한 급변사태 대비 등과 관련하여 한미 양국은 중국에 대한 적지 않은 고민을 해오고 있다. 중국이 부상하면 할수록 중국을 견제하기 위한, 또는 중국과 협력하기 위한 고민들로 인해 한미 간의 적지 않은 갈등이 표면화될 수도 있을 것이다. 2020년의 경우 한미 양국의 안보정책은 보다 확연하게 중국에 의해 영향을 받게 될 것이다.

2. 미국의 경제상황과 재정난

지난 2011년 8월 1일 공화당과 민주당 간의 장기적이고 치열한 공방 끝에 극적으로 타결된 미국 연방정부 부채상한 증액 및 재정지출 감축 합의안[25]은 역으로 한미동맹이 앞으로 겪게 될 적지 않은 고민을 반증하고 있다. 미국의 경제상황은 향후 한미동맹에 직접적이고 중대한 영향을 미칠 것이다. 연방정부 재정적자 감축협상 합의안은 미국 국방예산의 대폭 감축을 전제로 하고 있기 때문이다. 이러한 예산부담은 전 세계에 배치되어 있는 미군과 미군기지에 영향을 미칠 것이며, 한미관계를 넘어 동북아 역내 안보체제에 큰 도전이 될 것이다.

명목 GDP상 2010년 기준으로 미국은 여전히 압도적인 세계 1위를 차지하고 있다. 그러나 연간 1조 달러 이상의 엄청난 재정적자로

....
[25] 오바마 대통령이 서명한 합의안에 따르면 향후 10년간 향후 10년간 9,170억 달러 지출 감축을 추진하고 2011 연말까지 미 의회 특위가 1조 5천억 달러 규모의 추가 지출 삭감안을 마련하기로 되어 있다. "오바마 부채상한 증액 협상 타결," 국민일보, 2011년 8월 1일.

인해 미국 경제의 위상이 크게 흔들리고 있다. 미국 경제에 대한 위기 감이 최근 들어 고조된 이유는 1차적으로 2008년의 금융위기와 최근 그리스 사태 등 유럽발 위기 상황에 전례 없는 미국의 신용등급 강등이 원인이 되었다고 볼 수 있다. 하지만, 보다 근본적인 원인은 부시 정부 기간에 실시한 감세정책의 효과가 분명하지 않은 가운데 2001년 이후 테러와의 전쟁에 소요된 엄청난 전비 때문일 것이다.

물론 미국은 현재 경제적·재정적 어려움을 겪고 있다고 해도 여전히 세계경제의 최강국이다. 그리고 그 절대 액수만을 놓고 본다면 최대 8,000억 달러 이상에 해당하는 국방예산의 삭감이 어마어마한 규모로 보일 수 있으나, 자세히 분석해 보면 10년간 미 국방예산 총액의 7~8% 내외에 해당하는 규모일 뿐이다.[26] 따라서 국방예산 삭감이 심각한 국방력 약화로 이어질 것이라는 미국 내의 여론은 보는 시각에 따라서 일종의 과장된 우려라고도 할 수 있다.

그러나 미국의 재정난과 국방예산 삭감은 단순히 수치로 나타난 것 외에도 미국의 국내정치적 요구에 따른 미군의 해외주둔 재편과 한국의 방위부담이라는 부정적 여파를 몰고 올 것으로 보인다. 오바마 행정부 출범 이후 다시 하원을 장악한 미 공화당의 보수파 의원들은 오바마 정부의 예산 삭감규모에 만족하지 못하고 주한미군기지 이전과 일본 후텐마 미군기지 이전계획 등 동북아 미

....
[26] 아메리칸 대학교의 미국의회정치 전문가인 고든 애덤스 교수가 지적한 대로, 이러한 삭감규모는 엄격하게 말하자면 그다지 놀라운 것이 아니다. 오바마 대통령과 국방부는 지난 2011년 4월 예산 심의과정에서 12개년 계획을 통하여 국방예산을 향후 10년 동안 4천억 달러 삭감하여, 10년간 미국의 국방예산의 규모를 총 6조 7천억 달러에서 6조 3천억 달러로 낮추겠다는 방안을 이미 의회에 보고한 바 있다. Bong, Youngsik, "Does U.S. Financial Crisis Shake the U.S.-ROK Alliance?" *DongA Weekly* (August 22nd, 2011), http://www.asaninst.org/eng/newsroom/board_read.php?num=462&page=2&type=aips_news&keyfield=&key=.

군기지 재편의 전반적인 검토를 요구하고 있다.[27] 반면 미국에 대한 국제안보 위협이 여전히 높은 상황에서 국방예산이 크게 줄어들면 미군의 규모와 전력, 작전능력이 크게 제약을 받을 것이라고 우려하는 의원들은 (미군기지 재편계획과 현대화를 지지하지만) 동맹국들의 분담금 증액이 수반되어야 한다는 의견을 피력하고 있다. 의회로부터의 이러한 압박에 대한 오바마 행정부의 구체적인 정책대안이 무엇인지는 아직 확실하지 않다. 2012년 오바마 대통령으로서는 아이젠하워 행정부 이후 가장 낮은 수준의 지출을 통한 향후 10년간 약 1조 달러의 정부재정지출을 감축하면서 동시에 대규모의 경기부양책 없이 경기회복과 9%를 넘나드는 장기 실업율의 해소라는 양대과제가 큰 부담일 수밖에 없다. 또한 이러한 경제문제는 당장 해결되는 것이 아니어서 그 여파가 2020년까지 지속될 가능성이 높다.

물론 중국의 부상, 북한의 지속적인 도발 등을 고려할 때 한미동맹을 중시하는 오바마 정부로서는 당장 주한미군 규모를 축소하지는 않을 것으로 보인다. 그러나 한국의 방위비 분담금 증액은 별개의 문제이다. 당장 2013년부터 가시화될 것이다. 그리고 한국의 국제정치적, 경제적 위상이 높아질수록 한국 방위의 한국화와 주한미군 규모 축소의 목소리가 미국의 정가에서 높아질 것이다. 따라서 미국의 경제위기와 재정악화는 미래 한미관계에 있어 커다란 도전

....

[27] 의회의 이러한 입장은 2011년 5월 미의회의 외교정책의 중심 인물인 칼 레빈(미시간 주), 존 맥케인 (아리조나 주), 짐 웹(버지니아) 상원의원이 공동 명의로 당시 로버트 게이츠 국방장관에게 동북아 미군기지 재편계획의 전면 재검토를 요구하는 서한을 발송한 것에서 잘 나타났다. 공동명의 서한에서 3명의 상원의원은 주한미군과 주일미군기지 재편계획을 "현실성이 결여되고, 실행이 불가능하고, 재정적으로 감당할 수 없는"(unrealistic, unworkable, and unaffordable) 계획이라고 비판하고, 계획의 타당성과 대안을 전면적으로 검토하기 위하여 재편계획을 당분간 중단할 것을 요구하였다. Bong, Youngsik, 위의 각주.

요인이 아닐 수 없다.

3. 북한으로부터의 위협 판단

동서양에서 역사적으로 사용되어 온 동맹의 개념은 둘 이상의 복수 국가 간의 안보협력을 위한 공식약속이었다.[28] 따라서 특정한 동맹의 이면에는 항상 안보나 군사상의 위협이 존재하였다. 한미동맹 역시 마찬가지다. 한미상호방위조약 3조에서 언급하고 있는 "타당사국에 의한 태평양지역에서의 무력공격"이 이러한 위협을 구체적으로 언급하고 있으며,[29] 지금까지 주로 북한의 위협에 대응해 왔다. 문제는 조약 성립 당시와 달리 경제적으로 급성장한 한국과 경제적으로 실패를 거듭하고 있는 북한이 급격한 국력 차를 보이고 있다는 점이다. 그 결과 북한의 전면전 도발 가능성을 높게 평가하지 않는 견해들이 등장하고 있다. 같은 이유에서 한미 간에 한반도 방위에 관한 시각차가 발생할 가능성이 매우 높다.

한국은 과거보다는 줄어들었지만, 아직도 북한이 전면전을 도발할 가능성이 있다고 보고 있다. 북한의 대남정책은 노동당 강령에 있는 바와 같이 한반도의 적화통일을 궁극적인 목적으로 하며, 이를 위해 3대 혁명역량 강화, 4대 군사노선 추구, 기습전과 기동전

....

[28] 하영선, "21세기 복합동맹," 『21세기 신동맹: 냉전에서 복합으로』(EAI, 2010), p.12.

[29] "각 당사국은 타 당사국의 행정관리에 있는 영토 또는 금후 각 당사국이 타 당사국의 행정관리 하에 합법적으로 들어갔다고 인정하는 영토에 있어서 타 당사국에 대한 태평양지역에 있어서의 무력공격을 자국의 평화와 안전을 위태롭게 하는 것이라고 인정하고 공통한 위험에 대처하기 위하여 각자의 헌법상의 수속에 따라 행동할 것을 선언한다.", 「한미상호방위조약」 3조.

그리고 배합전의 군사전략을 통해 전면전을 도발할 수 있다는 데서 한국의 국방정책이 시작된다.[30] 또한 처음부터 한반도 적화를 목표로 전면전을 기도하지 않는다 해도 북한 내부의 불안정이나 국지도발이 확산되어 전면전으로 연계될 가능성이 존재한다는 것이 한국군의 판단이다. 그리고 이 과정에서 주한미군의 적극적 기여가 필요하며, 한미 간 합의에 의한 전시증원이 북한의 전면전을 예방하는 핵심 열쇠로 보고 있다. 이는 이미 냉전기에서부터 이어져온 주요 합의 내용이다.

미국 역시 공식적으로는 이러한 한국의 입장을 지지하고 있다. 철저한 대비태세 유지를 통해 북한의 군사도발을 예방하고 한반도의 안보를 보장하는 것이 미국의 역할이라는 데에는 이의를 갖지 않는다. 이는 2011년 7월 취임한 제임스 서먼 연합사령관의 취임연설에서도 잘 나타난 바 있다.[31] 그럼에도 미국은 북한이 한국을 전면적으로 침공할 능력을 보유하지 못하고 있는 것으로 평가하는 듯하다.[32] 북한의 경제상황이나 군사준비태세를 볼 때 6·25 전쟁과 같이 전면전을 일으켜 한국을 침략, 병합할 수 있는 능력이 없다고 보는 것이다. 이러한 변화하고 있는 인식이 아직은 미국의 대 한반도정책에 반영되지 않은 것으로 보이나, 차츰 현실화될 것이며 2020년에는 이미 자리를 잡게 될 것이다.

....

[30] 대한민국 국방부, 『국방백서 2010』(국방부, 2010), pp.20-29.

[31] 서먼 사령관은 당시 주한미군 및 연합사의 임무는 "외부의 공격으로부터 대한민국을 보호하고 동아시아의 안정을 지키는 것"으로 명시한 바 있다. "한국방어, 동아시아 안정유지가 임무," 연합뉴스, 2011년 7월 21일 참조.

[32] 예를 들어 클래퍼 미 국가정보국장(DNI)은 국회 청문회라는 공식석상에서도 "북한이 남한에 대해 전면적인 공격을 가할 가능성은 낮은 것으로 보고 있다"고 밝히고 있다. "미, 북한 국지도발 강화, 전면전은 희박," SBS 뉴스, 2011년 3월 11일 참조.

한편, 변화하는 전장환경도 미국의 한반도 안보공약이나 주한 미군의 태세와 연계되어 갈등 요인으로 부각될 수 있다. 현대전은 이미 1991년의 걸프전, 이라크전이나 아프간전 등에서 잘 나타난 바와 같이 전선에 의한 전쟁이 아니다. 그러나 한반도는 아직도 냉전이 공존하고 있고, 휴전선이라는 단일 전선 하에서 남과 북이 대치하는 형국이다. 북한의 전면전 위협을 낮게 판단하는 미국의 입장에서는 현대전의 전장환경을 고려할 때 주한미군 군사력의 재배치에 대한 욕심이 생길 수밖에 없는 구조이다. 특히 경제난으로 인해 군사비 지출을 최소화해야 하는 입장을 고려할 때 한반도에서의 방위부담을 최소화하고자 하는 미국의 입장은 점차 현실화될 가능성이 크며, 이 과정에서 갈등 요인이 발생할 것이다.

4. 한국의 글로벌 기여

2009년 한미 양국 정상이 합의한 「21세기 전략동맹선언」의 내용을 보면 다양한 글로벌 이슈에 대한 한미 양국의 협력을 담고 있다. 한국의 국제적 위상에 부합하는 기여는 국제문제를 풀어나가는 데 있어 중강국의 지원이 절실한 미국으로서는 한미동맹을 글로벌 동맹으로 격상하려는 한국의 노력에 매우 긍정적인 입장일 수밖에 없다. 문제는 과연 한국이 미국이 기대하는 만큼의 국제적 기여를 할 수 있을 것인지에 있고 그 수행 여하에 따라 한미관계에 대한 잠재적 도전 요인이 될 수 있다.

21세기 전략동맹의 역할분담에 있어 '확장억제'를 포함한 한반도에 대한 미국의 지속적인 방위공약이 미국이 부담하는 분야라면 글로벌 기여는 한국이 부담하는 영역으로 볼 수 있다. 경제적 어려움을 겪고 있는 미국으로서는 이러한 한국의 약속에 대해 적지 않은 기대가 이어질 것이다. 그러나 지역 및 범세계적 협력에 관한 한국의 준비는 적지 않은 우려를 낳게 한다.

먼저 21세기 전략동맹에 관해서 한미가 합의한 내용을 보면, 아태지역의 평화와 번영과 역내 삶의 질 개선을 위한 협력, 역내 안보 문제에 대한 상호 신뢰 및 투명성 제고 노력, 범세계적 문제 해결 및 G20 등 다자체제 내에서 협력, 평화유지, 테러리즘, WMD 확산, 해적, 조직범죄, 기후변화, 에너지안보, 전염병 등을 들 수 있다.[33] 그러나 우리의 약속에 비해 실질적인 준비는 아직 부족한 것이 사실이다. PKO 영역에서는 국가 위상에 부합하는 기여를 하고 있다고 평가할 수 있으나,[34] 테러, WMD 확산이나 해적, 자연재해영역에서의 기여는 아직 미흡하다.

더욱 문제인 것은 앞으로도 글로벌 문제에 대한 기여의 확대가 쉽지 않다는 점이다. 먼저 세계경제위기에서 한국 역시 자유롭지 않다. 한국이 당초 공적개발원조ODA 등을 대폭 늘리려 계획했으나 이를 실천하지 못한 것도 마찬가지 이유이다. 글로벌 기여에는 많은 비용이 수반된다. 국내에서 폭발적으로 소요가 제기되고 있는 복지 문제를 고려할 때 과연 국제문제에 얼마나 기여를 할 수 있을지 의문이다. 다음으로 한국의 국내적 정서이다. 국가적 차원의 기여 약

....
[33] 김재철, 앞의 각주 8, p.274.

[34] 세계 10위권의 비용 부담국가이다. 일부에서는 참여병력 규모가 적다는 비판도 있으나, PKO 병력 파견국은 주로 경제적으로 뒤처진 후진국임을 고려할 때 한국의 병력 기여는 크게 문제될 것이 없다고 본다. 보다 중요한 것은 군대를 보내는 지역과 한국의 외교적 목표를 잘 연계시키는 일이 될 것이다.

속이나 의지와 달리 한국 국민들이 테러나 WMD 확산 등을 얼마만큼 위협으로 인식하고 있는지 의문이다. 또한 한국 국민들은 해외작전 중 인명 손실에 민감하고, 일부 반미인사들은 적극적인 반미활동을 위한 기회를 기다리고 있다. 그 결과 아프간이나 이라크 파병 당시에도 한국군은 가장 안전한 장소에 배치되었다. 위험은 감수하지 않으면서 선언이나 문서상의 기여만을 약속한 것은 아닌지 반성할 필요가 있다.

만일 글로벌 협력과 관련하여 한미 간 이견이 커 질 경우 이는 결국 한미관계에 부정적 요인으로 작용할 것이다. 동맹의 건전성은 결국 위기상황이 닥쳤을 때 상대방의 기여를 통해 확인할 수 있는 것이다. 따라서 상황 발생 이전에 당사자 간의 신뢰가 가장 중요하다. 한국의 글로벌 협력이 미국의 기대에 못미치는 경우에도 미국으로부터는 한국의 협력에 감사하다는 외교적 수사를 듣게 될 것이다. 그러나 동맹의 기저가 흔들리는 것은 바로 이때부터이며, 한국이 위기에 접어들 때 기대할 수 있는 미국의 기여는 비례적으로 줄이들 수 있다.

따라서 한미 간 글로벌 협력은 한미관계를 더욱 강화시킬 수 있는 기회 요인이면서도 동시에 안정적인 한미관계 발전의 도전 요인이다. 글로벌 협력에 대한 한국 정부의 약속이 외교적 수사에 불과했다고 미국 정부가 인식할 경우 한미관계의 건전성은 점차 약화될 것이다. 따라서 향후 한국의 국제적 기여문제는 곧 한미협력의 가늠자가 될 것이다. 한국 정부의 명확한 이해와 정책적 준비가 필요하다.

5. 통상 및 경제적 호혜성

한미동맹 체결 이후 미국시장은 한국 공산품의 최대 수출시장이었다. 한강의 기적도 그 구조적 기반은 한국 상품의 대미수출에 있었다. 미국은 세계의 소비시장 역할을 수십 년간 수행해 오면서 물질적 풍요를 누려왔다. 하지만 경제적 위상이 상대적으로 하락하면서, 특히 2008년 세계금융위기 이후 미국은 자국의 통상강화를 위해 많은 노력을 하고 있다. 이는 비단 한국만을 대상으로 하는 강경정책은 아니지만 한미 간 FTA 발효 이후에도 지속적인 문제제기가 예상되며, 잠재적인 한미 간 갈등 요인으로 볼 수 있다.

미국의 통상정책은 전통적으로 해외시장 확보, 외국의 불공정 무역 관행으로부터 미국 수출기업 보호, 외교 또는 안보상의 필요에 따른 무역통제, 그리고 경제성장을 위한 글로벌 무역의 증진 등을 목표로 삼아왔다.[35] 이를 위해 GATT 및 WTO를 만들어 내고, 미국시장에의 접근 제한이나 무역 보복조치를 발동하는 한편, 자유무역을 촉진하기 위한 FTA를 체결하고 있다. 오바마 대통령의 통상정책 역시 수출주도형 일자리 창출전략의 일환으로 미국산 상품과 서비스의 수출시장을 확대하고 아태지역의 무역자유화 협상에 적극 임하는 것을 골자로 하고 있다. 특히 중소기업이 세계시장에서 경쟁력 있는 행위자로 더욱 통합되도록 노력하는 것을 강조하며 이를 통한 고용창출효과를 기대하고 있다.[36]

....

[35] 김치욱, 『미국의 신통상국가 전략과 한국의 대응방안』(세종연구소, 2011), p.6.

[36] SBA(Small Business Administration), *The Small Business Economy: A Report to the President* (United States Government Printing Office, 2010) 참조.

미국의 공격적인 통상정책에는 미국이 갖고 있는 위기의식이 반영된 것으로 보인다. 사실 1970년 세계 상품 및 서비스 수출에서 미국이 차지하는 비중은 13%에 달했으나 2010년 8%로 감소했다. 반면 중국이 차지하는 비중은 1%에서 10%로 급격히 증가했다. 즉 오바마 대통령 출범 직후인 2009, 2010년은 세계수출시장에서 미국과 중국 간에 순위 변동이 일어난 시기였다.[37] 동시에 미국 국내에서의 높은 실업률은 미국이 경제적 침체에서 빠져나오는 데 커다란 부담을 주고 있는 형국이다.

따라서 향후 수년간 미국의 시장개방 압력 등이 강화될 것으로 보이며, 특히 미국은 자국과의 거래에서 무역흑자를 보는 국가들에 대해 우선적인 압력을 행사할 것으로 보인다. 한국의 경우 전통적인 대미 흑자국가이기에[38] 상당기간 미국으로부터 압력이 지속될 것으로 보인다. 다행히 FTA 체결로 인해 한 단계 더 진전된 경제협력 관계를 유지할 수 있으나, 한국의 대미 흑자는 경제적 호혜성의 원칙을 주장하는 미국에게 좋은 타깃이 될 수 있다.

물론 당장 경제분야에서의 갈등이 확산되어 한반도 안보에 직접적인 영향을 미치지는 않을 것이다. 또한 이미 1980년대부터 한미 간에는 적지 않은 무역분쟁이 존재해 왔다. 그러나 이러한 갈등이 다른 요소, 즉 북한의 위협문제나 미국의 경제위기 등과 연계될 경우 안보분야에 있어서도 악영향을 미칠 수 있다. 따라서 2020년 한미관계를 전망함에 있어 주요한 도전 요인이 될 것이다.

....

[37] "China's Exports Prospects: Fear of the Dragon," *The Economist* (January7, 2010).

[38] 한국의 대미흑자는 2000년대에서도 지속되고 있는데, 2001부터 2010년까지 약 904억 달러의 흑자를 보았으며, 2011년 상반기에만 63억 달러에 달하는 흑자를 보고 있다. '한국무역협회' 자료 재인용.

Ⅳ. 한미 군사관계의 현재와 미래 현안

한미관계의 미래는 현재 제기되고 있는 각종 군사 현안의 미래와 직결된다. 동맹이슈가 잘 해결될 경우 한미관계는 과거와 같이 안정적인 상황이 지속될 수 있을 것이나 동맹이슈에서 불협화음이 생길 경우 다른 분야의 발전에도 장애가 될 것이기 때문이다. 현재 한미 간에는 동맹의 가치와 비전을 지속적으로 발전시켜 나가는 문제가 제기된다. 2015년으로 전시작전통제권 전환이 연기되었으나, 향후 얼마나 잘 운영될 것인가 하는 문제를 안고 있다. 방위비 분담도 2013년에 다시 재협상이 시작된다. 미국은 한국을 MD에 참여시키고자 노력하고 있으나, 반면 한국 내 여론은 미사일 사거리 연장을 요구하고 있다. 확장억제에 관한 한미 간의 협력은 지속되고 있으나, 그 구체적인 내용에 대한 양측의 협력이 필요하다. 이 모든 영역에서 한미 양국 당국자의 지혜가 필요하다.

1. 동맹의 가치, 비전, 공통목표의 정립

한미동맹의 가치나 비전 그리고 공통목표의 정립은 동맹의 방향성에 기반을 제공한다. 21세기 들어 지금까지 들어선 두 정부는 각각 나름대로의 한미동맹의 가치와 비전을 제시한 바 있다. 그러나 과거의 구호가 동맹의 본질을 짚고 그 정도를 심화시켰는지 아니면 수사에 불과했는지는 되돌아볼 필요가 있다. 한미동맹의 가치, 비전, 공통목표는 무엇인가 하는 고민이 필요하다.

한미 간에는 새로운 정부가 출범할 때마다 새로운 내용의 가치나 비전이 선포되고 있다. 그러나 정부가 바뀔 때마다 새로운 슬로건을 만드는 것은 커다란 의미를 갖지 않는다. 한미 양국 간 국가이익이 유사함에서 오는, 그리고 신뢰가 쌓이면서 견고해지는 동맹의 건전성이 가장 중요한 요소이다. 더불어 국정을 운용하는 정치지도자들의 언행과 이를 뒷받침하는 국민들의 지지가 동맹을 지탱하는 핵심 요인이라 할 수 있다. 앞서 국익과 관련하여 살펴본 바와 같이 양국은 안보, 경제적 번영, 기본적 가치, 국제관계에 있어 대부분의 공통분모를 지니고 있다. 따라서 동맹관계를 심화하는 데 있어 제약 요인이 크지 않다. 노무현 정부의 구호나 이명박 정부의 구호가 외견상은 다르지만, 그 내용에서는 커다란 차이를 볼 수 없다는 점이 이를 잘 대변한다.

실제로 지금까지 나타난 동맹비전에서 한미가 지향하고자 하는 가치나 비전은 모두 담겨 있다고 본다. 자유민주주의, 시장경제를 지향하는 가치, 북한의 위협과 국제적 안보위협에 공동 대응하는 비전 역시 상호 호혜적인 성격을 지니며 매력적인 대안이 아닐 수 없다.

문제는 포괄동맹, 가치동맹의 실효성이다. 군사적 동맹에서 포괄적 동맹으로 확대되는 것이 과연 좋은 것인지 한 번 고민해야 한다. 포괄적 동맹이 군사적 영역을 넘어 지구적 이슈나 동북아 이슈에서 한국에게 부담이 되지는 않을 것인지 의문이다. 동북아에서는 중국 문제와 관련하여 부담이 될 수 있으며, 국제적으로는 경제적 부담이 확대된다. 물론 과거 아프간 교민 구출작전이나 아덴만 해적 퇴치 작전 등에서 미군 도움을 받고 있으나, 우리가 기여해야 할 부분을 이행하지 못할 경우 되돌아 올 수 있는 역풍을 고민해야 한다. 국제사회에서 단지 미국을 따르는 종속적인 국가로 비쳐질 가능성도 존재한다. 이 경우 제3세계권에 부정적인 이미지로 비쳐질 것이기에 포괄동맹이 한국에게 무조건 이득이라고 보기 어렵다.

가치동맹이란 구호도 마찬가지이다. 가치동맹은 가치를 공유하는 것을 의미하는데, 이를 통해 동맹의 결속력에 긍정적 역할을 할 가능성이 존재한다. 그러나 가치를 함께 추구하고자 하겠다는 것은 목표가 너무 방대해지기 때문에 외교적 수사에 머물 수 있다. 또한 가치를 추구하는 것은 이익이 맞지 않아도 가치로 인해 동맹을 유지하겠다는 논리가 될 수도 있다. 양국 간 이익이 맞지 않는다 해도 서로 같은 가치를 공유하기에 동맹을 유지해야 한다고 볼 수 있기 때문이다. 그러나 이러한 접근은 반미운동을 막는 데 유용할 수 있어도 동맹의 본질에 부합하는지 다시 한 번 고민이 필요하다. 기본적으로 동맹은 국가의 이익추구수단이므로 가치가 같더라도 이익이 갈라지면 어쩔 수 없이 해체되는 것이기 때문이다.

그렇다면 현재와 미래 한미관계의 가치, 비전, 목표는 보다 현실에 기반을 둘 필요가 있다. 그것은 양국의 국익상 공통점을 최대한 활용하는 것이 바람직하다. 따라서 안보, 경제, 가치, 국제질서 등에 있어 상호간에 공통의 이해를 공유하고 있다는 것을 국민들에게 널리 알리고, 외교적 수사보다는 실질적 행동강령을 만들어 나가는 구체적 노력이 필요할 것이다. 양국이 공유하는 국가이익에 기반한 동맹의 가치와 비전을 그리고 각 시기별로 달성할 수 있는 구체적인 목표들을 그려 나가야 한다.

혹자는 한미동맹에 있어 공통의 '가치'를 주장하는 것은 어리석은 접근이며, 이는 사실상 미국 의제의 수용에 다름 아니므로 중국과의 관계 악화를 불러올 수 있다고 주장한다. 그러나 공통의 '가치'를 미국만이 주장할 수 있는가. 이미 세계화의 흐름에 상당부분 동참해온 한국의 입장에서 한국이 생각하는 '보편적 가치'를 미국에 제안할 수는 없는 것일까. 이제는 이러한 차원의 고민을 해야 할 시점이며, 이러한 접근이 과거 제기되었던 전작권의 '전환'보다 오히려 더 '자주적'인 것이다. 과거 미국의 각 지역사령구 작전계획이 한미 간의 작전계획이 되기 위해서는 양자 간 협의에 따라 '연합작전계획'이 되는 과정을 거쳤다. 이제 동맹이 지향해야 할 '가치'에 있어서도 미국이 이야기하는 보편적 가치가 아니라, 한미가 함께 지향하고 공유하는 보편적 가치의 개념들을 만들어 나가야 한다.

이러한 점에서 한미동맹의 미래 비전으로서 우리에게 필요한 것은 가치와 신뢰, 그리고 지속가능성이다. 동맹이 지속가능하기 위해서는 가치와 신뢰에 기반한 양측의 기대 효용이 균형되어야 한다. 아무리 좋은 말로 동맹을 포장한다 해도, 그 실질적 내용이 더욱 중요하다. 즉 한미동맹이 건전한 기반 하에 미래에도 양국의 국익에 봉사하며 지속적인 발전을 이루어야 한다는 점을 미래 비전으로 부각시킬 필요가 있다. 이러한 관계에서 양국의 상대방에 대한 안보공약은 호의라기보다는 자신을 지키기 위한 자기방어이다. 즉 동맹 파트너를 배려하는 차원에서의 선택적 안보공약이 아니라, 나의 생존과 번영에 필수적인 동업자share-holder를 지키기 위한 필수적 선택으로서의 안보공약을 제공하는 관계, 그리고 이러한 인식을 상대방에게 심어줄 만큼 군사 이외의 포괄적 협력이 존재하는 관계가 바로 미래 한미동맹이 되어야 한다. 또한, 분쟁과 갈등에 대비한 과거의 동맹보다는 협력적이고 평화지향적인 지역 및 국제질서를 창출해 나갈 수 있는 창조적creative 동맹으로 변모해 나가야 한다. 이러한 점에서 본 연구는 '지속가능한 창조적 동맹sustainable & creative alliance'을 새로운 동맹비전으로 제시하고자 한다.

2. 전시작전통제권 전환

2010년 6월 개최된 한미 정상회담에서 양국 정상은 전시작전통제권이하 전작권을 전환하는 시기를 2012년 4월 17일에서 2015년 말로 조정하기로 합의하였다.[39] 따라서 기존의 계획들이 모두 조정, 연기되고 있으며 새로운 시간표에 연합방위구조의 능력과 태세를 점검하여 2015년 말에 전작권을 전환 받게 될 것이다. 한미 양국은 한국 주도-미군 지원의 새로운 연합방위체제는 미래의 동맹환경은 물론 전장환경에 부합하는 것으로 인식하고 있다. 그러나 전작권 전환 이후 한미연합방위체제가 얼마나 잘 운영될 것인가에 대한 적지 않은 우려가 존재하며, 이와 관련한 국민적 불신을 해소해야 하는 과제를 안고 있다.

　　전작권 전환시기 연기의 배경은 한반도 안보상황의 안정적 관리

....

[39] 청와대, "Toronto 韓·美 정상회담 보도자료," 2010년 6월 26일.

와 내실 있는 전작권 전환 보장에 있다. 또한 노무현 정부 당시부터 보수진영에서는 전작권 전환에 대해 우려의 목소리가 높았기에 천안함 폭침사건 이후 높아진 안보 우려를 반영한 것으로도 볼 수 있다. 특히 2012년은 북한이 주장하고 있는 강성대국 출범 원년임과 동시에 한국과 주변국 모두의 정권교체가 연계되어 있어 안보적 유동성이 매우 높은 해이므로 시기를 3년 6개월 연장하여 안정적인 전작권 추진이 이루어질 수 있도록 조정한 것이다. 정치적으로 민감한 시기에 전작권 전환과 연합사 해체는 한반도의 불안정성을 가중시킬 수 있기 때문이다.

2015년 말로 전작권 전환시기를 조정한 이유는 한국의 주도적 임무수행에 필요한 전력 보유, 즉 조기경보능력이나 화력보강, 그리고 한국군의 C4I체계 등을 보강하는 데 추가적인 시간이 필요했기 때문이다. 이에 따라 한국군은 현재 추진하고 있는 상부지휘구조 편성과 운영체제가 완비된 이후 연합연습을 거쳐 전작권을 전환받을 수 있는 여건을 마련하였다. 미측에게 있어서도 주한미군기지 이전이 완료된 이후[40] 전작권을 전환함으로써 보다 안정적인 연합방위체제를 구축할 수 있는 장점이 있었다. 또한 2015년은 한미 양국의 특별한 선거가 없는 해로써 정치적 쟁점을 피할 수 있는 시기였다는 점도 고려되었을 것이다. 〈그림 1〉은 2012년과 2015년의 전략환경을 비교한 것이다.

현재 국방부와 합참은 새로운 시간표에 따른 전작권 전환을 준비하고 있다. 전환시기 연기에 따른 새로운 계획은 거의 완성단계에

....
[40] 전작권 전환 당시와 달리 주한미군기지 이전사업이 2015년까지 완료될 것인가는 아직 불투명하다. 미국의 재정악화로 필요한 비용을 제때 투입하기 어려울 가능성이 존재한다.

있는 것으로 보이며, 동 계획에 의거한 군사적 이행단계에 접어든 것으로 보인다. 이러한 준비단계는 다음의 〈그림 2〉에 잘 나타나 있다.

〈그림 1〉 2012년과 2015년의 전략환경 비교[41]

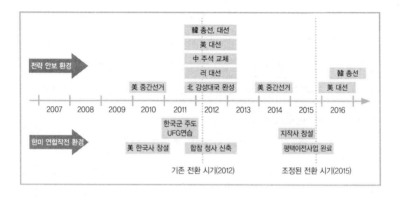

〈그림 2〉 전작권 전환 준비단계[42]

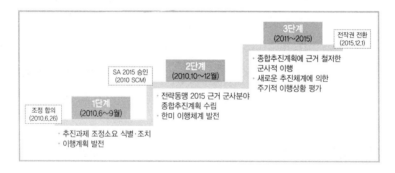

전작권 전환과 관련하여 제기되는 문제는 크게 두 가지이다. 전작권 전환이 반드시 필요한 것인가 하는 본질적 문제와, 만일 그렇

....

[41] 국방부, 『전시작전통제권 전환 시기 조정에 대한 올바른 이해』(서울 : 국방부, 2010).

[42] 김갑진, "전작권 전환 시기 조정의미와 군사적 완전성 제고," 『합참 제45호』(합동참모본부, 2010), p.19.

지 못하다면 2015년에 맞추어 얼마나 잘 조정해 나갈 수 있는가의 문제이다. 첫 번째 문제는 이미 돌이킬 수 없는 형국이 되었다. 사실 하나의 완결된 지휘구조를 지닌 연합방위가 두 개의 독립된 연합방위보다 바람직한 것은 사실이다. 그러나 미국의 여건과 한반도 안보상황 그리고 국내 여론 등을 종합할 때 전작권 전환은 어느 정도 불가피한 상황이었고, 이제는 한 차례 연기까지 한 상황에서 또 한 번의 연기나 전작권 전환 철회는 불가능하다고 본다.

따라서 두 번째 문제인 전작권의 안정적 전환을 위해 노력해야 할 것이다. 기존의 전작권 전환 추진과정에서 문제는 없는지, 새롭게 제기될 수 있는 문제가 있다면 기존 계획에 잘 반영할 수 있는지 검토해야 한다. 정부의 입장은 새로운 계획상의 문제는 없으며, 현재까지 한미 간에 합의된 사안이라도 변경소요가 식별되면 미국 측과 긴밀히 협조하여 보완해 나갈 것이라는 입장을 취하고 있다.[43] 그러나 몇 가지 의문이 제기되는 부분이 존재한다.

먼저 연합지휘치제의 개선이다. 2012년 10월 24일 개최된 제44차 한미연례안보협의회SCM에서는 2013년 초까지 연합지휘체계 개선을 위한 공동연구에 합의하였다. 실제로 기존의 계획대로라면 전작권 전환 이후의 새로운 동맹군사구조는 한국 합참이 주도, 미 한국사 USKORCOM, United States Korea Command가 지원하는 新연합방위체제였다. 동 연합지휘체계는 사실 독립적이며 상호보완적인 2개의 전구급 전투사령부(한국 합참, 미 한국사)를 편성하고, 한미 간에 원활한 협조를 위해 전제대 전기능별 한미로 편성된 군사협조기구AMCC를 설치, 운용하여 지속적인 작전협조를 보장하는 것이었다.

....
[43] 김갑진, 위의 각주.

〈그림 3〉 기존 계획상의 전작권 전환 이후 동맹군사협조체계

그러나 현재의 군사협조기구는 지휘권 단일화와 관련하여 전시 효율적인 전쟁수행역량에 대한 문제제기가 끊이지 않았다. 즉 현재는 '연합사'라는 단일지휘체계이나, 전작권 전환 시 합참과 미 한국사령부로 지휘체계가 양분되어 있어 서로 상이한 작전 개념과 작전의도를 지닐 경우 모든 수준에서 목표달성이 제한되는 문제가 내재되어 있었다. 견해가 상충될 경우 각기 자국의 입장을 확인하고 결심을 얻어야 하기 때문에 시간이 지연되고, 협조가 어려울 수도 있기에 보다 효율적인 전쟁 수행을 위한 새로운 연합지휘체계 구상이 필요했고, 이에 대한 합의가 이루어진 것이다. 한국군 주도 미군 지원이라는 전작권 전환의 의미를 살리면서도 보다 효율적인 전쟁 수행을 보장하는 효율적인 연합지휘체계가 필요하며, 이를 위해 한미 양국의 적극적인 협력이 필요하다.

다음으로 한국군의 국방개혁과의 연계부분이다. 현재 국방개혁안이 국회에 계류 중인 상황에서 그 국회 동의가 지연되고 있다.

현 개혁안에는 한국군의 상부지휘구조 변경이 포함되어 있다. 상부 지휘구조는 전작권 전환 시 연합방위체제 구성과 연계된다. 따라서 개혁안의 국회 동의가 지연될 경우, 또는 동의에 실패할 경우 전작권 전환에 영향을 받을 수밖에 없다. 전쟁 지휘부를 이끌 지휘관이 불확실한 상황에서 전작권 전환준비가 잘 이루어질 가능성은 높지 않을 것이다. 또한 한국군의 전력증강이 필요하다. 기본적으로 전작권 전환은 한국방위의 한국 주도이다. 미국은 지원하는 역할을 할 뿐이다. 물론 미국은 충실한 지원을 통해 한반도 방위공약 이행에 아무런 문제가 없을 것임을 약속하지만, 미국의 경제상황과 재정부담, 국방예산 감축 등을 고려할 때 한국군은 방위충분성을 고려한 전력증강이 필요하다. 그러나 전작권 전환과정에서 국방예산이 충분히 반영되었는지 다시 한 번 검토가 필요하다. 물론 국방예산을 무조건 증가시켜야 한다는 것은 아니다. 남북관계 변화와 주변국 위협에 따라 탄력적으로 조정이 이루어져야 한다. 다만 이를 위한 종합적인 검토가 있는지, 그 과정과 결과는 무엇인지를 국민에게 알리고 공감대를 형성하는 노력이 필요하다. 국민들이 전작권 전환 이후에도 전쟁억제 및 전쟁수행 능력이 유지된다는 생각 하에 편하게 일상생활에 전념할 수 있는 준비가 필요하기 때문이다.

3. 방위비 분담

지난 2009년 1월 한미 양국은 제8차 방위비분담특별협정을 체결함으로써 2013년까지 안정적인 방위비 분담에 합의했다. 매 전년도 분담금에 비해 전전년도 소비자물가 상승률을 반영하되 최대 4% 이

내로 분담금 인상 상한선을 적용함으로써 물가인상률을 고려할 때 실질적으로 동결시키는 성과를 이루었다. 그러나 2013년에 재개될 추가협상은 적지 않은 어려움이 예상된다. 또한 한국군의 주한미군 방위비 분담은 매우 복잡한 구조를 지니고 있으며, 특별협정 외에도 많은 과제를 안고 있다. 지속적으로 강화될 한국의 방위비 분담 요구를 적정수준 부담으로 현명하게 해결함으로써 국내적 요구과 한미관계를 잘 관리해 나가야 할 것이다.

먼저 그 개념조차 일반인에게는 생소할 정도로 방위비 분담은 매우 복잡한 구조를 지니고 있다. 광의의 방위비 분담은 소위 책임 분담responsibility sharing으로 동맹관계의 유지와 관리에 소요되는 전반적인 비용과 책임을 동맹국가 간에 공정하게 배분하는 것을 의미한다. 그러나 협의의 방위비 분담은 동맹국 군대의 주둔비용에 대한 피주둔국가의 비용 분담을 말하며, 일반적으로 방위비 분담이라 함은 협의의 방위비 분담을 의미한다. 그러나 협의의 방위비 분담 역시 피주둔국가 예산에 반영되어 지원하는 직접비용과 예산에 반영되어 집행되는 것은 아니나 공여된 자산 및 지원에 대한 기회비용을 의미하는 간접비용으로 나뉜다. 전자가 바로 특별협정에 의해 현금으로 지원하는 것이고, 후자는 미군기지 등을 지원하는 것이다.

잘 알려진 바와 같이 주한미군에 대한 방위비 분담은 1966년 체결된 주한미군지위협정SOFA에 근거를 두고 있다.[44] 동 조항은 앞서 제시한 협의의 방위비 분담 중 간접비용을 의미하고 있다. 다만

....

[44] SOFA 제 5조 (시설과 구역 –경비와 유지). 제1항 미측은 한측에 부담을 과하지 아니하고 주한미군 유지에 따른 경비를 부담한다. 제2항 한측은 미측에 부담을 과하지 아니하고 시설과 구역을 제공한다.

탈냉전 이전에는 한국의 경제상황과 미국의 한반도 주둔 필요성에 맞물려 미측이 주둔비용을 전담하였으며, 한측이 제공해야 할 대부분의 시설도 자국 부담으로 건설하였다. 그러나 탈냉전이 이루어지고 한국의 경제적 성장이 가시화된 1990년대부터 한국은 2~3년 단위의 SOFA 5조에 특별협정, 즉 '방위비 분담 특별협정SMA: special measures agreement'을 체결하여 주한미군 주둔비용을 지원해 오고 있다. 이는 협의의 방위비분담 중 직접비용에 해당한다.

현재 직접비용과 관련한 방위비 분담은 현안이 되지 않고 있다. 앞서 언급한 바와 같이 2013년까지 안정적인 구조로 한미 간 합의가 이루어졌기 때문이다. 그러나 2013년이 되면 다시 한 번 한미관계의 뜨거운 감자가 될 가능성이 높다. 미국의 강력한 증액요구가 예상되기 때문이다. 실제로 탈냉전 이후 미국에서는 북한의 군사위협에 대해 직접적인 당사자인 동맹국 한국이 져야 할 부담을 지나치게 미국이 떠맡고 있다는 시각이 점차 확산되고 있다. 북한 핵위기로 인해 그러한 목소리는 일시적으로 잦아들었으나, 이프간전과 이라크전으로 인해 과도한 군사비를 지출하는 과정에서 다시 한국의 방위비 부담이 이슈가 되었으며, 최근의 재정위기와 겹쳐지며 미국의 입장은 더욱 분명히 나타나고 있다. 앞으로 미국의 경제사정이 어려워지면 질수록 공감대를 넓혀갈 것으로 보인다. 따라서 미국은 차기 '방위비 분담 특별협정' 협상에서 현재 43%~47%로 추산되는 한국의 방위비 분담비율을 50% 수준으로 높일 것을 요구할 것으로 보인다.

만일 미국 정부가 국내경제 사정, 주한미군 안정 주둔과 연합방위력 증강의 필요성을 고려하여 한국 측 방위분담을 늘려야 한다는 주장을 할 경우, 이는 주한미군의 방위비 분담금 미집행액의 축적 및 전용과 최근 주한미군 고엽제 매립 진상규명 등으로 이미 고조된 주한미군 비판여론을 상당히 심화시키게 될 것이다. 결국 방위비 분담은 여론과의 싸움이 될 것이기에 사전에 이러한 문제점을 인식하고 협상에 임해야 한다.

방위비 분담협상의 구체적 내용과 관련해서는 동맹국인 미국의 방위지원에 기여하면서도 한국의 국제적 위상을 증진시키는 방향으로 이루어져야 한다. 즉 단순히 주둔비용을 지원하는 SMA 협상보다는 한국군의 글로벌 기여 확대에 중점을 둔 방위비 분담이 바람직하다. 따라서 SMA 부담과 관련해서는 기존의 '물가인상분' 기조를 유지하는 것이 바람직하며, 그 대신 한국의 글로벌 기여를 확대함으로써 실질적인 방위분담의 폭을 확대하는 것이 필요하다.

4. 확장억제와 미사일 방어

가. 확장억제

북한의 군사적 위협에 대해 미국은 확장억제를 제공하는 것으로 대응하고 있다. 미국 NPR 등의 내용을 보면 확장억제는 핵우산, 재래식 군사력, 미사일 방어로 요약된다. 한반도에 대한 미국의 확장억제공약은 북한의 핵무기 개발로 인해 핵우산이 핵심이 되고 있다. 재래식 군사력의 경우 한국의 군사력 건설과 미국의 첨단 군사력을 고려할 때 전면전 억제에는 충분한 전력을 보유하고 있으며, 미사일 방어문제는 앞서 살펴본 초기 수준의 협력이 이루어지고 있기 때문이다. 현재 한미 간에 이루어지고 있는 확장억제와 관련한 긍정적 협력과는 별도로 확장억제의 안정적 제공문제는 향후 한미 간의 쟁점이 제기될 것이다. 특히 북한이 핵무기 개발을 지속하고, 구체적인 위협이 발생할 경우 더욱 심각한 문제가 될 것이다.

확장억제에 대한 한미 간의 본격적인 논의는 2009년도부터 시작된다. 물론 그 이전에도 확장억제에 대한 논의가 있었으나 개념적 수준에 머물렀다. 본격적인 논의가 이루어진 계기는 미국이 2010년 발행할 예정인 NPR에 대한 설명에서 비롯되었다는 전언이다. 이후 확장억제는 한미 간의 정상회담, 양국 국방장관회담 등에서 빠지지 않는 단골로 등장하고 있다. 특히 2011년부터는 확장억제정책위원회Extended Deterrence Policy Committee를 출범시키며 보다 구체적인 확장억제 보장방안을 논의하고 있는 실정이다.

사실 언론에 부각된 데 반해 확장억제의 내용은 새로운 것이 아니다. 그 용어상 과거 미국이 제공해주던 억제에 비해 범위나 강도가 확장된extended 것처럼 보이지만, 그 실체는 종전과 크게 다를 것이 없다. 확장억제의 3대 요소, 즉 핵우산, 미사일 방어, 재래식 전력 모두 과거부터 미국이 제공하는 억제의 핵심 요소들이었다. 그 결과 미국의 과거 안보공약 및 억제력 제공과 본질적으로 다르지 않다. 따라서 확장억제는 미국이 제공하는 억제력의 본질적 변화라기보다는 미국의 군사전략에서 핵무기가 차지하는 비중이 줄어들면서 동맹국에게 제공하던 핵우산에 대한 신뢰도를 높이기 위해 만들어낸 신개념으로 보는 것이 옳다.

물론 확장억제로의 방향전환은 긍정적인 측면이 크다. 핵우산만을 강조하다 보면 잊기 쉬운 전장의 현실을 직시하고 있기 때문이다. 실제 전장에서 핵무기의 사용은 매우 제한될 것이다. 예를 들어 북한이 핵무기를 개발하고 이를 먼저 사용할 경우 북한은 국제사회의 공적이 될 것이며 핵무기로 보복을 받게 될 것이다. 같은 이유에서 북한이 핵을 사용하지 않은 상황에서 전쟁도발을 이유로 핵무기로 보복공격을 하는 것도 현실적으로 어려울 것이다. 따라서 재래식 정밀타격무기와 미사일 방어에도 관심을 두는 확장억제가 더욱 실용적이라 보며, 이를 강화하려는 미국의 진정성을 높이 평가할 수 있다.

그러나 확장억제도 발전해야 할 적지 않은 영역이 있다. 첫째, 외교적 수사를 넘어선 실체로 발전하기 위해서는 확장억제의 구체적 제공내용과 관련한 긴밀한 협의가 필요하며, 억제력 제공절차를 구축해야 한다. 이 분야는 현재 확장억제정책위원회에서 발전시키고 있다고 하나, 확장억제에 대한 신뢰도 제고를 위해 보다 많은 정보를 국민들과 공유하는 노력이 필요하다.

둘째, 확장억제가 실질적인 억제로 발전하기 위해서는 북한의 도발양상 전반을 포함해야 한다. 그러나 지금까지 논의되어 온 확장억제는 북한의 전면 남침이나 핵무기 사용과 같은 상황으로 제한되어 있다. 반면 한반노에서 실제 발생하고 있는 북한의 국지도발 상황에 대해서는 (물론 북한의 국지도발에 대해 미국은 한미 공동훈련 등을 실시하며 많은 지원을 아끼지 않았으나) 확장억제가 작동하고 있다고 보기 어려운 측면이 있다.

셋째, 확장억제에 대한 신뢰가 저하될 경우 발생할 수 있는 다양한 문제를 이해해야 한다. 예를 들면 미국의 전술핵 도입과 같은 주장이 국내에서 확산될 때 한국의 국익에도 부합하지 않으면서도 미국에 대한 국민들의 신뢰만 저하되는 부정적 요인이 발생할 수 있음을 유의해야 한다. 전략핵이든 전술핵이든 핵무기를 사용하는 경우는 사실상 매우 제한된다. 또한 전술핵을 들여올 경우 반미운동의 원인이 될 수도 있다. 비용적 측면에서도 한국이 상당한 비용을 부담해야 할 수도 있다. 이러한 문제를 지닌 전술핵 도입 여론이 확산될 경우 한미관계에 바람직하지 못하다.

나. 미사일 방어

부시행정부에서 미사일 방어를 본격 추진한 이래 미국은 자국의 미사일 방어체제에 한국이 들어와 줄 것을 직간접적으로 요구해 왔다. 그러나 한국은 미국과의 협력을 지속하면서도 한국형 미사일 방어를 중심으로 한반도를 방어하겠다는 원칙을 밝히고 있다.

미사일 방어[45]와 관련하여 미국의 입장과 한국의 입장은 다소 차이가 존재한다. 미국의 경우 북한의 미사일 발사실험과 핵실험 이후 미국의 미사일 방어체계에 한국이 참여할 필요성이 증대되었다고 판단하고 있다.[46] 특히 오바마 행정부는 부시 행정부의 본토 방어 위주 '다층방어체계'에 추가하여 지역 미사일 위협 변화를 고려한 단계적 적응식 접근을 제시하고 있다.[47]

반면 한국의 경우 미측 입장은 이해하나 한반도의 지형적 특성, 주변국 관계, 경제적 또는 기술적 어려움 등을 고려하여 미국 주도의 미사일 방어체계는 직접 참여하지 않고 한국형 미사일 방어체계,

....

[45] 미사일 방어의 종류는 미사일과 관련된 직간접적인 시설을 공격함으로써 적의 미사일 능력을 무력화하는 공격작전(attack operation), 상승, 중간, 종말단계의 다층방어 개념에 의해 공격 미사일을 요격하는 적극방어(active defense), 그리고 적의 공격에 대한 표적 제공을 억제함으로써 미사일 공격 가능성을 감소시키고 미사일 공격에 의한 피해를 최소화하기 위한 활동인 소극방어(passive defense) 등이 존재한다. Joint Pub 3.01-5 *Joint Ballistic Missile Defense* 참조.

[46] 2008년 3월 벨 주한미군 사령관은 미 의회 청문회 보고 시 북한 미사일 위협에 대비한 한국의 전구미사일 방어체계 구축을 강조한 바 있다.

[47] 이는 미국의 MD 정책이 미 본토방어 위주에서 동맹국 및 주둔미군 보호를 위한 지역 MD 중심으로 변화하고 있다는 견해도 있다. BMDR 참조.

즉 저고도/하층 미사일 방어체계를 독자적으로 구축하겠다는 입장이다. 사실 중국의 경우 미국의 MD 체계를 전략적 균형을 해치고 새로운 군비경쟁을 초래하는 자국에 대한 위협으로 인식하고 있어 한국의 MD 가입에 제한 요소로 작용하고 있다.

다만 한국은 북한의 탄도미사일 위협이 존재하는 관계로 미국과의 다양한 협력이 필요하다는 인식을 하고 있다. 한반도에서의 효율적인 대북 탄도미사일 방어체계를 구축하기 위해 노력하고 있으며, 미국과의 MD 협력 소요를 판단하기 위해 한미 간 연수수준의 협력에 응하는 입장으로 이를 위한 토의기구PAWG: Program Analysis Working Group을 운용하고 있다.

한국의 다양한 안보 도전을 고려할 때 미사일 방어는 한국형 저고도/하층 미사일 방어체계로 나아가야 한다. 실제로 한국에 대한 북한의 미사일 위협은 단거리 및 중거리 미사일에 국한된다. 물론 북한은 중장거리 미사일인 무수단미사일을 보유하고 있지만, 이러한 위협에의 대비는 한미 간의 정보공유로 족하며, 미국의 레이더나 요격체계를 한반도에 전개할 필요성은 크지 않다. 반면 미국의 레이더나 요격체계를 한반도에 전개할 경우 한국은 중국과의 긴장이 커질 우려가 있으므로 한국이 저고도/하층 미사일 방어체계를 벗어나 미국의 MD 체제에 편입되는 것은 바람직하지 못하다.

5. 한미 원자력협정의 개정

한국은 원자력 발전규모에 있어 세계 5위권에 해당하는 원자력 강국이다. 그러나 한국의 원자력 발전은 한계에 봉착하고 있다. 그간 누적된 핵연료 폐기물의 처리는 핵연료 재처리의 필요성을 제기하고 있으나, 1974년 개정된 한미 원자력협정으로 인해 제한을 받고 있기 때문이다. 따라서 2014년 3월 만료되는 원자력협정은 한미동맹의 새로운 쟁점이자 동맹수준을 보여주는 가늠자로 등장하고 있다.

전력발전의 상당부분을 원자력에 의존하고 있고, 원자력산업을 미래 성장동력으로 인식하고 있는 한국에게 있어 원자력협정은 국내 원자력산업의 도약의 미래가 걸린 매우 중요한 문제이다. 한미 양국은 원자력협정의 개정을 위해 2010년 10월 협상을 개시한 이후 수차례의 협상을 진행했으나 별다른 성과를 거두지 못했고, 결국 원자력협정의 개정문제는 한미 양국 모두 차기 행정부에서 다루어야 할 일로 판단된다.

현재 원자력협정을 둘러싼 핵심 쟁점은 한국에게 우라늄 농축과 재처리를 허용할 것인가의 문제이나, 그 해결 여부는 아직 불투명하다. 재처리, 즉 사용 후 핵연료 재활용과 관련해서는 한미 간 공동연구 착수에 합의한 상황이다. 즉, 한국이 주장하는 건식 재처리 방식에 관해 발생하고 있는 한미 간의 이견을 해소하기 위해 한미 양국이 향후 10년간 공동연구를 할 것에 합의한 상황이다. 따라서 시간이 필요한 과제가 되었다. 반면 우라늄농축과 관련해서는 한미 간 의견이 아주 팽팽한 상황이다.

한미 원자력협정의 개정과 관련해서는 다음과 같은 세 가지 고민이 선결되어야 할 것이다.

첫째, '한미동맹 차원의 협력과 한계는 어느 정도인가?'의 문제이다. 한국은 미국에 대해 한미동맹 차원에서 한국의 핵연료주기 완성을 허용해 줄 것을 요구하고 있다. 동시에 일본에 대해 예외를 인정한 만큼 한국에 대해서도 예외를 인정해 달라고 요구하고 있다.

세계 5위권에 해당하는 한국의 원자력발전의 규모를 고려할 때 충분히 예외를 인정받을 수 있다는 입장이다. 반면 미국은 비확산과 핵안보를 중시하는 입장에서 한국의 재처리 및 농축 기술 요구에 비판적인 입장을 전개하고 있다. 동시에 세계 각국과 원자력협정을 맺고 있는 미국의 입장에서는 한국에 대해 예외를 허용하는 것은 다른 국가들로부터 압박을 받을 수 있다는 입장을 견지하고 있다. 한국에게 예외를 추가적으로 허용할 경우 신생 농축재처리국가들의 등장을 막기 어려우며, 결국 핵확산 가능성이 커질 것이라는 우려를 하고 있는 것이다. 과연 원자력협정문제는 긴밀한 한미동맹을 통해 극복할 수 있는지 의문이다. 동맹에 대한 배려만을 요구할 경우 오히려 한미동맹을 악화시킬 요인으로 작용할 수도 있다는 우려도 제기되고 있다. 실제로 원자력협정이 2014년 이전에 개정되지 못한 채 현 지침이 개정이나 연장도 되지 못하고 종료된다면 한미 간 갈등만을 키울 소지가 있다. 따라서 단지 동맹이므로 양보를 해달라는 요구보다는 양국의 공동이익을 찾는 노력이 필요하며, 공동이익의 발굴을 통해 문제를 해결하는 지혜가 필요하다고 본다.

둘째, '한반도 비핵화공동선언을 폐기하는 것은 바람직한 일인가?'이다. 한국은 1991년 12월 31일 북한과 비핵화공동선언을 통해 재처리와 우라늄농축을 포기한 바 있다. 이미 북한은 핵무기 개발을 통해 비핵화공동선언을 파기한 지 오래이지만, 그간 한국은 비핵화공동선언을 성실히 준수해 오고 있다. 그러나 한국이 재처리와 우라늄 농축을 하는 것은 스스로 비핵화공동선언을 포기하는 결과를 낳게 된다. 이 경우 북한의 핵보유 명분을 강화시켜주는 결과를 막을 수 없다. 그렇다면 한국은 스스로 비핵화공동선언을 폐기해야 하는가? 실로 고민이 아닐 수 없다. 경제적·산업적 이익에 의해

안보적 이익을 포기하는 문제일 수도 있기 때문이다. 결국 한국의 재처리 및 우라늄 농축은 투명성을 전제로 해야 국제사회의 지지를 얻을 수 있을 것이다. 따라서 비핵화공동선언을 폐기할 경우 한국은 보다 강도 높은 투명성을 국제사회에 보임으로써 주변국의 불필요한 오해를 막아야 할 것이다.

셋째, '핵연료주기 완성과 수출 확대를 추진하는 정책은 바람직한가?'이다. 사실 이와 관련해서는 국내적으로도 다양한 시각이 존재한다. 먼저 핵주권론의 입장은 민족주의적 시각에 기인하며, 원자력의 이용을 확대하고 농축 및 재처리를 통해 핵연료주기를 완성해야 한다고 주장한다. 즉 비핵화공동선언을 파기해야 한다는 것이다. 나아가 일부 인사들은 핵무기 보유를 위한 잠재적 능력을 개발해야 한다고 주장한다. 다음으로 핵실용론의 입장은 핵무장은 철저히 반대하지만 원자력의 평화적 이용을 적극 추진, 실용적 차원에서 농축 및 재처리를 주장하는 것이다. 이를 위해 국제적 투명성을 위한 철저한 제도적 장치 구비를 동시에 주장하고 있다. 끝으로 반핵주기론의 입장은 한국의 핵주기 완성이 국제비확산체제에 반대되기에 바람직하지 못하다는 견해를 보이고 있다. 현재 농축시장이 활성화되어 핵연료의 구입이 용이하며, 재처리는 아직 기술이 확보되지 않았으므로 미래의 문제로 연기해야 한다는 것이다.

이상의 시각을 고려할 때 민족주의적 관점에서 원자력협정을 바라보는 것은 바람직하지 못하며, 현실적이고 기능적으로 바라볼 때 해법을 찾을 수 있다고 평가한다. 즉 핵실용론에 입각한 정책 전개가 필요하다. 따라서 당장 2013년에는 미국에 대해 원자력협정 개정을 통해 한국의 핵연료주기 완성을 요구해야 한다. 의회, 정부, 산업계 등의 전방위 노력을 통해 원자력협정 개정을 추진을 위해 최선을 노력을 다해야 할 것이다. 그럼에도 불구하고 미국의 입장이 불변할 경우에는 우회적인 전략을 통해 핵연료주기를 완성할 수 있도록 해야 할 것이다. 즉 미국의 입장이 변하지 않더라도 원자력협정을 폐기하기보다는 한미 간 원자력 협력을 통해 합작회사나 기술협력을 통해 핵연료주기 관련 기술을 확보해 나가는 것이다. 양국 산업계 간의 협력을 확대하고 제3국에서의 원전 공동수주 및 기술협력을 강화함으로써 한미 간 신뢰를 증진하고, 종국적으로는 핵연료주기를 완성하는 지혜가 필요하다. 이를 위해서는 원자력협정의 개정주기를 10년 내지 15년으로 앞당김으로써 한미 양국 간 기술협력과 신뢰증진을 통해 일정 기간 후에는 국내에서도 핵연료주기를 완성할 수 있도록 해야 할 것이다.

6. 한·미·일 3자 협력과 3각 동맹

현재 미국은 한·미·일 3자간 협력의 중요성을 그 어느 때보다 강조하고 있다. 북한문제는 물론이고 사실상 중국과 관련한 이슈를 포함하여 3국간 공동전선이 가능한 형태로 발전시키는 것을 희망하는 듯하다. 이에 대해 일본의 입장은 긍정적인 데 반해 한국의 입장은 다소 부정적이다. 특히 일본과의 역사문제와 영토문제가 남아있는 한 본격적인 동맹으로의 발전은 어렵다는 입장이다. 따라서 미국으로부터 3자 협력의 참여에 대한 요구가 커질수록 한국은 곤란한 입장에 빠질 수밖에 없으며, 중장기적으로 한미 양국이 현재와 같은 태도를 유지한다면 한미관계에 부정적 영향을 미칠 것으로 보인다.

미국이 한·미·일 3국간의 협력을 중요시한 것은 어제 오늘의 일이 아니다. 탈냉전 직후부터 지속적으로 요구해 온 미국의 동아시아 전략의 큰 틀이라고도 할 수 있다. 미국은 동아시아 안보문제에 있어 한일의 주도적인 역할을 기대하고 있다. 2020년을 상정한다면 미국의 가장 이상적인 상황은 한국과 일본이 미국의 동맹 파트너로서 동아시아에서 발생하는 안보 도전에 주도적으로 대응해 나가고 미국은 이를 지원하는 역할일 것이다.

현재까지 한·미·일 3국 협력은 비확산이나 재난·재해와 같은 비전통위협에 대한 협력 강화를 목표로 추진되어 왔다. H1N1 등 전염병 대응과 관련된 협력활동도 구체화하고 있으며 앞으로도 해양안보 협력방안, 사이버 공간, 화학 및 생물 작용제 탐지, 방사능 위협, 우주협력 등을 협력의제로 추가하는 방안이 검토되고 있다. 그리고 이들 분야에서의 협력이 성공적이라면 전통적 영역에서의 협력도 추진할 것으로 보인다. 다시 말해 미국은 한·미·일 3각 협력을 넘어 3각 동맹으로의 발전을 구상하고 있는 듯하다.

물론 한·미·일 3국은 유사한 국가이익, 가치관, 규범을 공유하기 때문에 동맹으로 발전할 여건은 충분하다. 다만 한국과 일본의 역사문제로 인해, 그리고 독도에 대한 영유권을 주장하는 일본에 의해 진전을 보지 못하고 있는 상황일 뿐이다. 실제로 그간 한일 간의 협력이 진전되다가도 역사문제가 제기될 경우 다시 원점으로 돌아가는 일을 반복해 왔다.

또 다른 문제는 바로 중국이다. 현재 미국이나 일본의 경우 안보적 관점에서도 중국문제에 대한 관심이 높다. 반면 한국의 경우 중국을 대상으로 한 안보협력은 구상하지 않고 있다. 단지 미국으로부터의 직간접적으로 제기되는 한·미·일 3각 협력 강화요구에 대해 소극적인 입장을 취하고 있을 뿐이며, 현재까지의 협력이 비전통

위협 수준에 머문 것도 같은 이유에서이다.

향후 한국이 어떠한 스탠스를 취할 것인가에 따라 한·미·일 협력은 한미관계를 촉진하는 요인도 될 수 있으며, 한미관계의 장애 요인도 될 수 있다. 한일 간의 역사문제와 독도문제는 한국이 일본과의 협력을 주저하게 만들 수밖에 없다. 또한 중국의 부상에 따른 영향력 증대와 한중관계를 무시할 수 없다. 따라서 한국의 입장에서는 3각 동맹의 발전보다는 잘 조율된 한미, 한일 관계 형성에 중점을 두는 것이 현실적이 접근이라 생각한다. 이 과정에서 미국과의 의견조율을 통해 한미관계 전반에 미칠 수 있는 악영향을 피해가야 할 것이다.

7. 주한미군의 규모, 임무와 역할

흔히 주한미군의 규모와 임무는 한미동맹의 결속 정도를 측정하는 리트머스 시험지와 같은 존재로 이야기되어 왔다. 이명박 정부 출범 이후의 한미관계 조정과정을 살펴보면 외형적으로는 기존의 동맹이 '복원'되었으며, 한미관계가 유례없는 밀월관계를 구가하고 있다고 평가하기에 손색이 없다. 2008년 이명박 정부 출범 직후 열린 한미 정상회담에서 주한미군 규모는 28,500명 수준의 동결로 합의되었다. 또한, 앞서 지적한 바와 같이 2010년 6월 캐나다 토론토에서 개최된 G-20 정상회의 기간에 열린 한미 정상회담에서 양 정상은 당초 2012년 4월 17일까지로 예정되었던 전작권의 한국군 이양 시점을 2015년 말까지로 연기하는 데 합의하였다.

이러한 추세는 중기적으로도 그대로 지속될 가능성이 크다. 특히, 미군의 지상전력의 핵심전력이라 할 수 있는 주한미군을 추가 감축할 가능성은 그리 크지 않다. 만일 병력을 감축한다고 하더라도 당장 해당병력을 전개할 곳이 마땅치는 않기 때문이다. 또한 현소요에 집중하고자 하는 정책 방향에 따라 북한 핵문제가 해결되고 한반도의 실질적 긴장 완화조치가 취해지는 등 기본적인 소요가 충족될 때까지 일정 수준의 전투병력을 한국에 주둔시킬 것이다. 럼스펠드 국방장관 시절 본격적으로 추진된 군사력 변환의 결과 기본적인 주한미군 재편은 이미 이루어져 전력구성 측면에서도 당분간 더 이상의 변화는 없을 것으로 예상된다.[48]

미국이 2007년부터 지속적으로 강조해 온 주한미군의 3년 주기 '복무 정상화normal tour' 역시 주한미군의 장기적 주둔에는 장점으로 작용할 것이다. 2008년 4월 3일 실시된 미 상원 군사위 인준청문회에서 월터 샤프 주한미군사령관 겸 한미연합사령관은 UN사/한·미연합사/주한미군 사령관으로서의 주요 현안으로 ① 준비태세 유지 및 억제, ② 주한미군 변환 시행, ③ 전작권 전환계획 이행 등을 제시하는 한편, 주요 현안으로 주한미군 근무연장 및 가족동반 문제

....

[48] 널리 알려진 바처럼 부시 행정부는 럼스펠드 국방장관의 주도로 군사력 변환과 전세계 미군 대비태세 재편을 시행하여 미군 전력을 빠르게 순환전력화하였다. 이에 따라 2사단 경여단인 2여단을 순환전력화하여 2004년 5월 본토로 귀환시킨 후 이라크로 차출하였다. 그 결과 현재 주한미군 2사단은 중무장 여단 전투팀(Heavy 1st Brigade Combat Team)으로 재편된 1여단과 포병여단 및 다목적 전투항공여단으로 구성되어 있다. 이 중 기갑전투단인 2사단 1여단은 중여단으로서 해외투사가 용이치 않고, 차출되어도 이라크나 아프가니스탄에서 수행하고 있는 임무에 적합하지 않다. 주한미군 현 전력 중 유일하게 해외투사가 용이한 전력인 2전투항공여단 소속 아파치 헬기대대는 2008년 11월 최종적으로 1개 대대(24대)가 2009년 3월까지 철수하고, A-10기 12대가 임시 파견되는 것으로 재편되었다. 따라서 미국이 궁극적으로 2사단 1여단도 순환전력화할 가능성을 완전히 배제할 수는 없지만, 적어도 북한의 위협이 지속되는 당분간 더 이상의 주한미군 전력 변화는 없을 것으로 전망된다.

를 제기했다. 그는 이 청문회에서 이를 시행할 경우 한미 간 전략적 동맹관계가 강화될 것이며, 한국의 비용 지원으로 향후 10~15년에 걸쳐 기반시설의 건축이 가능하다는 논거를 폈다.[49]

또한, 미군 주둔규모에 관계없이 동맹관계 중요성의 편차에 따라 해외 주둔기지의 수준을 차별화하는 정책은 지속될 가능성이 크다. 앤드류 호언 미 국방부 전략 부副차관보는 2004년 6월 워싱턴 포스트Washington Post와의 인터뷰에서 향후 해외 주둔기지를 ① 대규모의 미군이 상시 주둔하는 중추기지Strategic Bases 혹은 Hub, ② 유사시의 신속한 병력 전개를 위해 소규모 미군을 운영하는 전진작전기지Forward Operating Bases, ③ 유사시 미군 전개에 대비 해당국들과 연합훈련 및 협의를 유지하는 전진작전 지역Forward Operation Locations 등으로 구분·운영할 것이라고 설명한 바 있다.[50]

또한, 아태지역에서의 미군 주둔과 관련하여 또 하나 고려해야 할 변수가 있다. 바로 앞서 제기한 '떠오르는 중국' 문제이다. 2000년대 중반 이후 미국의 안보·국방 문건에서 예외 없이 강조되기 시작한 것이 중국의 잠재적 위협이며, 이는 2010년판 QDR에서 오히려 더욱 부각되었다고 할 수 있다. 이를 감안할 때, 해외 여타 지역에서의 미군 규모가 감축되더라도 아태지역에서의 미군 규모는 오히려 늘어날 수도 있다.[51]

....

[49] "Statement of General W.L. Sharp Commander, United Nations Command; Commander, Republic of Korea-United States Combined Forces Command; And Commander, United States Forces Korea Before the House Armed Services Committee." *U.S. Senate*, 8 April 2008.

[50] 다만, MOB나 Hub의 개념 역시 현재로서는 여전히 수정·보완이 진행 중인 현재진행형의 성격을 띠고 있으며, 고정된 것은 아니라고 보아야 한다.

[51] 실제로, 2010년 11월 8일 개최된 미·호주 2+2 회담에서 리처드 게이츠 당시 미 국방장

다만, '전략적 유연성strategic flexibility' 등 미국이 추진하고 있는 전 세계적 미군의 연계된 활용을 고려할 경우, 과연 이러한 규모의 미군이 지향하는 것이 '한반도 방위'인가에는 의문의 여지가 있다.[52] '전략적 유연성'은 현재 미국이 형성하고 있는 전 세계적 동맹 네트워크와도 밀접한 관련이 있다. 그동안 미국과 동맹관계를 맺고 있는 국가들은 대부분 미국과의 평면적 양자관계가 병렬적으로 존재하는 형태를 띠어 왔다고 볼 수 있다. 그러나 「통합된 전 세계적 주둔 및 기지조정 전략GPBS」를 비롯한 미국의 해외 군사력 재편계획이 본격 추진될 경우, 미국과 동맹관계를 맺고 있는 국가들은 해당 국가에서의 미군 주둔의 유동성으로 인해 인접한 미국의 여타 동맹/우방국들과 일정한 연계관계를 형성하게 될 것이며, 궁극적으로는 지역의 범위를 넘어 미국의 동맹국들 다수가 상호 연계성을 지니는 일종의 거대한 '거미줄web'이 형성될 가능성이 크다. 이러한 거대한 거미줄의 형성은 단순한 우방/동맹 간의 상호관계 강화에만 그치는 것이 아니라, 미국이 개별 동맹국들에 대해 유사시 제공할 자원배분상의 우선순위와도 연결된다. 즉 동맹체제 내에서의 기여도나 효용도에 따라 세계전략을 위해 미국이 해당 동맹국에 대해 투입할 수 있는 자원의 규모와 수준이 결정되는 체제가 점차 가시화되고 있는 것이다.

해외주둔 미군 간의 호환성 발휘를 위해서는 미군의 각 구성단위가 표준화되는 것이 필수조건이며, 이를 통해 모듈화된 군대force

....
관은 이러한 가능성을 시사한 바 있다. 조선일보, 2010년 11월 9일 참조.

[52] 이 용어는 현재 다른 단어로의 교체가 추진 중에 있다. 그러나, 용어가 바뀐다고 해서 그 기본 개념 자체에 변화가 있는 것은 아닌 것으로 보아야 한다.

modular를 이루어야 한다. 미국은 이를 바탕으로 미국과 동맹을 맺고 있는 국가들이 복합적인 네트워크를 이루며, 해외주둔 미군 역시 이의 맥락에서 활용하기를 바라는 것으로 판단된다. 앞서 설명한 주한미군의 복무 정상화가 지니는 의미는 바로 이러한 '표준화'에 있으며, 이는 애초 주한미군 측이 의도하든 의도하지 않았든 간에 한미동맹에서도 적지 않은 함의를 가질 것이다. 즉 해외에 주둔한 모든 미군들이 각 지역에 대해 동일한 근무기간과 경험을 소유하게 됨으로써 지역 간 차별성이 약화되며, 각 지역별 동일한 경험의 소요로 어떤 부대를 차출하든 모듈화된 패키지를 구성하는 데 어려움이 없는 체제를 만드는 것이다. 결국, 주한미군 복무 정상화를 통해 주한미군은 전략적 유연성의 확대를 위한 기반을 강화할 수 있다.

이러한 점에서 결국, 주한미군의 복무 정상화가 한반도에서의 전쟁 억제를 근거로 한 것인가 혹은 지역/세계적 호환성을 염두에 둔 것인가에 대한 논쟁에서는 후자가 보다 힘을 받을 수밖에 없는 구조가 형성되어 있다고 볼 수 있다. 주한미군이 존재하면서도 그 임무가 한반도 방위보다는 지역·세계 차원의 안정에 중점을 두는 정책이 가시화될 경우, 이는 한미 간에 미묘한 이견을 불러올 수 있다. 이미 노무현 정부 시절 경험한 바와 같이, '전략적 유연성'에 거부감을 느끼는 국내 정서 역시 분명히 존재하기 때문이다. 따라서 '전략적 유연성'을 둘러싼 한미 간의 갈등이 양국의 안보협력에 부정적인 영향을 미칠 가능성은 있다. 이는 위협까지는 아니라고 하더라도 한국의 국가이익을 저해할 우려가 있다. 따라서 미측으로부터 제기될 수 있는 미래 전략적 유연성문제의 파급효과를 최소화하며 동맹을 관리해야 할 것이다.

V. '한미동맹 2020'의 구상

1. 기본 전략: '협력촉진자'이자 '평화창출자'로서의 동맹

2020년 한국외교를 구상함에 있어 기본 골격은 미국과의 동맹 강화 속에 중국과의 친교를 확대하는 기본 전략이 필요하다. 국가이익 측면에서 한국과 미국은 가장 밀접한 연계를 지닌다. 반면 중국은 경제를 제외하고는 안보, 가치, 국제질서, 통일 부문에서 아직은 우리와 이해를 달리하는 부분이 있다. 중국과의 관계개선이 중요한 이슈가 될 것이나, 한국이 미국과 중국의 중간에서 어중간한 자세를 취하는 것은 바람직하지 못하다. 동시에 어느 한쪽으로의 외교적 의존은 바람직하지 않다. 한미관계의 심화 속에서 한국의 독자적 목소리를 키우고, 중국과의 관계 개선을 극대화하는 노력이 필요하다.[53]

....

[53] 김흥규, "중국의 부상, 동북아 안보, 그리고 한국의 전략," 『미중사이에서 고뇌하는 한국의 외교·안보: 연미화중으로 푼다』(NEAR 재단 편, 2011), pp.107-110. 김흥규 교수가 제시한 연미친중과 유사한 개념으로 맹미친중 개념을 정립하였다.

미국과 한국이 안보, 경제, 가치, 국제관계 전반에 있어서 같은 이익을 공유하는 것은 이미 살펴본 바와 같다. 반면 중국은 안보, 가치, 국제관계 등에 있어 적지 않은 국가이익상의 차이가 있다. 먼저 안보와 관련하여 북한이 존재하는 한 한반도외교에 있어 중국이 북한을 포기할 가능성은 높지 않다. 김정일 정권이 되었듯, 그 밖의 어느 정치적 실체가 북한을 지배하고 있다고 해도 마찬가지이다. 동시에 한국과 중국은 서해나 남해의 해상경계와 관련하여 잠재적인 충돌 가능성을 지니고 있다. 종종 뉴스를 통해 접할 수 있는 한국 해경의 중국 불법어로어선 나포 광경은 마치 국지적 충돌을 방불케 할 정도이며, 중국의 언론 등을 통해 한국에 대한 불만이 비쳐지기도 한다.[54] 이어도에 대한 문제제기도 종종 이루어진다. 영토문제와 관련해서는, "멀리 있는 친구를 사귀고 가까이 있는 친구는 조심하라"는 외교 격언이 적용되는 경우라 할 수 있다.

다음으로 가치영역에 있어서도 중국은 비록 경제적으로는 한국과 유사한 자유시장경제에 가까운 형태로 운용하고 있으나, 정치적 민주주의와 인권보호 등에 있어 한국과는 공동의 가치가 형성되기 어려운 부분이 존재한다. 따라서 중국에 대해 민주주의와 인권을 강조하는 것은 그들의 국체를 흔드는 중대한 도전이 될 뿐이다. 특히 중국은 다민족 국가로서 풀어야 할 내부적 과제가 크다. 그 과정에서 민주주의의 급격한 확산은 현재의 공산당 체제를 흔들 수 있는 위험한 요인이다. 인권 또한 마찬가지이다. 자결권을 추구하는 티벳이나 신장에서의 인권문제, 노동자의 저임금, 열악한 복지 등은 중국이 안고 있는 최대의 고민거리가 아닐 수 없다. 따라서 중국이 이

....
[54] 中환구시보, "韓언론, 어선침몰 정치화," 동아일보, 2010년 10월 24일.

러한 문제를 조심스레 풀고 새로운 모습을 갖추기 전까지는 한국과 중국이 공유하는 가치면에서 제한이 있을 수밖에 없다.

끝으로 국제관계나 국제질서를 바라보는 시각에 있어서도 한국과 중국은 적지 않은 차이를 보이고 있다. 한국의 경우 국제질서를 선도하는 국가는 아니지만, 미국 주도의 국제질서에 순응적인 입장이며, 그 틀 속에서 외교적 역량을 강화하는 접근을 하고 있다. 그러나 중국의 경우 미국 주도의 질서를 부정하지 않지만, 잠재적으로 기존 질서에 도전할 수 있는 역량을 키우고 있다. 따라서 한국과 중국은 현 국제질서에 있어서 협력과 갈등을 병행하는 구도를 겸하고 있다. 즉 소말리아 해역의 해적활동 억제 등과 관련해서는 공감하고 협력하고 있으나 이라크, 아프간전 등에서는 입장차를 보이고 있다.

따라서 2020년까지 우리의 기본 입장을 바꿀 필요 없다고 본다. 즉 미국과의 견고한 동맹 위에 중국관계를 맺어 나가야 하는 것이다. 아무리 중국과의 경제적 관계가 가까워져도 미중 간 라이벌 인식이 존재하고 있을 것이고 한국과 북한은 각자의 영역이라고 생각할 것이다. 일부에서는 한미동맹을 한국외교의 상수로 두거나 신성화해서는 안 된다고 보는 시각도 존재하지만[55] 한미동맹을 해체할 경우 더욱 곤란한 상황을 맞을 가능성이 높다. 이 경우 중국은 한국을 끌어들이기 위해서 단기적으로 한국에 유리한 입장을 취할 수도 있겠지만, 충돌하는 국가이익은 중장기적으로 한국의 입장을 더욱 어렵게 할 것이다. 결국 한미동맹에 기초한 한국의 외교전략은 2020년에도 유효한 것으로 본다. 한미관계를 튼튼히 한 후 그에 기

....

[55] 구갑우, "동아시아 시대와 한국의 동맹전략," 위의 각주 53, p.300.

초한 대외전략을 추진해야 한다. 중국은 중요한 파트너이나 한미관계를 해칠 정도의 접근은 바람직하지 못하다. 미국과 중국 사이에 어중간한 자세를 취할 경우 자칫 한미관계도 해치고, 중국과의 갈등이 발생했을 경우 미국의 소극적 지원으로 고립에 처할 우려가 있기 때문이다. 이 경우 미중 간 타협으로 인해 한국이 소외될 가능성도 항상 유의해야 할 것이다.

여기에서 한국외교의 과제가 남는다. 한미동맹체제 하에서 대중국정책을 어떻게 추진해 나가야 하는가의 문제이다. 그 답은 우선, 한미동맹을 지역이나 세계 차원의 '갈등유발자'가 아닌, '협력촉진자'로서 작용하게 만드는 것이다. 이는 특히 미중관계에 적용될 수 있다. 한국의 입장에서 미래 미중 간의 관계는 상대방에 대한 극복 혹은 우위의 확보로만 귀결될 수는 없으며, 또한 그래서도 안 된다. 즉 2020년의 미중관계는 단순히 "아직 일방이 상대방을 추월하지 못한" 혹은 "일방의 부상이 결과적으로는 실패한" 것을 확인하는 시점이 아니라, 미중이 양국의 국가적 이익을 위해, 더 나아가 동아시아 및 세계 차원의 안정과 평화를 위해 새로운 협력과 공존의 틀을 만들어 나가야 하는 전환점이 되는 것이 한국의 입장에서는 바람직하다.[56] 한국의 정책적 비전과 선택이 중요한 까닭이 여기에 있다. 일견, 미국 혹은 중국과의 국력이나 세계적 영향력의 차이라는 점에서 판단할 때 한국이 과연 그러한 역할을 할 수 있는가에 대해서 의문을 제기할 수도 있다. 그러나 한국은 미중에 비해 양자관계의 제3자적 위치에서 객관적 평가와 판단을 내릴 수 있다는 장점 역시 동시에 존재한다. 한국의 입장에서는 미래 미중의 관계에

....
[56] 김병국 외 공편, 『미·중관계 2025』(서울: 동아시아연구원, 2011).

있어 협력을 촉진할 수 있는 한국의 '훈수訓手'를 발전시켜 나가야 하며, 이를 동맹체제를 통해 구현해 나가야 한다.

이를 위해서는 한미동맹 차원뿐만 아니라 한중 간에도 상호 이해의 확대가 필요하다. 즉 양국 간 정치적, 경제적, 사회문화적 교류를 확대해 나가면서 관계를 증진시키면서 상호간 선린관계에 중점을 두어야 할 것이다. 전략적 상황과 관련해서는 북한이 중국에 대한 한국의 입장 설명의 열쇠가 될 것이다. 즉 한미동맹 강화는 북한이 대상이며, 중국이 북한에 대한 비호를 하는 한 한미동맹을 무너뜨리는 한 불가피하다는 논리가 필요할 것이다. 또한 한반도 통일이후 한국의 외교전략은 기존의 것과 다를 수 있음을 알리고 통일로 가는 길에 중국의 협력을 구해야 할 것이다. 물론 이러한 논리는 향후 중국의 변화 가능성, 그리고 2020년 이후의 새로운 질서 형성 모습에 따라 그 강도에 변화가 필요하다.

현재의 상황에서 무엇보다 중요한 것은 솔직해지는 것이다. '21세기 한미 전략동맹'과 다른 국가들과의 '전략적 동반자 관계'가 어떠한 점에서 차이가 나는지, 그리고 그것이 왜 여타 국가들에게도 별반 손해가 아닌지에 대해 당당하고 분명하게 제시하는 자세가 필요하다. 예를 들어, 중국에 대해서는 과연 미국의 지역적 역할이 미일동맹만을 통해 추진되고 한미동맹은 한반도의 역할에 국한되는 경우와 한미, 미일 동맹이 동시에 지역적 역할을 추진하면서 한미동맹이 협력적 의제를 확장하는 경우 중 어느 것이 더욱 중국에게 유리한지를 반문해 볼 수도 있을 것이다. 한국의 지정학적 특성과 지난 60년의 경험을 바탕으로 할 때 그리고 지난 수년간 누적되어 온 한미 간 갈등의 편린을 감안할 때, 우리 정부가 한미관계를 중요시하는 것은 오히려 당연한 귀결이다.

외교적 수사에 주눅들어 중국과는 한미동맹에 대한 언급 자체를 회피하려는 발상으로는 얻을 것이 없다. 혹자는 2008년 이후 동맹정책에 편향된 한국의 대외정책이 한중관계의 냉각을 불러왔다고 한다. 실제로 그러한가? 노무현 정부 시절의 합의이행 수준을 제외하고 한미동맹이 중국을 겨냥한 새로운 전략적 선택을 한 적이 있었던가. 한미동맹의 군사태세가 현저히 지역을 염두에 두고 추진된 적이 있는가. 만일 중국 혹은 국내의 일부가 그렇게 생각한다면 안보문제에 대해 초보자이거나 문외한이라는 지적을 피할 수 없을 것이다.

2. 한미동맹 추진과정에서의 유의사항

가. 미중 밀착으로 인한 한국의 소외 가능성

오늘날의 미중관계는 미국 우위의 경쟁과 협력관계로 정의할 수 있다. 이러한 구도 속에서 미국과 중국이 협력하는 모습을 점점 더 쉽게 발견하게 된다. 한반도문제와 관련해서도 '안정'을 중요시하며, 새로운 군사적 충돌방지에 역점을 두는 모습이 발견된다. 현재까지는 미국과 중국의 국가이익이 유사점보다는 차이점이 더 많으므로 우려할 바 아니라고 생각하지만, 향후 미중협력이 강화될 경우 한국의 소외 가능성은 없는지 항상 유의해야 할 것이다.

미국이 한국의 입장을 무시하고 독단적 행동을 취할 가능성에 대하여 한국이 우려하는 경우는 과거의 사례에서도 찾아볼 수 있다. 한미관계는 항상 지속적인 협력을 이루어 왔다고 볼 수 있으나, 미국이 한국의 희망사항을 반영하지 않고 단독으로 행동하거나 행동하기 직전까지 간 사례가 존재했다. 1차 핵위기 당시 영변 폭격계획은 사전에 한미 간에 잘 조율된 것이라기보다는 미국의 일방적인 계획에 대해 김영삼 정부의 반대로 무산된 것이었다. 1996년 강릉 북한 잠수함 침투사건 당시 미 국무부 워렌 크리스토퍼 장관이 북한의 도발행위를 비난하지 않고 남북한 양방에게 신중한 자세를 당부하여 한국 측의 반발을 산 바 있다. 최근에는 천안함 폭침사건 이후 UN에서 북한문제를 다룰 당시 미국이 한국 측 입장을 충분히 반영하지 못한 것은 중국의 입장을 고려한 것이 아닌가 하는 문제제기도 존재한다.

이러한 사례들은 중국과의 관계를 더욱 신경 써야 하는 입장인 미국이 동맹국 한국의 이익보다 중국과의 관계를 우선할 가능성도 있다는 전망을 가능케 한다. 즉 향후 중국의 영향력이 강해지고, 미국과 중국이 글로벌 이슈에 대해 협력을 강화해 나갈 경우 미중 간의 이해관계로 인해 북한문제 등에 있어 한국의 국익이 반영되지 못할 가능성이 있다는 것이다. 미국의 경제난과 새정난이 심회될 경우, 또는 미국이 중동이나 아프리카 문제에 얽매여 있게 될 경우 동북아시아에는 현상유지에 중점을 둘 가능성이 존재하고, 이는 중국의 이해와 부합하게 된다. 따라서 북한 핵문제 해결이 여의치 못한 경우나 유사시 한반도 통일문제와 관련하여 미국과 중국이 유사한 입장을 지닐 수 있다는 점을 유의해야 할 것이다.

물론 이러한 가정은 미중관계가 협력적 관계로 발전한다는 전제 하에서나 가능할 것이며, 현실적으로 심각한 문제가 될 가능성은 높지 않을 것으로 본다. 또한 중국이 부상할수록 미국은 이를 견제하려 들 가능성이 높으므로 한국의 이익을 해치는 수준의 협력 가능성은 현실적으로 높지 않을 것이다.[57] 북한 핵문제와 관련해서도 마찬가지이다. 미국이 한국의 입장을 무시하고 중국과 직접 협상하면서 한국을 압박할 수 있다는 것은 핵문제를 어느 정도 봉합하는 방향으로 전개한다는 것인데, 핵문제 협상이 이러한 방식으로 전개될 가능성은 높지 않다. 오히려 2011년 1월 19일 미중 정상회담 공동선언문 제18조에서 북한의 HEU 개발문제를 언급하고 있다.[58] 이는 미국이 중국과 손잡기 위해 한국의 입장을 무시했다기보다 한국의 입장에서 중국을 적극적으로 설득하였다고 풀이되는 것이 옳다고 본다.

과거의 한미 간 갈등 역시 동맹 운용상의 문제였으며, 문제가 생길 때마다 양국 내부에서 우려가 확산되고, 다시 사태수습을 위한 양국의 노력으로 신뢰가 회복되어 왔다. 미국이 방기와 연루 abandonment vs. entrapment 사이에서 자국이익을 최대한 달성하려는 것은 한국에 대해서만이 아니라 일본, 독일 등 미국의 타 동맹국에 대

....

[57] 한미동맹의 지속가능성에 대한 이론적 접근을 시도한 존스홉킨스 국제학 대학원의 서재정교수에 의하면, 한미동맹의 지속성을 결정하는 데 가장 중요한 요소는 한미동맹이 일종의 헤게모니적 담론으로 자리를 잡았다는 사실이다. 즉 어느 다른 군사동맹과 마찬가지로 한미동맹 또한 시기적 상황과 특정 이슈의 발발에 따른 위기를 겪는 것은 당연한 일이지만, 한미동맹이 가지고 있는 특징은 그것이 양 국가의 정체성 (Identity)를 규정하는 핵심 요소로 자리잡고 있다는 것이다. 따라서 한미동맹에 대한 근본적인 도전이나 한미동맹의 해체를 요구하는 목소리는 아직도 국내정치 맥락에서 주목할 만한 정치적 동력을 얻지 못하고 있으며, 이러한 현상은 장기적으로 지속될 것이라고 예측하고 있다. 봉영식, 아산연구원 연구위원 인터뷰 내용.

[58] White House, "U.S. - China Joint Statement"(Jan. 19, 2011), http://www.whitehouse.gov/the-press-office/2011/01/19/us-china-joint-statement. 18. The United States and China agreed on the critical importance of maintaining peace and stability on the Korean Peninsula... In this context, the United States and China expressed concern regarding the DPRK's claimed uranium enrichment program.

해서도 마찬가지이다. 따라서 한국으로서는 방기와 연루 사이의 딜레마의 근본적인 치유를 시도하는 것보다는, 방기와 연루를 한국 동맹외교의 양축으로 인식하고, 구체적으로 주어진 안보환경에 어떻게 적절히 적응할 것인가 하는 실질적인 노력이 중요하다고 볼 수 있다.

이러한 점을 고려해볼 때 미국이 한국 측의 희망사항을 충분히 반영시키기 위해 중국을 압박하기보다는 역으로 중국의 영향을 받아 한국을 압박할 것이라는 가정이 현실로 나타날 가능성은 낮을 것이다. 그러나 미국이 이러한 방향으로의 정책결정을 하기 시작한다면 한국의 레버리지는 낮을 수밖에 없다. 한국의 의견이나 한미관계는 미국의 전략적 행동의 하위개념이 될 수밖에 없기 때문이다. 따라서 비록 가능성은 낮다 해도 동맹의 건전성 유지 차원에서 항상 조심해야 할 것이다. 미국의 전략변화를 면밀히 살피고, 상호간의 이견조정 노력을 게을리하지 않는 것이 그 예방책이 될 수 있을 것이다.

나. 대북정책 추진과정에서의 이견 발생

미국의 세계전략, 미중관계, 경제난 및 재정난, 북한에 대한 입장에 따라 한미 간에 대북정책 추진상의 이견이 발생할 가능성이 높다. 북한의 국지도발, 북한 급변사태, 북한 핵문제, 한반도 통일 등과 관련하여 한미 간 정책 차가 예견된다. 또한 한국 내 보수정권과 진보정권의 대북정책 차이는 한미 간의 대북정책 조율에 어려움을 가져다 줄 수 있다. 따라서 대북정책과 관련한 한미 간 의견 조정 노력은 앞으로도 한미동맹에 있어 가장 중요한 과제가 될 것이다.

경제난과 재정난이 심화된 상황에서 미국이 한반도에 군사적으로 개입하는 것은 점차 어려운 선택이 될 것이다. 따라서 미국은 현 상황이 악화되지 않는 것을 원할 것이다. 북한의 도발로 국지적 충돌이 발생할 경우에도 북한의 도발에 대한 응징보다는 사태가 확산되는 것을 방지하려 들 것이다. 북한 급변사태가 발생했을 경우에도 한반도 통일보다는 가능한 한 파급효과를 최소화하려 들 것이다. 핵문제 해결 또한 보다 장기적인 관점에서 해결을 시도하면서 북한의 변화를 유도하려 들 것이다. 이 과정에서 한국과의 견해차가 발생할 가능성이 존재한다.

북한의 국지도발에 대한 한국 정부의 입장은 확고하다. 더 이상 군사적 도발행위를 좌시하지 않겠다는 것이다. 정부의 강경한 입장에 따라 한국군은 국지도발 대비를 강화하고 있으며, 한미 연합방위 체제 차원에서의 협력을 강화하기로 합의하였다.[59] 한미 간 국지도발 대응책을 논의하는 것은 매우 바람직한 방향이나, 실제로 북한이 군사적 도발을 감행할 경우 미국이 사태 확산을 우려할 가능성이 존재한다. 중동이나 아프리카 상황, 미국의 경제적 여건에 따라 이러한 입장은 가변적이라 할 수 있지만, 현재와 같은 전략상황이 변화하지 않는다면 사태 확산을 원치 않는 미국의 입장은 상당 기간 유지될 것으로 본다. 따라서 북한의 도발에 대응하는 군사작전목표나 대응수단, 미국의 지원 내용과 관련하여 항상 주기적인 검토가 필요할 것이다.

만일 북한에 급변사태가 발생한다면 북한 지역에 UN이나 한국,

....

[59] 2011년 10월 28일 개최된 제43차 한미 연례안보회의에서 양국 장관은 2012년 초까지 한미 간 북한 국지도발 대비계획을 작성하기로 합의하였음을 밝히고 있다. 연합뉴스, 2011년 10월 28일.

미국, 중국의 군대가 개입하게 될 가능성도 존재한다. 이 경우 한국의 기본 정책은 '통일 추진'이 될 것이다. 그러나 미국의 경우 상황의 안정적 해결에 중점을 둘 가능성이 존재하며, 중국과의 협력을 구하기 위해 한국을 설득하려 할 가능성도 존재한다. 이와 관련하여 한미 간에는 개념계획 5029를 작성하고 있으나, 주기적인 개정과 현실 반영을 통해 상황 발생 시 동 계획이 잘 적용될 수 있는 여건을 만들어야 할 것이다.

한미 간 대북정책 관련 이견 가능성은 북한 핵문제와 관련해서도 존재한다. 지금 당장은 한미 간 조율이 잘 이루어지고 있는 것으로 보인다. 특히 '핵 없는 세계'를 추구하고 있는 오바마 행정부 하에서 북한 핵문제에 대한 양보는 없을 것으로 전망된다. 한국 정부 역시 이해를 같이하고 있기에 큰 문제점은 보이지 않는다. 그러나 핵문제 해결과정에서 대북 경제지원문제는 한미 간 이해관계가 엇갈릴 수 있다.

이상의 모든 이슈들이 한미 간의 잠재적 갈등 요인이 될 수 있으며, 따라서 한국 정부의 주도면밀한 대응이 필요하다. 특히 한국의 차기 정부가 현 정부와 대북정책기조를 달리할 경우 한미 간 견해차의 정도에 있어 많은 차이가 발생할 것이다. 2012년 12월 선거의 결과로 한국에 보다 대북지원에 적극적인 정부가 들어설 경우 미국과의 조율문제가 핵심 이슈로 부각될 것이다. 이 과정에서 적지 않은 갈등이 발생할 수 있기에, 한국으로서는 북한문제와 관련한 한미 간 협의에 유의해야 할 것이다.

다. 통일과 주한미군 주둔문제

2020년까지 한반도 통일이 이루어질 가능성은 미리 판단할 수 없으나, 한반도 통일이 실현된다 해도 그 과정에서 한미 간의 적지 않은 갈등도 예상된다. 특히 주한미군 주둔 여부는 뜨거운 감자가 될 것이다. 국내외 일부에서는 지속적인 주둔을 희망할 것이지만 그에 대한 반대 의견 또한 적지 않을 것이다. 한미 간의 입장차도 존재할 수 있다.

한국 주도의 한반도 통일이 실현될 경우 중국은 주한미군 주둔 문제를 연계시킬 가능성이 크다. 한국 주도의 통일을 지지하겠으나 그 조건으로 주한미군 감축이나 철수 또는 주한미군의 휴전선 이남지역 활동 등을 내세울 수 있다. 이 경우 한국과 미국은 그 이해를 달리할 수 있다. 통일 이후에도 주한미군이 필요하다는 견해와 그 반대의 견해가 국내적으로 격돌이 예상되며, 그 조건에 대해서도 많은 논란이 있을 것이다.

한국의 입장에서는 주한미군을 한반도에 주둔하는 것이 유리할 깃으로 보는 견해가 있다.[60] 이러한 견해에 의하면 "한국 주도의 방식으로 통일이 이루어지면 한국에게 가장 직접적 안보의 위협을 가할 수 있는 나라는 중국이 될 수 있다. 국경을 맞댄 두 나라가 한 나라는 강대국이고, 다른 나라는 그보다 못한 능력을 가질 때 안보 우려가 발생하게 된다. 따라서 한국은 중국 세력권으로 흡수되기 전에 미국을 끌어들여 독자성을 유지하는 시도가 필요하며, 주한미군의 주둔이 필요하다"는 것이다.

이러한 시각에 의하면 미국 또한 주한미군의 지속적인 주둔을

....
[60] 통일 이후 세계 군사전략 측면에서 봤을 때 아시아 지역에서 중국의 부상은 매우 큰 의미가 있다. 만일 적대세력으로 중국이 커진다면 한국과 미국은 지상군의 필요성이 커질 수 있다. 김영호 국방대학교 교수 인터뷰 내용.

선호할 것으로 본다. 미국이 생각하는 동아시아의 전력 배치는 해군, 공군은 일본이 허브이고, 육군은 한국이 허브이므로, 한국 주둔 육군을 미 본토에 배치할 경우, 비록 경제적으로는 효율성이 있겠지만 전략적 관점에서 중국 견제에 유리한 위치를 상실할 수 있으므로 주한미군의 지속적인 주둔을 선호할 것이라는 주장이다.[61]

그러나 통일 이후 주한미군의 주둔은 새로운 위협을 가져올 것이라는 우려도 존재한다. 즉 통일과정에서 주한미군의 지속 주둔은 중국이 한국의 통일을 반대할 명분을 줄 것이며, 통일이 이루어진다 해도 한국과 중국 간의 긴장을 조성하는 원인이 될 것이므로 바람직하지 못하다는 시각이다.[62]

결국 통일과정에서 한국 정부의 입장이 중요한 문제라고 할 수 있으며, 당시 전략상황의 정확한 판단이 필요한 문제이기도 하다. 동시에 미국과의 튼튼한 동맹을 유지하기 위해서는, 그리고 미국으로부터의 통일지지를 이루어 내기 위해서는 미리부터 안정적인 주둔 여건, 즉 통일 이후에도 주둔을 약속하는 정책도 고려될 수 있는 부분이다. 원칙을 가지고 추진하는 현명한 접근이 요구되는 영역이다.

라. 글로벌 협력과 과잉기대

21세기 전략동맹 선언 이후 동맹에 대한 기대는 높아지고 있다. 그러나 동맹 발전에 따른 구체적 이행과 관련해서는 행동이 기대를 못

....
[61] 미국 입장에서 한국은 중국에게 옆구리의 가시 역할을 할 수 있다. 한국 때문에 중국은 지상군을 충분히 보유해야 한다. 이는 그만큼 중국 해공군력 확충에 문제가 되므로, 해양지역 통제를 확고히 하는 데 미국에 이득을 가져다 준다. 이동선 고려대 교수 인터뷰 내용.

[62] 정욱식·서보혁, 『미군 없는 한국을 준비하자』(2000), p.20.

따라가는 현상이 발생하고 있다. 예를 들어 미국의 한국에 대한 국제문제 협력요구는 점점 더 높아지고 있지만 우리의 준비는 미국의 기대에 부응하지 못하고 있다. 아직은 초기단계로 볼 수 있으나 미국의 지속되는 요구와 한국의 소극적인 자세는 한미관계의 발전에 저해 요인으로 다가올 수 있다. 즉 한미관계에 과잉기대현상이 발생하고 있다는 점에 대한 한국 정부의 문제인식 및 준비가 필요하다.

현 정부 하에서 한미동맹이 강화된 것은 긍정적으로 평가해야 부분이다. 한미 정부 간의 협력이나 동맹에 대한 일반인의 인식까지도 긍정적으로 발전하고 있다. 다만 우려되는 것은 한미동맹이 실제로 좋아진 것보다 더 좋아졌다고 생각하는 점이다. 즉 기대과잉의 문제가 발생하고 있다. 예를 들어, 동맹이 좋아졌다는 실례로써 가치에 기반한 동맹, 경제적 측면을 아우르는 동맹이 자주 언급되고 있으나, 실제적으로 이러한 구호가 동맹관계를 발전시키는 것은 아니다.

중요한 것은 동맹에 대한 기대가 높은데 현실이 기대에 부응하지 않으면 한미관계에 부정적 영향을 미칠 수 있다는 것이다. 한국 정부가 글로벌 협력을 강화하겠다는 약속을 하고 있으나 그 준비는 쉽지 않다. 미국의 경우 북한의 전면전 남침 가능성을 낮게 보며 한국의 활발한 지원을 기대하고 있으나, 북한의 위협에 대비해야 하는 한국의 입장에서는 해외 파병을 증원하는 것은 어려운 입장이다. 일례로 소말리아 해역에 구축함 한 척을 더 보내는 것조차도 쉽지 않은 사안인 것이다. 이러한 현실은 한미동맹의 장밋빛 구호와 달리 양국 간의 갈등 요인이 될 수 있음을 시사한다.

또한 지나친 정책홍보도 문제로 볼 수 있다. 2011년 10월 14일 한미 정상에서 합의된 바 있는 '다원적 전략동맹'은 한미동맹이 군사적 동맹을 넘어 경제적 차원의 엄청난 발전을 한 것과 같이 표현되고 있다. 그러나, 실제로 미국의 영문 표기에서는 다원적이라는 표현이 사용되지 않고 있다는 점은 시사하는 바가 크다. 지나친 홍보로 국민적 기대감을 높일 경우 자칫 감당하기 어려운 요구사항이 제기될 수 있음을 유념해야 한다.

따라서 과연 한미동맹이 실질적 내용보다는 '동맹 강화'가 목적으로 추구된 것은 아닌지, '포괄적 동맹, 전략 동맹, 다원적 동맹' 등과 같은 구호가 실질적으로 대한민국의 이익에 얼마나 도움이 되는지 따져 보아야 한다. 단지 동맹이 좋아졌다는 것을 보여주기 위해서 거창한 비전을 제시한 측면은 없지 않은지 반성하고 한국의 국익 실현을 위해 어떻게 추진해 나갈 것인가 고민해야 한다.

3. 중장기 외교목표와 한미 발전 방향

앞서 지적한 바와 같이, 2008년 이후의 한미동맹을 설명할 때 '복원'이라는 단어가 심심치 않게 등장한다. 그러나 지난 수년간의 과정을 지켜볼 때, 이러한 설명이, 그리고 그 설명의 근저에 자리 잡고 있는 인식이 과연 정확한 것인지에 대해서는 의문을 제기하지 않을 수가 없다. '복원'은 어떤 상태 혹은 어떤 시점으로의 회귀를 의미한다. 2000년대 이후 한미동맹에는 중요한 구조적 변화의 동인들이 지속적으로 발생하였다. 이미 변화하고 있는, 그리고 미국의 입장에서도 그렇게 가야만 하는 동맹의 어떤 상태를 '복원'할 것인가. 이러한 관점에서 현재부터라도 잠재하고 있는 근본적인 구조적인 과제를 해결하려는 자세로 한미관계를 접근하지 않는다면 동맹의 지속가능한 발전은 여전히 취약할 수밖에 없다.

과연 미래 한미동맹을 통해 우리가 그리려고 하는 '포괄적 협력'의 모습은 무엇인가, 그리고 2020년 우리의 안보 및 한반도·지역·세계 전략에 있어 미국에게 기대하는 바는 무엇인가에 대한 해답을 찾지 않은 채 기술적인 문제에만 집착하는 것은 또 다른 동맹의 위기를 유발할 수 있다. 이를 위해서는 차기 정부에서 다음과 같은 조치가 필요하다.

첫째, 보다 포괄적으로 한미동맹의 미래를 논의할 수 있는 협의기구를 구축해야 한다. 이제 한미는 립 서비스 차원의 공약을 벗어나 실제로 미래에 새로이 적용될 양국 간 거래관계를 확보해 나가야 한다. 그 거래관계 내에서 양자가 지향한 국가이익과 비전에 대한 심층적 논의가 없다면 '동맹의 위기'는 언제라도 재현될 수 있다. 보다 구체적으로 어떠한 대의와 역할, 그리고 임무가 지향되어야 할 것인지에 대한 앞으로의 10년을 내다볼 수 있는 공동의 노력이 필요하다. 이와 관련, 한미 간 과거의 「미래 한미동맹 정책구상FOTA」와 같이, 동맹의 미래에 대한 보다 거시적 협의를 할 수 있는 협의체를 고려해볼 가치가 있다. 물론, FOTA 역시 주 관심사는 군사적인 동맹의 재편에 맞추어졌지만, 이를 통해 양국이 지니는 위협인식, 양국의 전략적 이익 등에 대한 보다 큰 시각에서의 협의도 이루어졌기 때문이다. 이는 FOTA의 후속 협의인 「한미 전략구상협의SPI」에서 미래 한미 국가이익에 대한 논의가 이루어지는 배경이 되었기도 하다. 현재의 통합국방협의체KIDD를 더욱 발전시키고, 논의 수준 또한 동맹의 군사적·기술적 차원에 국한된 것이 아닌, 보다 전략적 수준의 정기적인 전략협의체가 창설·가동될 필요가 있으며, 이러한 협의체에 대한 한미 전문가들의 폭넓은 의견수렴 및 참여 기회가 주어져야 한다.

둘째, 2020년의 한미동맹은 여전히 한반도 안보에서 한국의 방위충분성에 도움을 주어야 한다는 공감대를 이끌어 내어야 한다.[63] 북한의 전면전이나 핵위협은 물론이고, 국지도발부분에서도 북한의 도발 억제 및 한국의 대응과 관련해서도 동맹이 역할을 수행해야 한다. 또한, 북한으로부터의 위협이 소멸된 이후에는 한반도에 대한 부당한 군사적 간섭이나 침공을 억제할 수 있어야 한다. 이는 미래 동맹의 역할이 확장되더라도 변함없이 유지되어야 할 사항이다. 다만, 이에 대한 한미 간 거래비용이 높아지는 것을 방지하기 위해서는 한반도 방위와 국제적 기여의 조화가 이루어져야 한다. 한국의 국제적 기여는 미국의 수요가 더 크다고 보지만, 한국으로서도 간과해서는 안 되는 영역이다. 한국이 국제적 위상에 부합하는 기여를 이행하지 않을 때 국제사회에서 이기적인 국가로 낙인될 것이며, 이는 한국의 외교적 미래에 부정적인 영향을 미칠 것이다. 다만 한국의 국제적 기여는 한미 간의 잘 조화된 운용을 필요로 한다. 이는 보다 효율적인 국제문제 기여 외에도 미국에 대해 한국이 무임승차하지 않고 있음을 보여주는 기능을 할 것이다. 한반도 안보와 국제적 기여를 상호거래의 관계로 두어서는 안 될 것이나 보완적 역할로 설정할 수는 있을 것이다.

셋째, 이러한 안보효용의 균형성 혹은 형평성이 실현될 수 있기 위해서는 무엇보다 한국이 미래 한반도 방위에 대한 분명한 무게

....
[63] 이상현은 한미동맹의 발전방향으로, 첫째 민족 자존심과 주권 존중, 둘째, 안보에서의 방위충분성 확보, 셋째, 공동의 가치 지향, 넷째, 통일과정 지원으로 제시하고 있다. 이상현, 『변환시대 국가전략: 21세기 안보환경 변화와 한국의 대응』(한울, 2011), pp.226-227.

중심을 설정해야 한다. 한국의 현재 그리고 미래의 군사력이 어떠한 수준이어야 한다는 데에 대한 합의도출은 결코 쉬운 일은 아니다. 군사 선진국들의 국방개혁은 모두 이 힘든 사회적 합의의 과정을 인내심 있게 거쳐 왔다. 이제부터라도 이에 대한 작업이 재개되어야 한다. 즉 범국민적 국방개혁 논의를 위한 제도적 장치를 마련하고, 이를 바탕으로 과거의 시도를 비판적·창조적으로 재해석해야 한다. 일단 사회적 합의가 도출되면 현재 미래의 한국군은 어떠한 방식으로 싸울 것인가How to fight에 대한 분명한 중심이 잡혀야 한다. 현재의 북한의 위협에는 어떻게 대응하며, 미래의 불확실한 위협에 대해서는 어떻게 관리할 것인가에 대한 분명한 비전과 전략이 수립되어야 하는 것이다.

넷째, 미래에도 한미동맹은 한반도 통일을 지원하는 동맹이어야 한다. 앞서 살펴본 여러 이유에서 미국의 동아시아정책은 한반도 통일에 소극적으로 전환될 우려가 있다. 따라서 한국은 보다 적극적인 외교적 노력을 통해 한국의 통일방안에 대해 미국의 지지를 확보해 가야 한다. 결국 한반도에 미래는 한국에 있고, 분단의 고착은 한미 양국의 안보비용 증대와 연결된다는 점을 꾸준히 설득함으로써 한국 주도의 한반도 통일이 미국의 국익에 이익이 된다는 점을 알려야 한다. 정치·전략적 측면에서 통일한국의 등장은 동아시아 및 아태지역에서 미국 안보에 긴요한 동맹 네트워크가 강화·확대됨을 의미한다.[64] 미국과 '21세기 전략동맹관계'를 발전시킨 단계에

....

[64] 미국을 동아시아 역내 국가로 볼 수 있는가에 대해서는 학자마다 시각의 차이가 있다. 지리적 차원에서 미국은 분명히 역외세력이지만 경제·군사관계 등을 고려한 기능적 차원에서는 분명히 미국은 동아시아 역내관계의 중요한 행위자이다. 미국의 경우에도 미국의 미래와 관련하여 아시아 지역의 중요성을 인식한 행보가 필요하다는 것

서 한국 주도의 통일은 동아시아 지역에서 미국과 동맹국 간의 관계 강화에 기여할 것이다. 통일한국은 인구 규모나 잠재적 경제력 면에서 일본에 비견될 만한 국력 수준을 갖춘다는 점에서, 미국의 입장에서는 미일동맹과 한미동맹을 동등한 양대 축으로 활용할 수 있으며, 특히 한·미·일 간 전략적 네트워크의 강화로 동아시아 및 아태지역에서 미국의 융통성을 증대시켜 줄 것이다.

다섯째, 한미 양자동맹의 기본틀은 유지되어야 한다. 동북아 역학구도에서 한·미·일이나 한·미·일·호의 다자동맹구조는 중국을 포위하는 구도가 될 수밖에 없다. 이 경우 동북아의 긴장은 더욱 고조될 것이고 한국은 미국인가 중국인가 하는 선택을 요구받을 수밖에 없다. 따라서 미국으로 하여금 하나의 다자동맹보다는 잘 조화된 양자동맹을 다층적으로 운용하는 것이 바람직한 것임을 이해시켜 나가야 할 것이다. 물론, 이러한 접근이 지역 다자안보협력체제의 창설 자체를 배제하는 것은 아니며, 양자동맹 일변도의 정책만을 강조하는 것은 더더욱 아니다. 중요한 것은 동맹이든 다자안보협력체든 간에 이것이 한쪽의 대체재로 여겨져서는 안 된다는 것이다.

이미 성숙한 단계에 이른 한국의 대미외교의 추진방향은 화려한 수사나 다양한 표현이 아닌, 양국 국가이익의 접점을 극대화하는 방향으로 추진되어야 할 것이다. 물론 이러한 방향으로의 동맹 발전은 쉬운 일이 아니다. 미국의 전략적 판단에 따라 실현가능할

....
이 많은 미국 학자들의 주장이다. 중국이 흔히 동아시아를 이야기할 때 미국을 배제한 상태에서 이야기한다는 점에서 우리나 미국의 입장에서는 미국을 동아시아세력으로 간주하는 것이 오히려 이익일 것이다.

수 있고 실패에 머물 수도 있다. 결국 한국과 미국 양국이 미래 동맹상을 그려 나가는 데 얼마나 공감대를 형성하고 있는가가 우리가 원하는 동맹실현을 좌우하는 척도가 될 것이다. 그러나 근본적으로는 양국 간의 인적, 사회적, 문화적 네트워크에 영향을 받게 될 것이다. 따라서 다양한 대미 네트워크를 만들어 내고 이를 강화함으로써 미국의 지도층이나 일반 시민들에게 한국의 입장을 널리 알리고 그것이 미국의 국익에 도움이 된다는 것을 이해시켜 나가야 한다. 양국 간 이미 다양하게 형성되어 있는 외교적 접점과 접점을 잇고, 새로운 접점을 찾아 촘촘한 그물을 만들어 가는 외교가 한미동맹의 발전방향을 뒷받침하는 힘이 될 것이다.

참고문헌

Bong, Youngsik, "Does U.S. Financial Crisis Shake the U.S.-ROK Alliance?" *DongA Weekly* (August 22nd, 2011), http://www.asaninst.org/eng/newsroom/board_read.php?num=462&page=2&type=aips_news&keyfield=&key=.

Chang, Gorden G. "A Pessimistic View on China Economic Future," http://nextbigfuture.com/2010/01/pessimist-view-of-china-economic-future.html.

Cheney, Dick. *Defense Strategy for the 1990s: The Regional Defense Strategy* (U.S. DoD, 1993), http://www.informationclearinghouse.info/pdf/naarpr_Defense.pdf.

Connors, Michael K., Remy Davison and Jorn Dosch, eds., *The New Global Politics of the Asia-Pacific* (London and New York: Routledge Curzon, 2005).

Joint Pub 3.01-5 *Joint Ballistic Missile Defense.*

Morrison, Wayne M. "*China's Economic Conditions*" (CRS Report for Congress, June 2011).

O'Neill, Jim and Anna Stupnytska, "The Long Term Outlook for the BRICs and N-11 Post Crisis," *Global Paper No. 192*(Goldman Sachs, Dec. 4, 2009)

Perry, William. "*The United States Security Strategy for the East Asia-Pacific Region*" (U.S. Dod, 1998), http://www.dod.gov/pubs/easr98/easr98.pdf.

Pupp, Terrence Edward. *The Future of Global Relations* (New York: Palgrave &Macmillan, 2009).

SBA(Small Business Administration), *The Small Business Economy: A Report to the President* (United States Government Printing Office, 2010).

Slaughter, Anne-Marie. "America's Edge: Power in the Networked Century," *Foreign Affairs* (January/February 2009).

The Commission on America's National Interests, *America's National Interests* (Cambridge, MA: Harvard University, 1996)

The White House, *A National Security Strategy for A New Century* (Washington, D.C.: The White House, 1997).

_____, *National Security Strategy* (Washington, D.C.: The White House, May 2010), http://www.whitehouse.gov/sites/default/files/rss_viewer/national_security_strategy.pdf.

_____, "U.S. - China Joint Statement"(Jan. 19, 2011)

"China's Exports Prospects: Fear of the Dragon," *The Economist* (January7, 2010).

"Statement of General W.L. Sharp Commander, United Nations Command; Commander, Republic of Korea-United States Combined Forces Command; And Commander, United States Forces Korea Before the House Armed Services Committee." *U.S. Senate*, 8 April 2008.

구갑우, "동아시아 시대와 한국의 동맹전략," 「미중사이에서 고뇌하는 한국의 외교·안보: 연미화중으로 푼다」(NEAR 재단 편, 2011).

김갑진, "전작권 전환 시기 조정의미와 군사적 완전성 제고," 「합참 제45호」(합동참모본부, 2010).

김병국 외 공편, 「미·중관계 2025」(서울: 동아시아연구원, 2011).

김재철, "21세기 한미 전략동맹의 안보적 과제와 대비방향," 대한정치학회보 17권 2호

(2010).

김종우·이승우, "한미안보동맹 다원적전략동맹으로 버전업," 연합뉴스, 2011년 10월 14일.

김치욱, 『미국의 신통상국가 전략과 한국의 대응방안』(세종연구소, 2011).

김흥규, "중국의 부상, 동북아 안보, 그리고 한국의 전략," 『미중사이에서 고뇌하는 한국의 외교·안보: 연미화중으로 푼다』(NEAR 재단 편, 2011).

대한민국 국방부, 『국방백서 2010』(서울 : 국방부, 2010).

대한민국 국방부, 『전시작전통제권 전환 시기 조정에 대한 올바른 이해』(서울 : 국방부, 2010).

윤영미, 『천안함 프리즘을 통해서 본 굳건한 한미동맹』, 국제전략연구원, 2010

이상현, 『변환시대 국가전략: 21세기 안보환경 변화와 한국의 대응』(한울, 2011).

임동원, "한국의 국가전략: 개념과 변천과정," 국가전략 제1권 1호(1995).

전성훈, "국가이익과 국가전략: 통일·외교·안보를 중심으로," 『국가전략』(세종연구소, 1999).

정욱식·서보혁, 『미군 없는 한국을 준비하자』(2000).

中환구시보, "韓언론, 어선침몰 정치화," 동아일보, 2010년 10월 24일.

차상철, 『한미동맹 50년』, 생각의 나무, 2004.

청와대, "Toronto 韓·美 정상회담 보도자료," 2010년 6월 26일.

_____, 『이명박 정부 외교안보의 비전과 전략: 성숙한 세계국가』(청와대, 2009. 3.).

하영선 외, 『변환시대의 한미동맹: 미래를 향한 지휘관계 재건축』, 동아시아연구원, 2008

하영선, "21세기 복합동맹," 『21세기 신동맹: 냉전에서 복합으로』(EAI, 2010).

_____, 『변환의 세계정치』, 을유문화사, 2010.

「한미상호방위조약」

"미, 북한 국지도발 강화, 전면전은 희박," SBS 뉴스, 2011년 3월 11일.

"오바마 부채상한 증액 협상 타결," 국민일보, 2011년 8월 1일.

"주한미군 성폭행 사건 서울서도 발생," 연합뉴스, 2011년 10월 27일.

"한국방어, 동아시아 안정유지가 임무," 연합뉴스, 2011년 7월 21일.

연합뉴스, 2008년 8월 6일.

연합뉴스, 2011년 10월 28일.

조선일보, 2010년 11월 9일.

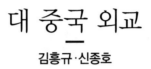

대 중국 외교

김흥규·신종호

문제의식

- 한국 외교안보전략의 최대 전략과제로 등장한 중국과의 갈등과 분쟁을 지속할 경우 상호간에 막대한 비용을 초래할 가능성이 높음.
  - 중국은 이미 한반도의 평화와 안정 및 통일과정에서 상수(常數)로 존재

- 중국은 향후 10년을 '전략적 기회기(戰略機遇期)'로 인식하고, 중화민족의 부흥을 위해 자신들의 실체를 구체적으로 드러낼 것으로 전망
  - 중국은 많은 어려움에도 불구하고 2020년경에 세계 제1위 경제대국 등극 전망
  - 중국의 부상 과정에서 직면할 정치적 자유화 및 민주화의 추세가 동아시아 역내 평화와 안정을 보장하지는 않을 가능성이 높음. 오히려 중국은 더욱 완고하고 민족주의적인 대외정책으로 주변국과의 갈등 격화 전망
  - 협력과 갈등이 반복되는 중미관계 속에서 한중관계 역시 낙관적일 수만은 없음.

- 2020년 동아시아 및 한반도에서 미중 간 전략적 경쟁과 갈등이 갈수록 심화
  - 미국이 여전히 국제정치와 군사부문에서 세계 최강의 지위를 유지하고, 중국은 세계 최대의 경제규모를 보유하는 상황에 직면
  - 미국의 아시아 재균형 정책과 중국의 아시아 역내 영향력 강화정책이 부딪쳐 동아시아와 한반도에서 미중 상호 경쟁은 앞으로도 심화되어갈 전망
  - 미래상황에서 편승전략을 통해 우리가 원하는 북핵 관련 목표나 통일을 달성하기는 어려운 상황임.

- 한국의 미래는 G2로 부상한 중국과의 관계에 따라 결정될 가능성이 높다는 점에서 한국의 생존공간 확보 및 중국과의 상생공영 방안 필요
  - '북한문제'를 둘러싼 한중협력, 한중관계와 한미동맹 조화 방안 마련 필요
  - 한·중관계 발전을 위한 공동이익 확대 및 전략적 차이점 축소 노력 필요

미래 도전 요인

- '중국의 부상'에 따른 부정적 요인 관리
  - 한중 간 경제적 경쟁 측면의 부각 및 의존성 심화에 대한 우려 대두
  - 중국의 급부상으로 인한 국력의 비대칭성 심화와 미·중간 역내 세력경쟁
    이 강화되면서 그 갈등의 소용돌이에 말려들 수 있음.
  - 미중간 전략적 협력이 강화될 경우에는 양국의 직거래 관계에 따라 한국
    이 소외되는 상황이 우려됨.
  - 한국의 입장에서는 무역 분쟁 등과 같이 중국과의 직접적 관계로부터 압
    력을 받거나 한중 혹은 한미 관계의 양자택일이라는 선택의 기로에 설 수
    있음.
    ※ 중국변수의 관리와 관련해 어떻게 입장 차를 조율해 나가고, 또 최적의 공동 대응
    방안을 이끌어 낼 수 있는가는 미래 한미 관계의 주요한 변수임.

- 북핵 및 북한 문제에 대한 갈등
  - 북한의 핵보유가 거의 기정사실화되는 상황에서, 한중 간 북핵문제에 대
    한 이해관계와 정책상의 충돌 및 상호 불신이 강화될 수 있음.
  - 한국은 북한의 핵위협 및 적화통일 가능성이 있다고 인식하는 반면, 중
    국은 사실상 수세에 몰린 북한의 안보불안이 북핵문제를 초래했다고 판
    단함.
  - 한중간 북핵위협에 대한 인식의 편차는 향후 한반도의 평화와 안정을 위
    협하고, 한중 갈등 요인이 될 수 있음.

- 한중 양국 국민 인식 격차 확대와 정서적 갈등이 확대
  - 한국인의 對중 인식은 2008년 베이징올림픽 당시에 가장 부정적. 중국인
    의 한국에 대한 긍정적 인식은 줄고, 부정적 인식도 꾸준히 확대
    ※ 동북아역사재단의 조사에 의하면 2010년 한·중관계에 대한 한국인의 긍정적 평가
    는 50.8%로서, 2009년 58.9%보다 8.1% 포인트 줄어든 반면, 부정적 응답은 6.1%
    포인트 증가한 것으로 나타남(2009년 39.7%→2010년 45.8%).

- 이어도 문제, 영해획정 문제, 역사 갈등 문제 등 미봉되었던 갈등 요인들의
  현재화 가능성이 확대

- 정치적으로는 사회부문의 강화와 민주화의 요구 속에서 불안정 상황이 강화되면서 민족주의적인 정서도 더 강화될 개연성이 큼.
- 중국의 보다 공세적인 대외정책의 추진으로 주변국과 갈등이 강화될 개연성이 큼.

• 전략적 협력동반자관계의 내실화를 위한 제도적 장치가 여전히 미흡
- 양국은 현재 전략적 협력동반자관계를 수립하였음에도 불구하고 양국관계의 의제가 확대되거나 정책상의 공조가 이루어졌다는 증거를 찾기 어려움.
- "중국과의 관계는 경제협력이 중심"이라는 한국의 인식도 여전히 지속
- 양국은 북한문제와 한미동맹 등 전략적 이슈를 둘러싸고 이견을 노정
- 양국의 현안보다 외부적 요인에 더 큰 영향을 받고 있는 것이 양국관계의 부인할 수 없는 현실임. 따라서 한중 간 자체 변수의 독립성을 강화시켜야 함.

한중관계 발전을 위한 실천 과제

• 중국과 상호 공영 추구
- 한국의 대중정책 목표는 크게 중국의 외교안보적 불확실성에 대한 대응과 견제, 경제와 안보간의 균형 추구, 중국이 국제사회로의 통합과 규범에 합의하도록 노력하는 것임. 한국은 이 중 대응과 견제의 부분에만 치중해서는 안 됨.
- 안보는 미국에 경제는 중국에 의존한다는 이분법적 논리도 초월 필요. 이슈에 따라 유연하고 차별적인 질서를 인식하고 적절히 활용해야 함.
- 도전 요인이 다대하지만, 국제문제에서 상호 공통적인 전략 공간을 확대해나가고 차이점은 과감히 축소시켜 나가는 노력이 필요함.
- 빠르게 부상하는 중국과 더불어 동반 부상하는 상호 공영의 전략 추구 필요.

• 점진적인 대중 신뢰강화 및 전략목표의 조화 추진
- 긴 호흡을 갖고 신뢰증진, 신중함과 전략적 사고를 바탕으로 점진적이면서도 실현가능한 접근법을 채택

- 이미 상당한 수준에 도달해 있는 경제, 인문, 사회 분야의 교류를 더 고
  도화하고, 외교·안보적 협력을 점진적으로 강화하는 방향으로 정책을 추
  진하여야 함.
- 한미관계와 북중관계의 재조정이라는 어려운 과제를 제기하고 있음. 결
  국, 양국이 진정으로 전략적 차원에서 대화를 진행하고 공동의 인식을
  도출할 필요성 제기

• 전략대화 라인의 정비와 구축
  - 한국의 청와대 전략·안보 담당부서와 중국의 중앙외사영도소조 판공실
    혹은 외교담당 부총리(국무위원)의 판공실 간 "전략 핫라인(Hot line)"
    수립을 제안
  - 한중 간 1.5 트랙 차원의 전략대화를 제도화하여, 양국 간 논의해야 할
    사안들을 광범위하게 논의 필요
  - 노무현 정부시절 및 이명박 정부시절 개최한 비공개 전략대화에 대한 냉
    정하고 객관적인 평가를 바탕으로 최적의 전략적 준비, 구성, 인적 배치
    등을 준비
  - 국내정치적인 고려를 넘어서 국익의 차원에서 대외정책의 독립성 존중

• 한·미·중 관계의 안정적 관리
  - 한국의 전략방향은 한미동맹의 발전과 한중 전략적 협력동반자 관계는
    개념적으로 상충되지 않음을 유념
  - 한국은 한미동맹 발전과 한중 전략적 협력동반자관계를 심화하면서 조
    화를 추구
  - 한미동맹이냐, 한중관계냐를 상호배타적으로 보고 둘 중 하나를 선택한
    다거나 미중의 가운데서 등거리외교를 하겠다는 식의 소극적 발상을 지양
  - 미국 및 중국과 다 같이 북한의 개혁개방, 한반도 긴장완화, 비핵화라는
    공동의 목표를 추진하는 주도적인 외교를 전개

• 이어도 문제의 조속한 타결
  - 한중 간 갈등의 폭발 가능성이 가장 큰 이어도(중국명 쑤옌자오) 관할권
    갈등은 영해 및 주권의 문제가 아니지만, 일반인들의 인식, 경제자원, 군

사적 중요성, 전략적 위치 등으로 상호 양보하기 어려운 사안이 될 개연성
이 큼.
- 중국내 자유화, 민주화과정에서 민족주의적 열정의 대상이 될 경우, 이 문
제의 해결은 더욱 요원해짐. 한국은 동쪽으로는 독도를 둘러싼 일본과의
갈등 강화, 남쪽에서는 이어도를 둘러싼 중국과의 갈등 강화, 서쪽에서
는 해양경계선을 놓고 북한과의 갈등강화라는 최악의 상황이 우려됨.
- 상대적으로 쉬운 사안인 이어도 문제를 가능한 빨리 상호 타협점을 찾아
내어 적극 타결하는 것이 필요

- 대북정책 조정과 한중협력 강화
  - 북중 사이의 동맹적인 유대나 중국의 한반도 군사개입을 반드시 상수로
    볼 필요는 없음.
  - 중국이 한반도 통일을 반대하는 세력으로 남을 수밖에 없다는 것을 전
    제할 필요는 없음.
  - 통일한국이 핵무장을 하지 않고, 한반도 상황의 안정을 담보하면서 중국
    의 경제성장에 유익하고, 적대적인 국가가 되지 않는다면 중국은 한반도
    통일을 지지할 수 있을 것임.
  - 중상기적으로는 한중 양국의 신뢰수준을 제고하여, 한국이 주도하는 통
    일이 중국의 이해를 손상시키지 않을 것임을 확신하게 하고 중국의 북한
    에 대한 정책을 변화시키도록 유도
  - 단기적으로는 한국의 정책이 북한의 붕괴를 추구한다는 중국의 우려를
    해소함으로써 북한문제가 한중 갈등의 원인으로 작용하는 것을 해소하
    는 것이 보다 현실적인 정책
  - 대북 위기관리에 대한 한중 협력을 모색하고 제도화된 소통구조를 만들
    어야 함. 당장은 어렵겠지만, 중국과 북한 관련 위기관리 대화를 1.5 트랙
    차원에서 모색
  - 한국은 중국 측에 대북 경제협력의 확대, 북한군 현대화에 대한 중국의
    지원 여부, 대량살상무기에 전용할 수 있는 물자 및 기술의 제한, 북한 무
    력증강에 도움이 되는 재원의 차단 등을 지속적으로 요구할 필요
  - 한국은 중국 측과 북한에 대한 공통의 이해영역을 확인하고, 그 영역을
    넓혀 나가는 외교를 전개할 필요

I. 머리말

중국은 이미 한국 외교안보전략의 최대 영향 요인으로 등장했고 앞으로도 그럴 것이다. 한국에게 중국은 지정학적Geopolitical·지리적 Geographical으로 분리할 수 없는 오랜 이웃이다. 중국의 고속 경제성장의 가장 큰 수혜국가 역시 한국이었다. 중국은 향후에도 한국의 가장 중요한 무역 파트너로 존재할 것이며, 한국의 경제성장과 복지는 중국과의 경제관계에 의해 가장 큰 영향을 받을 것이다. 이런 국가와 갈등과 분쟁을 지속한다는 것은 상호 막대한 비용을 초래할 것이 분명하다.

중국은 이미 세계적 차원에서 미국과 함께 주요 강대국G2 관계를 형성하고 있으며, 동아시아 지역 차원에서도 미중 양국의 전략적인 이해나 핵심적인 이익을 벗어난 현상 변경은 어려운 상황이다. 한반도의 평화와 안정 및 통일 과정에서도 중국은 더 이상 변수로 작용하기보다는 상수常數로 존재할 것이다.

중국은 향후 10년을 중화민족의 부흥을 위한 '전략적 기회의 시기戰略機遇期'로 간주하고 있다. 현재의 중국의 부상속도를 감안할 때, 실제로 향후 10년은 부상하는 중국의 실체가 보다 분명하게 드러날 것이며, 동아시아국가들의 세력관계 역시 보다 구체적인 모습을 띠게 될 것이다.

한중관계 역시 향후 10년은 매우 중요한 시기가 될 것이다. 한국이 G2로 부상한 중국과 향후 10년간 어떠한 관계를 정립하느냐에 따라 미래 초강대국 중국과의 관계가 규정될 가능성이 높으며, 나아가 강대국 간 세력경쟁구도에서 한국의 생존공간을 확보할 수 있는지가 결정될 가능성이 높다. 어느 때보다도 중국의 부상과 그에 따른 세력관계 변화에 대한 한국 정부의 냉철하고 예지력 있는 현실인식과 판단이 요청되는 시기이다.

한국은 중국과의 경제적 상호의존관계를 유지하면서도 한반도의 긴장을 관리하고 상생공영할 수 있는 방안을 고민하지 않으면 안된다. 이 과정에서 한중 양국 외교안보분야의 최대 민감사안인 소위 '북한문제'에 대한 전략적 협력방안 마련이 필요하고, 기존의 한미동맹의 강화와 한중 전략적 협력동반자관계와의 절묘한 조화 방안 역시 시급히 요구되고 있다.

이 글은 현재까지 중국의 부상 및 한중관계에 대한 평가를 통해 2020년의 양국관계를 전망하고 한국 정부의 대 중국정책을 제언하고자 한다. 이를 위해 먼저 '중국의 부상'으로 인한 국제질서의 변화 및 새로운 미중관계의 출현이 한반도에 주는 함의를 분석하고, 갈수록 중요해지고 있는 중국의 주변외교전략 및 한중관계 20년에 대한 평가를 통해 한중 전략적 협력동반자관계의 실질적 발전을 위한 기본방향 및 실천과제를 제안한다.

II. 중국의 부상과 2020년 중국외교

1. 중국의 부상: 현황, 도전, 전망

가. 현황

중국의 부상China Rising은 이제 너무나 당연하고 상투적인 소리가 되었다. 이미 2003년 마틴 월프Martin Wolf는 유럽이 과거라면, 미국은 현재이고, 중국이 지배하는 아시아가 인류사의 미래라고 지적한 바 있다.[1] 중국은 지난 30여 년간 거의 10%에 달하는 고속 경제성장을 유지한 결과 경제규모면에서 2005년 프랑스 추월, 2006년 영국 추월, 2007년 독일 추월, 그리고 2010년에는 일본마저 추월하여 세계 2위의 경제대국이 되었다. 중국은 현재 세계 최대의 외환보유국이자 미국의 최대 채권국이다. 중국의 군사비 지출은 미국에 이어 세계 2위이고, 석유 소비규모 역시 제2위를 기록하고 있으며, 미국 및 소련에 이어 세 번째로 유인우주선을 성공적으로 발사하였다. 특히

....

[1] Martin Wolf, "Asia is Awakening," *Financial Times*, September 22, 2003.

2008년 미국발 글로벌 금융위기 이후 서방 주요 국가들의 저성장 와중에도 중국은 8% 이상의 경제성장을 지속했다. "1979년 자본주의가 중국을 구했다면, 이제는 중국만이 자본주의를 구할 수 있다"는 말까지 회자되고 있다.

자료의 출처와 추계방식은 다르지만 현 상태라면 중국은 향후 세계 최대의 경제규모를 가질 것으로 예상된다. 국제통화기금IMF은 중국의 GDP가 1950년 세계의 4.5%를 차지했으나 해를 거듭할수록 증가하여 2030년경에는 20%를 넘어설 것으로 전망했다.[2] 골드만삭스는 2003년 발간한 보고서에서 중국이 2041년에 미국 경제를 추월한다고 예측했으나, 2008년 보고서에서는 중국이 현재의 경제성장속도약 10%를 지속한다면 2027년에 미국을 추월한다고 전망했다.[3] 세계적인 회계 컨설팅업체인 프라이스 워터하우스쿠퍼스PWC 역시 중국이 2020년 세계의 최대 경제대국이 될 것을 예측한 바 있고,[4] 세계적인 거시경제 예측기관Global Insight's World View의 2011년 11월 평가에 따르면 2018년에는 중국이 미국을 추월한다고 예측하고 있다. 최근 발간된 자료일수록 중국의 세계 제1의 경제대국 등극시기를 2020년 이전으로 앞당기고 있다.

물론 중국의 부상이 미국 패권의 상대적 위축을 촉진하면서 국제질서의 근본적 변화를 초래할 것인지에 대해서는 여전히 논쟁적이다. 회의론자들은 미국의 군사력이 여전히 중국을 압도하고 있으며

....

[2] International Monetary Fund, *World Economic Outlook Database*, April 2007 참조.

[3] *Goldman Sachs Global Economics Paper Issue*, No.192. http://www2.goldmansachs.com/ideas/brics/long-term-outlook-doc.pdf (검색일: 2011-06-05).

[4] http://www.wikitree.co.kr/main/news_view.php?id=1331 (검색일: 2012-2-11).

미국의 힘과 사명감을 대신할 수 있는 나라는 없다는 점을 강조한다.[5] 실제로 미국의 군사비 지출이 세계 군사비 지출에서 차지하는 비중은 1986년 28.2%, 1994년 34.3%에서 2009년에는 46.5%를 점유할 정도로 오히려 증가하였다.

그럼에도 불구하고 현재의 글로벌 질서 변화의 최대 동인은 미국 패권의 위기와 중국의 부상이라는 데 이견은 없어 보인다. 미국 역시 중국의 세계적·지역적 차원의 위상 제고 및 영향력을 인정하기 시작했고, 미중 전략·경제대화를 운영함으로써 양자관계뿐만 아니라 글로벌 현안을 논의하는 기제로 활용하고 있다.

문제는 중국의 부상이 얼마나 빨리 이뤄지고, 그에 따라 미국의 패권이 어디까지 쇠퇴할 것인가 하는 점이다. 현재 중국은 빠른 속도로 미국의 경제적 위상을 추격하는 중이다. 그러나 G2시대 논란의 실체를 정확히 이해하려면 중국의 부상을 보는 객관적인 시각이 중요하다. 이를 이해하기 위해서는 중국이 처한 국내외적인 도전 혹은 현실을 조망할 필요가 있다.

나. 도전적 상황

서방국가들이 기술적 진보를 바탕으로 점진적이면서도 오랜 경제 및 정치적 발전을 이룩한 것에 비해, 중국은 압축된 고속 경제성장을 이룩했다는 점에서 그에 따른 경제·사회적 부작용 역시 만만치 않다. 중국은 이미 지역 간, 도농 간 빈부격차문제가 매우 심각한 상황이다. 소득불균형 수준을 알려주는 지니GINI계수는 사회 불

....

[5]   Josef Joffe, "The Default Power: The False Prophesy of America's Decline," *Foreign Affairs*, Vol. 88, Iss. 5 (Sep/Oct 2009).

안정을 야기하는 수준인 0.5를 이미 넘어섰다.[6] 도시를 기준으로 한 은퇴자의 수는 2010년 7000만 명, 2020년엔 1억 명으로 추산되는데 이를 부양하는 연금제도도 아직 초보적인 단계에 머물러 있다.[7] 이밖에도 중국은 관료 부패, 물 부족과 환경오염, 사회불안, 에너지 부족, 인구 고령화 등의 문제가 이미 심각한 수준이다. 더 심각한 것은 바로 시간이 갈수록 중국의 경제사회적 안정에 도전적인 상황들이 크게 증가할 것이라는 점이다.

중국은 향후 10여 년을 중국 부상의 '전략적 기회기'로 상정하고 있지만, 이는 동시에 중국에게 커다란 도전의 시기가 될 것이다. 중국이 여러 가지 국내외적인 어려움을 극복하고 현재와 같은 고도 경제성장을 유지할 수 있을지도 미지수지만, 일인당 국민소득 1만 달러 시대에 도달하는 과정에서 새로운 정치체제에 대한 요구도 크게 강화될 것이다. 중국에서 매년 대중 시위 등 분규발생빈도가 기하급수적으로 늘고 있고, 2010년에 18만 건을 상회하는 군체성群體性 시위가 발생했다는 점은 중국공산당의 정치·사회적 통제력이 예전에 비해 많이 약화되었다는 반증이기도 하다.

2012년 출범한 시진핑習近平 체제 앞에는 시급하게 해결해야 할 국내외 현안이 적지 않다. 국내적으로는 지난 30년 동안 지속된 중국경제의 고도성장은 둔화되었고, 개혁개방에 따른 빈부격차 확대와 부패가 심화되었으며, 정치체제 개혁에 대한 요구도 증대하고 있다. 대외적으로도 미국의 아시아 중시정책에 따른 중국에 대한 견

....

[6] 지니계수는 0과 1 사이의 값을 가지는데, 값이 0에 가까울수록 소득분배의 불평등 정도가 낮다는 것을 뜻한다. 보통 0.4가 넘으면 소득분배의 불평등 정도가 심한 것으로 본다.

[7] 김기수, 『중국 도대체 왜 이러나』(서울: 살림, 2011), pp. 139-140.

제, 일본과 동남아시아 등 주변국가들과의 영토분쟁 등과 같은 도
전과 위협이 도사리고 있다.

〈표 1〉 중국의 주요 문제들

구분	2005	2010	2015	2020	비고
경제 성장	10%	11% (본래 8% 목표)	2011~2015: 7% (질적 성장 강조) 2016~2020: ?		질적인 성장을 강조하는 방향으로 전환
도시 화율	42% (550 mil.)	47% (640 mil.)	52% (720 mil.)	57% (810 mil.)	2020년까지 200만 규모의 도시 230개 건설 필요
시위/ 데모	6만여 건	20만여 건	?	?	급속도로 증가추세
노동력	양호	2013~2016: 노동력 인구수 최정점		노년층 비율23%	점차 악화
실업률	20% 추정 (도시실업률 4.1%)	3억 인구 여전히 취약 (장애인+ 실직자+ 절대빈곤자)			매년 1,000만 명 규모의 농촌인구의 도시이주 필요
에너지/ 자원	악화추세		2013~2015: 에너지 위기, 물부족, 환경오염 문제, 병목현상		자원의 위기 강화와 대외정책 영향력
질병	악화추세	1,000만 명 이상 AIDS, SARS, Birdflu 등등		2,000만 명 AIDS	20~30% 연평균 증가율
주요 정치경제 일정	2007년: 17차 당대회 2008년: 북경 올림픽	2010년: 11차 5개년 계획 완성, 상해 박람회	2011년: 12차 5개년 계획 시작 2012~2013년: 5세대 지도부 등장	민주화 요구 강화	중앙지도부 합의구조의 위기발생 가능성과 민주화과정

시진핑 체제가 중국의 대내외의 도전 요인들을 극복하고 중화
민족의 부흥을 이룩할 수 있을지 여부는 지금부터 4년이 지난 2017
년 제19차 당 대회가 개최되는 시점에 드러날 개연성이 크다. 이 시기
는 중국이 경제사회적 불안 요인의 증대, 지도부 내의 갈등과 분열

가능성 증대, 사회 내부의 민주화 압력이 점증되는 삼중고를 동시에 겪을 수 있는 시점이기 때문이다.

중국은 이미 2020년까지 국가발전전략의 목표를 '전면적인 소강小康사회' 건설로 설정하고, 향후 정책적 초점을 국내문제에 집중시키고 대외적으로는 대미관계를 안정적으로 가져간다는 방침을 정한 바 있다. 이 과정에서 점증하는 국민들의 애국주의 및 민족주의 열망을 정치체제가 잘 견인하지 못하면, 중국의 대외정책은 제어되지 않은 채 보다 공세적인 형태를 띨 개연성도 크다. 동시에 중국 국내적인 불안정성의 증대는 동북아의 안보상황에도 커다란 도전 요인이 될 것이다.

다. 잠정적 판단

중국의 부상은 당위가 아니다. 중국이 당면한 정치·경제·외교·안보적 도전 요인들을 극복하여야 세계 제1의 경제대국으로 부상할 수 있다. 그러나 국내외적으로 다양한 도전 요인들이 존재하고, 자연재해나 새로운 세계적 규모의 경제위기 등과 같은 불가예측성의 사건에 의해 중국의 미래가 어떠한 영향을 받게 될지는 아무도 모른다. 중국의 현 합의중심의 정책결정구조가 제대로 작동하지 못하면서 지도부 내의 갈등을 제대로 조절하지 못한다면, 사회의 불안정과 결합되어 중국의 정치체제에 충격을 줄 수 있다.

그럼에도 불구하고 2020년의 중국은 비록 문제는 많지만 대체로 미국의 경제력의 규모에 비견할 경제규모를 가지고 세계의 G2를 형성할 개연성이 커 보인다. 그 이유는 다음과 같다. 첫째, 2008년 월가에서 시작된 세계적인 금융위기의 여파로 미국의 상대적 쇠퇴 추세가 가속화되어 중국의 부상이 상대적으로 강화될 것이다. 둘째, 중국은 인구 고령화 추세에도 불구하고 2020년경까지는 여전히 서구국가들에 비해 젊은 노동력을 보유하고 있다. 또한 중·서부 지역 등 개발의 여지가 많고 소비시장 확대정책으로 자체적인 발전의 여력은 충분히 지속될 전망이다. 셋째, 중국의 경제성장이 빠르게 지속하는 한 중국 지식인들과 일반인들은 중국 정치체제에 도전하기보다는 순응적인 태도를 취할 개연성이 높다. 넷째, 중국인들의 시위는 중앙정부를 대상으로 하기보다는 주로 지방정부를 대상으로 하고 있으면 중앙정부는 중재자나 혹은 구원자로 인식되고 있다. 다섯째, 정책결정의 제도화 과정을 놓고 볼 때, 중국 지도부 내 갈등과 분열이 표면화되고 지도부 간의 전면 충돌로 전화될 개연성은 높지 않아 보인다. 여섯째, 중국 지도부도 중국의 다양한 문제점들을 비교적 잘 인지하고 있기 때문에 현재의 도전 요인들이 뜻밖의 불안정 상황으로 진전되지 않도록 다양한 노력을 기울일 것으로 보인다. 마시막으로 중국의 주변국가 혹은 미국과의 관계에서 대규모의 무력충돌이 발생할 가능성은 그리 높지 않다. 중국은 현 국제질서의 수혜자로서 이를 과도하게 변경하려 시도하지는 않을 것이다. 그리고 중국의 취약한 내구성에 큰 충격을 안겨 줄 미국이나 주변 주요국가와의 무력 충돌은 중국이 회피하고자 할 것이며, 현 중국 외교정책의 주요 방향이기도 하다. 중국은 불안정하고 불확실한 외부 변수를 가능한 한 억제하려 하고 있다.

중국은 강대국으로 부상하는 과정에서 미국과의 경쟁 및 협력이 공존하는 복잡하고 복합적인 구도가 적어도 2020년 혹은 그 이후까지 지속될 것으로 인식한다. 중국은 그 타개책으로 향후 강대국 관계의 관리를 신중히 하면서도 보다 적극적인 외교의 대상으로 주변국들과 관계를 강화하고 주변의 안정을 추구하겠지만 쉬운 일은 아니다. 왜냐하면 이미 사회부문의 압력과 민족주의적 열망이 증대되는 상황에서 영토, 영해, 주권 등과 같은 중국의 '핵심이익'에 속하는 사안에 대해 중국지도부가 유연한 정책을 취하기 쉽지 않기 때문이다. 이러한 중국의 변화는 한반도 상황은 물론이고 한중관계에 상당히 중요한 함의를 지닌다.

2. 시진핑 시기의 중국외교

2012년 11월 중국공산당 제18차 당 대회를 통해 시진핑 총서기를 포함한 정치국 상무위원 7명과 정치국원 25명 등 향후 5~10년간 중국을 이끌 새로운 지도부가 선출되었다. 특히 시진핑이 후진타오로부터 당 총서기와 중앙군사위원회 주석직을 모두 승계함으로써 비교적 안정적인 권력기반을 마련했다. 향후 시진핑 체제 10년은 중국의 국가발전목표인 전면적 소강사회 건설을 위해 매우 중요한 전략적 기회의 시기이다. 중국지도부는 산적한 국내 경제·사회 문제 해결은 물론 중국의 국제적 위상 제고와 영향력 확대 등을 통해 글로벌 강대국으로 거듭나야 하는 막중한 임무를 떠안았다.

가. 기존의 정책 근간 유지

중국 제5세대의 대외정책은 2012년 제18차 당 대회 이후 구성되는 세력관계에 따라 일정 정도 영향을 받을 수 있으나 본질적으로 큰 변화를 기대하기는 어려울 것이다. 왜냐하면 중국 외교정책결정 과정에서 나타난 다원화, 제도화, 전문화의 특성이 강화되고 있어서 최고지도부 개인의 선호와 판단에 의해 정책이 좌우되기 쉽지 않기 때문이다. 또한 전임 지도부와 새로운 지도부가 서로 얽혀 복잡한 견제와 균형의 그물망을 형성해 놓을 것이고, 지도부 내 집단지도체제의 유지와 상호합의를 중시하는 전통도 여전히 유지될 것이다. 또 다른 이유로는 '12·5 규획2011~2015년'의 제정과정에서 이미 신·구 지도부 간 협의와 조정을 통해 향후 5년의 정책방향이 이미 결정되었기 때문에 새로운 지도부가 일방적으로 그 정책방향을 전환시키기는 어려울 것이란 점이다. 마지막으로 중국은 미국의 군사 및 외교적 영향력의 우위를 잘 인지하고 있으며 전면적인 대미 대립정책을 펼 수는 없는 상황이다. 중국은 미국에 전면적으로 대응할 만한 군사력을 단기간에 온전하게 갖추기가 쉽지 않으며, 국가역량의 상당 부분은 대외문제보다는 여전히 국내문제 해결에 집중해야 할 것으로 보인다. 따라서 중국의 대외정책은 당분간 현재의 '평화발전론'적인 기조를 근간으로 할 것으로 보인다.

나. 새로운 외교전략 구상

중국은 2010년 이후 중국외교가 보다 공세적인 형태로 전환하는 것이 아니냐는 국제사회의 문제제기에 대해 최근에는 평화발전론을 넘어 '공통분모론,' '공통이익론,' '신흥대국 관계론' 등을 주장하고 있다. 이는 미국의 대 중국 견제가 강화되고, 경제적 불안정 요인이 증가되고 있는 상황에서 이를 타개할 보다 능동적인 외교전략이 필요하다는 인식을 반영하고 있다. 이러한 상황 하에서 새로운 대외정책의 핵심은 미중관계를 최대한 안정적으로 관리하면서도, 적극적인 주변국 관계 개선 및 강화 전략을 추진할 것으로 보인다.

시진핑을 중심으로 하는 '제5세대' 지도부가 공격적이고 폐쇄적인 민족주의가 아니라 보다 포용적이고 보편적인 규범과 질서를 창출할 능력이 존재하는지 여부는 여전히 불확실하다. 이는 합의를 중시하는 중국 권력 내부의 운용규범이 어떻게 유지될 것인가 하는 문제와도 연관이 있다. 그럼에도 불구하고 중국의 군사력 강화, 민주화자유화 과정에서 대중주의 및 민족주의 성향의 강화는 포퓰리스트populist의 등장을 가능하게 함으로써 타국과의 긴장을 초래할 개연성도 배제할 수 없다. 특히 시진핑 집권 후기 5년2018~2022년에 이러한 위험에 더 노출될 것이다.

다. 국제적 지위에 걸맞는 대외정책

최근 중국 내에는 중국의 부상에 따라 그에 합당한 국제적 지위와 대외정책을 지향해야 한다는 목소리가 강해지고 있다. 사안에 따라서는 과거의 반응적이고 수동적인 대응에서 이제는 보다 적극적이고 능동적인 대응으로 전환할 것을 요구받고 있다. 2011년 12월 김정일 위원장 사망과 관련한 중국의 대응은 그 성공적인 사례로 평가할 것이다.

제18차 당 대회 '보고'에서 중국은 안정적인 대외정책기조를 유지함과 동시에, 중국의 국제적 지위에 걸맞고 국가안보와 발전이익에 상응하는 국방·군대를 건설할 것을 강조하였다. 이러한 표현은 과거의 당 대회에서는 언급되지 않았던 표현으로서, 중국이 국방 및 대외정책 측면에서 기존의 '개발도상국' 지위에서 벗어나 세계 제2위의 경제력을 배경으로 굳건한 국방 및 강한 군대 건설을 위한 의지를 드러낸 것이라는 점에서 주목할 만하다.

제4세대 지도부의 뒤를 이어 제5세대 지도부 역시 중국의 군사 강국화를 지속적으로 추진할 것이다. 중국은 군사적으로 반접근-거부 능력을 강화할 것이고, 이는 동 지역 내 미국의 일방적 행동을 크게 제약할 것이다. 아울러 중국은 향후 주권, 영토·영해 분쟁 등과 같이 핵심적 국가이익과 관련된 사안에 있어서는 보다 공세적으로 나올 가능성이 커지고 있다. 중국은 미국의 강화되는 압박과 불안한 경제동향, 불안정한 국내사회문제라는 다중 압력에 직면해 있어 이러한 문제점들이 중국의 대외정책에 어떻게 투영될지 주목된다.

라. 주변외교 강화

중국은 전통적으로 강대국 간의 관계가 악화될 때 주변국가들과 관계 강화를 시도하였다. 향후 미중 및 중일 간 전략적 갈등이 고조될 개연성이 큰 상황에서 중국은 주변국가와의 관계를 강화하고 안정화하려 할 것이다. 그리고 주변국들이 강대국 관계의 변수가 되는 것을 방지하려 할 것이다. 이는 북한의 과도한 행동을 억제하고, 한국과의 관계를 더 긍정적으로 가져가려는 동인으로 작용한다.

그러나 최근 악화되고 있는 주변부와의 영해 및 자원 갈등, 민족주의 정서의 고조, 북한의 핵보유 노력 및 확산 가능성, 핵실험, 지속적인 국지적 도발 가능성 등은 중국 외교에 지속적인 도전 요인으로 남을 것이다. 이로 인한 미국과의 갈등 악화 가능성 역시 중국 외교의 중요한 딜레마로 계속 남을 전망이다.

북한의 지정학적·전략적 중요성에 대한 중국의 인식은 당분간 변화가 없을 것이다. 이는 북한 정권의 안정성 유지 및 공고화, 북한 급변사태의 방지, 한반도 현상유지정책을 계속 지지할 것이라는 의미이다. 미국의 대중 억제정책의 강화, 한국 정부의 한미동맹 중시외교, 통일 시 반중정권의 수립 가능성, 통일 이후 만주 등 영토문제 제기 가능성, 한반도 통일이 중국 통일에 장애로 전환될 개연성 등의 요인이 북한의 전략적 가치를 유지하게 할 것이다. 아직 그 가능성은 크다고 할 수는 없지만 한국과의 관계 악화 및 미국과의 갈등 고조 시, 중국의 전통적 지정학파들과 일부 강대국론자들은 북한의 안보문제 해소를 통해 한반도 안정을 기한다는 명목 하에 북한에 대한 군사지원을 추진할 개연성도 존재한다.

3. 신형 대국관계와 미중관계

가. 미중관계의 새로운 변화

21세기 미중은 경제적 상호의존의 심화라는 구조적 제약성을 인정하고, 전략적 공동제휴를 통해 글로벌 경기 침체, 지역 안정, 범세계적인 환경·기후·질병·에너지·테러 등 많은 현안을 해결해야 하는 과제를 안고 있다. 2011년 1월에 개최된 미중 정상회담의 결과는 이러한 현실적인 구조적 제약성을 상호 인정하고 양국 관계를 향후 '전략적 경쟁'보다는 '진략적 협력'관계 위주로 운용하겠다는 가시적인 노력으로 이해해야 한다. 중국은 미국이 여전히 세계 최강대국임을 인정해주면서도, 후주석이 언급한 바 대로 "세계의 어떠한 문제도 미중 간 협의 이는 해결하기 어렵다"는 점을 국제사회에 각인시켰으며, 미국의 배려를 바탕으로 G2로서의 위상을 최대한 향유하였다. 다만, 어느 일방도 아직 상대방을 어떻게 인정해야 할지에 대한 전략적 결단을 내리지 못한 상태로 보인다.

　2012년 5월 후진타오는 미중 전략경제대화 개막식에서 '신형 대국관계新型大國關係'라는 화두 제시를 통해 대미정책의 방향을 제시하였다. 시진핑 국가부주석 역시 2012년 7월 중국 칭화대학에서 열린 '제1회 세계평화포럼'에서 '신형 대국관계' 건설을 역설하였다. 신형 대국관계란 상호존중과 호혜호리의 협력동반자관계를 핵심으로 하는 대국관계로서, 신흥대국과 기존 패권국 간 충돌과 모순을 처리하는 새로운 방식이라고 할 수 있다.[8] 중국이 제기한 신형 대국관계는 중국의 국제무대에서의 위상 변화가 대외정책에 반영된 것이지만, 동시에 미국의 세계패권적 지위에 정면으로 도전하기 위한 것이 아닌 중국의 평화적 발전에 필요한 안정적인 국제환경 조성을 위해 전략적으로 선택된 것으로도 볼 수 있다.

따라서 향후 미중관계는 상호경쟁과 갈등 측면이 더욱 강화될 가능성이 크지만, 미중관계의 본질을 훼손시키거나 전면적인 충돌은 회피하는 방향으로 전개될 것이다. 이와 관련하여 다이빙궈 국무위원이 2012년 4월 미중 전략경제대화에서 양국관계를 'G2'가 아닌 'C2'로 표현함으로써 양국 간 조정coordination, 협력Cooperation을 강조했다는 점은 중요한 의미를 갖는다.[9] 이는 곧 중국이 미국과의 안정적이고 건설적인 관계를 유지하면서도 그동안 대미외교의 수동적이고 피동적인 입장에서 강대국의 위상에 걸맞는 목소리를 내겠다는 의지의 표현이라고 할 수 있다.

미국과 중국은 국제정치상 서로를 가장 중요한 양자관계라고 인식하고 있음은 분명하다. 이견이 존재하기는 하지만 최근 미국이 한일, 중일 간 영토 분쟁과 관련하여 철저히 중립적인 입장을 취하는 것을 보면, 미국과 중국 서로가 구조적으로는 불안 요인을 가지고 있으나, 관리 가능한 수준에서 안정을 모색할 것이라고 예상할

....

[8] 胡錦濤, "推进互利共赢合作, 发展新型大国关系: 在第四轮中美战略与经济对话开幕式上的致辞," 中国新闻网, 2012. 5. 3 ; 习近平, "携手合作, 共同维护世界和平与安全: 在"世界和平论坛"开幕式上的致辞," 新華網, 2012. 7. 7.

[9] 戴秉国, "中美不搞两国集团G2 但可以搞两国协调C2,"『南方日报』, 2012. 5. 4.

수 있다. 중국이 빠른 속도로 경제적 성장을 이루고 있지만 외교·군사적으로는 여전히 미국이 최강국의 지위를 유지할 것이라는 점에서, 갈등과 충돌은 배제한 채 양국 간 경쟁, 갈등, 분쟁, 협상, 타협이 복합적으로 얽혀 진행되는 양상을 보일 것으로 예상된다.

〈표 2〉 미중관계의 협력 및 갈등 요인

협력 요인	외교	중동·동북아 정세, 환경문제 등 국제현안상 공조
	경제	지속적 경제성장을 위해 무역 역조·환율 등 조정
	군사	對테러전 수행, 核·WMD 확산 저지분야에서 협조
갈등 요인	외교	동·남중국해 영유권 분쟁, 대만문제, 티베트 인권 탄압
	경제	무역 불균형·환율·불공정 거래 갈등, 해외자원 확보
	군사	중국군 현대화 및 전력 증강, 군사활동 영역 확장/견제

자료: 이상현, "2013년 동북아 정세와 신정부의 대외정책 방향," 중국외교안보독회 발표문 (2013.1.19).

2012년 말 새롭게 출범한 시진핑 체제의 대미정책의 핵심 화두는 미국의 '아시아로의 회귀Pivot to Asia'에 따른 대중 압박전략에 대한 대응이라고 할 수 있다. 2011년 '아시아 회귀'를 선언한 미국은 일본과의 군사동맹을 한층 강화하고, 베트남, 필리핀, 호주, 말레이시아 등과 군사협력을 확대하며 중국에 대한 포위망 구축에 박차를 가하고 있다. 오바마 대통령은 재선 이후 동남아시아, 특히 미얀마를 첫 외국 방문지로 선택해 미국의 아시아 중시가 강화될 것임을 보여주었다. 중국은 미국의 '아시아 회귀'의 정책적 의도에 의구심을 보이며 반발해 왔다.

그러나 중기적인 미중관계는 보다 다양한 변수들에 의해 영향을 받을 것이다. 주의해야 할 점은 미중관계가 반드시 대립적이라 전제할 필요는 없다는 점이다. 변수들 가운데 중요하면서도 예측이 상대적으로 쉬운 부분은 구조적 상황이다. 경제적 상호의존의 심화와 군사과학 기술, 정보화 시대의 요인 등은 미중 간 극단적이고 전면적인 대립과 갈등 및 충돌을 억제하는 요인으로 더 작용할 것이다. 각국의 국내정치 상황을 반영하는 국가적 차원의 상호작용은 국내 변수들의 변화를 지속적으로 주의 깊게 관찰하고 분석할 필요가 있다. 마지막으로 돌발적인 사안들은 예측이 쉽지 않으나, 이역시 양자 간 관계에 중요한 영향을 남긴다고 할 수 있다. 이러한 사안들이 미치는 영향은 중장기적으로는 구조적 영향력에 의해 흡수된다 할지라도, 단기적으로는 국가 간의 관계에 대단히 중요한 영향을 미칠 수 있고 심지어는 나비효과와 같은 영향력을 발휘할 수도 있어 주의 깊은 관리가 필요하다.

나. 2020 미중관계 전망

미중은 향후에도 빈번하고 다양한 형태의 충돌이 존재하겠지만, 냉전시기와는 달리 구조적으로 상호 의존성과 취약성을 공유하고 있고 양국의 번영과 생존이 긴밀히 연계되어 있다는 인식을 잘 공유하고 있다. 이는 미중이 냉전시기 평화를 유지하게 했던 '공포의 핵균형' 뿐만 아니라 덧붙여서 공포의 경제·재정적 균형의 문제, 정보화 시대의 정보의 신속·투명성 및 여론의 중요성 등 삼중적 제어장치에 의해 견제를 받고 있기 때문이다.

향후 미중 간의 경제적 상호의존과 안보·전략적 구도가 어떻게 형성되는가에 따라 대체로 다음과 같은 네 가지 시나리오가 가능할 것이다. 첫째는 현재와 같은 경제적 상호의존을 협력의 기반으로 하면서, 군사적·과학적·정보화 분야에서 상호 절대적인 안보나 우위를 점하기 어려운 상황을 인식하면서 협력의 방향으로 진전되는 것이다. 미중 지도부의 공동 인식은 이러한 방향으로 진행한다는 것이며, 향후 미중관계 발전추세의 지표 역할을 한다고 할 수 있다.

둘째, 경제적 상호의존은 심화되지만 상호 전략적 불신이 지속되면서 주기적으로 협력과 갈등의 현상이 반복되는 상황이다. 이는 현재의 상황과 가장 유사한 구도이다. 다만, 냉전시기와 다른 것은 상대방에 대한 전면적인 대항을 추구하거나 제로섬적인 논리에 의해 상황을 설명하기에는 미중 간의 현실은 상호이해가 얽혀 있는 보다 미묘하고 복합적인 요인들을 동시에 안고 있다는 것이다.

셋째, 안보·전략적 분야에서는 협력이 추진되나 경제적으로는 서로 단절되거나 최소한의 협력이 유지되는 상황이다. 이는 1970년대 초에서 1980년대까지 미중관계를 설명하는 데 적합하지만 21세기 미중관계에서는 현실성이 떨어진다는 단점이 있다.

넷째, 미국과 중국이 상호 경제적 의존관계를 줄여 나가면서 안보 전략적으로 경쟁구도를 심화시켜 나가는 상황이다. 이러한 상황은 한국이 현실적으로 가장 우려하는 상황일 수 있지만 미중 지도부의 의지나 구조적 제약 등을 고려할 때, 실현 가능성은 높지 않다. 미국이나 중국 어느 국가도 당분간은 새로운 냉전체제를 형성할 수 있을 정도로 독립적이고 강력하지 못하다.

〈표 3〉 미중관계 유형

		경제적 상호의존	
		높음	낮음
안보/전략	협력	Pax Chimerica(A)	1970~80년대 미중관계 현실성 부족(C)
	갈등	미묘하고 복합적 관계 주기적 협력 및 갈등의 구도(B)	신냉전시대(D)

자료: 차두현 박사와의 토론에서 배움 (2011년 6월 17일).

결국 미중관계는 B에서 D로 갈 가능성보다는 B에서 A의 방향으로 진전될 가능성이 더 커 보이지만, 당분간은 B와 A 사이에서 자리매김할 것으로 평가할 수 있다. 이러한 평가는 미중관계가 '세력전이론'의 입장처럼 설령, 세력전이가 이뤄진다 할지라도 어느 일방이 타방을 완전히 압도하는 구도는 실현되기 어려운 실정이다. 대신, 미중은 모두가 상당히 긴 기간을 공존하면서 상호에 대해 일정한 영향력과 지분을 유지하는 관계를 예상할 수 있다. 미중은 향후 협의 및 타협에 의한 공동 제휴US-China Consortium체제를 강화해 나갈 것으로 보인다.

다만, 세력전이 과정에서 새로운 게임의 규칙과 규범을 정하지 못한 채, 기존 행위규범의 현상 불일치 혹은 공백 상황이 초래할 수 있으며, 이는 상호 갈등으로 나타날 것이다. 따라서 이 과정이 구조적으로는 안정되고 평화를 유지하지만, 미시적으로는 안정되고 평화스러운 것은 아닐 것이다. 이러한 상황은 한국과 같은 중견국에게는 착시현상을 불러일으킬 수 있고 외교적인 도전 요인이 될 수도 있다.

다. 한반도에 대한 함의

향후 수십 년간 미중의 힘의 균형이 어느 한쪽으로 기울더라도 어느 일방이 타방을 좌지우지할 수는 없을 것이고, 이는 특히 동북아 지역 차원에서는 이미 더욱 명백한 현상이 되고 있다. 이러한 시대적인 특성은 장차 한국의 외교가 냉전시대처럼 이분법적 사고에 바탕을 둔 일변도 외교정책을 구사할 경우, 그 비용이 지나치게 클 수 있다는 것을 의미한다. 외교 및 경제 영역은 물론이고 안보영역에서조차도 일변도 외교로 해결될 사안은 거의 없다고 봐야 하고 이것이 시대정신이기도 하다.

주목할 점은, 북한문제와 관련하여 반드시 미중 간에 이해관계가 충돌하는 것은 아니며 오히려 상호협력의 가능성이 많다는 점이고 한국이 배제될 개연성에 대해서도 고려해야 한다. 미국의 주된 관심은 북한의 대량살상무기 확산방지에 있는 만큼, 역내 안정자로서 중국의 이해를 어느 정도 보장하는 선에서 타협 및 보상을 할 수 있을 것이다. 이는 북한에 급변사태가 발생한다 할지라도 한반도 내에 중국에 대한 비적대적인 정권이 수립되는 것을 묵인할 개연성이 크며, 북한 지역에 대한 중국의 일정한 영향력 행사를 보장해 줄 가능성이 크다는 점을 의미한다.

중국의 대외정책 결정과정에서 여전히 주류인 발전도상국론자들과 새로운 주류로 부상하고 있는 신흥 강대국론자들은 미국과의 협력을 여전히 중시하고 있으며 이 추세는 당분간 지속될 것이다. 미중의 전략적 협력시대에는 북핵문제가 미중관계에 장애가 되지 않도록 상호 조율과 타협을 통해 문제를 풀어나가고자 할 것임을 염두에 두어야 한다. 키신저는 이미 1995년 미중이 협력을 통해서만 아시아의 미래 안정을 가져올 수 있다고 지적한 바 있다. 현재 여러 여건을 놓고 볼 때, 중국의 북한 핵 관련 정책은 향후에도 최상의 결과를 추구하는 전략보다는 북한 핵문제가 가져올 불확실성과 비용을 통제·관리하는 전략을 선호할 것으로 보이며, 미국과 북한 핵의 단기적인 폐기나 현상변경정책보다는, 현상유지를 전제한 장기적인 대북 핵대책에 공통의 이해를 같이 할 개연성이 높다.

중국은 한반도에서 미국과의 갈등이나 미국의 영향력이 확대되는 상황을 방지하기 위해, 현상유지정책을 선호하고 있으며, 북한의 핵무장 노력에도 불구하고 현상변경이 중국의 이해에 부합되지 않는다고 판단하고 있다. 미중은 2010년의 갈등상황에서도 북핵문제에 관해서는 상호 협의와 협력을 지속하여 왔으며, 지속적인 대화채널을 유지하고 있다. 미중 양국은 상호 불신에도 불구하고 북한의 체제붕괴에 이르는 불안정성을 바라지 않고, 북한의 핵확산을 방지하고자 하는 데 입장을 같이하고 있다.

북핵문제가 표면상 미중 간 갈등의 대상처럼 보이지만, 다른 한편으로는 미중 간 타협을 시도할 수 있는 접점을 제공하면서, 협력의 분위기를 강화할 수 있는 사안이다. 북핵문제를 계속 방치할 경우, 그 결과가 북한의 핵능력을 강화하고 중국과 관계를 더 갈등으로 이끌 개연성이 늘어난다는 점에서 미국은 중국과 북핵문제를 다루는 방식에 대해 합의하고, 북한 비핵화를 중장기적인 목표로 설정할 개연성이 많다. 이 경우, 미국은 중국과 마찬가지로 재제보다는 경제적 유인 등의 관여정책을 통해 북핵문제에 접근하려는 방식을 강화할 것으로 평가되며 중국의 대북접근정책을 지지할 것이다. 이러한 미중의 대북정책은 보다 현상유지적인 정책을 선호함으로써, 보다 적극적으로 현안을 해결하고자 하는 우리의 정책이나 의지와 괴리될 수 있다. 강대국들의 정책과 괴리된 정책의 추진동력과 비용 및 이를 감내할 우리의 의지와 역량에 대해서는 전략적인 시각으로 진지하게 고려할 필요가 있다.

미중은 향후에도 북핵 및 한반도 문제의 해법으로 6자회담이라는 기제를 지속적으로 활용할 개연성이 크다. 미국은 북핵 관리를 위해서도 북한에 대한 중국의 주도권과 영향권을 인정하면서 중국이 추진하고 있는 대북 경제협력 강화와 포용정책을 계속 지지할 개연성이 크다. 미국은 대신 재제와 협력이라는 양날의 칼을 들고 북한의 비핵화를 압박하면서 적어도 북한의 핵개발 진전 저지 및 핵확산 방지를 위해 노력할 것이다. 분명한 것은 미중 양국이 한반도문제로 인해 양국관계가 악화되는 것을 원치 않을 것이며, 한반도 안정을 위해 문제의 해소보다는 관리의 차원에 더 공통의 이해를 가질 것이다. 이는 한국이 대북정책과 관련하여 한미동맹 강화정책을 성공하면 할수록 미중의 협력구도와는 괴리현상이 더 커질 개연성이 존재하며, 미국은 이를 부담으로 여길 개연성이 크다.

Ⅲ. 중국의 주변외교와 한반도

1. 새로운 주변외교전략과 한반도

가. 중국의 주변정세 인식과 대응전략

중국지도부의 국제정세 및 수변정세에 대한 인식 및 전략은 2005년 국무원이 발표한 외교백서인 『중국의 평화적 발전의 길中國的和平發展道路』, 2010년 다이빙궈戴秉國 외교담당 국무위원이 발표한 『평화발전의 길和平發展道路』,[10] 2012년 후진타오 국가주석의 신년사인 「세계평화와 발전 공동 촉진」 메시지, 18차 당 대회 '보고' 등에서 잘 드러난다.[11]

먼저, 중국지도부의 국제정세에 대한 인식은 평화와 발전이 시대적 조류主題이지만, 세계다극화와 경제세계화의 심화에 따라 국제정

----

[10] Bingguo Dai, "Stick to the path of peaceful development," *China Daily*, December 13, 2010.

[11] 신종호, "중국공산당 제18차 당 대회와 중국의 대외정책 전망," 국제문제연구 제12권 제4호(2012), pp.67-101.

세의 불안정성과 불확실성 역시 여전히 존재한다는 점을 우려하고 있다. 다음으로 주변국가와의 관계에 있어서도 중국은 선린우호에 입각한 지역협력 실천을 강조하고 있다. 중국은 주변국가들과의 우호협력을 통해 '조화로운 아시아和諧亞洲'를 건설하고, 각국과 상호존중, 구동존이求同存異, 대화협상을 통해 영토 및 해양 갈등을 해결함으로써 역내 평화와 안정을 수호해야 한다는 점을 강조한다. 특히 중국은 역내 패권을 추구하지 않을 뿐만 아니라 어느 국가도 배제하지 않을 것이며, 중국의 번영과 안정은 주변국에 대한 위협이 아니라 기회라는 점을 강조하고 있다.

시진핑은 2010년 11월 국가부주석 자격으로 싱가포르를 방문한 자리에서 "중국의 대외정책의 핵심은 평화발전, 개방발전, 협력발전이고, 중국이 강하면 패권주의로 나아갈 것이라고 생각하지만 이는 중국의 외교노선에 부합하지 않는다"면서 중국은 평화외교노선을 견지할 것임을 밝혔다.[12] 2012년 7월 베이징에서 개최된 세계평화포럼 개막식에서도 시진핑은 "세계는 지금 大발전·大변혁·大조정의 시기에 들어섰고, 세계다극화와 경제세계화가 심화되고 과학기술혁명과 정보화의 각국 발전 및 국제관계에 대한 영향도 커지고 있다"고 인식하고, 중국이 추구하는 발전은 곧 "평화적 발전, 개방적 발전, 협력적 발전, win-win하는 발전"이라고 강조하였다. 또한 시진핑 체제의 대외정책의 원칙이 될 수 있는 5가지, 즉 경제발전을 통한 안전 보장, 상호존중과 평등을 통한 안보 실현, 상호신뢰를 통한 안

....

[12] 2010년 11월 15일 중국-싱가포르 수교 20주년 행사에 참석한 시진핑은 "번영하고 안정적인 중국은 어느 국가에도 위협이 되지 않으며, 오히려 발전의 기회가 될 것"이라고 말했다. 경향신문, 2010년 11월 16일.

보 추구, 협력을 통한 평화적인 분쟁 해결, 혁신을 통한 안보위협 해결 등을 제시하였다.[13]

중국은 최근 관영 신화통신을 통해 중국이 인식하고 있는 추후 10년간의 정세판단과 이에 대한 대응책을 내놓았다.[14] 이는 비록 중국당국의 공식적인 입장으로 발표된 것은 아니라 할지라도 신화통신이라는 관영매체를 통해 발표되었다는 것은 중국 대내외에 중국의 대외인식의 속내를 공표한 것이라 할 수 있다.

중국은 우선, 미국의 아시아 복귀추세가 강화될 것이라 평가한다. 미국은 중국이 동아시아 지역·체제를 주도하는 국가가 되는 것을 저지하기 위해, 2009년 7월 동남아 우호협력조약에 서명하는 한편, 2010년 10월 동아시아 정상회의에도 가입하였다. 둘째, 향후 10년간 영토와 영해, 경제수역을 둘러싼 주변국과의 분쟁이 심화될 것으로 예상하고 있다. 셋째, 주변지역에서 중대한 돌발적인 사건이 발생할 개연성이 커질 것이라 우려하고 있다. 향후 10년 내 북한 핵문제가 해결되지 않을 경우, 동북아에 핵무기가 확산되고, 군비경쟁이 가속화될 것이라 평가하였다. 특히 북한, 미얀마, 파키스탄, 중동지역 등에서 돌발사태 발생의 가능성이 높고 이를 예방하기 위한 노력이 필요함을 강조하고 있다. 넷째, 다자주의의 강화추세를 지적하고 있다. 다양한 다자제도의 구상이 출현할 것이며, 이러한 노력에는 중국의 영향력에 균형을 추구하기 위한 고려가 내제되어 있다고 평가하였다.

....

[13] 习近平, "携手合作, 共同维护世界和平与安全: 在'世界和平论坛'开幕式上的致辞," 新華網, 2012. 7. 7.

[14] 新華通迅, "中國周邊外交新戰略," 2011. 7. 22.

중국은 이러한 향후 추세에 대한 대응전략으로 첫째, 미국의 아시아 회귀정책에 대해서는 '제도적인 균형전략'을 추구할 것을 천명하였다. 중국과 미국의 상호 경제의존도가 깊어져 가는 상황에서 국제기구 등을 활용해 제도적인 균형을 유지하겠다는 것이다. "미국이 아시아에서 역사적으로 보유하고 있는 실제이익을 인정하고 미국의 이익에 손해를 입히지 않으면서 중국의 이익을 실현하는 한편, 미국이 중국의 '평화발전和平崛起'을 인정하도록 하는 전략목표를 갖도록 하겠다는 것이다. 중국과 미국이 공존, 공영, 공생하는 전략을 추구하겠다"고 천명하고 있다.

둘째, 주변국과의 권익분쟁에 대해서는 2011년 4월 후진타오 국가주석이 밝힌 바대로 무력이나 일방주의에 의존하기보다는 "우호적인 담판을 통해 평화적으로 해결한다"는 원칙을 적용한다는 것이다.

셋째, 주변국의 위기발생 가능성에 대해서는 가능한 한 빨리 위기관리전략 수립 필요성을 강조하였다. 남북한에 대해 위기관리체제를 수립하도록 권유하고, 어느 일방이 오판을 히기나 과도한 반응을 하지 않도록 하며, 북한 핵문제는 6자회담을 통해 평화적인 방식으로 해결토록 한다는 것이다. 보다 구체적으로는 '성숙한 민주국가일본'에서 정국의 급변이 일어날 경우 그 변화의 충격이 중국과의 관계에 영향을 미치지 않도록 한다. '과도기형 국가한국'에서 정국 급변사태가 일어날 경우에는 해당국가의 대 중국정책에 부정적인 변화가 일어나지 않도록 한다. '문제국가북한'에서 정국혼란이 일어날 경우에는 그 혼란이 중국의 지정학적인 이익에 영향을 미치지 않도록 한다는 원칙을 제시하였다.

마지막으로 다자주의의 강화추세에 대응해 아시아 다자전략의 수립이 필요함을 강조하였다. 중소국가들과 지역 차원의 협력추진을 고무하고 협력하며, 함께 설계해 나가야 한다고 제시하였다. 특히 동아시아 정상회의를 주요한 제도형식으로 인정하고 이를 아시아화 하도록 적극 노력할 것을 제안하고 있다.

나. 북중관계와 중국외교의 딜레마

북핵문제는 부시 행정부 2기 이후 미중 간 주요 협력의 대상이었으나, 2009년 5월 북한의 제2차 핵실험 강행은 이러한 미중협력에 상당한 도전 요인을 제공하였다. 미국은 한미동맹을 우선시하면서 북핵에 대해 보다 단호한 입장을 견지하였고, 중국은 역설적으로 대북 유화정책을 채택하였다. 그리고 연이어 전개된 2010년 초 미중 간의 갈등은 이러한 북핵문제에 대한 양국 간의 공조를 크게 제한하였고, 북핵문제를 다루는 국제적 노력은 공전되었다. 북한의 도발전략은 미중 간의 갈등을 강화시키는 데 일조하였다. 북한에 대한 전략적 이해 때문에 북한을 지원한 중국의 입장에서도 이러한 상황은 곤혹스러운 것이다. 중국 내에서는 북한의 핵실험과 일련의 대남도발이 중국의 국가이익을 납치hijack했다는 인식도 동시에 확산되었다.

중국은 북한이 제2차 핵실험을 단행하자 일단 미국과 협력하여 대북결의안으로는 가장 강력한 안보리 대북제재 1874호 채택에 적극 참여하였다. 그러나 북한의 핵실험은 당시 중국 내 대북정책을 놓고 상당한 고민을 안겨 주었다. 중국 내부에서도 북한을 전략적인 부담으로 인식하는 발전도상국론 및 신흥강대국론 그룹과 북한의 특수성을 용인하면서 안정적인 관리가 필요하다는 전통파들의 논쟁이 격화되었다.[15] 북한의 핵실험은 북한의 핵이 대북 협상용이라는 기존의 전제를 흔들어 놓았고, 북한이 핵보유를 얼마나 절실히 원하는지도 확인시켜 주었다. 중국지도부는 결국 2009년 7월 15일 당 중앙 외사영도소조조장: 후진타오 회의를 개최한 데 이어, 이후 열린 재외공관장 회의에서 '대북정책 관련 내부회의'를 이례적으로 소집하여 북핵문제와 북한문제의 단기적 분리 및 중장기적 통합전략 채택한 것으로 알려졌다. 중국은 '전통주의자들'과 '발전도상국론자'들의 입장을 절충하면서 북핵문제를 북한문제로부터 분리하여, 북한문제에 우선적으로 집중한다는 전략을 채택한 것이다. 중국은 북핵위기가 악화되자 오히려 북핵문제의 우선순위를 낮추는 조치를 취하면서 북한문제 해소를 통한 북핵문제 해소전략으로 입장을 정리하였다.

이러한 중국의 최근 대북정책은 강압적인 수단으로 북한의 핵무장을 저지하거나, 북한이 외부의 압력에 굴복하여 핵무기를 포기할 개연성이 희박한 현실적인 상황을 전제하고 있는 것으로 보인다. 북한과의 관계에서 배운 학습경험을 바탕으로 북한을 압박하고 고립시켰을 때, 보다 강한 반발을 초래하여 한반도를 더욱 불안정하게 할 수 있다는 점을 고려한 것이다. 북한체제 불안정은 중국이 전략적 이해에 부정적인 결과를 초래할 것이며, 특히 최악의 경우에는 북한의 체제붕괴를 야기하여, 결국 중국의 역내 영향력을 상실할 개연성 더욱 커질 것이라고 판단한 것으로 보인다.

....

[15] 세 전략파들에 대해서는 Kim, Heungkyu, "From a Buffer Zone to a Strategic Burden: Evolving Sino-North Korea Relations during Hu Jintao Era," *The Korean Journal of Defense Analysis*, Vol. XXII, No. 1(Spring 2000).

중국이 북한의 정권유지를 중시하는 또 다른 이유는, 비록 감소추세에 들어섰기는 하지만 북한의 전략적 효용성이 여전히 존재한다는 것을 간과할 수 없다. 북한의 행태가 역내 불안정을 야기하고 있고, 미중관계를 훼손한다는 우려도 강하지만 양날의 칼처럼 다른 효용성도 동시에 지니고 있기 때문이다. 즉 미국과 중국은 상호 협력관계를 강화하고는 있지만 여전히 양국 사이에 강한 불신이 존재한다.

또한 중국은 북한이 북핵협상 및 한반도 평화체제로의 전환과정에서 한미동맹의 약화(혹은 북중 우호조약과 한미동맹의 상호폐지), 주한미군 철수, 주한미군 포함 주변지역의 비핵화를 달성하게 해준다면 이는 남의 힘을 빌려서 목적을 달성하는 36계의 승전계 중 하나인 제3계 차도살인借刀殺人계를 구사할 수 있는 수단이 될 수도 있다고 인식한다.

중국은 한국에 대한 불신도 강하고, 상황에 따라서 북한의 전략적 효용성은 증대될 수도 있기 때문에 북한을 여전히 포기할 수 없는 카드로 남겨두고 있다. 따라서 중국이 현재 취할 수 있는 전략적 선택이란 북한이 중국의 핵심이익을 위협하지 못하도록 상황을 관리하면서, 동시에 북한을 전략카드로 남겨두는 것이다.

2010년 북한이 야기한 천안함과 연평도 사태는 중국외교에 있어 북한이 확실히 변수라는 것을 입증하였다. 중국은 이 사건들을 다루는 과정에서 대 한반도정책의 최우선순위가 한반도 및 북한 정권의 안정이라는 점을 잘 드러내주었다. 천안함 사태 이후 중국은 한반도 상황이 더욱 불안정하고 군사적 충돌로까지 악화되는 것에 대해 크게 우려하였다. 미국 및 일본과 갈등이 고조되는 상황에서, 북한이 미국과 관계에 더욱 악영향을 미치고, 한국의 대응이 동북아 정세의 불확실성과 불안정성이 증가시키는 상황은 중국으로서는 대단히 유감스러운 사태의 진전이었다.

이러한 긴장감과 우려가 반영되어 중국의 한반도정책의 우선순위는 2009년 외사영도소조 회의에서 기존의 한반도 안정, 북한정권의 유지, 비핵화에서 전쟁방지No War, 혼란억제No Chaos, 비핵화No Nuclear로 재규정되었다.[16] 중국은 북한의 도발에 대해서는 대단히 불쾌해하면서도, 대 한반도정책은 일관되게 군사적 충돌방지와 한반도의 안정을 유지하고자 노력을 기울인 것이다. 물론 중국의 대응은 한국 정부에 대한 불신이 포함되어 있었기 때문에 위기상황 발생 시 한국과 공조하거나 한국을 배려하기는 힘들었다. 2015년 한국의 전작권 반환 역시 중국에게는 또 다른 불안정 요인의 증가를 의미한다. 중국은 이후 한반도의 남북한 모두에 대한 영향력을 확대하여 한반도 문제를 안정적으로 관리하려 노력할 것이다.

2. 한중관계 20년 성과와 한계

가. 한중관계의 현주소

1992년 수교 이후 한중 양국은 이념과 체제상의 이질성을 뛰어넘는 초국가적·탈체제적인 상호작용을 거듭함으로써 '눈부신 발전桑田碧海'을 거듭한 대표적인 양자관계로 평가되고 있다.[17] 한중관계는 경

....

[16] Three Nos정책의 형성에 대해서는 Cheng Xiaohe, "From Jiang Zemin to Hu Jintao: the Evolution of China's Policies toward the Korean Peninsula," unpublished article supperted by Asia Research Center, Renmin University (2012).

[17] 한중관계의 발전에 대해서는 다음을 참조. 김흥규, "한·중 수교 20주년과 한·중 관

제·통상 분야의 교류에서 시작되어 정치·안보 분야의 교류까지 포함하는 포괄적 관계로 확대되어 왔고, 우호협력관계1992에서 21세기 협력동반자관계1998, 전면적 협력동반자관계2003, 전략적 협력동반자관계2008 등으로 발전했다.

한중 교역액은 수교 당시 63.7억 달러에서 2011년 2,458억 달러로 약 38배 증가했고, 인적 교류 역시 1992년 13만 명에서 2012년 700만 명으로 약 54배 증가하였다. 2011년 기준으로 중국은 우리나라의 제1위 교역상대국이자 제1위 수출대상국, 제1위 흑자대상국이며, 중국 측의 입장에서 한국은 미국과 일본에 이어 제3대 교역상대국이다. 2015년 한중 무역규모 3,000억 달러 목표도 초과달성될 전망이다. 2020년의 시점에서도 중국은 한국의 가장 중요한 교역대상국으로 남을 것이며 그 정도는 오히려 심화될 개연성이 크다.

한중관계가 비약적 발전을 거듭하게 된 주요 동인으로는 우선, 한중교류의 역사적 유구성, 문화적 유사성, 지리적 인접성을 들 수 있을 것이다. 둘째, 동아시아 경제구조의 분업구조상 한중 간 경제 교류와 협력의 필요성과 상호보완성을 들 수 있을 것이다. 셋째, '중국의 부상' 과정에서의 한국의 전략적 가치 부각을 들 수 있다. 한국을 적대시하는 경우, 중국은 다시 냉전구조와 같은 주변 안보환경을 맞이하게 되는 것이다. 넷째, 21세기 초에 한중 양국의 북한 및 북핵문제에 대한 정책 수렴현상이 강화되었다.

....

계 평가," 세계지역연구논총 제29집 3호(2011), pp.211-240; 이희옥·차재복 외 지음, 『1992~2012 한·중 관계 어디까지 왔나』(서울: 동북아역사재단, 2012); 조영남, "한·중관계의 발전추세와 전망: 바람직한 중국정책을 위한 시론," 국제·지역연구 제20권 제1호(2011), pp.89-123; Jae Ho Chung, *Between Ally and Partner: Korea-China Relations and the United States*(New York: Columbia University Press, 2007).

그러나 한중 양국 간 교류의 범위와 대상이 대폭적으로 증대됨에 따라 각 영역에서의 갈등 혹은 마찰이 빈번하게 발생하고 있다. 특히 경제통상분야의 급속한 교류확대에 비해 사회문화분야의 갈등은 지속되거나 심지어는 증폭되고 있으며, 한중 양측의 정치적 신뢰도 역시 오히려 크게 체감현상을 드러내고 있다. 이러한 이유로 인해 현 단계의 한중관계는 경제는 뜨겁고 정치는 냉랭한經熱政冷 관계, 혹은 경제는 뜨겁지만 외교는 미지근하며 안보는 냉랭한經濟熱 外交溫 安全冷 관계로 묘사된다.[18]

　　이처럼 한중 양자관계는 그간 놀라울 정도의 외향적 성장과 발전에도 불구하고 왜 이리 복합적인 관계로 얽혀 있는 것일까? 가장 중요한 이유는 지난 20년간의 한중관계는 외화내빈의 비정상적 밀월관계에서 찾을 수 있다. 양국관계는 수교 이후 각종 경제 및 인적 교류의 지표에서 나타나듯이 양적 차원의 비약적인 발전에 도취되어 역설적으로 상호이해 증진, 신뢰 구축, 위기관리 및 문제해결 시스템 구축 등과 같은 구조적인 관계발전을 간과하는 취약성을 보이고 있다.

....

18 http://joongang.joinsmsn.com/article/aid/2011/11/22/6363427.html?cloc=olink|article|default (검색일: 2011-11-25).

〈표 4〉 한중 양국의 기존 교류 현황 (1992~2012)

시기	양국관계	평가	통계	
			교역량	인적 교류
수교(1992) 및 문민(김영삼) 정부 (1993-1997)	"우호협력관계"	경제·통상·인적 교류 등 중심으로 관계 발전	63.7억 달러 (92년)	13만 명 (92년)
국민(김대중) 정부 (1998-2002)	"21세기를 향한 협력동반자관계" 구축(1998년)	고위인사 교류 확대, 정치·외교 분야 간 협력 강화 등 보다 포괄적인 관계 발전	411.5억 달러 (02년)	226만 명 (02년)
참여(노무현) 정부 (2003-2007)	"전면적 협력동반자관계" 구축(2003년)	정치·외교·안보·경제· 통상 문화 등 제반분야에서의 전면적·실질적 협력 관계로 발전추세	1,450억 달러 (07년)	585만 명 (07년)
이명박 정부 (2008~2012)	"전략적 협력동반자관계" 구축(2008년)	한중 양국관계 복합화: 불신, 갈등, 협력의 중첩	2,006억 달러 (11년)	640만 명 (11년)

외화내빈의 한중관계 발전의 역사는 이명박 정부 등장 이후 양국관계의 조정기에 상호불신과 국민적 정서의 충돌을 노출시켰다. 즉 신뢰가 구축되지 않은 상황에서 짧은 기간에 교류의 양과 범위가 급속히 팽창함으로써 예상치 못한 다양한 갈등과 충돌이 야기되는 상황에 직면한 것이다. 예를 들어 2008년 이명박 대통령 방중시 중국 외교부 대변인은 "한미동맹은 시대착오적 냉전의 유산"이라는 발언으로 한국 측을 자극한 바 있다. 2011년 10월 12일 이명박 대통령 미국 방문 시 워싱턴 포스트에서 전한 인터뷰 내용은 또다른 단면을 잘 보여준다. 미국이 부상하는 중국을 견제할 균형자로서 중요하다는 관점이다. 물론 이후 청와대는 진의가 왜곡된 것

이라 주장했지만[19] 한중 간의 불신을 재확인시켜 주었던 것은 두말할 나위가 없다.

2013년은 한중 양국 모두 정부 지도자가 교체되는 해이다. 박근혜 대통령은 2013년 2월 새로이 한국 대통령에 취임했으며, 시진핑은 3월 전국인민대표대회를 거쳐 중국 국가주석에 취임했다. 현재 양국의 새로운 지도자들은 모두 한중관계의 발전과 협력의 증대를 강하게 희망하고 있다.[20] 그러나 "두꺼운 얼음은 하룻밤 사이에 어는 게 아니다氷凍三尺 非一日之寒"는 말이 있듯이 한중관계는 수교 이후 상호작용이 누적되어 온 결과이며, 향후에도 그러할 것이다.

보다 중장기적인 관점으로 중국의 입장에서 한중관계를 평가할 때, 중국의 대 한국정책은 변화하는 중국의 정책 우선순위 및 세계를 인식하는 시각과 더불어 발전해 왔다. 1980년대 중국이 개혁과 개방정책을 본격화한 이후 이데올로기 중심의 정책에서 경제발전을 우선으로 하는 전략적 전환을 단행하여 한중관계 진전을 위한 긍정적인 분위기가 강화하였다. 득히 남북한 세력균형이 한국으로 기우는 변화가 가시화되면서 중국은 한반도의 주도권을 장악할 가능성이 커진 한국과 관계를 강화할 필요성을 느끼기 시작한 것이다. 동시에 전통적인 지정학적 고려가 여전히 중시되어 북한의 전략적 가치 역시 무시할 수 없는 상황이었다. 21세기에 들어서도 이러

....

[19] 조선일보, 2011년 10월 13일 6면.

[20] 2013년 1월 10일 중국 특사자격으로 방한한 중국 외교부 상무부부장 장즈쥔이 박근혜 당선자에 전한 시진핑의 편지는 이를 잘 드러내고 있으며 박근혜 당선자 역시 한중관계의 발전의지를 강하게 피력하였다. http://www.edaily.co.kr/news/NewsRead.edy?SCD=JF21&newsid=02758486602676408&DCD=A00602&OutLnkChk=Y (검색일: 2013-1-21).

한 주요 고려 요인은 여전히 지속성을 유지하고 있다. 하지만 새로이 국제질서에서 이미 G2로 불릴 정도로 성장한 중국의 국제적 위상, 미중관계의 재설정 등 새로운 요인들이 작용하고 있다.

중국은 1970년대에는 북한 중심의 한반도정책, 1980년대는 북한 정권을 인정하면서도 현실적 존재로서 한국을 승인하는 정책, 1990년대에는 한반도 내 두 개의 정권 인정, 2000년대에는 남북한 사이에서 모두 우호관계를 유지하는 정책에서 점차 한국으로 경사되는 정책적 정향이 강화되고 있다고 평가할 수 있다.

군사안보적인 측면에서도, 한중 양국은 비록 경제부문만큼이나 밀접한 관계를 발전시키지는 못했지만, 상호간에 존재하는 정치적 불신에도 불구하고, 교류의 폭, 양, 질이 모두 확대되는 추세에 있다. 군사안보분야에서 차관은 물론이고 국방장관급 인사교류의 정례화 추세, 국방전략대화의 개최,[21] 다양한 실무 차원에서의 교류, 제한된 범위지만 상호 군사기지 방문, 안보교육교류의 재개 등 꾸준히 군사안보교류를 추진해 오고 있다. 이는 양국이 그만큼 안보분야에 있어서 상호 교류와 협력의 필요성을 강하게 느끼고 있다는 것을 의미한다.

한국의 입장에서 보면, 중국은 현재 최대의 무역동반자이면서, 대중교역이 향후 한국의 경제발전과 복지에 있어서 절대적으로 중요하다는 인식을 지니고 있다. 더구나 북핵문제나 북한문제 처리 및 한반도 통일에 있어 중국은 변수라기보다는 상수로서 배제할 수 없는 전략적 지위를 지니고 있다. 중국을 배제하고선 상기 어떠한 목

....
[21] 2011년부터 시작되었다. 이는 한중 군사안보관계가 교류의 차원을 넘어 협력단계로 넘어가는 대단히 상징적인 조치이다.

표도 한국의 이해에 부합하는 방향으로 이끌어 갈 수 없다는 공감대가 확산되고 있다. 이러한 배경을 바탕으로 한국은 중국과의 자유무역협정FTA 협상추진을 최우선적인 대외 경제정책으로 인식하고 있다.[22]

그러나 구조 중심이 아닌 행위자 중심의 국제정치 현상분석법을 적용한다면[23] 한중관계는 보다 복합적인 형태로 나타나며, 단기적으로는 많은 어려움이 예상된다. 그 이유로는 우선, 2010년 천안함·연평도 사태를 처리하는 과정에서 드러난 것처럼 한중 양국 사이에는 상호불신이 깊이 내재되어 있다. 일부에서는 중국 현지의 분위기를 들어 이명박 정부시기 한중관계가 최악의 상황이라고 규정하기도 한다. 둘째, 북한 변수의 존재이다. 북한은 한중관계의 악화를 자국의 이익으로 생각하는 영합게임적인 행태를 지속할 전망이다. 한중은 당분간 북한 변수의 영향에서 자유롭지 못할 것이다. 셋째, 한중 간 역사 및 영해 관할권문제 등 잠재적인 갈등의 요인들이 내재되어 있다. 이러한 문제들을 사려 깊고 신중히 다루지 않으면 한중관계는 언제든 폭발적인 갈등으로 전화할 수 있다. 한중관계 특히 안보분야에서는 협력의 수준이나 제도화의 측면에서 가장

....

[22] 2012년 8월 9일 북경에서 개최된 제17차 한중 미래포럼에서 김종훈 전통상교섭본부장이 언급한 내용.

[23] 행위자 분석법의 중요성에 대해서는 Yong-Soo Eun, "Why and how should we go for a multicausal analysis in the study of foreign policy?," *Review of International Studies*, 2010, pp.1-21. 중국 외교정책 분석에 있어 행위자 중심의 분석법을 강조한 예로는 서진영, 『21세기 중국 외교정책』(서울: 폴리테이아, 2006), p.66; 행위자 중심 분석과 국제정치 일반이론을 비교적용한 사례는 Allen S. Whiting, "Forcasting Chinese Foreign Policy: IR Theory vs. the Fortune Cookie," in Robinson and Shambaugh eds., *Chinese Foreign Policy: Theory ad Practice* (Chearendon Press, 1995), pp.506-523.

미진한 영역으로 남아 있다. 양국 간 위기관리능력은 여전히 불확실하고 불안정하기까지 하다. 과제는 이러한 단기적 도전들을 어떻게 관리하고 극복하는가가 중요하다. 이러한 문제들은 향후 2020년의 시기에 이르는 동안 여전히 한중 간 주요 도전적 사안으로 남을 것이다. 이를 어떻게 한중 간의 행위자들이 관리해 나갈 수 있는지가 중요하다.

나. 한중관계 발전의 장애 요인

한중 양국은 전략적 협력동반자관계에 대한 합의를 통해 경제영역뿐만 아니라 외교안보영역에서도 적극적인 협력을 모색하려는 의지를 표출하였다. 여기에 더해 한중 전략적 협력동반자관계는 당면한 현안을 넘어 중장기적 시각에서 상호관계를 설정하려는 양국의 의지도 반영하고 있었다. 한국은 전략적 협력동반자관계의 건립을 통해 중국과의 협력을 외교안보분야로 확대시킴으로써 현 정부 출범 이후 중점적으로 추진한 한미동맹 강화가 중국과의 관계를 약화시킬 것이라는 우려를 해소하려고 시도하였다. 그럼에도 불구하고 "중국과의 관계는 경제협력이 중심"이라는 인식이 여전히 지속된 것 또한 사실이다. 아울러 한국의 대중정책 또한 정권 변화와 함께 큰 폭의 변화를 경험하였다. 중국은 한국과의 관계를 제고하고자 노력하면서도 동시에 한국과의 전면적이고 심도 있는 협력추진은 주저하였다. 즉 중국은 인식이나 비전의 공유를 추구하는 적극적 의미의 협력보다 한국의 외교정책이 자국의 전략적 이익을 침해하지 않는 방향으로 전개되도록 유도하려는 소극적 의미의 협력을 추구한 것으로 보인다.

　양국은 현재 전략적 협력동반자관계를 수립하였음에도 불구하고 양국관계의 의제가 확대되거나 정책상의 공조가 이루어졌다는 증거를 찾기 어렵다. 오히려 양국은 북한문제와 한미동맹 등 전략적 이슈를 둘러싸고 이견을 노정시켰다. 양국 간 현안보다 외부적 요인에 의해 더 크게 영향을 받고 있는 것이 양국관계의 부인할 수 없는 현실이다. 새 정부에 들어와서는 양국관계 발전의 '내실화' 노력이 필요할 것이다. 전략적 협력(지역적, 글로벌 차원의 의제 공유, 군사안보분야의 협력 확대, 양국관계의 장기적 비전 논의)이 가능한 환경과 조건이 조성되어 있는가에 대한 검토가 필요하다.

첫째, 한중 양국 국민인식 격차 확대와 정서적 갈등이 확대되고 있다. 동북아역사재단의 조사에 의하면, 한국인의 대중인식은 2008년 베이징올림픽 당시에 가장 부정적이었다. 중국인의 한국에 대한 긍정적 인식은 줄고, 부정적 인식도 꾸준히 확대되어 왔다. 2010년 한중관계에 대한 한국인의 긍정적 평가는 50.8%로써, 2009년 58.9%보다 8.1% 포인트 줄어든 반면, 부정적 응답은 6.1% 포인트 증가한 것으로 나타났다2009년 39.7%→2010년 45.8%. 중국인의 경우에도 한중관계가 좋은 편이라고 대답한 응답자가 2007년 이후 갈수록 줄어든 반면, 나쁜 편이라고 대답한 사람은 갈수록 증가하고 있다. 부정적인 역사적 집단기억의 내재, 양국의 민족주의 과잉현상의 충돌, 집단적 착시현상으로 인한 왜곡과 오해의 재생산 등이 주요인으로 지적되고 있다.

〈표 5〉 한중관계에 대한 평가

구분		한국	중국
2007년	좋은 편	65.5%	87.6%
	나쁜 편	34.5%	6.6%
2008년	좋은 편	36.4%	72.4%
	나쁜 편	59.8%	16.4%
2009년	좋은 편	58.9%	67.4%
	나쁜 편	39.7%	21.8%
2010년	좋은 편	50.8%	56%
	나쁜 편	45.8%	38.9%

자료: 동북아역사재단, "한·중·일 역사인식 여론조사," 각 연도별 결과 참조 재작성.

둘째, 중국의 급부상에 따라 한중 간 힘의 비대칭성이 확대되고 있다. 2008년 세계금융위기 이후 중국의 부상이 가파른 상승곡선을 그리면서 한국의 대중외교와 한중관계에 우려했던 도전들이 예상보다 빠르게 전개되고 있다. 중국의 부상과 그에 따른 세력관계 변화의 실체에 대한 냉철한 이해가 필요하다. 중국의 급격한 부상은 한중관계의 비대칭성을 예상보다 빠르게 확대시키고 있으며, 중국에게 있어 한국의 전략적 가치와 위상 역시 상대적으로 감소될 가능성이 증대된다. 특히 한중 양국이 양적 관계 팽창에 부합하는 신뢰를 미처 형성하지 못한 상황에서 양국 간 힘의 변화가 예상보다 빠르게 진행됨에 따라 양국 모두 이러한 변화에 신속하게 적응하는 데 어려움에 직면하고 있다. 향후 이해관계 충돌 시 합리적 조정의 어려움에 직면할 수 있다.

셋째, 글로벌 금융위기 이후 중국 대외정책의 변화 역시 주목할 부분이다. 2008년 발생한 글로벌 금융위기는 중국의 강대국으로의 부상의지를 강화시키는 촉매제 역할을 하였다. 실제로 세계금융위기 이후 중국은 경제영역을 중심으로 국제사회에서의 발언권과 영향력 행사도 강화하고 있다. 세계경제위기는 미중관계에서 과거에 비해 중국의 상대적 목소리가 강화되는 계기가 되고 있음은 분명해 보인다. 그렇지만 중국의 이러한 태도 변화가 바로 기존 국제 질서에 대한 도전과 미국과의 본격적인 세력경쟁을 촉발하려는 의도가 있는 것으로 보이지는 않는다. 중국이 명실상부한 강대국이 되기 위해서는 여전히 상당기간 기존 체제 내의 부상을 진행해야 하고 그 과정에서 미국과의 협력은 현실적, 전략적으로 필수적이다. 중국은 2010년 이후 미국과의 갈등으로 인해 과거 10년간 쌓아온 외교적 성취를 상당부분 상실하는 원치 않는 결과를 경험했다. 따라서 중국은 2011년 2월 후 주석의 방미와 정상회담을 활용하여 '강경하고assertive 거친 힘의 외교'를 구사하는 국가라는 대외적 이미지를 개선하고자 하였다. 결국, '중국의 부상'이 진행됨에 따라 중국의 국가이익의 범위가 확장되면서 보다 적극적이고 공세적인 외교행태를 보일 가능성이 높다. 그럼에도 그러한 외교행태가 오히려 '중국의 부상' 일정에 장애가 되는 상황은 회피하기 위해 조정을 진행해 갈 것이다.

넷째, 미중관계의 유동성도 증대하고 있다. 중국의 부상이 예상보다 빠르게 동아시아 지역에서 선행적으로 이루어지면서 중국의 한반도정책이 대미정책과 미중관계에 더욱 신속하게 종속되고 있으며, 미중 간 갈등과 경쟁이 한반도로 전이될 가능성도 커진다. 미중관계는 2011년 1월 정상회담의 공동성명에 명시했듯이 "매우 중요하면서도 복잡한 관계"로 변화되고 있다.

2011년 미중 정상회담의 한반도문제에 대한 공동성명은 기본적으로는 미중 간의 적정선의 주고받기식의 타협의 산물이다. 하지만 결과적으로 중국이 천안함 사건 이후 일관되게 주장해 왔던 남북 대화와 6자회담 재개가 최종 해법으로 관철되었다는 측면에서 볼 때는 한반도문제에 대한 중국의 영향력이 상대적으로 확대되고 있다고 평가할 수 있다. 향후 한반도문제에 대한 한국의 입지와 발언권을 확보하는 것이 더욱 어려워질 수 있다. 미중 양국이 모두 기본적으로 한반도의 불안정 사태가 발생하는 것에 우려를 갖고 있지만 지정학적, 전략적 측면을 고려할 때 중국이 인식하는 한반도의 불안정성에 대한 우려가 미국보다는 더욱 클 수 있다. 이를 십분 고려한 바탕에서 한국의 대중, 대미 외교가 전개될 필요가 있다. 이러한 양국관계의 복잡성을 제대로 읽어내지 못할 경우, 취약한 안보구조와 분열적 국내정치 지형을 지닌 한국에게는 실체보다 강한 충격을 안겨 줄 개연성이 있다.

다섯째, 시진핑 시기 들어 북중 경제협력은 더욱 강화될 것이다. 북한은 동 시기에 핵무기를 보유한 국가로 확고히 자리매김할 것으로 예상되며, 한국의 박근혜 정부시기에 이를 목도하게 될 것이다. 한국은 물론이고 중국 역시 북한의 핵무장화를 막을 수 없을 것으로 보인다. 이 경우, 중국은 한반도의 비핵화라는 정책목표에도 불구하고 현실적으로 북한을 끌어안는 정책을 펼 수밖에 없을 것으로 보인다. 중국이 취할 수 있는 정책의 핵심은 대북 관여정책의 강화일 것이다. 북중 경제협력은 한국의 전략적 이해에 양면성을 지닌다. 그 자체로는 한중 사이의 갈등사안이라고 보기 어렵지만, 대북제재가 진행되고 있는 상황에서는 북중 경제협력이 국제사회의 대북제재를 무력화시킬 수 있다는 점에서 한국을 포함한 다른 행위자들의 전략적 이익을 침해할 소지가 있다. 동시에 북한 경제의 대중

의존도 증가 역시 장기적으로 한반도 경제통합에 부정적인 영향을 줄 수 있다. 그러나 한반도에서 대화국면이 전개되고 남북경협이 진전된다면 북중경협과 남북경협이 상호보완재로 작동할 수 있는 가능성이 높다는 점에서 전략적으로 중요한 문제이나 협력을 통한 해결 가능성이 높다. 중국은 북한발 불안정이 재발되지 않도록 관리하면서 장기적으로 북한 체제의 친중국화를 통한 연착륙을 기대할 것이다. 중국은 소모적 지원이 아닌 점진적인 중국식 개혁개방모델의 북한 이식을 통한 구조적인 친중국화를 모색하고, 이러한 북한의 변화과정에서 비핵화를 중장기적으로 추진하려 할 것이다.

이상과 같은 난제들 이외에도 한중 양자관계는 천안함 사태와 같은 예기치 않은 사건, 한중 간 행위자 차원의 상호 접촉과 대응과정에 의해서도 당연히 영향을 받을 것이다. 그러나 보다 중요하고 중장기적인 요인은 구조적인 부분에서 찾을 수 있으며 그 전망은 대체로 긍정적이다. 경제적 상호의존성이나 세계화의 추세 속에서 한중은 비서방국가로서의 정체성 등을 공유하면서 협력의 영역이 넓다. 단기적으로는 북한문제, 역사문제, 영해관할권문제 등으로 야기되는 도전 요인들을 극복하면서 위기관리체제를 수립하는 것이 중요하다. 민족주의적 감성으로부터 정책결정이 좌지우지되는 것 역시 피해야 할 일이다. 우선, 상호 정치적 신뢰를 축적하고, 공통이익의 영역을 확대해 나가는 노력이 필요하다.

다. 한중 외교안보분야 갈등사안

한중관계가 빠르게 발전해왔다는 것이 곧 한국과 중국 사이에 이견이나 문제가 없음을 의미하지 않는다. 한중관계가 유례없이 급속하게 발전했지만 동시에 여전히 한계가 존재하는 것 또한 사실이다.

이러한 이유로 인해 2008년 5월 한중 정상이 양국관계를 '전략적 협력동반자관계'로 격상하기로 합의했음에도 불구하고, 양국관계 발전에는 중요한 '전략적' 장애 요인이 여전히 존재하고 있다. 외교안보분야에서 한중 양국의 현재와 미래의 최대 갈등사안으로는 북한문제와 한미동맹문제를 들 수 있다.

먼저, 북한문제는 한중 외교안보분야의 최대 민감사안이다. 현실적으로 북한과 한반도가 중국에게 지정학적으로 중요한 의미를 가지고 있고, 남한과 북한은 민족분단이라는 특수한 상황 하에서 여전히 정치·군사적으로 대치하고 있다는 점으로 인해 북한과 관련한 여러 문제가 한국과 중국에게 모두 전략적으로 민감한 사안이 되고 있다. 가장 큰 이유로는 중국이 북한과의 관계를 조정하고자 하는 의도를 가지고 있으면서도 동시에 북한의 전략적 가치를 고려하여 북한과의 관계 지속 노력을 포기하지 않고 있다는 점을 들 수 있다.

중국의 대북지원은 전통적인 이념적인 유대와 전략적 이익 등이 고려된 결과이다. 특히 중국은 전략적인 관점에서 볼 때 북한 체제의 붕괴가 한반도에서 미국의 영향력을 증대시키는 결과를 가져올 것으로 우려하고 있고, 이러한 우려는 곧 중국으로 하여금 북한을 지원하도록 작용하고 있다. 중국은 이러한 대북지원을 통해 북한 정권에 대한 상당한 수준의 영향력을 확보하고자 한다.

북핵문제와 관련하여 중국 정부는 2002년 10월 제2차 북핵위기 발생 이후 이른바 '북핵해결의 3원칙', 즉 한반도 평화와 안정, 한반도 비핵화, 외교적 대화와 타협 등의 입장을 일관되게 주장해 왔다. 중국은 2006년 10월 9일 북한의 제1차 핵실험 직후 외교부 성명을 발표해 강도 높은 표현으로 북한을 비판했으며, 2009년 5월 25

일 제2차 핵실험 직후에도 북한 핵개발에 대해 분명한 반대와 불만의사를 표시하였다. 그러나 중국은 국제사회의 대북제재에 대해 "징벌을 목적으로 삼아서는 안 된다"면서 유엔 안보리 결의안1874호 통과 이후에도 정상적인 대북교역을 유지해 왔으며 6자회담의 재개를 통한 북핵문제 해결을 강조하고 있다. 중국은 현실적으로 한반도의 정치적 안정이 중국 대외관계의 핵심으로 작용한다는 점에서 핵실험 이후 북한을 자극하는 조치를 취하기보다는 기존의 중재역할에 치중하는 양상을 유지하고 있다. 이러한 이유로 인해 결국 북한 핵개발에 대한 중국의 입장은 명확히 '반대'로 요약되지만 이를 해결하기 위한 압박조치에 있어서는 매우 소극적 자세를 견지하면서 6자회담 체제를 통한 대화와 타협의 방식을 고수하고 있다.

탈북자문제와 관련하여 중국은 탈북자를 "정치적 박해를 피해 중국으로 넘어온 것이 아니고 식량을 구하기 위해 일시적으로 왔다가 대부분 북한으로 되돌아가는 불법입국자"로 인식하고, "국제관례, 국내법과 인도주의적 원칙에 따라 적절하게 처리한다"는 입장을 일관되게 고수하고 있다. 중국은 1982년 '난민지위에 관한 협약'과 '난민지위에 관한 의정서'에 가입한 체약국이지만, 관련 규정을 엄격하게 해석하여 탈북자들의 난민지위 인정 가능성을 일괄 부정하고 있다. 중국은 탈북자를 난민으로 인정할 경우 자국의 정치사회적 안정에 부정적인 영향을 미칠 것으로 판단하기 때문에 북한으로 강제송환하고 있고, 특히 탈북난민문제의 중국 내 인권문제로의 확대 및 중국 동북지역에 심각한 치안불안과 경제적 부담 등을 우려하여 탈북자문제를 공론화하기보다는 비공식적이고 비공개적인 방법으로 처리하기를 희망하고 있다. 재중 탈북자문제 해결을 위해 우리 정부가 직접 개입할 수 있는 여지는 거의 없고, 중국 정부의 탈북자문제에 대한 인식과 정책변화 및 협조 없이는 이 문제해결을 위한 획기적인 방안이나 대책 강구가 쉽지 않다. 탈북자문제는 현재까지는 한중 양측이 전략적으로는 입장의 차이가 크지 않은 사안이며, 돌발적인 사태를 적절히 관리해 간다면 협력(탈북자들의 인권 문제 등)을 통한 문제해결의 가능성이 없지 않다. 그러나 한국 내에서 중국 내 탈북자문제에 대한 적극적인 개입을 요구하는 주장이 증가할 경우 다시 갈등 요인으로 부상할 수 있다.

북한 급변사태가 전개될 경우 한중 간에 전략적 이익이 충돌할 가능성이 있는 요소가 많다. 중국은 북한 급변사태 발생 시 급변사태의 성격과 내용 및 발전추이에 따라 대응한다는 입장이며, 외부세력의 개입이 없다는 전제 하에서 북한 체제의 안정 유지를 최우선적으로 고려하고 있다. 특히 중국은 북한이 급변사태로 인해 통제 불능의 상황으로 발전하더라도 가능한 단독개입을 배제하고 국제사회 특히 UN 등과 협조하여 북한 내부안정과 핵확산 방지에 주력한다는 입장을 갖고 있다. 이는 중국이 주변국들의 반발, 북한 내부의 반발, 한중관계에 미치는 악영향, 치안 유지에 따르는 정치·경제적 부담 등을 우려하고 있는 것으로 보인다. 특히 중국은 북한 급변사태의 개입 및 관리를 위해서는 미국과의 사전협의가 중요한 것으로 판단하고 있으며, 중국 외교부와 미국 국무부 사이에 동 사안을 놓고 공식적 협의가 필요함을 주장하고 있다. 이는 중국이 일방적으로 북한 급변사태에 개입할 의도가 없음을 미국에 알리고자하는 의도이자, 동시에 미국 단독 또는 한미연합군에 의한 단독 개입을 차단하고 북한 급변사태에 관한 공동관리의 지분을 확보함과 동시에 한반도에 대한 영향력을 지속하기 위한 의도 역시 내포하고 있다.

한미동맹의 강화와 한중 전략적 협력동반자관계의 조화문제 역시 한중 갈등사안이다. 중국은 한미동맹을 냉전시대의 산물로 이해하고 있고, 한미동맹이 점차 NATO식 집단방어체제로 전환하여 결국 중국에 대한 봉쇄정책으로 이어질 것을 우려하고 있다. 최근 중국의 한미동맹에 대해 경계심을 표출은 한미동맹 자체에 대한 반발이라기보다는 한미동맹 강화의 내용과 궁극적인 목표가 무엇인가 하는 데 있다. 특히 중국은 한미동맹이 전략동맹으로 확대되는 과정에서 주한미군이 대만 유사사태와 같은 지역문제에 개입할 가능성을 열어두는 것에 대해서는 매우 민감하게 반응하고 있다. 이러한 이유로 인해 중국은 한국과의 전면적인 관계 수립 추진을 주저하고 있는 것으로 보인다. 즉 중국은 아태지역에서 중국을 포위하고자 하는 미국의 노력에 한국이 참여할 가능성을 경계하고 있으며, 이로 인해 중국은 그동안 한국과의 관계를 강화하고 이를 통해 한국의 대미정책에 영향을 끼치고자 노력해 온 것으로 볼 수 있다.

최근 미국 국력의 '상대적 쇠퇴'와 중국의 급부상 등으로 인해 미중관계는 한중관계를 제약하는 가장 중요한 요인으로 작용하고 있다. 중국의 한반도정책에 있어서도 미국 요인이 가장 중요하게 고려되고 있으며, 특히 중국은 한반도에서의 전략적 균형의 회복과 영향력 유지를 위해 북한과의 협력을 강화하기 시작하였다. 따라서 우리의 입장에서는 중국에게 한미동맹이 중국을 봉쇄하기 위한 것이 아니라 역내 안정을 위한 안보기제라는 것을 인지시키는 것이 중요하다. 실제로 중국은 역내 안정을 위해 주한·주일 미군을 암묵적으로 용인하고 있고, 미군 철수는 일본의 재무장을 불러온다고 인식함으로써 미국을 통한 일본 견제以夷制夷의도를 여전히 포기하지 않고 있다는 점에 착안할 필요가 있다. 주한미군의 역할문제와 관련하여 중국은 원칙적으로 한 국가가 타국에 군대를 파견하고 주둔하는 데 찬성하지 않는다는 입장을 고수하고 있으나 주한미군의 한국 주둔에는 특수한 역사적 배경이 있음을 인정하고 있다. 그러나 중국은 주한미군의 '전략적 유연성'이 합의된 이후 한미동맹이 대중국 견제의도를 더 잘 드러내고 있다고 우려하고 있다. 또한 중국은 통일 이후 한반도에 미군이 주둔하는 것에 대해서는 반대 입장이며 한국 정부가 통일 이후 미군의 계속 주둔 필요성을 강조하는 것에 대해 예의 주시하는 상황이다.

한국은 보다 긍정적이고 능동적인 태도로 중국과 신뢰를 구축하고, 각 사안의 민감성을 충분히 감안하면서, 다차원적인 협력기제를 마련할 필요가 있다. 여기서 주의할 점은 이러한 대중 협력기제의 강화가 반드시 한미동맹과 충돌한다고 전제할 필요는 없다는 것이다. 이론적 측면에서도, 중국 당국이 규정하는 한중 '전략적 협력동반자' 관계는 '한미동맹'과 충돌하지 않는다.[24] 현실을 고려할 때, 중단기적으로는 한국 안보의 핵심 축은 여전히 한미동맹을 바탕으로 전개될 것이다. 특별한 상황이 발생하지 않는 한, 당분간 한반도를 포함한 역내 안보문제를 중국이나 다른 다자기구가 안정화하거나 해소해줄 역량은 없기 때문이다. 그러나 다시금 강조할 점은 우리의 대외정책의 방향이 역내 모든 국가와 모든 방면에서 협력과 신뢰를 강화하는 방향으로 추진되어야 한다.

....

[24] 자세한 내용은 김흥규, "한·중 전력적 협력동반자 관계 형성과 한·중관계," 『주요국제문제분석』(외교안보연구원, 2008.6.12); 김흥규, "천안함 사태와 한·중관계," 『주요국제문제분석』(외교안보연구원, 2010.9.1) 참조.

Ⅳ. 정책 제언

1. 중국과 더불어

한중관계는 천안함 사태와 같은 예기치 않은 사건이나 양국 간 행위자 차원의 상호 접촉과 대응과정에 의해 영향을 받을 것이다. 그러나 보다 중요하고 중장기적인 요인은 구조적인 부분에서 찾을 수 있으며 그 전망은 대체로 긍정적이다. 경제적 상호의존성이나 세계화의 추세 속에서 한중 양국은 비서방국가로서의 정체성 등을 공유하고 있고 협력의 영역 역시 넓다. 단기적으로는 북한문제, 역사문제, 영해관할권문제 등으로 야기되는 도전 요인들을 극복하면서 위기관리체제를 수립하는 것이 중요하다. 민족주의적 감성으로부터 정책 결정이 좌지우지되는 것 역시 피해야 할 일이다. 이 과정에서 상호 정치적 신뢰를 축적하고, 공통이익의 영역을 확대해 나가는 노력이 필요하다.

한국의 대중정책은 크게 중국의 외교안보적 불확실성에 대한 대응과 견제, 경제와 안보 간의 균형 추구, 중국의 국제사회로의 통합과 규범에 합의하도록 유도하는 것이다. 이중에서도 한국은 대응과 견제보다는 균형 추구와 통합에 더 많이 노력해야 한다. 한미동맹을 저해하지 않는 수준에서 중국과 비전통·전통 안보분야에서 소통과 협력, 공동의 행동을 꾸준히 강화해야 한다. 안보는 미국에 경제는 중국에 의존한다는 이분법적인 논법을 타개하고 보다 유연하게 이슈에 따라 차별적인 위계질서를 인정하는 사고가 필요하다.

현재 중국 정부가 바라는 최적의 상황은 남북한이 좋은 관계를 유지하면서, 한반도가 비핵화되고, 북한이 중국식의 개혁개방정책을 채택하면서 한반도 상황이 안정되는 것이다. 이는 물론 현상유지적인 측면이 대단히 강한 목표나, 반드시 중국이 한반도 통일을 반대하는 세력이 아닐 수 있다는 것을 의미한다.[25] 즉 통일한국이 핵무장을 하지 않고, 한반도 상황의 안정을 담보하면서 중국의 경제성장에 유익하고, 적대적인 국가가 되지 않는다면 중국은 한반도 통일을 지지할 수 있을 것이다. 북중 사이의 동맹적인 유대나 중국의 한반도 군사개입을 반드시 상수로 볼 필요는 없다.

중국의 대북인식 및 북중관계도 변하고 있기 때문에 유연한 상상력을 바탕으로 중국의 대북정책을 분석할 필요가 있다. 중국에 대한 막연한 두려움이나 적대감을 넘어 보다 적극적인 대중외교를 전개할 필요가 있으며, 이를 바탕으로 북한의 핵무장을 막고 한반도 비핵화, 궁극적으로는 평화적인 통일을 실현하기 위한 방안을 찾기 위해 노력해야 할 것이다.

....

[25] 한반도 통일이 중국에 도움이 된다는 지경학적인 관점은 다음 글을 참조. 金景一·金强一, "朝鮮半島的地緣政治意義及其對我國的影響研究," 『中國外交』, 2008. 11, pp.37-45.

2. 전략 목표의 조화와 공동비전 추구

한국과 중국 간에는 상대와의 관계강화를 추구하는 궁극적 목표에 있어서 차이가 존재한다. 중국은 한국과의 관계증진을 통해 한미동맹관계에 영향을 끼치는 데 궁극적 관심이 있는 반면에 한국은 중국과의 관계증진을 통해 중국으로 하여금 북한에 대해 영향력을 행사하도록 하고자 한다. 이 과정에서 한중 양국은 모두가 자국의 전략적 목표에만 관심을 기울이고 있고, 상대의 목표에는 관심을 보이지 않음으로써 양국 간 불신과 갈등을 초래하고 있는 것이다. 즉 중국은 북한에 대한 영향력 행사를 요구하는 한국의 기대에 거의 부응하지 않고 있고, 한국은 한미동맹이 중국과 무관하다는 입장만을 견지하고 있다. 한중 양국은 결국 이러한 전략적 목표의 차이를 해결해야 양국관계를 진정한 양자 차원의 관계로 되돌릴 수 있다. 중국에 대한 과도한 기대와 요구는 오히려 상호 불신과 갈등을 증대시킬 수 있다. 따라서 보다 긴 호흡을 갖고 신뢰증진, 신중함과 전략적 사고를 바탕으로 점진적이면서도 실현가능한 접근법을 채택하는 것이 한중관계의 미래를 위해 유리하다. 이미 상당한 수준에 도달해 있는 경제·인문·사회 분야의 교류를 더 고도화하고, 외교·안보적 협력을 점진적으로 강화하는 방향으로 정책을 추진하여야 한다. 이를 위해서는 결국 양국이 진정으로 전략적 차원에서 대화를 진행하고 공동의 인식을 도출할 필요성이 있다.

미중관계의 하부체계로서의 한중관계를 넘어, 양자관계 자체의 공간을 확대하는 방향으로 노력해야 한다. 중국의 대외관계에서 한중관계는 여전히 미중관계의 하부체계로서 자리매김하고 있기 때문에, 미중관계의 부침에 따라 한중관계가 크게 요동칠 개연성이 크다. 한국의 대중정책 역시 이러한 패턴에서 벗어나지 못하고 있다. 따라서 한중 양국 모두 미중관계라는 상위변수에서 상당 정도 독립적인 양국관계를 구축해 나갈 필요가 있다. 한반도를 넘어 지역, 국제기구, UN 등에서 협력의 공간을 적극적으로 확대해 나가는 노력이 필요하다.

이와 같은 전략적 목표의 조화와 함께 한중 양국이 장기적으로 공동이익을 넘어 공동의 비전을 추구함으로써 한중관계의 토대를 다시 설정하려는 노력이 필요하다. 그동안 한국과 중국은 모두 경제교류의 확대가 전략적 측면에서의 협력을 강화시킬 것이라는 기대에 지나치게 의존해 왔으나, 현재의 양국관계를 볼 때 경제교류의 확대가 반드시 전략적 관계의 제고로 이어지는 것은 아니라는 점을 보여주고 있다. 이는 양국이 그동안 상호 이익의 공유를 통해 양국관계를 증진시키려는 시도에 대한 재검토가 필요함을 의미한다. 특히 2008년 미국발 세계금융위기를 계기로 중국의 국제적 지위와 영향력이 급속하게 제고됨에 따라 중국과 동등한 동반자관계를 수립할 수 있을 것인가에 대한 한국의 의구심 역시 증대되고 있다. 따라서 한국과 중국이 진정한 차원에서의 전략적 협력동반자관계를 수립하기 위해서는 이러한 의구심을 해소하는 것이 필요하며, 이를 위해서는 이익의 공유를 넘어 한국과 중국이 함께 추구할 수 있는 목표, 인식, 비전을 모색하려는 노력이 필요하다.

3. 대북정책의 조정과 한중협력

북한문제는 한중관계의 최대 민감사안이다. 중국은 북한 체제가 붕괴됐을 경우 미국과 중국의 한반도에 대한 영향력 균형이 상실되는 것을 우려하고 있기 때문에 북한에 대한 지원과 지지를 유지하고 있다. 중국의 대북정책을 변화시키기 위해서는 중·단기적 처방이 동시에 고려되어야 한다. 먼저, 중장기적으로는 한중 양국의 신뢰수준을 제고하여, 한국이 주도하는 통일이 중국의 이해를 손상시키지 않을 것임을 확신하게 하고 중국의 북한에 대한 정책을 변화시키도록 유도하는 것이다. 그러나 단기적으로는 한국의 정책이 북한의 붕괴를 추구한다는 중국의 우려를 해소함으로써 북한문제가 한중 갈등의 원인으로 작용하는 것을 해소하는 것이다. 이를 바탕으로 한중 양국은 한반도 비핵화, 한반도의 평화와 안정을 해치는 북한의 도발에 대한 공동대응, 북한에 대한 개혁개방정책 공동추진 등의 정책을 연역적으로 합의하고 추진해야 한다.

한국 정부는 중국을 포함한 4자가 같이하는 대북 억제 및 안정 전략을 수립해야 한다. 북한의 도발상황에서도 6자회담의 남은 당사국들인 4자와 함께 공동의 대응책 모색과 협력강화가 필요하다. 이를 실행하기 위해서는 중국의 주요 관심사인 북한 정권의 생존에 대한 보장을 분명히 해줄 필요가 있다. 북한의 도발문제는 6자회담의 틀즉 5자을 중심으로 한 논의를 권고한다. 한미 혹은 한미일 중심의 대응은 불가피하게 북중 혹은 북중러 대응을 초래할 것이고, 이러한 신냉전구도의 형성은 북한 정권을 제외하고는 어느 국가의 이익에도 부합하지 않는다.

대북 위기관리에 대한 한중협력을 모색하고 제도화된 소통구조를 만들어야 한다. 김정은 정권으로 권력승계는 단기적으로는 안정적일 것으로 추정되지만, 2020년경에는 불안정 변수가 많고, 북한 내 돌발사태 가능성도 대비해야 한다. 당장은 이루어지기 어렵지만, 중국과 북한 관련 위기관리대화를 1.5 트랙 차원에서 모색할 필요가 있다. 북한의 불안정 상황에 대한 대비는 중국도 관심사이기 때문에 적어도 북한 내부 정세에 대한 정보교류 및 객관적 상황에 대한 인식의 공유가 필요하다.

한중은 상호간의 핵심이익이나 핵심전략이익에 대한 존중과 배려를 요구할 수 있어야 한다. 미국의 MD 체제에 편입되거나, 지나친 한미일 군사협력의 강화 및 미국에 순응적인 태도는 중국의 대한국 불신을 가중시켜, 북한의 전략적 가치를 상승시키는 효과를 가져올 것이다. 한국은 중국 측에 전략대화를 통해 대북 경제협력의 확대, 북한군 현대화에 대한 중국의 지원 여부, 대량살상무기에 전용할 수 있는 물자 및 기술의 제한, 북한 무력증강에 도움이 되는 재원의 차단 등을 지속적으로 요구할 필요가 있다. 북한이 핵무기 보유를 고집하는 한 중국의 고민은 깊어갈 것이고, 한국과 협력의 공간도 넓어져 가는 상황에서 한국은 중국 측과 북한에 대한 공통의 이해영역을 확인하고, 그 영역을 넓혀 나가는 외교를 전개할 필요가 있다.

4. 한반도문제에 대한 한국의 주도권 회복

한국은 천안함 사건 이후 한반도문제가 급속하게 미중 간 갈등으로 확대되는 상황을 지켜볼 수밖에 없었던 것과 마찬가지로, 2011년 1월 미중 정상회담 역시 양국의 주고받기식 타협의 결과에 따라 대화국면에 참여할 수밖에 없는 현실에 직면한 바 있다. 강대국간 협력과 경쟁의 영향을 최소화하고 나아가 한반도의 통일이라는 국가 과제를 실현하기 위해서도 한반도문제에서의 우리의 입지를 확보하려는 노력은 향후 더욱 절실해진다.

중국에게 한국의 전략적 가치를 제고하는 중요한 방법 중의 하나는 한국이 중국보다 더 많은 북한에 대한 정보, 채널, 그리고 지렛대를 확보하는 것이다. 즉 북핵문제를 해결하는 데 있어 중국이 한국을 경유하지 않으면 안 된다는 인식을 갖게 하는 것이다. 장기적으로는 북중관계의 기복에 일희일비하면서 즉각적인 대응을 하기보다는 중국이 북한을 전략적 자산으로 인식할 수 있는 환경을 축소해가는 다양한 외교적 노력을 기울여야 한다. 또한 한중 양국은 기본적으로 '한반도의 평화와 안정'이라는 대전제에서는 이해관계를 공유하고 있다. 따라서 이러한 암묵적 공감대를 바탕으로 포괄적 차원의 북한문제와 한반도의 장래문제에 대한 중국과의 협의와 소통 강화를 통해 전략적 신뢰를 강화시켜 가야 한다. 이를 통해 장기적으로 한반도 통일 이후에도 한국이 중국의 적대세력이 되지 않을 것이라는 신뢰를 확보할 필요성이 있다.

5. 한·미·중 관계의 안정적 관리

현재의 이명박 정부와 전임 참여정부 시기 대중정책의 근본적 전제를 비판적으로 검토할 필요성이 있다. 첫째, "한미동맹을 강화하는 것이 중국으로 하여금 한국을 존중하게 한다"는 전제는 실현되기 어렵다. 둘째, "한미동맹의 급격한 조정이 한국에 대한 중국의 인식을 바꿀 것이다"라는 전제 역시 실현이 불가능하다. 셋째, 미국 및 중국과의 관계를 안정적으로 관리할 필요성이 있다.

한국의 전략방향으로 한미동맹의 발전과 한중 전략적 협력동반자 관계는 개념적으로 상충되지 않음을 유념해야 한다. 한미동맹은 중국을 타깃으로 하는 것이 아니라 북한의 위협을 억제하는 것을 목표로 삼고 있다. 한중 전략적 협력동반자관계 역시 제3국을 적대적 대상으로 상정하지 않는다. 즉 미국을 적대시하지 않는 것이다. 추후 한중이 전면적인 전략협력혹은 협작 동반자관계로 진화한다 할지라도 이상과 같은 원칙은 유지하여야 한다. 한국은 한미동맹의 발전과 한중 전략적 협력동반자관계를 심화하면서 조화를 추구해야 하는 것이다. 미중 간에 한반도문제에 대한 전략적 불신이 해소되고 양국 간 이해가 조화될 수 있도록 기여하는 조화외교를 펼쳐 나가야 한다. 한미동맹이냐, 한중관계냐를 상호배타적으로 보고 둘 중 하나를 선택한다거나 미중의 가운데서 등거리외교를 하겠다는 식의 소극적 발상을 지양해야 한다. 대신, 미국 및 중국과 다 같이 북한의 개혁개방, 한반도 긴장 완화, 비핵화라는 공동의 목표를 추진하는 주도적인 외교를 전개할 필요가 있다.

6. 전략대화 라인 정비

한국의 청와대 전략·안보 담당부서와 중국의 중앙외사영도소조 판공실 혹은 외교담당 부총리국무위원의 판공실 간 '전략 핫라인Hot line' 수립을 제안할 필요가 있다. 이를 바탕으로 양국 간 최고위급 수준에서 위기관리를 할 수 있을 것이다. 중국 측과 한중 간 1.5 트랙 차원의 전략대화를 제도화하여, 양국 간 논의해야 할 사안들을 광범위하게 논의할 필요가 있다. 노무현 정부 시절 및 이명박 정부 시절 개최한 비공개 전략대화에 대한 냉정하고 객관적인 평가를 바탕으로 최적의 전략적 준비, 구성, 인적 배치 등을 준비해야 한다. 국내정치적인 고려를 넘어서 국익의 차원에서 대외정책의 독립성을 존중해야 한다.

7. 이어도 문제의 조속한 타결

한중 간 갈등의 폭발가능성이 가장 큰 영역은 이어도중국명 쑤옌자오 관할권 갈등일 것이다. 이는 영해 및 주권의 문제가 아니지만, 일반인들의 인식, 경제자원, 군사적 중요성, 전략적 위치 등으로 상호 양보하기 어려운 사안이 될 개연성이 크다. 한국 측이 주장하는 중간선론을 중국 측은 일본과의 관계도 있어 받아들이기 어려울 것이다.

중국 내 자유화, 민주화 과정에서 민족주의적 열정의 대상이 될 경우, 이 문제의 해결은 더욱 요원해진다. 한국은 동쪽으로는 독도를 둘러싼 일본과의 갈등 강화, 남쪽에서는 이어도를 둘러싼 중국과의 갈등 강화, 서쪽에서는 해양경계선을 놓고 북한과의 갈등 강화라는 최악의 상황이 우려된다. 타결의 측면에서는 아마 이어도분쟁이 가장 쉽고, 북방 해양경계선 분쟁이 다음, 그리고 일본과의 독도분쟁이 가장 타결이 어려울 것으로 전망된다. 우선, 쉬운 사안인 이어도 문제를 가능한 빨리 상호 타협점을 찾아내어 적극 타결하는 것이 필요하다.

참고문헌

Cheng. Xiaohe, "From Jiang Zemin to Hu Jintao: the Evolution of China's Policies toward the Korean Peninsula," unpublished article supperted by Asia Research Center, Renmin University (2012).

Chung, Jae Ho. *Between Ally and Partner: Korea-China Relations and the United States*(New York: Columbia University Press, 2007).

Dai, Bingguo "Stick to the path of peaceful development," *China Daily*, December 13, 2010.

Eun, Yong-Soo. "Why and how should we go for a multicausal analysis in the study of foreign policy?," *Review of International Studies*, 2010.

International Monetary Fund, *World Economic Outlook Database*, April 2007.

Joffe, Josef. "The Default Power: The False Prophesy of America's Decline," *Foreign Affairs*, Vol. 88, Iss. 5 (Sep/Oct 2009).

Kim, Heungkyu, "From a Buffer Zone to a Strategic Burden: Evolving Sino-North Korea Relations during Hu Jintao Era," The Korean Journal of Defense Analysis, Vol. XXII, No. 1(Spring 2000).

Whiting, Allen S. "Forcasting Chinese Foreign Policy: IR Theory vs. the Fortune Cookie," in Robinson and Shambaugh eds., *Chinese Foreign Policy: Theory ad Practice* (Chearendon Press, 1995).

Wolf, Martin. "Asia is Awakening," *Financial Times*, September 22, 2003.

金景一·金强一, "朝鮮半島的地緣政治意義及其對我國的影響研究,"「中國外交」, 2008. 11.

戴秉国, "中美不搞两国集团G2 但可以搞两国协调C2,"「南方日报」, 2012. 5. 4.

习近平, "携手合作, 共同维护世界和平与安全:在'世界和平论坛'开幕式上的致辞," 新華網, 2012. 7. 7.

新華通迅, "中國周邊外交新戰略," 2011. 7. 22.

胡锦涛, "推进互利共赢合作, 发展新型大国关系: 在第四轮中美战略与经济对话开幕式上的致辞," 中国新闻网, 2012. 5. 3

김기수, 「중국 도대체 왜 이러나」(서울: 살림, 2011).

김흥규, "한·중 전략적 협력동반자 관계 형성과 한·중관계,"「주요국제문제분석」(외교안보연구원, 2008. 6. 12).

_____, "천안함 사태와 한·중관계,"「주요국제문제분석」(외교안보연구원, 2010.9.1).

_____, "한·중 수교 20주년과 한·중 관계 평가,"「세계지역연구논총」 제29집 3호(2011).

서진영, 「21세기 중국 외교정책」(서울: 폴리테이아, 2006).

신종호, "중국공산당 제18차 당 대회와 중국의 대외정책 전망,"「국제문제연구」, 제12권 제4호(2012).

이희옥·차재복 외 지음, 「1992~2012 한·중 관계 어디까지 왔나」(서울: 동북아역사재단, 2012).

조영남, "한·중관계의 발전추세와 전망: 바람직한 중국정책을 위한 시론," 국제·지역연구 제20권 제1호(2011).

Goldman Sachs Global Economics Paper Issue, No.192. http://www2.goldmansachs.com/ideas/brics/long-term-outlook-doc.pdf (검색일: 2011-06-05).

http://www.wikitree.co.kr/main/news_view.php?id=1331 (검색일: 2012-2-11).

경향신문, 2010년 11월 16일. http://joongang.joinsmsn.com/article/aid/2011/11/22/6363427.html?cloc=olink|article|default (검색일: 2011-11-25).

조선일보, 2011년 10월 13일 6면. http://www.edaily.co.kr/news/NewsRead.edy?SCD=JF21&newsid=02758486602676408&DCD=A00602&OutLnkChk=Y (검색일: 2013-1-21).

대 일본 외교

박철희

I. 문제의 인식

• 한국의 대일외교는 협력과 갈등의 교차라는 복합적 순환의 구조

• 한일관계의 구조적 변화
   가. 장기적인 긍정적 추세
      - 양국 간 인적, 물적, 문화적 교류의 증대
      - 양국 문화의 자연스런 수용과 대중 간의 거부감 약화
      - 자신감의 증대
   나. 부정적 추세
      - 정치적 네트워크의 약화
      - 네티즌과 일반 시민의 직접적 간여로 인한 비공식 외교의 어려움
      - 민족주의와 감정적 대응의 연쇄 작용

• 노무현 정부의 대일외교 평가
   가. 긍정적 유산
      - 한국의 대일외교를 양자 간의 관계에 함몰시키려고 하기보다는 동북아
        지역의 역학 구도에 직접직으로 연계시키려는 시도
      - 자신감에 기반한 행동하는 외교
   나. 부정적 유산
      - 대북 문제의 중요성을 지나치게 부각시킴.
      - 외교의 시간축을 과거사에 둔 점
      - 영토문제를 역사와 연계시켜 전면에 배치

• 이명박 정부의 대일외교 평가
   가. 긍정적 유산
      - 한반도 중심적 사고보다는 국제사회의 보편률에 따른 외교
      - 감정적 대응의 자제
      - 한일협력을 양자 차원을 넘어서 다자 및 글로벌 차원으로 확대
   나. 부정적 유산
      - 대일외교를 한반도 냉전상황 변화 시도와 연계시키지 못함.

- 동북아 및 동아시아에 대한 비전 부재
- 과거사 문제에 대한 과소평가

II. 미래도전 요인과 정책 목표

• 동아시아 지역의 복권을 지향하는 의미에서 동아시아 지역의 심층적인 힘의 균형의 변화와 국제사회의 새로운 추세를 반영하는 가운데 복합적이고 포괄적 동반자관계를 형성하는 데 전략목표가 있어야 함.

• 전략 외교를 위한 발상의 전환
  가. 동아시아에 대한 시민권 회복 및 아시아의 복권 지향
  나. 자유주의적 국제질서를 보호하고 전파하기 위한 중추적 협력 집단의 형성 및 확산
  다. 양국 간 포괄적 파트너십 형성을 위한 공동 미래의 설계

• 전략적 제휴를 위한 협력지침
  가. 한일 양국의 주류 사회를 브로드밴드형으로 연결하는 복합 네트워크를 주도적으로 형성시켜 나가야 함.
    - 차세대의 공동 육성과 상호 취업제도의 활성화
    - 양국 여론주도층의 중층적, 복합적 네트워크 형성
  나. 한반도의 미래에 대한 비전 공유
    - 남북한의 통합은 북한 주민들의 인간적인 삶과 자유로운 선택을 늘리는 방향으로 이루어져야 함.
    - 자유로운 삶의 방식과 풍요로운 사회생활이 가지는 이점을 북한의 일반 주민이 알 수 있도록 하는 인내심 있고 원칙을 견지하는 포용정책
    - 한일 양국 간 방위 협력의 제고를 통한 대북 억지력의 향상
  다. 아태지역에서의 미들 파워 연대 구축
    - 동아시아 지역에서 민주주의와 시장경제를 선도하면서도 미국과 중국과는 전략적 이해가 일치하지 않는 중견국가들로서 동아시아 지역 질서를 새롭게 열어가기 위한 협력적 제도의 틀을 공동으로 설계하고 공동

으로 주도

- 지역의 패권국가이자 양국의 동맹국인 미국과 전략적 협력을 지속하면
서도, 중국을 봉쇄하거나 배제하지 않는 지혜를 공유

라. 지구 공동체 평화주의 모델의 견인

- 자연과의 공생, 공동체 간의 평화로운 공존, 국가 간의 공영을 국제관
계에 투영하여 새로운 지구공동체 평화주의 모델을 한국과 일본이 함
께 창출하고 선도
- 군사적 충돌의 회피나 군사적 우위를 통한 억지에 기반한 소극적 평화
주의가 아니라, 적극적으로 평화를 창출하는 지구 공동체주의적 시각

III. 대일외교의 추진방식

• 한국주도형 대일외교

- 대일외교를 전개함에 있어 기존의 수동적이고 반응적인 외교에서 벗어나,
대등하고 협력적인 태도를 가지고 적극적으로 일본과 함께 동아시아 지역
의 새로운 미래를 개척해 나갈 의지를 보여줄 필요

• 역내 중층적 네트워크 구축

- 동아시아 및 아태지역에서 자유주의적 국제질서 유지에 공통의 이해를 가
진 한국, 일본, 호주, 싱가포르 등 중견국가들의 중층적 네트워크 구축

• 정부주도형 탈피와 관민 협업

- 한일 양국 간 전략적 파트너십을 만들어 나가기 위해서는 정부 업무의 과
감한 민간부문에의 이양과 협업 체제의 구축이 요구됨.

IV. 한일 관계 현안에 대한 대응방향

• 북한문제에 대한 대응

- 북한에 대한 대응의 제1차적 과제는 무엇보다도 핵무기 개발 프로그램의

억지와 제거이며, 이를 위한 제재조치는 물론 인센티브의 제공을 공동으로 고려해야
- 한국과 일본은 한반도의 통일이 평화로운 과정을 통해서 점진적으로 이루어지고, 민주주의와 시장 경제 질서가 확산되고 제도화되는 방식으로 한반도의 통합이 이루어지는 것이 양국의 이해에 들어맞는다는 비전을 확실하게 공유할 필요

• 과거사 현안에 대한 대응
  가. 종군위안부문제
    - 종군위안부문제를 국제사법절차에 의존하여 해결하는 법리적 사고방식을 취하기보다는 당국자 간, 나아가 필요하다면 정상 간의 합의 도출 과정을 통해, 정책적인 조치를 통해 이를 해결하는 방안을 찾아낼 필요
    - 국제사법절차가 아닌 국제연합이나 의회 기구 등 다양한 여론 형성방식을 통해 간접적인 압력을 가하는 방식 병행
  나. 역사인식의 갈등과 교과서 검정문제
    - 역사 인식의 문제를 '역사화'
    - 장기적으로는 국가중심주의적 역사관을 개인의 존엄과 인권에 기반한 생활사적 역사 이해방식으로 전환

• 영토문제에 대한 대응
  - 갈등을 악화시키려는 방향으로의 현상변경시도를 서로 자제함으로써 현상유지
  - 독도문제를 영유권의 차원에서 일괄적으로 다루기보다는 영토와 어업, 자원을 분리하여 접근할 수도
  - 독도문제에 대한 근본적인 해결책은 양국 지도자 간의 통큰 결단과 대협상(grand bargain)을 통해

I. 지난 10년간 대일외교의 성과와 교훈

한일관계는 1965년 기본조약을 맺고 외교관계를 정상화한 이후 비약적으로 발전해 왔다. 양국 간 인적, 물적 교류관계의 양적인 성장은 물론, 지역 및 국제 무대에서의 양국 간 협력관계는 점차 공고화되고 있다. 1990년대를 통틀어 10여 회에 걸친 만남에 그치던 한일 양국의 정상은 2000년대 이후 1년에도 수차례를 만나는 관계로 발전하였다. 2010년의 예를 보아도 한일 양국 정상은 양자 및 다자 무대에서 10여 차례 만나고 정상회담을 가졌다. 한일 외교장관도 양국관계 조정은 물론 지역 내 다자 간 협력체, 글로벌한 장에서 만남을 이어가고 있다.

그럼에도 불구하고 한일 양국만큼 갈등과 알력을 동시에 안고 있는 양자 간 관계도 많지 않다. 양국 간 성숙된 관계의 조율에도 불구하고, 한일 양국의 외교 당국자는 살얼음판을 걷는 기본으로 임기를 지내야 한다. 과거사나 영토와 관련된 현안은 언제고 한일관계를 출렁이게 만드는 휘발성과 폭발성을 동시에 가지고 있다.

지난 10여 년간의 한일관계의 변화와 한국의 대일외교는 협력과 갈등의 연속과 교차라는 순환적인 사이클에서 그다지 크게 벗어나지 않았다. 이와 같은 대일외교의 지속성과 변화의 과정은 특정 정권의 속성과 직결되는 부분이 있는가 하면, 특정 정권의 속성과는 분리된 장기적인 추세의 반영인 경우가 섞여 있다. 따라서, 대일외교 전반을 둘러보기 이전에, 어떤 부분들이 정권의 속성과 직결되어 있고, 어떤 부분들이 상대적으로 독립되어 있는가를 고찰하는 것은 의미가 있다.

1. 한일관계의 구조적 변화

한국 및 일본의 특정한 정권의 성격과 관계없이 나타나고 있는 한일관계와 대일외교의 변화는 다음과 같은 경향을 들 수 있다. 이 같은 변화는 대일외교를 규정하는 외생적 변수로 작용하지 않을 수 없다. 다만, 한일관계의 변화가 반드시 대일외교에 긍정적으로만 작용하는 것은 아니며, 부정적인 파장을 불러오는 경우도 비일비재하다.

가. 긍정적 변화

한국의 대일외교에 긍정적인 영향을 미치게 한 가장 큰 요인은 한국의 민주화와 경제적 성장이라고 할 수 있다. 권위주의 정권 시절에 있었던 일본의 한국에 대한 정치적 거부감이 사라졌고, 한국의 경제성장으로 인해 한국 시장이 커졌을 뿐 아니라 한국이 일본에게 느끼던 격차와 소외의식이 점차 사그러들게 된 것이다. 이 같은 한국 사회 전반적인 구조적 변화를 반영하는 형태로 1998년 김대중-

오부치 공동선언이 이루어질 수 있었으며, 이를 계기로 미래지향적 교류협력관계의 비약적 증대를 이룰 수 있었다. 다른 한편으로 한일 양국 간의 협력적 기운의 상승에는 1997년 아시아 경제위기의 도래로 인해 나타난 아시아 공동체의 일원이라는 인식도 일조하였다. 한국으로 보자면, 1995~6년 북한 지역의 수해 피해로 인해 드러난 남한과 북한 간 국력 및 생활상 차이가 북한에 대한 우월감으로 이어지면서 일본을 한반도 현상 변화를 위한 동반자로 이해하려고 한 점에서도 협력의 필요성이 감지되었다.

김대중-오부치 공동선언의 요체는 한일관계의 성숙을 위해 엘리트들에게 국한되었던 교류와 문화적 접촉을 양국의 일반 대중들에게도 전면 개방한 것이었다. 이를 계기로 한국 미디어의 당초 예상과는 정반대로 한국의 문화가 일본의 시장을 파고들어가는 이른바 '한류'의 보급이 광범위하게 일어났다. 그 결과, 일본 대중들 사이에 존재하던 한국 기피현상이나 비하감이 급속도로 사라지면서 한국 문화를 즐기는 일본인들이 늘어났다. 이는 자연스럽게 인적 교류와 문화적 교류의 점진적인 증대로 이어졌다. 정치적 제도 변화와 지도자의 결단은 교류 증대의 물꼬를 튼 것임에 틀림이 없다. 하지만, 한국 사회의 전반적인 성숙과 삶의 질의 향상이 일본인들로 하여금 자연스럽게 한국을 수용하게 만든 측면이 아주 강하다.

정치적 사건이나 일시적인 착란요인이 발생하여도 한국과 일본을 오가는 사람들의 차이는 그다지 동요하지 않았다. 2005년에서 2007년까지 2~3년간 한국과 일본 사이에는 독도문제와 야스쿠니 신사 참배를 둘러싼 갈등과 알력이 현격하게 증대하였음에도 불구하고, 한일 간 인적 교류에는 직접적인 영향을 미치지 않았다. 글로벌 시장을 겨냥한 한국의 수출이 늘어남에 따라, 한국의 일본 부품, 기계, 재료의 수요가 늘어나 한일 간 무역이 증대하는 현상도 정치적인 국면과 무관하게 나타나고 있는 한일관계의 트렌드이다.

한일 양국 간 인적, 물적, 문화적 교류의 증대와 더불어 나타난 현상은 양국 문화의 자연스러운 수용과 대중 간의 거부감 약화라 할 수 있다. 일본인들이 한국 문화를 동경하고, 한국인들이 일본의 음식과 문화를 저항감 없이 즐기는 현상은 상대방 국가의 문화에 대한 수용을 반영한다.

양국의 교류 증대와 상대방에 대한 자신감 증대는 정치적 갈등에도 불구하고 교류협력사업을 직접 한일 간 현안과 연계시키는 강도를 줄여주었다. 김영삼 정부 당시 식민지 지배를 둘러싼 인식의 갈등이 경복궁 내 중앙박물관을 부수는 결과를 가져온 데 반해, 김대중 정부 당시 교과서문제를 둘러싼 갈등은 문화 개방을 일시적으로 중단하는 데 그쳤고, 노무현 정부 당시 독도를 둘러싼 갈등폭이 심화되었음에도 불구하고 한일 간 인적, 문화적 교류의 끈은 놓지 않았다.

나. 부정적 변화

위와 같은 한일관계의 긍정적 변화에도 불구하고, 양국의 새로운 정치적, 사회적 경향은 한국의 대일외교를 잠식하는 요인으로 등장하고 있다.

우선, 한일 양국을 이어주는 인적 네트워크의 변화를 들 수 있다. 한일 간 현안이 발생할 경우에는, 한일의원연맹을 중심으로 한 양국의 정치적 원로나 지도자급 인사들이 직간접적으로 정부에 입김을 가하여 갈등을 완화시켜 주는 완충제 역할을 수행해 왔다. 일본의 전직 총리들인 나카소네, 타케시타, 모리 등이나 한국의 김종필, 박태준과 같은 지일파 인맥이 비공식적인 접촉과 의사교환을 통해 정치적 타협과 거래를 활성화시키는 촉매제 역할을 해왔다. 그러나, 정계의 세대교체와 더불어 카리스마적 리더십을 가진 정치지도자들이 점차 정치 전면에서 물러나거나 영향력을 상실하는 상황이 전개되면서, 막후 채널을 통한 정치적 거래는 거의 불가능하게 되었다.

이와는 반대로, 정보화 혁명의 여파로 인터넷과 SNS 등을 통해 정보가 실시간으로 공개되고 공유되는 상황이 벌어지면서 국가 간 관계에 네티즌과 일반 시민들이 직접적인 영향력을 행사할 수 있는 여지가 급속하게 늘어나고 있다. 외교는 더 이상 외교관과 정부 관료의 전유물이 아니다. 또한, 예전에는 관료들과 기자, 일부 전문가들에게만 공유되던 정보와 지식들이 일반 대중들에게 손쉽게 전파되고 논란의 대상이 됨에 따라, 더 이상 정보 독점을 전제로 한 장기적이고 냉정한 국가 간 거래가 불가능하게 되었다. 한일관계도 이에 대한 예외가 아니며, 양국 간 대화와 교섭은 거의 실시간으로 공개되는 것이 대부분이라고 보아야 마땅할 것이다. 따라서, 외교현장에서는 정보의 공개를 전제로 한 협상이 주를 이루게 되었다. 이는 갈등적 요소를 다루는 외교관과 정부 당국자들에게는 커다란 부담이 아닐 수 없다.

정보 통제의 불가능성과 더불어, 사회의 민주화는 외교관계에 관심을 가지고 정치적 결정에 영향력을 행사하려는 집단 및 시민사회의 역할을 더욱 증폭시키고 있다. 따라서, 외교문제가 국내정치적 현안이 되는 것은 시간문제이다. 이러한 상황에서 득표를 염두에 둔 정치인들의 언행은 국가 간 교섭의 폭과 심도를 상당히 제한하는 요인으로 작용하고 있다. 영토문제와 과거사문제에 관심을 가진 국내정치적 집단의 움직임 때문에 합리적인 의사결정을 내리지 못하는 경우는 비일비재하다.

위에서 언급한 양국관계의 구조적 변화와 달리, 특정 정권의 이념적 속성과 정책 방향에 따라 한국의 대일외교가 편향되어 온 것도 숨길 수 없는 사실이다.

2. 노무현 정부의 대일 접근법 평가

흔히들 노무현 정부 아래서 한일관계는 전후 최악이었다고 회고하는 이들이 있으나, 노무현 정부 초기에는 한일관계가 결코 나쁘지 않았다. 노무현 정부도 전임 김대중 정부의 정신을 계승하여 대북문제에 있어서 일본의 협력을 얻으려고 하였고, 양국의 전반적인 관계 개선에 나섰다. 노무현 정부 하에서 한국의 대일외교가 방향 전환을 하는 것은 2005년 2월 시마네현이 '타케시마의 날' 조례를 제정하면서부터였다.

가. 긍정적 유산

노무현 정부 시절 대일외교가 갈등일변도였다는 일반적인 인식에도 불구하고 당시 나타난 대일외교의 긍정적 변화에 주목할 필요가 있다.

우선, 노무현 정부는 대일외교에 국한하지 않고 대외전략 전반에 걸쳐서 한국의 상승된 자신감을 표현하고자 하였다. 한국외교의 기축인 미국과의 관계에 있어서 대등한 관계의 설정을 시도한 것은 전시작전권 반환 등에 극명하게 나타난다. 마찬가지로 일본에 대해서도 영토문제나 과거사문제 등에 있어 이를 뒤로 미루거나 숨기려 하지 않고 당당하게 할 말은 하겠다고 하면서 이른바 '조용한 외교'에 종지부를 찍었다. 또한, 말로만 강하게 나서던 방식을 뒤로 하고, 실제적인 행동을 통해 자신감을 표출하고자 했던 점은 주목할 만한 부분이다. 일본과의 역사 갈등을 풀기 위해 일본 측에 사과와 보상을 요구하기보다는, 한국 정부가 할 수 있는 일에 관심을 기울였다. 역사문제를 총체적으로 다루고 대안 모색을 하기 위한 '동북아역사재단'의 설립 등은 그 대표적 예이다.

한국의 대일외교를 양자 간의 관계에 함몰시키려고 하기보다는 동북아 지역의 역학 구도에 직접적으로 연계시키려는 시도도 의미 있는 시도였다. 노무현 정부는 김대중 정부의 유산을 이어가면서 한반도의 냉전 구도 해체를 위해 일본과 중국을 어떻게 활용할 것인가에 대한 진지한 고민을 거듭하였다. 즉 대일외교는 한국외교의 전반적 전략구상의 하위 개념이었다. 남북한관계의 새로운 설정을 위해 미국, 일본 등 전통적 우방과의 관계를 재검토하고, 중국을 활용한 북한의 개혁개방 유도를 시도한 것은 서투른 측면은 있었다 하더라도 한국외교의 새로운 지평을 열어 보려는 의미 있는 시도였다.

나. 부정적 유산

하지만, 노무현 정부는 대일외교에 있어서 긍정적인 유산보다는 부정적인 유산을 많이 남겨 놓았다.

우선, 대일외교를 한반도 냉전 해체 전략의 하위 개념으로 위치시킴으로써 대북문제의 중요성을 지나치게 부각시킨 점이 대일외교의 부담으로 작용하였다. 특히, 일본이 북한과의 관계 개선을 시도하면서 정치적 쟁점으로 부각된 납치문제를 둘러싸고 보수 우파와 온건파로 나뉘어 내부 갈등을 겪는 국면에서 한국은 일본에 대해 북한에 대한 유화적인 제스처를 지속적으로 요구함으로써 양국 간 인식의 갭을 확장시키는 결과를 가져왔다. 고이즈미가 대북 강경파라는 인상은 고이즈미 외교의 실체를 반쪽만 바라본 결과였다. 고이즈미는 온건파와 강경파의 양날 위에서 자신의 정치적 업적을 높이려는 시도를 계속했다는 점을 경시하고, 고이즈미 정부가 북한에 대해 일방적으로 강경한 제재를 행사하려고 인식한 점은 일본에 대한 이해의 부족을 드러낸 것이었다. 반면, 노무현 정부는 북한을 대화의 장으로 이끌어내고 타협점을 찾으려는 데 외교의 주안점을 삼은 결과, 중국에 대한 과도한 기대와 의존으로 결과적으로는 한국 외교의 자주성을 상실하게 만든 과오가 있다. 일본과의 외교 갈등의 와중에서 불거져 나온 '균형자론'이 한국의 중국 경도론을 심화시켜 준 이유는 그런 이유에서였다. 일본은 이를 한국의 중국 편향으로 해석했다. 다시 말해서, 노무현 정부의 외교적 관심사의 핵심에는 북한문제가 놓여 있어서, 한반도를 중심으로 한 사고는 결과적으로 동북아라는 외교 지평을 한반도로 집중하게 하는 의도하지 않은 결과를 낳았다. 이는 결국 북한에 대한 레버리지를 바로 사용하지 않는 일본에 대한 경시와 중국에 대한 과도한 기대로 이어졌다.

　　노무현 정부의 대일외교에서 가장 흔히 지적되는 것은 외교의 시간축을 점점 과거사에 둔 점이었다. 직전의 김대중 정부가 일본과의 미래지향적 관계 구축에 힘쓴 것과는 달리, 노무현 정부는 과거사 문제에 대한 감정적 대응과 타협 거부를 마다하지 않았다. 물론, 문제의 발단은 일본에 있었다. 일본의 고이즈미 총리는 한국과 중국의 지속적인 반대와 압력에도 불구하고 2001년부터 매년 야스쿠니 신사 참배를 중단하지 않았다. 대외적으로 야스쿠니 신사 참배는 전전 일본에 대한 반성의 부족과 전쟁의 미화로 비쳐지는 행위였다. 한국 및 중국과 야스쿠니 신사 참배를 둘러싼 갈등에도 불구하고, 미국의 지지만 믿고 2004년경 유엔 안보리 상임이사국 진출을 시도한 점은 일본 외교의 대미 편향성을 보여준 것이었다. 이어서, 2005년에 불거진 시마네현의 '타케시마의 날' 제정은 한국민의 감정을 극도로 자극하였다. 한국이 실효적으로 지배하고 있는 독도에 대해 지방정부 차원이기는 하지만 정부가 나서서 법률적 조치를 취했기 때문이었다. 노무현 정부의 이에 대한 대응은 강력하다 못해 감정적이었다. 노대통령 본인이 '각박한 외교 전쟁'이라는 표현을 써 가면서 대일 강경외교의 전면에 섰다. 대통령이 선봉장이 된 외교 갈등이 가라앉기란 어려운 것이었다. 비록 문제의 발단을 일본이 제공하였고, 한국의 단호한 조치가 요구된 것은 사실이지만, 대일외교를 정상급에서 감정적, 대결적으로 끌고간 것은 상대방에게도 비판의 빌미를 주는 결과를 낳았다. 노무현 정부의 후반기 대일외교는 과거사 이슈들이 전면에 선 채 다른 이슈에서는 진전을 보지 못했다.

노무현 정부 시절 전면에 등장한 영토문제는 역사문제의 틀에 의해 재해석되었다. 일본이 1905년 시마네현에 편입했다는 주장을 내세우게 되자, 독도를 식민지 지배의 첫 희생물로 인식하게 된 것은 어쩌면 당연한 귀결이었다. 일본 주장의 부당함을 강조하기 위해, 노무현 정부는 적극적으로 영토문제를 역사문제의 일환으로 간주하고 강경한 조직적 대응을 펼쳤다. 동북아역사재단의 설립, 그 산하에 독도연구소의 설립을 추진하는 등 영토문제를 직접적인 인과관계를 가진 역사문제로 끌어들였다. 독도가 한국의 영토임을 감안한다면 당연한 주권 수호의 행위이었지만, 일본 시마네현의 행위가 일본 정부의 의도적이고 전략적인 계산의 일부분이었다는 판단은 아직 더 검증이 필요한 부분이다. 일본의 접근법에 대해 한국이 적극적 방어전략으로 나서면서, 반기문 당시 외통부 장관이 "독도는 한일관계의 상위개념이다"라고 선언한 점에 나타나듯이 독도문제가 한일관계 전반을 규정하는 이슈로 자리 잡았다. 독도의 영토주권 수호가 한국의 핵심 이익이라는 점에는 이견이 없지만, 독도문제를 전면에 부각시켜 대일외교의 전반을 냉각시킨 점은 재고되어야 한다. 이것은 일본에 대한 한국민의 피해의식의 발로인 동시에, 독도의 영토주권에 대한 자신감 부족을 스스로 드러낸 것이기도 했다.

3. 이명박 정부의 대일 접근법의 평가

이명박 정부의 대일 접근법은 다른 외교영역에서와 마찬가지로 노무현의 대일 접근법을 정면으로 부정하면서 역으로 끌어간 것이었다.

가. 긍정적 측면

이명박 정부는 한반도에서의 냉전구도 해체에 가장 큰 가치를 두지 않았다. 오히려 변화를 거부하는 실패국가인 북한에 발목이 잡혀 있기보다는, 국제무대에서 성장한 한국의 역량을 키워가고 국제국가로서의 면모를 성숙시켜가는 것을 국가 이익이라고 보았다. 'Global Korea'라는 표현이 이를 웅변적으로 보여준다. 한국의 세계시장 침투와 더불어, 한국의 성장에 걸맞는 국격의 취득, 한국의 위신을 높이기 위한 국제적 공헌의 증대가 외교과제의 전면에 대두되었다. 이 같은 국제사회 보편적인 기준에서 보자면, 일본과 한국은 민주주의와 시장경제체제를 공유한 동아시아의 선도적 협력국으로서 함께 국제사회에서 활동해 나갈 수 있는 파트너이다. 따라서, 사회주의적 체제를 가지고 발전단계의 시장경제체제를 갖춘 중국보다는 일본과의 협력 여지가 높았다. 달리 말하자면, 한반도 중심적 사고보다는 국제사회의 보편율에 판단기준을 놓음으로써 한국민의 고양된 자신감을 외부적으로 표현하게 된 점은 긍정적 측면이 아닐 수 없다.

이명박 정부는 전임의 노무현 정부와 달리, 일본과 역사문제 등을 둘러싼 갈등이 사라지지 않았음에도 불구하고 감정적인 대응을 극도로 자제하였다. 이명박 대통령이 취임 후 2011년까지 3.1절과 광복절이라는 일본 관련 국경일에서 일본을 비난한 일이 한 번도 없는 것은 그 상징적인 예다. 인내심 있고 성숙한 대일자세는 일본으로부터도 높은 평가를 받았다. 2010년 간巔 민주당 총리가 '간 담화'를 발표할 수 있었던 것은 한일 병합 100년이라는 역사의 갈림길에 선 때문이기도 하지만, 이명박 정부의 대일자세를 긍정적으로 평가한 면도 없지 않다.

갈등적인 면의 전면 제기보다는 한일협력의 가능성을 양자, 다자 간 여러 면에서 모색해 본 것은 긍정적인 유산이다. 글로벌한 차원에서 PKO 및 ODA의 공동진출 등을 모색하기도 하는 한편, 양자 간 방위협력의 진전에 대해서도 의견을 교환하기 시작한 것은 대일외교를 전개함에 있어 전면적인comprehensive 협력관계를 심화하려는 노력의 일환이었다.

나. 부정적 측면

이명박 정부는 노무현 정부와 달리 북한문제에 대해 원칙적이고 엄격한 안보우선주의를 선택함에 따라 대일외교를 한반도 냉전 해체를 위한 정책적 수단으로 활용할 필요를 느끼지 못했다. 역으로, 북한문제를 국제사회에서 보편적인 판단기준에 의해 재단하려고 했던 관계로, 한미일 삼국 간 협력의 필요성이 고양되었다. 북한을 적극적으로 대화와 협력의 장으로 끌어내기보다는 북한의 태도와 정책변화 유도에 주안점이 놓였고, 비핵화를 위한 행동을 변화의 우선적 기준으로 삼았다. 핵을 포기하지 않으려는 북한은 이명박 정부와의 대결적 자세를 버리지 않았고, 북한의 위협과 도발에 대비한 한국과 미국, 그리고 일본과의 안보협력 중요성은 증대되었다. 아울러, 국제사회에서 한미일 삼국이 주축이 되어 정책노선의 변화를 거부하고 도발적 행동을 마다하지 않는 북한에 대한 제재와 공동 압력을 가하게 되면서 한국과 일본의 협력 여지는 높아지게 되었다. 이러한 맥락에서, 북한의 행동을 지속적으로 두둔하는 중국과는 서먹서먹한 관계가 되는 것은 당연한 귀결이었다. 한미일 삼각연대의 구축은 중국에 대한 ·상대직 경시라는 결과를 가져온 동시에, 한국의 독자적이고 주도적인 대북외교의 영역도 줄여 놓았다. 국제적 보편적 기준에 맞지 않은 북한의 행동을 감싸안으려는 의지는 전혀 없었다. 따라서, 한반도 평화와 통일 문제에 대한 한국주도형 외교가 약화된 것은 성공의 그늘이었다.

　대외전략의 축을 한미일 삼국협력의 강화에 두면서 동북아 내지 동아시아적 지형에서의 협력적 사고가 사라지게 된 것도 부정적 유산이 아닐 수 없다. 한국은 중국과 일본이라는 주변국의 틈새에서 양국관계를 원활히 조율해 가면서 와교적 지평을 넓혀 가야 하는 숙명을 지고 있으나, 미국과 일본에 경도되어 중국과의 관계가 상대적으로 소홀하게 된 것은 동아시아 협력체제에 대한 비전의 부재를 반증하는 것이기도 했다.

나아가, 이명박 정부는 과거사, 영토문제, 종군위안부문제 등 대일외교에서의 깔끄러운 현안에 대해 적극적인 대처를 하지 않았던 관계로 협력적 분위기 연출은 가능했지만, 이들 현안의 해결이 진전되지 않은 점은 아쉽다. 특히, 종군위안부문제에서의 부작위가 위헌 판결을 받으면서 적극적인 대응을 할 수밖에 없는 지경에 이르러 2011년 12월 한일 정상회담이 종군위안부문제 하나로 갑론을박에 그친 점은 안타까운 일이 아닐 수 없었다. 과거사 현안을 전면에 내세워 갈등을 증폭한 노무현 정부에도 과실이 있기는 하지만, 이명박 정부는 이 문제들을 지나치게 과소평가함으로써 임기 말년에 떠밀려 이들 문제들에 직면하게 되었다.

II. 일본의 대 한국정책의 기조와 변화

1. 한국에 대한 정책의 기조

일본의 한국에 대한 정책기조는 정권의 잦은 변화에도 불구하고 커다란 변화는 없다. 일본에게 가장 중요한 전략적 외교의 상대는 미국이다. 미일동맹의 근간이 없이는 일본의 방위전략의 근간을 수정할 수밖에 없고, 자유주의적 무역질서에 바탕을 둔 통상국가 전략에도 균열이 올 수 있다. 더 나아가, 부상하는 중국에 대한 견제와 균형을 위해서도 미국은 필수적인 외교 상대국이다. 한국의 외교적 위상은 일본에게 있어 미국과 비교할 정도는 아니다. 하지만, 동아시아 지역의 외교를 위해 한국의 역할은 일본에게도 아주 중요한 위치를 차지한다.

우선, 한국은 미국의 동맹국이자 민주주의와 시장경제, 법의 지배와 인권의 존중이라는 가치관과 체제를 공유하는 국가인 관계로 전략적 제휴를 지속할 수밖에 없는 상대이다.

둘째, 동아시아에서 경제성장과 민주화의 경험을 통해 일본과 더불어 아시아를 선도하는 국가의 하나로 자리매김한 한국은 일본에게 있어 자유주의적 국제질서를 공동 수호하기 위한 동반자이다. 이 점이 중국이나 북한과 구별되는 점이다.

셋째, 중국이나 북한 등 일본에 대한 안보위협을 가할 수 있는 나라들에 대해 공동방어를 하기 위해서도 한국의 역할은 일본에게 중요하지 않을 수 없다.

넷째, 국제사회 전반을 보자면, 자원과 에너지, 환경과 녹색 성장, 그리고 인구 분포 및 보건 등 제반 영역에서 비슷한 점을 많이 가진 나라로서 국제기구 및 규범의 틀에서 공동보조를 취하는 경우가 아주 많은 국가이다.

따라서, 일본에게 있어 한국의 중요성은 대체할 수 없는 중요성이 있다.

2. 일본의 대 한국정책의 변화

그러나, 일본의 대 한국정책의 구체적인 내용은 정권에 따라, 그리고 집권 정당의 성격에 따라 변화해 온 것도 사실이다.

고이즈미 정권의 경우 초기에는 한국과 보조를 맞추어 한반도 평화 및 동아시아 협력체의 창출을 위한 노력에 나서기도 했으나, 점차 북한을 위협으로 인식하게 되고 중국에 대한 경계감이 커져가면서 미일동맹 일변도의 외교로 전환하게 된다. 이것은 일본 사회 내에서 경제의 침체와 더불어 표면화되기 시작한 사회분위기의 보수화를 추수하기 시작했기에 가능했다. 점차 중국과 한국은 일본에게 과거사문제를 둘러싸고 압력을 가해 사죄를 받으려는 부정적

대상으로 여겨져, 한일관계나 중일관계가 악화된 것도 사실이다.

2009년 등장한 민주당 정권은 고이즈미적 외교정책에 수정을 가하려는 움직임을 가시화시켰다. 우선, 동아시아국가들과의 신뢰 구축 및 관계회복을 통해 동아시아 협력구상을 진전시키고자 하였다. 대 한국정책과 관련하여 더욱 주목되는 것은 민주당 정부 하의 일본이 한국과 중국을 전략적으로 차별화하려는 움직임을 보이기 시작한 것이었다. 중국을 지속적으로 경계와 잠재적 위협으로 인식한 반면, 한국은 전략적 협력의 대상으로 파악한 것이다. 2010년에 나온 간 담화나 그 이후 가시화된 한일 방위협력의 추진, 한일 FTA에 대한 강조 등이 이러한 움직임을 대변한다.

그러나, 이 같은 정책 방향은 2010년 중국과의 영토 분쟁이 가시화되는 한편, 한국과 종군위안부문제를 둘러싼 갈등이 2011년 중반부터 늘어나면서 방향 전환을 이루게 된다. 노다 정권 하의 민주당 정권은 고이즈미와 비슷하게 미일동맹 강화의 방향으로 급선회하는 한편, 일본 내 보수 시민단체의 목소리에 화답하면서 중국과 한국에 대해 우익적 성향의 메시지를 내보내고 있다.

3. 보수 우경화에 대한 한국의 대일정책 방향

노다 정권에 들어서면서 리버럴한 입장이 약화되고 미일동맹 일변도의 보수적 입장이 전면에 드러나고 있다. 또한, 이에 편승한 자민당 내 보수세력들이 야스쿠니 신사 참배 재개, 종군위안부에 대한 고노 담화 수정 가능성 제기, 독도문제에 대한 강경한 입장 등을 개진함에 따라 갈등의 폭이 커지고 있다.

일본의 보수 우경화 경향은 일본의 경기침체와 자신감 상실에 의한 수세적 대응의 일환으로 보여진다. 다만, 우익적 흐름이 사회 전반을 규정하거나 일본 국민 대다수의 의견을 반영하는 형태가 아니라는 현실인식이 있어야 한다. 한국은 일본의 우익적 발언이나 행동이 일본 국민 다수의 지지를 받는 것은 아니라는 점을 명심하고, 이에 섣불리 지나치게 감정적으로 반응하는 움직임을 자제할 필요가 있다.

또한, 일본 사회 내부에서 한국과 일본 관계를 중시하는 그룹들과의 지속적인 연계를 강화시키는 방향으로 지속적인 네트워크의 구축과 인식의 공유를 늘려가야 한다.

나아가, 일본 국민 일반을 대상으로 한 공공외교를 한층 더 강화함으로써 한국에 대한 오해나 불신이 확산되지 않도록 노력할 필요가 있다. 이는 한일 양국의 주류 지식인들의 연합, 언론계 종사자들의 접촉과 공동기고 강화 등을 통해 가시적인 성과를 낼 수 있을 것이다. 청소년을 대상으로 한 교육 및 홍보, 그리고 풀뿌리 교류의 중요성은 더욱 강조되어야 마땅하다.

Ⅲ. 대일외교의 목표: 동아시아 지역 공동설계를 위한 전략적 제휴

과거 10년간의 대일외교에 대한 비판적 성찰 위에서 향후 10년간 대일외교의 기본 목표는 동아시아 지역에서 한국과 일본이 전략적 파트너십을 형성하고 이를 공고화하는 데 둘 필요가 있다. 지난 노무현 정부 당시 집착했던 한반도 중심성 내지 과거사 중심성을 넘어서고, 이명박 정부 하에서 추진된 글로벌 코리아에서 경시되었던 동아시아 지역의 복권을 지향하는 의미에서 동아시아 지역의 심층적인 힘의 균형의 변화와 국제사회의 새로운 추세를 반영하는 가운데 복합적이고 포괄적 동반자관계를 형성하는 데 대일외교의 초점이 맞추어져야 한다. 한반도 냉전 해체라는 목적을 위해 일본을 대북 레버리지의 일부로 끌어들이려 했던 자주적 외교뿐만 아니라, 역으로 북한과 이를 후원하는 중국을 경계시하면서 국제적 압박을 가하기 위해 미국 및 일본과 손을 잡고 글로벌 레벨에서의 한국 위상 제고를 시도했던 글로벌 코리아 외교에서도 약화되었던 지역외교의 축을 되찾아온다는 의미에서 동아시아의 복권을 추구해야 한다는 것이다. 동아시아 지역에서 한국과 일본이 손을 맞잡고 보다 폭넓은 외교적 지평을 형성해 나갈 때, 양국 모두에게 이익이 되면서도 기존의 지역질서와는 다른 가능성을 개척할 수 있을 것이다.

1. 전략 외교를 위한 발상의 전환

지난 10년의 대일외교의 반성 위에서 출발하는 이 같은 대일외교의 새로운 전개는 기존의 대일외교 접근법과 다음과 같은 방법론적 차별성에 기반을 둘 필요가 있다.

우선, 공간적으로 한일 양자 간의 외교에 국한되어 지역 및 국제질서의 새로운 발전을 수용하지 못하는 우를 범해서는 안 된다는 점이다. 한일 양국의 협력과 갈등은 양국 간의 관계를 규정하는 것은 물론 지역질서의 새로운 전개를 촉진하거나 가로막는 직접적인 원인 제공자일 수 있다. 한일이 양국 간 협소한 이슈를 중심으로 협력을 저해받을 때, 양국이 협력함으로써 얻을 수 있는 지역질서를 창출할 수 없는 불임효과를 가진다. 그 기회적 비용은 너무나도 크다. 미국, 중국, 북한 등 동북아의 이해당사국에 대해 한일이 공동의 접근법을 위할 경우 생겨날 수 있는 상승효과는 계측할 수 없을 만큼 크다. 하지만, 한일 양국의 협력적인 외교 창출은 한일 간 양자관계에 묶여서 그다지 진전을 보지 못하는 미지의 영역으로 남아 있다. 간헐적으로 양자 간의 틀을 벗어나려는 시도가 없었던 것은 아니지만, 양자의 틀에 주저앉게 되는 것은 주로 양국 내 민족주의적 세력의 저항 때문이다. 반면, 한일은 북한과 중국이라는 가까우면서도 양면성을 가진 이웃국가를 공통으로 접하면서도 안전

보장의 면에서나 경제적 이익의 면에서 또한 문화적인 수용성의 문제에서 서로의 시각을 좁히지 못한 채 신뢰에 기반한 공동이익 창출에까지는 나서지 못하고 있다. 다른 한편으로, 글로벌 코리아 외교는 지역문제를 등한시한 채 한국의 국제적 위상 증대에 따르는 역할과 공헌의 증대에 방점을 찍은 상태였고, 한일 간의 협력도 지역문제를 벗어난 글로벌한 공간에서의 협력 모색에 초점을 맞춘 상태였다. PKO, ODA, G20 등 지역의 틀을 벗어난 외교공간에서 한국과 일본이 국제적으로 공동보조를 취할 여지가 늘어난 것은 다행스러운 일이 아닐 수 없다. 그러나, 양국이 속한 지역질서의 전환과 신질서의 창출에 대해서는 소극적이거나 지극히 방어적인 자세를 취하고 있다. 중국의 부상에 대해 한국과 일본이 각자 대응책을 별도로 세우는 양상이다. 이것은 중국에 대한 인식이 다르기 때문이기도 하지만, 양국의 협력 가능성을 우선순위의 뒤에 두고 각자의 생존을 위한 방책을 찾고 있기 때문이다. 구체적으로 일본은 중국의 부상에 대응하여 이를 잠재적 위협으로 간주하고 중국을 포위하거나 견제하는 방책을 강구하는 데 중점을 두고 있다. 반면, 한국은 북한문제 해결이라는 과제를 위해서라도 중국과의 협력관계를 소홀히 할 수 없는 상태에서 협력의 여지를 끝까지 남겨두는 양다리 걸치기 전략을 포기할 수 없는 상태인 것이다. 북한문제의 해결에 대해서도 일본은 납치라는 자국민 보호의 관점에 서서 북일관계 전반을 관리하고자 하는 반면, 한국은 비핵화라는 안보과제를 우선시하면서도 개성공단 등 협력의 실마리를 놓지 않고 있는 상태이다. 이와 같이 중국 및 북한 문제에 대한 시각차 내지 온도차가 존재하는 가운데 동아시아의 지역틀에서 외교의 지평을 개척해 보려는 노력은 뒷전에 밀리게 된 것이다. 따라서, 세계에서 주목하고 있는 동아시아의 관점에서 한국과 일본이 함께 외교적 지평을 확장해 갈 수 있는 여지는 잠재적일 뿐 현실화되지 않은 상태로 남아 있다. 동아시아에 대한 시민권 회복 및 아시아의 복권을 통해 한국과 일본이 새로운 질서의 견인차가 될 수 있는 여지를 확대해 가야 하는 이유이다.

향후 10년간의 대일외교를 염두에 둘 경우, 시간의 축의 중심은 미래에 놓여져야 마땅하다. 이것은 결코 과거로부터의 탈각을 의미하는 것은 아니다. 다만, 과거 청산이라는 수사에 얽매여 미래지향적 협력관계를 끌고 가지 못하는 구속된 외교로부터 보다 유연한 자세로의 전환을 의미할 뿐이다. 역사 청산이라는 방식은 과거사를 수레의 앞에 두고 이 문제가 선결되지 않고서는 다른 영역의 발전을 이룰 수 없다는 절대론적인 사고방식이다. 과거는 직시하여야 하지만 묶여서는 안 되는 영역이다. 한국과 일본의 현재 단면도를 분석해 보면, 과거에 얽매어 있는 사회집단이 결코 주류이거나 다수라고 보기는 힘들다. 한국과 일본 양쪽에서 과거라는 시간의 틀에 속박되어 있는 집단은 대부분 민족주의적 성향이 강하다. 특히, 배타적 민족주의에 입각한 집단들은 피해자 의식이 강하며 자기 중심적이어서 상대를 있는 그대로 수용하지 못한다. 그럼에도 불구하고, 한일 양국의 일반 대중들은 서로를 받아들이는 상호 수용성이 점차 강해지고 있다. 대다수의 대중들은 민족주의적 감정을 자극하는 단초가 없는 이상 한일 양국이 협력해 나가길 바란다. 실제로 한일 양국의 시민들은 일본 열도와 한반도라는 지리적 공간에서 벗어나는 순간, 그리고 이 지역에서 멀어질수록 서로의 동질성을 실감하고 협력의 여지를 높여 간다. 먼 데서부터의 협력이 자연적이라면, 먼 미래로부터 협력의 청사진을 가져오는 것도 한 방법이다. 양국내

민족주의적 집단에 한일관계의 미래를 맡기기보다는 협력적 국제주의자들이 새로운 미래를 열어갈 수 있는 가능성을 맡기도록 하는 것이 향후 대일외교가 짜내가야 할 숙제의 중요한 부분이다. 자유주의적 국제질서liberal international order를 함께 보호하고 전파하고 이끌어갈 수 있는 중추적인 협력집단의 확산을 통해 한일협력의 신기원을 만들어 나가야 할 것이다. 이것은 과거에 시간의 중점을 두기보다는 현재의 시점을 확대하는 방식이다.

대일외교의 새로운 지평을 열기 위해서는 이슈의 복합화 내지 포괄화가 요구된다. 한일관계는 점차 협력의 영역을 수평적으로 확대하는 작업과 더불어 수직적으로도 심화시키는 단계적 발전을 계속해 왔다. 이 같은 단계적 이행이 종합적인 결실을 이루기 위해서는 포괄적인 파트너십의 구축이 요구된다. 부분 부분의 각개 약진이 아닌 체계적인 공동미래의 설계가 필요한 단계에 와 있다. 즉 1965년 이래 한일관계의 발전이 상호교류를 넘어서서 1998년 문화 개방 이후 상호수용의 단계를 거쳐 왔다면, 향후 10년간의 양국관계를 전략적 제휴의 단계로 격상시키는 지혜가 필요하다. 이는 정치 경제, 사회, 문화는 물론 교육, 환경, 에너지, 의료 등 이제까지 개척하지 못했던 프론티어의 개척을 포함하는 광범위한 연계와 연대의 구축을 통해 가능하다. 이는 한국과 일본의 삶의 방식과 질을 동아시아 지역으로 확산시키겠다는 전략적 사고방식의 토대 위에서 가능하며, 양국의 공통분모에 대한 신뢰와 자신감이 있을 때 비로소 현실성이 더해진다.

2. 전략적 제휴를 위한 협력지침

동아시아 지역의 공동 설계를 위한 한일 간 전략적 제휴를 이끌어 내기 위해서는 이제까지와는 구별되는 협력의 습관을 체계적으로 구축해 나가야 한다.

가. 브로드밴드형 복합 네트워크 구축

우선, 한일 양국의 주류 사회를 브로드밴드형으로 연결하는 복합 네트워크를 주도적으로 만들어 나갈 필요가 있다. 한일 양국을 오가는 인적 교류는 네트워크형이라기보다는 단선적이고 일시적이다. 관광객과 일시 체류자들을 중심으로 한 단순 네트워크로는 전략적 제휴를 위한 브로드밴드를 구축할 수 없다. 오히려 한일 양국의 산업계와 기업 간 제휴의 방식은 양국 미래의 좋은 모델이 되어 가고 있다. 서로의 필요에 의해, 그리고 보다 큰 시장의 개척을 위해 양국의 기업들이 기업 간 연합을 이루는 것은 그리 보기 어려운 일이 아니다. 즉 제도적 틀에 기반한 중장기적이고 공동목표 실현형의 네트워크 구축이 필요하며, 이를 위해서는 과감한 융합체제의 구축이 요구된다.

가장 먼저 착수할 수 있는 작업은 차세대의 공동육성과 상호 취업제도의 활성화이다. 양국의 차세대 지도자들을 함께 선발하고 함께 교육하며 생활하게 하고, 함께 취업할 수 있도록 장려하는 방식은 다양하게 만들어 낼 수 있다. 좋은 예로, 2012년부터 새로이 시작되는 캠퍼스 아시아Campus Asia 사업은 한중일의 차세대 지도자를 육성하기 위한 장기 교환 프로그램이며 복수학위를 지향하는 공동교육방식이다. 학위 취득에 그치지 않고 서로의 자격증과 능력을 공동으로 인정하고 국적과 장소에 관계없이 취업할 수 있는 제도적 틀을 만들어 낸다면 제도화된 협력의 틀은 더욱 견고해질 것이며, 상호이해의 심도도 깊어질 것이다. 아울러, 차세대의 공동 교육에 그치지 않고, 양국에서 지도적 지위에 있는 인사들 간의 중층적이고 복합적인 네트워크를 구성하여, 배타적 우월적 민족주의의 목소리에 공동으로 대항할 틀을 마련해 나갈 필요가 있다. 소수에 끌려다니지 않는 한일외교가 기본을 이루어야 한다. 그러기 위해서는 상호 융합형 네트워크의 구축에 보다 힘을 기울일 필요가 있다.

나. 한반도 미래에 대한 비전 공유

한일 양국이 한반도의 미래에 대한 공동의 비전을 공유하는 것은 아주 중요하다. 한반도가 한국 주도 하에 통합을 이루는 것이 분단된 한국이 지속되는 것보다 한일 양국에 이득이 된다는 사고방식, 그리고 일본은 한반도의 통일과 한민족의 통합에 반대할 이유도 명분도 가지지 않았다는 사실을 명확하게 인식할 필요가 있다. 남북한의 통합은 정치적 명분 쌓기에 그치지 않고, 북한 주민들의 인간적인 삶과 자유로운 선택을 늘리는 방향으로 이루어져야 한다는 확신을 양국이 공유할 때, 비로소 한반도의 냉전 해체 작업은 한민족의 하나됨을 넘어서서 지역질서의 안정과 번영을 위한 기초가 될 수 있을 것이다. 이러한 인식은 한반도에서의 냉전형 대결구도 해체가 단지 한국만의 민족적 과제가 아니라, 인간된 삶의 회복을 위한 전제주의적 질서의 변화와 지역 평화를 위협하는 군사주의적 잔재의 추방을 통해서 가능하다는 국제사회의 보편논리로부터 도출된다.

이와 같이 본다면, 북한을 일방적으로 배제하거나 압박하고 제재를 가하는 방식만으로는 목표를 달성할 수 없다. 자유로운 삶의 방식과 풍요로운 사회생활이 가지는 이점을 북한의 일반 주민이 알 수 있도록 하는 인내심 있고 원칙을 견지하는 포용정책이 펼쳐져야 한다. 이것은 북한에 대한 일방적인 지원이나 체제 붕괴를 방지하기 위한 담보금의 제공과는 분명히 구분되어져야 한다. 또한, 이상적 평화주의에 기반하여 북한의 선의적인 행동에 평화를 맡기는 방식도 배제되어야 한다. 북한의 변화를 유도하기 위해서는 아이러니컬하게도 북한이 주장하는 선군정치와 군사우선주의만으로는 한일 양국의 수월성을 넘어설 수 없다는 자각을 가지게 하여야 하며, 이를 위해서는 한일 양국 간 방위협력의 제고를 통한 대북 억지력의 향상도 동시에 진행되어야 한다. 다만, 이는 어디까지나 방어적 조치로서 북한이 비핵화 및 통상전력의 감축에 응할 경우 양국이 유연하고 신축적으로 북한의 제스처에 응대할 수 있는 전략적 합리성을 함께 가지고 있어야 할 것이다.

다. 아태지역에서의 미들 파워 연대 구축

동아시아에서의 공동미래를 열어가기 위한 또 다른 협력의 축은 아시아태평양 지역에서의 미들 파워 연대의 구축을 통해 가능할 수 있다. 한국의 국력이 상승하기는 하였으나, 세계적 강국이자 동맹국인 미국과 같은 패권국가가 될 수 없으며, 거대한 인구와 영토를 자랑하는 중국과도 다르다는 차별화가 협력의 새로운 모색을 요구한다. 일본은 세계 제2의 경제대국이었으나 중국의 급부상과 오랜 경제침체, 고령화 소자화로 인해 미국 및 중국과 어깨를 견주는 힘의 균형자 역할 수행에는 헌법 등 제도적 한계와 더불어 국력의 상대적 약화를 피할 수 없다는 현실적 인식이 필요할 것이다.

　한국과 일본은 동아시아 지역에서 민주주의와 시장경제를 선도하면서도 미국과 중국과는 전략적 이해가 일치하지 않는 중견국가들로서 동아시아 지역질서를 새롭게 열어 가기 위한 협력적 제도의 틀을 공동으로 설계하고 공동으로 주도해 나갈 여지가 크다. 이는 미국 및 중국과의 등거리외교를 취하자는 것은 아니다. 다만, 지역의 패권국가이자 양국의 동맹국인 미국과 전략적 협력을 지속하면서도, 중국을 봉쇄하거나 배제하지 않는 지혜를 공유할 수 있다면, 한국과 일본은 아태지역의 어느 국가들도 거부할 수 없는 상당한 영향력을 공동으로 확보할 수 있을 것이다. 한미일의 축에 더해, 한일호, 한중일, 한일-싱가포르, 한일-베트남 등 다양한 동심원을 통해 동아시아 지역질서 재편을 선도적으로 이끌어 갈 수 있는 여지는 아주 크며 현실적이다.

라. 지구공동체 평화주의 모델의 견인

한국과 일본은 서양에 비해 자연 파괴보다는 자연과의 조화, 인간과 자연의 공생, 인간과 인간의 공동체를 지향하는 철학과 생활방식을 익혀 왔다. 현재 인류가 살고 있는 지구가 단지 현 세대만의 전유물이 아닌 미래 세대에 물려주어야 할 소중한 자산이라는 사실을 안다. 이 같은 자연과의 공생, 공동체 간의 평화로운 공존, 국가 간의 공영을 국제관계에 투영하여 새로운 지구공동체 평화주의 모델을 한국과 일본이 함께 창출하고 선도하는 역할을 맡아야 한다.

지구공동체, 인류공동체의 시각에서 보면, 양국이 함께 노력을 기울여야 할 분야는 수없이 많다. 우선, 자연과 환경의 파괴를 막고 녹색성장의 기틀을 마련하는 지구환경 보호에 함께 공헌할 수 있다. 한국과 일본이 절대적으로 해외에 의존하고 있는 에너지의 새로운 미래를 창출하는 것도 공통의 과제이다. 신에너지원의 창출은 물론 기존 에너지의 효율적인 활용과 배분도 한일이 공감할 수 있는 영역이다. 나아가, 개발도상국과 미개발국에 대한 원조 등도 공동체적 시각에서 펼쳐 나갈 수 있으며, 전쟁과 내란 지역에서 평화를 회복하기 위한 부흥작업에의 참여, 개발과 발전 경험의 전수 등도 양국이 다른 국가들보다도 비교우위를 가진 영역이다. 단지 군사적 충돌의 회피나 군사적 우위를 통한 억지에 기반한 소극적 평화주의가 아니라, 적극적으로 평화를 창출하는 기반은 지구공동체주의적 시각에서 도출될 수 있다. 그 선두 대열에 한국과 일본이 공동으로 설 때, 지구촌의 동반성장과 발전을 위한 새로운 모델의 제시가 가능할 것이다. 이는 양국의 소프트 파워의 증진에도 직결될 수 있는 현실적 외교 성과로 연결될 수 있다.

국가 간 관계를 기본적으로 힘의 균형과 경쟁하는 국가 간 갈등의 관점에서 보는 힘의 국제정치학으로부터 서로 공생하고 협력하여 공동체적인 가치를 추구하는 새로운 모델의 창출을 위해 양국이 선도적 역할을 할 수 있을 것이다.

IV. 전략적 대일외교의 추진 방식

위에서 언급한 동아시아 공동미래 구축을 위한 전략적 파트너십의 창출과 공고화를 위해서는 대일외교 추진방식의 전환이 이루어져야 할 것이다.

1. 한국이 주도하는 대일외교

1965년 이후 1990년대 중반까지 한일관계는 주로 일본의 주도에 한국이 응하는 형태가 많았다. 주로 한국이 요구하고 일본이 답하는 형식이었다. 그러나, 김대중 전 대통령에 의한 김대중-오부치 공동선언 이후 한국이 적극적으로 일본에 미래지향적 메시지를 발신하고 있다. 일본은 잃어버린 20년이라 불리는 경제침체와 고령화사회의 진전에 따른 사회복지 부담의 확대, 소자화와 격차사회의 진행 등에다 정치 리더십의 불안정이 연속되고 있어 내부문제의 수습에 골몰하고 있다. 2011년 발생한 3.11 대지진은 이 같은 경향을 더욱 가속화하고 있다. 게다가 중국의 급속한 부상에 따라 동아시아 지역 내부에서의 일본의 존재감 축소 및 힘의 전이가 일어나, 일본은 새로운 외교 지평을 개척하려 하기보다는 기존의 지위를 방어하려는 경향이 강하게 나타나고 있다. 단, 이러한 경향이 일본에 대한 경시나 자신감의 과잉으로 이어져서는 안 되며, 일본의 경험이 한국에도 언젠가 나타날 수 있다는 반면교사의 입장에 서서 반성적 성찰을 해야 한다. 반면, 한국은 민주주의의 공고화와 시장 개방을 통한 무역 대국들과의 적극적 파트너십의 전개, IT분야 등 신산업동력분야에서의 활력에 힘입어 국제사회에 대한 침투와 공헌을 늘리려는 경향을 강하게 보이고 있다.

한국이 동아시아 지역에서 다른 국가에 비해 강한 이미지를 가질 수 있는 것은 다이나믹한 민주주의, 개방적이면서도 역동적인 경제, 매력있고 활기찬 문화 등이다. 이것이 한류의 열풍을 불어오는 근간이다. 한국은 대일외교를 전개함에 있어 기존의 수동적이고 반응적인 외교에서 벗어나, 대등하고 협력적인 태도를 가지고 적극적으로 일본과 함께 동아시아 지역의 새로운 미래를 개척해 나갈 의지를 보여줄 필요가 있다. 특히, 일본은 미국에 대한 의존과 경도가 강한 반면, 같은 역내 국가인 중국에 대한 경계심, 북한에 대한 배타심이 지나치게 강하다. 한국은 미국이라는 동맹국, 일본이라는 전통적 우방과 더불어 중국과 공존하려는 방향성이 강한 입장에서 배타적이지 않다. 상대방을 어우르는 입장이 외교의 기본이라면, 한국은 경우에 따라 일본을 견인하고 공존·공영·공생을 위해 일본외교를 유도하는 적극성을 가질 필요가 있다.

2. 역내 중층적 네트워크의 구축

한국의 대일외교는 양자의 틀을 과감히 벗어날 수 있는 대국적 시야를 개발하지 않으면 안 된다. 중국과 북한, 일본과 미국을 동시에 시야에 넣은 지역주의적 틀에서 한국외교를 보지 않으면 양자간의 관계에 함몰되어 작은 것을 얻고 큰 것을 잃는 외교를 할 수도 있다. 양자 간의 문제에 함몰되는 성향은 한일 양국의 민족주의자들에게서 특히 강하게 나타난다. 이러한 과거사 중시형 민족주의적 시각에 서기보다는 동아시아 지역 전체를 시야에 넣고, 한국과 일본이 향유하고 지켜온 자유주의적 국제질서liberal international order를 어떻게 발전시켜 나가고 전파시켜 나갈 것인가 하는 관점에서 대일외교에 접근할 필요가 있다.

국제사회에서 자유로운 항해, 자유로운 무역, 자유로운 통신에 기반하여 한일 양국은 성장과 발전을 지속할 수 있었고, 국내적으로도 다원주의에 기반하여 자유롭게 의사를 표현하고 정부와 민간의 협력에 의해 시장을 매개로 한 자원의 배분을 이루어 냄으로써 현재의 삶의 질을 일구어 냈다. 동아시아 지역에서 자유와 평화, 공존과 공영에 기반한 삶의 방식을 유지하고 더욱 발전시키는 동시에 보다 많은 사람들이 이 같은 질서를 향유할 수 있도록 하는 것이야말로 한일 양국의 공통 이익이다.

동아시아 지역에서 자유주의적 국제질서를 수호하고 확산시켜 나가려 한다면, 중국과 같은 사회주의적 시장경제국가, 북한과 같은 실패국가를 외면하고 배제하거나 억지하려 하기 보다는 이들 국가들을 적극적으로 끌어안고 공동의 발전을 도모하면서 점진적으로 삶의 질을 개선해 가는 노력이 절실하다. 하지만, 이 같은 노력은 동시에 현상을 변경하고 수정하려는 노력에 대한 동질국가 간 연대와 연합에 의한 현상유지 노력이 수반되어야 가능하다. 따라서, 동아시아 및 아태지역에서 자유주의적 국제질서 유지에 공통의 이해를 가진 한국, 일본, 호주, 싱가포르 등 중견국가들 간의 중층적 네트워크 구축에 나설 필요가 있다. 이와 동시에, 북한, 캄보디아, 미얀마, 몽골 등 자유주의적 국제질서의 변방에 선 국가들과 소다자주의적 네트워크 구축에 적극 나설 필요가 있다. 중국도 경계의 대상으로 바라보기보다는 정치, 경제, 군사, 문화의 제 방면에서 한중일 협력체제의 구축은 물론 다른 국가들을 포함하는 복합 네크워크를 만들어서 중국이 불필요하게 주변 국가들에 대한 경계심을 가지지 않도록 하는 것이 긴요하다.

한국과 일본이 미국과 중국 사이에 서서 편향적인 외교를 통해 어느 일방을 밀쳐내는 외교를 펼치기보다는, 자유주의적 질서의 기초를 단단히 갖춘 양국이 미국과 중국은 물론 다른 주변 국가들을 아우르는 소자주의, 다자수의적 네트워크 형성에 함께 나설 때 외교의 지평도 넓어지고 국가이익도 보호할 수 있다.

3. 정부 주도형 탈피와 관민 협업

한국의 대일외교는 현안이 많은 관계로 정부가 전면에 나서서 교류와 협력의 틀을 만들고 때에 따라서는 이에 제한을 가하고 교류협력 및 현안 대응에 필요한 조직을 만들며 예산을 지원하는 등 적극적인 역할을 수행해 왔다. 한편, 대일외교의 정부 주도적 성격이 양국 간 현안, 특히 과거사 현안과 관련된 업무를 증폭시키고 그 업무에 함몰되는 아이러니컬한 결과를 가져왔다. 정부 당국이 제도적 틀을 만들고 민간에 과감히 업무를 위탁하기보다는 직접 행위자로서 간여하는 양상이 지속되고 있다.

한일 양국 간 전략적 파트너십을 만들어 나가기 위해서는 정부 업무의 과감한 민간부문에의 이양과 협업체제의 구축이 요구된다. 예를 들어, 동북아역사재단은 과거사 현안은 물론 역사인식문제를 다루는 종합적인 기관이며 전문적인 지식을 구비한 인사들을 중심으로 운영되고 있다. 그럼에도 불구하고, 외교당국은 이 문제들을 전문가 집단에게 위탁하기보다는 정치적 민감성과 조직적 책임이라는 이유 때문에 현안에 대한 대응을 거의 독점하고 있는 상태이다. 이는 막대한 예산을 쓰는 기관을 과소활용하는 결과를 가져오고 있다. 과거사 현안에 대한 대응을 동북아역사재단에 위임하고 외교부는 감독 권한만을 가지게 된다면, 외교부는 과거사 현안 업무에 휘둘림을 당하지 않고 보다 미래지향적인 전략적 파트너십 구축에 몰두할 수 있을 것이다. 또한, 정부가 조성한 기금 등을 활용하여 한일 양국 간 주도적 오피니언 리더와 학자들 간의 네트워크 형성을 뒷받침하고 이를 통해 생산적 아이디어를 추출해 내는 것도 방법이다. 같은 인식을 가진 지적 공동체epistemic community를 양산하고 확대시킬 때, 한일 양국의 외교는 소수파의 정치적 도전에 의해 흔들리지 않는 태세를 정비해 나갈 수 있을 것이다.

V. 한일 관계 현안에 대한 대응방향

한일관계는 협력의 메카니즘이 정착해 가고 있음에도 불구하고, 지속적으로 양국 외교당국자들의 곁을 떠나지 않는 정치외교적인 현안을 늘 안고 있다. 외교당국자들이 대하는 문제들의 상당부분이 이러한 현안에 묶여 있는 것이 대일외교의 현주소이자 현실이다. 따라서, 한일관계를 규정하고 있는 현안에 대한 대응방안이 없이 대일외교의 비전을 논하는 것은 아주 어렵다.

1. 북한문제에 대한 대응

고이즈미의 방북과 더불어 모색되던 북일 국교정상화는 납치문제가 표면화되면서 납치문제의 납득할 만한 해결이 없이는 북일관계가 진전되기 어려운 정치적 상황에 직면하고 있다. 또한 핵, 미사일, 납치 등이 일본과 일본인을 직접적으로 위협하는 것으로 인식되면서 북한은 일본에게 있어 불량국가의 대표주자인 동시에 군사적 위협의 원천으로 간주되고 있다.

한국에게 있어서도 북한은 이중적인 존재이다. 한편으로는 같은 민족으로서 언젠가는 통합을 해야 할 당위성을 가진 정치적 단위이자 한반도에서의 평화유지를 위해 공존과 공생의 방식을 찾아가야할 대상이다. 다른 한편으로, 북한은 한국에게 가장 직접적인 군사적인 위협을 가하는 국가로서 국가 존망의 위기를 가져올 수 있는 경계와 배제의 대상이기도 하다. 따라서, 한국에 들어서는 정권의 대북정책의 향배에 따라 북한문제를 둘러싼 한일 간 협력은 증폭되거나 축소되기를 반복하여 왔다.

그러나, 북한과의 평화공존과 공생을 바라는 세력이건, 북한을 안보위협으로 간주하여 안보적 위협을 경감시키려는 세력이건, 북한이 한반도의 평화를 위협하는 군사적 능력을 가지고 있고 실제로 한반도의 평화를 위협하는 군사적 행동을 취한다는 것은 부정하지 않는다. 특히, 북한이 개발한 핵무기는 한반도의 안전은 물론 일본 열도와 서태평양 지역의 안보질서를 위협하는 중요한 요인 중의 하나임에 틀림없다.

따라서, 북한의 비핵화라는 과제에 대해 한국과 일본은 동일한 이해관계를 가지고 있다. 북한의 핵보유가 직접적으로 양국을 물리적으로 위협할 수 있는 현재적인 의미를 가지는 동시에, 북한이 핵보유를 지속할 경우 미국의 핵우산 제공에 대한 신뢰도에 따라 한국과 일본이 핵무장의 유혹을 느끼게 되고, 나아가 북한의 핵물질이나 핵무기가 불량국가 및 테러집단에 넘겨질 경우 국제안보를 위협할 수 있다는 점에서, 북한의 핵무기 개발 프로그램은 소멸시키는 것이 한국과 일본의 안보 및 지역질서 이익에 부합된다. 그렇기 때문에 북한에 대한 대응의 제1차적 과제는 무엇보다도 핵무기 개발 프로그램의 억지와 제거이며, 이를 위한 제재조치는 물론 인센티브의 제공을 공동으로 고려해 보아야 한다. 국제적인 압력과 제재를 통해서 북한의 굴복을 이끌어 낼 수 있다는 생각은 지나치게 단순한 논리일 수 있다. 마치, 북한에게 경제적 지원을 계속하면 언젠가는 지원하는 측의 선의를 받아들여 북한이 핵을 포기할 것이라고 믿는 것과 마찬가지의 희망적 관측에 불과하다. 따라서, 북한의 비핵화에 대한 현실적인 이해를 공유한 한국과 일본이 대화와 압력을 유연하게 병행해 가면서 북한의 핵포기를 종용하고 국제적 합의를 이끌어 내는 것은 북한에 대한 대응의 첫걸음일 것이다. 북한의 좋은 행동에 대해서는 원칙적이고 투명한 지원을 통해 이를 북돋는 동시에, 북한의 나쁜 행동에 대해서는 국제적 압력과 제재를 병행하는, 문자 그대로의 유연하면서도 원칙적인 대북정책을 공유할 필요가 있다.

나아가, 한국과 일본은 북한의 지정학적 위치에 대한 전략적인 판단에 기초하여 한반도 통일의 비전을 공유하는 노력을 끊임없이 경주해야 한다. 북한에 의한, 북한을 위한 통일은 한국으로서는 도저히 용납할 수 없는 질서이며, 일본으로서도 자국의 이해에 반하는 결과를 초래하게 된다. 민주주의와 시장경제를 오랫동안 운영해 온 한국과 일본은 권위주의나 독재, 정부통제형 경제질서보다는 주민의 의사를 존중하고 사기업이 참여하고 시장의 논리에 의해 자원이 배분되는 시스템이 성장과 분배를 덜 왜곡하는 질서라는 사실을 잘 알고 있다. 그것은 교과서에서 배운 질서가 아니라 몸으로 실천하며, 또한 국제사회에서 당당히 경쟁하면서 몸에 익힌 질서이기 때문이기도 하다. 따라서, 한반도 통일은 한국에 의해 주도되는 것이 일본의 이익에도 부합한다는 것은 말할 나위도 없다. 따라서, 한국과 일본은 한반도의 통일이 평화로운 과정을 통해서 점진적으로 이루어지고, 민주주의와 시장경제질서가 확산되며 제도화되는 방식으로 한반도의 통합이 이루어지는 것이 양국의 이해에 들어맞는다는 비전을 확실하게 공유할 필요가 있다. 북한의 경제 사정이 열악한 가운데 중국의 북한에 대한 경제 침투 및 지원이 증가되어 가고 있는 상황은 한반도의 북부를 중국 중심의 국가질서에 간접적으로 편입시키는 결과를 가져올 수 있다. 즉 중국과 북한의 경제적 유착과 상호의존관계 강화는 북한 경제·사회 운영을 위한 한국과 일본의 역할을 상대적으로 축소시키는 결과를 가져올 수밖에 없다. 따라서 한국과 일본은 북한을 배제하고 경계하며, 위협의 근원으로만 바라보는 시각에서 벗어나, 적극적으로 북한을 끌어안으면서 장기적으로 한일이 공유한 시스템과 가치관, 생활방식을 북한 주민들에게도 공유시킬 수 있는 공통분모 발견에 주력하지 않으면 안 된다. 다시 말해서, 한국과 일본은 한반도 통일의 비전에 대해 동상이몽을 가져서는 안 된다. 한반도의 평화적인 통일과 주민 간의 자유로운 통합이 한국과 일본의 공통적인 이해라는 사실에 합의할 수 있다면, 양국은 북한에 대해 보다 전략적이고 유연한 대응을 할 수 있을 것이다.

나아가 북한과의 새로운 관계 정립은 동북아의 신질서를 구축하는 초석이 아니라 할 수 없다. 한반도의 질서 변화는 필연적으로 동북아 질서의 변화를 수반할 수밖에 없다. 현재와 같이, 북한의 변화를 기대하면서 또는 중국의 적극적인 작위에 의해 북한이 바뀔 것을 기대하기보다는, 한국과 일본이 북한의 점진적인 변화를 유도할 수 있는 전략적 공통분모를 동아시아 지역의 중요한 행위자들을 설득시키고 새로운 질서를 창출하는 견인차가 되는 것이 바람직하다. 왜냐하면, 한국과 일본이 힘을 합치고, 지역질서의 비전을 공유할 경우, 미국과 중국이라는 핵심 행위자에 대해 무시할 수 없는 중요한 메시지를 발신할 수 있기 때문이다. 따라서, 한반도 질서의 새로운 모색을 위하여, 한국과 일본이 공동전선을 구축하고 공동 행동에 나서는 것은 지역질서의 긍정적 변화를 유도할 수 있는 신호탄이 될 수 있다.

2. 과거사 현안에 대한 대응

북한문제보다도 대일외교에서 가장 부담이 되는 것이 과거사를 둘러싼 현안들이다. 어느 하나 녹록한 것이 없고, 각종 시민단체들과 이해집단이 복합적으로 간여되어 있기 때문이다. 그러나, 과거사 현안 또한 피해갈 수 없는 문제들이다.

가. 종군위안부문제

종군위안부문제는 1990년대 초반에 접어들어서야 한일 간 현안이 되었지만, 그 폭발력은 날로 증가하고 있다. 일본은 1965년 기본조약에 의해 청구권이 소멸되고 이미 청산이 끝난 문제라고는 하나, 일본 정부가 1990년대에 접어들어 고노 담화, 무라야마 담화를 통해 정부 간여를 인정하고 '아시아 여성기금'이라는 민관협력기금 조성을 통해 종군위안부들에게 일부 보상했다는 사실은 1965년 조약으로 끝났다고 치부하기 힘든 문제임을 스스로 증명하고 있다. 오히려, 한국 정부는 일본 정부에 대해 '부작위'를 통해 만족할 만한 행동과 조치를 얻어내지 못했다는 헌법재판소 위헌 판결을 받음으로써 어떠한 형태로든 정책 행동에 나서야 하는 사법적 압력에 직면해 있는 상태이다.

문제가 쉽게 진전되지 않는 이유는 몇 가지 이유에서이다. 우선, 일본 정계 내부에서 종군위안부문제에 대해 강력하게 반발하는 보수 우파들의 존재를 들 수 있다. 이들은 한일외교 당국자들이 끌어내는 어떠한 조치에 대해서도 거부권을 행사할 공산이 크다. 따라서, 당국자들이 협상에 나서기 전에 이미 결정 유보 상태에 이르는 일이 비일비재하다. 다시 말해서 종군위안부문제가 지나치게 국내정치화되어 있다는 점이 문제다. 종군위안부문제를 외교 현안으로 이끌어 낸 다양한 시민단체들은 그들의 순수한 동기에도 불구하고 해결방식에 있어서는 복잡한 방정식을 가지고 있다. 한국 측 당사자들과 시민단체들이 궁극적으로 요구하는 것이 통큰 경제적 보상인지, 진정성 있는 사과인지, 일본이 가해국가라는 사실의 국제적인 표면화인지가 확실하지 않은 상태이다. 사실 일본 정부는 고노 관방장관과 무라야마 총리대신이 공식적으로 잘못을 인정한 상태이고, 내각총리대신의 서한을 통해 종군위안부들에게 사과의사를 밝힌 상태이다. 한국 정부도 종군위안부 피해자들에게 일본 정부의 보상에 상응하는 형태로 물질적인 혜택을 제공하고 있어 추가적인 조치를 취하는 것은 상징적인 효과만 있을 뿐이다. 만약, 한국의 시민단체가 요구하는 것이 일본의 전전행위에 대한 공개적이고 국제적인 인정이라면 일본이 받아들일 가능성은 크지 않다.

한국 사법부의 위헌 판결 이후 외교부는 중재라는 방식을 통해 이를 국제적인 사법절차에 위탁하려는 움직임을 준비하고 있는 상태이다. 국제적인 공론화를 통해 일본의 보다 가시적인 행동과 조치를 이끌어 내는 압박을 가하겠다는 것이다. 한편, 일본은 이 문제가 국제적으로 공론화될 경우 외교무대에서 대처하기 힘든 사태를 맞을 수 있다. 아베 전 총리가 종군위안부들의 강제 동원사실을 부정하는 태도를 취하다가 미국 의회의 결의안에 직면한 것과 비슷한 결과를 다시 초래할 수 있기 때문이다. 따라서, 일본에게 있어 국제적 공론화나 국제사법절차에 따른 중재절차는 이득이 되지 않는다.

그러나, 한국으로 보아서도 여유로운 사태 진전은 어려울 것이다. 우선, 일본이 종군위안부문제로 당사자 간 합의를 뒤로 하고 국제적인 사법절차에 위탁하려고 할 경우, 이를 빌미로 한일 간 현안이 된 다른 이슈들을 국제사법절차로 끌고 갈 수 있다. 물론 종군위안부문제 단독으로는 한국의 윤리적 정당성, 논리적 현실성에 있어 일본을 압도하는 바가 크지만, 다른 양국 간 현안을 국제사법절차에 회부하는 것이 반드시 한국의 국익에 부합한다고 할 수 없다. 또한 만약 일본이 한국의 중재절차에 마지 못해 응한다고 해도, 국제사법절차에 따라 양국이 합의할 수 있는 중재안을 도출해내는 데까지 상당 정도의 시간이 소요되고, 어떠한 합의안이 도출될 것인지 알 수 없는 상태이다. 나아가, 만약 일본이 사법절차에 따라 특정한 행동이나 정책조치를 취하도록 요구받는다고 해도, 일본 정부가 이를 순순하게 집행할지는 미지수이다. 국제사회가 주권 국가의 행동을 강요하는 데에는 한계가 있기 때문이다.

이와 같은 영유로, 한국과 일본은 종군위안부문제를 국제사법절차에 의존하여 해결하는 법리적 사고방식을 취하기보다는 당국자 간, 나아가 필요하다면 정상 간의 합의도출과정을 통해, 정책적인 조치를 통해 이를 해결하는 방안을 찾아낼 필요가 있다. 그러나, 당사자 간의 합의 도출이 어려울 경우, 국제사법절차가 아닌 국제연합이나 의회 기구 등 다양한 여론 형성 방식을 통해 간접적인 압력을 가하는 방식은 채택할 수 있을 것이다. 그럴 경우에도, 종군위안부 본인들의 생존 기간이 상당히 한정되어 있다는 점을 고려하여 가능한 한 빠른 시일 내에 정책조치에 합의하는 방식을 취해야 할 것이다. 그 기간은 불과 2~3년 이내로 한정될 수밖에 없다는 절박한 인식이 필요하다. 종군위안부문제는 피해자 본인들이 생존해 있는 기간 내에 해결한다는 자세로 임할 필요가 있다. 결론적으로, 국제적인 중재를 통한 문제해결방식은 최우선적 과제가 아니라 최후의 보루여야 한다.

나. 역사인식의 갈등과 교과서 검정문제

한일 간에는 역사인식을 둘러싸고 전후 계속 갈등을 거듭해 왔다. 1950년대 한일 국교정상화 교섭이 중단되었던 이유도 '구보타 망언'이라는 역사인식의 문제였다. 문민정부인 김영삼 시대에 한일 갈등이 불거지기 시작한 것도 에토 총무처장관의 식민지 관련 발언이 계기였고, 김대중-오부치 공동선언이라는 미래지향적 선언에도 불구하고 역사인식에 동의할 수 없는 교과서 검증이 문화개방조치를 일시 중단하는 결과를 초래하기도 했다. 노무현 전 대통령과 고이즈미 전 총리가 대립했던 원인도 양 지도자 간 역사인식의 갭이 메워지지 않았기 때문이다. 이명박 정부에 들어서서도 역사인식문제가 직접적인 갈등 요인이 되지는 않았지만, 차세대들에게 영토문제를 고양하는 교과서가 검증을 통과하고 기술이 강화되면서부터 한일 간에는 긴장감이 팽배해졌다. 따라서, 역사인식문제는 피해서 지나갈 수 없는 문제의 하나이다.

반면, 일본은 주권 국가 간 역사인식을 하나로 통일한다는 것은 사실상 불가능하다는 전제에 서서, 역사문제를 우회하여 인적교류 및 경제 교류 강화 등 기능주의적인 협력을 지속하면 결국에 가서 역사문제가 사그러들 것이라는 점을 내세운다. 아울러, 일본의 지식인들은 일본 내부에서도 역사문제에 대해 다른 인식이 존재한다는 점을 부각시키면서, 민주국가인 일본에서 역사문제에 대해 국가가 시민사회의 의사를 강압적으로 유도한다는 것은 어렵다는 사실을 강조한다. 하지만, 그 이면에는 교과서문제를 둘러싼 갈등을 회피하기 위해 1982년 당시 교과서 검정 기준의 일부로 '근린조항'을 채택했던 사실을 애써 외면하고 있다. 주변 국가에서 일본의 교과서내용에 대해 항의할 경우, 이를 심각하게 고려할 필요가 있다는 방식을 일본인들 스스로가 인정했었다는 사실이다. 그 후 일본의 국력이 상대적으로 쇠퇴하면서, 일본은 미국은 물론 주변 국가들로부터의 압력을 '외압'으로 받아들이고 이에 저항하는 세력이 늘어났다. 외압 때문에 국내 절차를 바꾸는 것은 곧 '굴욕외교'이자 '사죄외교'라는 논리로 '자주외교'를 내세우는 것이 일본 보수 우파의 생각의 원천이다.

서로 다른 생각의 일단을 가지고 있는 다양한 정치사회세력의 인식을 하나로 통일한다는 것은 거의 불가능에 가까운 과제이다. 하지만, 이에 대한 합의 도출을 포기할 경우, 한일관계는 언제든 갈등의 소용돌이에 휘말릴 수 있다.

역사인식을 둘러싼 갈등을 회피하는 최소한의 방식은 역사인식의 문제를 '역사화'시키는 것이다. 이는 근현대사를 전공하는 학자들의 영역으로 역사인식의 문제를 봉쇄하고 이들의 합의된 의견 도출을 인내심 있게 지켜보는 것이 중요하다. '한일 역사공동위원회'는 그러한 시도의 하나였다. '한일 신시대 공동연구'도 사실상 역사인식문제를 둘러싸고 진통을 겪어야 했다. 역사인식을 과거의 문제가 아닌 오늘과 미래의 문제로 틀지우는 근간에는 상호간 불신이 놓여 있다. 이를 해결하기 위해서는 우선 역사공동위원회에 참여하는 인사들이 서로 존중할 수 있는 인선이 되어야 마땅하며, 자유로운 토론을 통한 합의점과 이의 제기에 대한 확인작업이 이루어지고, 이들의 토론 결과가 교과서 검정 및 제작에 반영되는 형태로 전환되어야 한다. 만약, 양국 역사학자들의 합의 도출이 어려운 경우에는 양국 학자들에 정부 검정교과서가 아닌 민간 주도의 교과서 공동제작을 통해 자신들의 의사를 표시해야 마땅하며, 이는 역사 화해라는 방향성 속에서 이루어져야 한다. 역사를 봉합하기보다는 역사적 사실을 사실 그대로 인정하는 전제 하에서 양국이 화해할 수 있는 근간을 지식으로 이끌어 내야 하고, 서로에게 불편한 진실도 인정할 수 있는 제도적 틀을 마련해야 한다.

한중일 3국의 지식인들이 모여 동아시아 역사교과서를 편찬하는 방식은 자국 중심주의적 역사관의 편협함을 넘어설 수 있는 방법이다. 역사인식문제가 다양성의 인정과 복합적인 해석 가능성의 영역으로 받아들여질 수 있다면, 한중일 3국의 학자들에 의한 동아시아 역사 재인식 및 재해석 논의 속에서 역사인식의 새로운 단초를 제공하는 것도 바람직한 방향일 것이다. 서로 일국 중심적이고 민족주의적인 관점에서 상대를 비하하고 적대적으로 인식하는 역사 기술방식이 아니라, 경제사, 사회사적인 배경을 깔고 동아시아국가 간, 그리고 동아시아국가들과 유럽국가들과의 접촉 속에서 만들어진 동아시아 상을 제시함으로써 시대적 이해를 보다 폭넓게 해석하고 받아들이는 지혜를 공유하는 노력이 필요하다. 일국 중심주의적이고 국가 검정에 의한 공인보다 한중일 3국 학자들에 의한 '동아시아사' 교과서 개발이 우선되는 시대가 도래할 때 역사인식의 문제는 다른 차원에서 해결의 실마리를 찾는 계기가 마련될 것이다.

장기적으로는 국가중심주의적 역사관을 개인의 존엄과 인권에 기반한 생활사적 역사 이해 방식으로 전환하는 것이 초국경적 화해를 위해 도움을 줄 것이다. 국가와 민족을 중심으로 한 역사 기술과 교육은 필연적으로 주권 국가 간의 인식의 차이를 좁히기 힘든 구조를 가진다. 그러나 개인의 자유와 행복, 인권을 중심으로 한 역사 이해 방식은 국경을 넘어선 상호이해를 가능하게 해준다. 실제로 유럽국가들 간의 역사 화해나 나치에 의한 유태인 박해의 경험적 초월은 국가를 비난의 대상으로 하기보다는 인권에 대한 침해를 바탕으로 국경을 넘어선 이해와 공감을 기초로 해서 가능하였다. 독일이나 미국에 존재하는 유태인 홀로코스트 뮤지엄 등에서 볼 수 있는 역사 기술 방식은 좋은 참고가 될 수 있다. 일본인이거나 한국인이기 때문에 수용하고 수용할 수 없는 선택을 하기 이전에 인간으로서 감당할 수 없는 역사적 삶의 재현을 통해 역사적 경험을 체험적으로 공유할 수 있는 기반을 만들어 나갈 필요가 있다.

3. 영토문제에 대한 대응

가 독도문제에 대한 대응

독도는 한국의 실효적인 지배 하에 놓여 있지만, 일본이 영토에 대한 주장을 지속하고 있어 분쟁의 해결이 이루어지지 않은 상태이다. 더구나, 최근 들어서는 중고교생을 대상으로 한 영토교육의 일환으로 북방4도와 센카쿠와 더불어 영토에 대한 의식을 고양하는 방향으로 교과서 기술을 장려하고 있어 갈등의 소지가 점점 높아지고 있다. 한국도 이에 대응하여, 동북아역사재단을 중심으로 독도에 대한 연구 및 국내외적인 홍보를 강화하고 있다.

한국의 인식은 독도가 1905년 일본에 편입된 것은 국제법적 조치를 다하지 못한 침탈행위이며, 한반도 식민지화의 첫 번째 희생물이라는 것이다. 따라서, 독도는 영토문제인 동시에 역사문제이다. 일본의 주장은 한국의 독립 이후 미국 및 점령국과 체결한 샌프란시스코 조약에서 일본이 돌려줘야 할 영토에 독도가 기술되어 있지 않은 관계로 한국의 독도 지배는 불법적 점거라는 입장이다. 또한, 일본은 1905년 무주지를 국제법적 절차에 따라 정당하게 편입했다고 주장한다. 이 같은 상호인식은 접합점을 찾기 어려운 상태이다. 다만, 당초 1905년의 독도 일본 편입이 정당한 절차와 충분한 입증이 이루어지지 않은 상태에서 이루어진 것이라면, 식민지 지배 종료 이후의 행위도 그 연장선상에서 정당화하기 어려운 점이 있어 논란은 끊이지 않고 있다. 일본이 북방4도와 센카쿠, 독도를 같은 논리의 연장선상에서 영유권을 주장하는 것은 경험적으로 맞지 않다는 것이다.

양국의 상호인식의 차이는 좁아지기는커녕 점차 확대되는 경향을 보여주고 있다. 한국 정부는 일본의 주장에 대항하기 위해 실효적 지배를 강화하기 위한 수단을 동원할 기세에 있다. 독도 주변 해역에 해양과학기지의 설치, 독도 방파제의 설치 등이 그 대표적인 예이다. 한국의 시각에서 보자면, 자국의 영토에 시설물을 설치하는 것은 국가 고유의 권한에 속하는 행위일 뿐 영유권을 주장하는 상대국과 협의할 이유는 없다. 그러나 일본의 입장에서 보자면, 새로운 시설물의 설치 등은 현상을 변경하는 조치로 받아들여질 수 있기 때문에 기존의 접근법보다 강경한 대응으로 나설 가능성이 있다. 독도에 대한 국제사법절차의 준용, 과학조사선이나 해상보안청 순시선의 접근 시도, 또는 일본 우익집단들의 상륙 시도의 사실상 묵인 등 다양한 형태의 충돌이 이루어질 수 있다. 양국 당국자들이 이 같은 물리적 충돌이나 사법적 조치가 양국 외교관계에 미칠 파장을 잘 숙지하고 있음에도 불구하고, 국내정치적 역학관계 속에서 비난의 화살을 피하기 위해 진지한 협의를 회피할 가능성은 남아 있다. 따라서, 영토문제를 둘러싼 첨예한 대립은 사그러들기보다는 골치 아픈 숙제거리로 남아 있을 공산이 더 크다. 만약, 양국 국민이 영토를 전면에 내세운 갈등의 소용돌이에 휘말릴 경우, 다른 협력적 사안에 직접적이고 강력한 영향을 미칠 수 있는 사안이라서 조심스러운 접근이 필요하다.

독도문제를 관리하는 최소한의 방법은 갈등을 악화시키려는 방향으로의 현상변경 시도를 서로 자제함으로써 현상을 유지하는 것이다. 한국의 경우에는 방파제 설치나 해양과학기지의 설치 등 영유권 강화를 위한 시도를 자제함으로써 불필요한 일본과의 마찰을 줄이고, 한국이 독도를 실효적으로 지배하고 있다는 사실에 일본이 도전하지 않도록 하는 것이 중요하다. 독도에 시설물을 설치한다고 해서 지배권이 강화되는 것은 아니며, 시설물 설치는 상징적이고 정치적인 효과를 겨냥한 조치라는 점을 인식할 필요가 있다. 반면, 일본은 교과서 검정과정에서 독도에 대한 기술의 증가와 영토에 대한 인식 강화의 범주 속에서 독도를 강조하는 기조를 수정해야 한다. 센카쿠 열도에 대한 일본의 실효적 지배와 독도에 대한 한국의 실효적 지배는 사실상 서로의 입장을 뒤집어 놓은 경우에 해당한다. 만약 일본이 독도에 대한 지배를 거부하기 위해 정책적 조치와 한국에 대한 저항감을 키울 경우, 역으로 센카쿠에 대한 중국의 입장을 강화시켜 주는 역효과가 있다는 사실을 깨닫도록 하는 것이 중요하다. 다시 말하자면, 독도문제에 대한 한국의 입장과 센카쿠 문제에 대한 일본의 입장에는 대립적 요소보다 상호보완적인 요소가 많다는 사실에서 실마리를 찾을 수 있다.

독도문제를 영유권 차원에서 일괄적으로 다루기보다는 영토와 어업, 자원을 분리하여 접근하는 방법도 있다. 영토로서의 독도는 한국이 실효적으로 지배하고 있는 상황에서 현상변경을 받아들일 수도 없다. 일본이 한국을 여러 가지 수단을 동원하여 감정을 상하게 하거나 괴롭힐 수는 있어도, 한국의 원론적인 반대에도 불구하고 현상을 변경하여 자국의 영토로 만들 수 있는 수단은 거의 없다. 따라서, 영토문제에 집착하여 양국 간 관계에 균열이 깊어지는 것을 막기 위해서는 영토문제에 대한 차분한 성찰이 필요하다. 하지만 어업 자원의 경우 영토문제와는 분리하여 대응하고 협력할 여지가 크다. 이미 양국 간에 체결된 신어업협정에 따르더라도 양국 어민들이 공동으로 어획하고 수산 자원을 공동으로 개발 및 활용할 수 있는 여지는 많다. 일본 어민들이 한국과의 잠정수역에 접근하는 것이 애로가 있다고 하면, 이는 양국이 합의하는 정책적 조치를 통해 해결 가능한 문제이다. 어장의 공유, 어자원 및 어족의 보호, 남획의 방지 등은 양국 어민의 공동이익에 해당하기 때문이다. 또한 독도 인근의 해저 지하자원에 대한 부분은 확실하게 밝혀진 것보다는 추정에 가까운 것이 많다. 만약 순수한 과학적 조사의 영역에 한정한다고 하면, 한일 양국이 협력할 여지도 없지 않다. 단, 조사와 자원의 개발 및 활용 문제는 분리해서 대응하는 것이 타당하다. 자원 획득을 둘러싼 불필요한 갈등과 오해의 소지가 크기 때문이다.

독도문제에 대한 근본적인 해결책은 양국 지도자 간의 통큰 결단과 대협상grand bargain을 통해 이루어질 수도 있다. 독도문제에 한정하지 않고 양국 간 전략적 협력이 가능한 어젠다를 모두 협상 테이블 위에 올려 놓고 타협과 양보가 가능한 영역, 그리고 상호협력을 통해 이익을 증진할 수 있는 영역을 나누는 과정에서 독도문제를 풀어가는 방식이다. 이는 양국 지도자의 결단과 대국민 설득이 요체이기는 하지만, 불가능한 작업은 아니다. 그 과정에서 예를 들어 동해를 양국의 평화의 바다로 재규정하고 영토에 대한 현상 유지를 기본으로 접근하는 방식도 생각해볼 수 있다.

이와 같은 노력과 동시에 한국으로서는 독도문제의 예상치 않은 전개에 대비하여 방어적 논리의 개발과 철저한 역사적 자료의 검증에 심혈을 기울여야 한다. 독도는 기본적으로 공세적 이슈라기 보다는 방어적 이슈임을 명심할 필요가 있다. 또한 한일 양국 간 협상과 정치적 논리에 입각한 해결보다는 국제적인 논의의 장에서 해결의 실마리를 찾아야 할 가능성도 있다. 이에 대비하여 국제법적인 논리와 자료 준비에 충실을 기할 필요가 있다. 이미 설립된 동북아역사재단 그리고 그 산하의 독도연구소를 이름에 걸맞게 활용하는 방안을 적극 검토할 필요가 있다. 이 경우, 동북아역사재단이 정부의 매년 예산틀에 묶여 있어 천착된 연구보다는 행사 및 홍보 위주의 사업을 주로 벌이고 있다는 점에 착안하여, 동북아역사재단의 운용자금을 기금화하든가 다년도 예산 편성이 가능한 형태로 만들어 장기적이고 체계적인 연구태세가 정비되도록 하는 것이 중요하다.

나. 중일 간 갈등에 대한 대응

중국과 일본 간에 불거지고 있는 센카쿠 열도를 둘러싼 갈등은 타산지석이 아닐 수 없다. 중국과 일본가 영토를 둘러싼 갈등이 심화될 경우, 한국과 일본의 갈등은 그 여파로 줄어들게 되고 한국의 전략적 가치가 상승함에 따라 어부지리를 얻게 된다. 그러나 다른 한편으로, 중국과 일본의 갈등은 장기적으로 한국과 중국 관계에도 영향을 미칠 수밖에 없는 사안이라서 조심스럽게 대처하지 않으면 안 된다.

우선, 센카쿠를 둘러싼 갈등의 본질을 이해하는 것이 필요하다. 2012년 벌어지고 있는 센카쿠를 둘러싼 갈등은 2010년 9월 발생한 영토 갈등의 연장선상에 있다. 2010년 9월 발생한 중국 어선의 센카쿠 열도 상륙 시도와 일본 해안보안청 순시선과의 충돌은 중국과 일본 서로에게 의도하지 않은 결과를 가져왔다. 일본은 그때까지 영토문제가 존재하지 않는다며 조용하게 센카쿠에 접근하는 중국 사람들을 되돌려 보내던 관행을 거스르고 체포 및 장기 수감에 이르렀고, 중국은 이에 맞서 여러 가지 외교적 압력수단을 가해 일본의 양보를 받아냈다. 하지만, 일본은 이에 대응하여 남서쪽 도서들에 대한 방어를 강화하는 방위전략의 수정을 가하는 한편, 동적인 방위 개념을 통해 중국이 잠재적 위협임을 인지하게 되었다. 나아가, 우익적 성향을 띠는 이시하라 지사가 2012년 동경도에 의한 센카쿠 섬 매입을 거론하면서 중국에 대한 공격적 대응을 마다하지 않았다. 노다 수상의 센카쿠 국유화 시도는 이시하라 지사에 의한 섬 매입과 시설물 설치 방지라는 의도도 있었지만, 중국 측에 의해서는 전략의 수정이자 현상의 변경으로 보여져서 갈등이 고조되었다.

한국은 중국과 일본의 영토 분쟁에 대해 갈등의 어느 일방을 감정적으로 지지하거나 외교적으로 편향된 움직임을 보여서는 안 된다. 설사 중국의 지지 요구가 오더라도 철저한 미개입과 중립적 입장을 견지해야 한다. 왜냐하면, 중국의 입장을 편들어 줄 경우, 센카쿠에 대한 실효적 지배를 하고 있는 일본의 입장을 난처하게 하는 것은 물론, 한국이 실효적으로 지배하고 있는 독도에 대한 실효 지배 영속의 논리를 스스로 부정하는 결과를 초래하기 때문이다. 또한 일본의 입장을 들어준다고 해도, 일본이 독도에 대한 양보나 타협을 할 정치적 가능성은 제로에 가깝기 때문이다.

한국은 영토 갈등에 대한 미개입의 의지를 확실히 하는 한편, 한중일 간의 기능적 협력적 의제들을 중심으로 삼국 간의 협력을 강화하는 교량국가적 역할을 충실히 수행할 필요가 있다. 중국과 일본은 갈등적이더라도, 한국에 대해서는 서로 협력과 지지의 관계를 유지해야 할 전략적 입장에 처해 있기 때문이다. 한국이 중국과 일본의 갈등의 중재자이자 중립적 연결고리가 되는 것이 한국의 이익에 합치한다.

대 러시아 외교

신범식·서동주·성원용

문제의 인식

* 한러관계는 1990년 수교 이래 부침을 거듭하며 변모·발전해 왔음.
  - 1992년 한러 기본관계조약 체결 및 1994년 모스크바 공동선언 발표
  - 1996년 4자회담을 전후로 양국관계 급속 냉각
  - 김대중 정부 당시 양국 경제위기와 함께 1998년 '외교관 맞추방 사건'을 경험하였으며, 소강상태 극복을 위한 관리 노력을 전개
  - 노무현 정부는 2004년 '상호 신뢰하는 포괄적 동반자관계'를 형성하고, 2005년 실질 협력 강화를 위한 행동계획(Action Plan)을 수립
  - 이명박 정부는 2008년 양국관계를 '전략적 협력동반자관계'로 격상시킨 이후 한러대화(KRD), APEC 정상회의, 상호 방문 등 연례 양국 간 정상회담을 개최
  - 전체적으로 국교 수립/관계 정상화 ⇒ 양국관계 조정 ⇒ 소강상태 극복을 위한 관리 ⇒ 새로운 동반자관계 발전 ⇒ 미래지향적 전략협력 추진 등으로 전개
  ※ 현 단계 양국관계는 다층적 협력의 균형점을 찾아가는 '전략협력의 모색 단계'에 진입하고 있는 것으로 평가됨.

* 2020년을 전후로 한러관계가 '노약과 퇴보'의 轉機(변곡점, 전환점)를 맞을 가능성이 존재
  - 한러 간 상대방에 대한 인식과 오해, 정책 우선순위 부여, 공유이익의 현실화, 전략적 협력동반자관계의 내실화문제가 해결 과제로 남아 있는 상황
    · 미중 G2체제 본격화 등 동아시아질서 재편 향배, 한러 간 전략협력의 성사 여부에 따라 양국 간 공유이익의 범위와 수준이 '확장 내지 축소'될 가능성이 존재
    · 러시아의 입장에서 볼 때 아태지역 진출을 위한 새로운 파트너로서 한국의 전략적 가치는 점차 증대
    · 한국의 입장에서 볼 때 대륙진출 교두보로서 러시아의 지경학적 가치는 점증
  - 따라서 향후 한러 간 도전요소를 극복하고 다층적 전략협력의 성사 여부에 따라 '전략적 협력동반자관계'의 실질적 구현 가능성이 존재
  ※ 한러는 '가능성으로 존재하는 공유이익을 현실화'시켜 나가야 함.

미래 도전 요인

• G2체제 가시화 속 러시아의 위상
  - 2020년에는 중국의 부상에 따른 G2체제가 본격화될 것이고, 러시아는 국제적 위상과 대외 영향력 측면에서 신장된 모습을 띨 것으로 예상됨.
  - 러시아는 기존의 강대국 노선, 실용주의 노선, 다면적 전방위 외교를 통한 지전략적 복합화 외교노선을 견지해 나가는 한편 혁신화된 외교로서 공공외교도 적극 추진할 것임.
  - 중러 전략적 협력구도가 견고하게 작동하는 상황에서 러시아를 한반도 문제와 관련하여 친한(親韓) 방향으로 유인할 수 있는 방안을 강구하고, 실천해 나가는 것이 중요함.
  - 동아시아 질서 재편, 남북관계 변수, 대러 정책목표 등 향후 시대적 환경과 여건의 변화를 반영한 한러 양국의 전략협력이 긴요함.
  ※ 국제질서 재편과정 속에서 주변국 및 남북한 변수를 어떻게 관리하고 러시아와의 정책 조율 및 협력을 이끌어 내는가 하는 점이 중요함.

• 상호인식의 한계 극복
  - 러시아는 한국과 관련해 지나친 대미(對美) 의존적 외교, 중국과 일본에 비하여 상대적으로 작은 국가 및 경제규모, 잦은 협력 프로젝트 무산으로 인한 피로감 등의 인식을 지니고 있음.
  - 한국은 러시아와 관련해 주변국에 비해 낮은 존재감, 정책결정자들의 러시아에 대한 이해 및 신뢰 부족, 냉전의 유산으로 인해 오는 잠재적 적대국으로 전환할 가능성에 대한 우려 등을 지니고 있음.
  - 반면, 러시아는 한국을 아태지역 경제권에의 편입을 위한 교두보로서 시베리아 극동지역 개발에 대한 중요한 협력자로 파악하고 있으며, 중국과 일본을 견제할 수 있는 동북아 세력균형의 중요한 거점으로 파악하고 있음.
  - 나아가 동북아 안보의 새로운 평화유지의 기초로서 동북아 안보체계의 창출을 위한 다자안보체제 구축에 기여할 협력 대상으로도 인식하고 있음.
  - 따라서 한러 양국은 전략적 가치를 인지하고 상호 긍정적 요소를 발현시켜 나가는 한편 기존의 부정적 이미지와 오해를 불식시키고 신뢰를 쌓아 가는 것이 긴요함.

- 극동시베리아 개발에의 참여와 남·북·러 경협의 성사
  - 푸틴 정부는 극동개발부를 신설하고 극동시베리아 개발에 주력하는 신 동방정책을 추진하고 있음.
  - 한러경협에 있어 말로만의 성찬을 뛰어넘어 대표적 성공사례로 남을 수 있는 남·북·러 3각 경협부문에서의 실질적인 진전과 성과를 이룩하는 것 이 도전 요인으로 남아 있음.

한러관계 발전 방향 (정책 목표)

- 한러 간 전략적 협력관계의 실질화 및 심화 발전
  - 한러는 2008년 9월 전략적 협력동반자관계를 수립하였으나 내용상 크게 진전되지 않은 것으로 평가되고 있어 외교적 수사가 아닌 실질적인 전략 협력 도모가 긴요함.
    - 한러관계의 미래 비전 제시 및 실천을 비롯해 대화채널의 활성화, 네트워크 형성 등 전략적 소통협력을 강화시켜야 함.

- 통일 과정에의 후원자 및 통일 한국에의 우호 세력화
  - 러시아는 한반도 냉전구도의 해체와 통일로부터 상당한 이익을 볼 수 있는 국가임을 염두에 두고, 한반도 평화통일과 평화체제 구축과정에서 러시아의 긍정적이고 건설적인 역할을 유도해 나감.
    - 북핵문제 해결을 통한 한반도 비핵화 실현, 남북한 군사적 긴장 완화의 중재자 역할 활용, 대북 관련 정책에서 한러공조를 강화하는 것 등임.

- 한러경협 증진을 통한 공동번영 창출
  - 교역, 투자, 과학기술 협력, 극동시베리아 공동 개발 등 한러 간 전 부문에 걸친 경협의 잠재력을 극대화시켜 나가는 것이 필요함.
    - 2020년 500억 달러, 2030년 1,000억 달러 무역고 달성 등 장기적인 미래 경협 비전 제시 및 실천이 긴요함.

- 한러 간 이해증진을 위한 네트워크 외교 확대

- 한러관계의 질적인 발전 토대를 구축하는 것으로 상호 왜곡된 이미지 및 오해를 불식하고 신뢰를 구축해 나가는 것임.
  · 다양한 대화채널, 인사교류, 문화축전, 후속세대 및 차세대 발굴과 지원 등 공공외교와 저변 확충 외교를 전개하는 것이 중요함.

• 동북아 다자안보협력체 구축에서의 전략협력
  - 한러 간 21세기 전략적 안보협력을 도모하는 것으로 동북아 지역의 평화와 번영의 동반자 역할을 제고해 나가는 것이 필요함.
    · 6자회담 이후 동북아 평화안보체제(peace and security mechanism)의 구축 등 다양한 형태의 동북아 다자안보협의체에 대한 논의를 활성화해 나감.

핵심과제 (정책과제)

• 2020년 한러관계 발전의 정책과제는 외교·안보, 동북아 다자주의 및 소지역주의 협력, 실질협력 외교, 저변확충 외교로 나누어짐.

• 전략적 협력동반자관계를 실질화시키는 외교안보협력을 강화함.
  - 첫째, 한러 전략적 소통협력을 강화해 나감.
    · 양국 정상회담을 연례화하고, 제1차관급 전략대화를 2+2(외무+경제), 3+3(외무+경제+문화) 수준으로 확대·격상시키고 다방면의 전략대화를 신설·운영함.
    · 관·산·학을 연결하는 정책 네트워크와 기존 민간차원의 대화 채널을 보다 활성화하고 공공외교를 확대함.
    · 군사, 정보 부문에서의 핫라인 구축 및 전략 거점지역을 중심으로 총영사관과 KOTRA 사무소를 추가로 개설함.
  - 둘째, 한러 미래 비전 구상과 대러 그랜드 전략계획을 성안·실천함.
    · 외교·안보 분야에서 '한러 전략적 협력 공동선언'을 위한 행동계획(action plan)을 수립하고 실천함.
    · 한국의 외교정책 대강과 연계하여 '유라시아 북방정책', '해륙국가(진출)

론', '신북방외교' 등의 그랜드전략 구상을 수립·실천함.
- 셋째, 러시아 극동시베리아 진출 전략방안을 강구하고 실천에 옮김.
  · 러시아 극동시베리아 지역에서 모범적인 한러관계 발전의 성공사례를 창
    출해 냄.
  · 남·북·러 3각 경협사안인 북한 통과 가스관 연결사업, TSR-TKR 연결,
    전력계통 연계, 연해주 농업개발 등을 실천에 옮김.
  · 한국, 러시아, 북한, 일본 4국 간 환동해권 해상협력(네트워크 구축) 및
    환동해공동체 구상 실현에 주력함.
- 넷째, 한반도 평화체제 구축 및 통일과정에서 러시아의 건설적 역할을 유도
  · 북핵문제 해결을 위한 6자회담에서의 정책 공조, 한반도 평화정착을 위
    한 공동 노력이 긴요함.
- 다섯째, 우리의 외교정책 추진에 있어 '러시아 변수'의 중요성을 인식하고
  국가어젠다화하는 작업이 긴요함.

• 동북아 다자주의 및 소지역주의 협력을 강화해 나감.
- 첫째, 한러관계의 발전전략을 동북아의 평화와 번영을 위한 역내 다자협
  력체제 구축의 관점에서 재구성함.
  · 동북아에서 다자적 소지역협력(환동해 협력, 남·북·러 삼각협력)을 동
    북아 전역에 걸친 협력 거버넌스로 발전시켜 나가는 대안을 창출함.
  · 북한 지역의 개발과 관련하여 중국의 창·지·투 개발 계획이 가지는 공
    세적 성격을 완화하고, 나선 개발을 놓고 러시아와 중국이 경쟁하는 상
    황을 조율해 나감.
  · 한국과 러시아가 기본축이 되어 '동북아 에너지협력체'의 결성 등 동북
    아의 소지역주의적 협력을 실현할 수 있는 분야를 발굴하고 실천함.
- 둘째, 동북아 다자주의 및 소지역주의 협력과 연계된 미래를 구상하고
  각종 프로젝트를 평가·선정해 나감.
  · 철도·도로망 연결, 석유·가스 파이프라인 네트워크 연결 등 망사업
    (network project)을 동북아 및 유라시아에 다자경제협력 체제를 구축
    하는 기재로 활용함.
  · 두만강유역개발사업(GTI)과 나진·선봉지구 개발사업 등과 같은 프로젝
    트에서 러시아와 협력하고 참여함.

- 남·북·러 가스관 연결사업에 거는 러시아의 기대에 조응하면서, 이를 북핵문제 해결 및 한반도 평화정착에 전략적으로 활용하는 실천방안을 강구함.
  - 셋째, 동북아 다자협력을 달성할 유력한 분야로 에너지 분야에서의 협력을 신중히 검토하고 추진함.
    - 러시아의 전략적 자산인 에너지가 동북아의 지역협력을 촉진하고 유라시아와의 연계성을 강화하는 지렛대가 될 수 있도록 에너지협력에 대한 전략적 구상을 강구함.

- 양국의 호혜적 협력구조를 강화하는 실질협력외교를 전개해 나감.
  - 첫째, 교역 잠재력의 실현과 새로운 투자협력분야를 발굴함.
    - 기계제작, 첨단기술 등으로 협력분야를 확대함으로써 교역 증대의 기반을 강화하고, 공격적인 직접투자 진출과 함께 현지 생산체제를 구축함.
    - 한국기업의 대 러시아 진출 지역을 기존 대도시 중심에서 지방 상권까지 확대하고, 시장의 성격에 맞추어 지역적 차별화·다변화 전략을 추진함.
    - 러시아와의 이익 공유라는 대원칙이 견지될 수 있는 '전략적 투자협력' 프로젝트를 지속적으로 개발해 나감.
    - 양국에 존재하는 '전략적인 보완성'을 현실화하는 도구로서 포괄경제협력협정(CEPA) 체결을 추진함.
  - 둘째, 기존 에너지·물류 분야의 프로젝트를 창의적으로 실현해 나감.
    - 에너지, 물류(철도연결과 교통인프라 개발), 북극해 지역개발에 러시아와 다면적 협력을 강화해 나감.
  - 셋째, 농업·어업 분야에서 협력의 잠재력을 현실화하는 노력이 필요함.
    - 에너지·물류·식량 문제에 초점을 맞춘 환동해 경제협력의 본격적인 실행으로 한반도와 연해주를 연결하는 단일한 식량 및 상품 공급사슬(supply chain)을 구축함.
    - 극동 연해주 농업개발과 관련하여 노동생산성이 높은 양질의 노동 인력을 적정규모로 유지·관리할 수 있도록 노동력 수급 안정을 위한 종합대책을 수립함.
    - 해외농업투자가 활발한 연해주 지역을 중심으로 정선-건조-보관-운송-판매와 관련된 농업기반시설 구축을 지원함.

- 상호이해 증진을 위한 저변 확충 외교를 추진함.
  - 첫째, 양국 간 대화틀의 점검과 재편, 그리고 지속적으로 대화를 추진함.
    · 각종 한러 대화체들의 장단점을 평가하여 이를 각각 특화된 형태로 운영해 나감.
    · 1.5 트랙의 대화체를 지원하고, 양국 전략협력의 어젠다를 발굴하며, '한러관계발전연구협의회'(가칭)를 구축할 필요가 있음.
  - 둘째, 오피니언 리더들과의 소통 채널을 확대함.
    · 신 러시아 파워엘리트 및 오피니언 리더들과의 네트워킹을 강화해 나감.
  - 셋째, 한러 경제과학기술협력위원회와 극동시베리아 개발협력 회의를 내실화시켜 나감.
    · 한러 경제과학기술협력위원회 내 분과체제를 정비하고, 일회성 논의 구조에서 탈피하여 이들의 정례적인 논의과정을 제도화함.
    · 양국은 주관 연구소를 정하여 극동시베리아 개발협력과 관련된 회의를 정례적이며, 지속적으로 진행시켜 나감.
  - 넷째, 사회·문화·교육 관련 외교를 강화시켜 나감.
    · 사회, 문화, 재계, 교육계의 분야별 네트워킹의 허브를 발굴하고, 이들의 교류를 장려·지원하는 체계를 마련함.
    · 러시아의 친한(親韓) 후속세대 및 차세대 신진 한반도 연구자를 발굴하고, 이들에 대한 지원을 강화해 나감.

I. 한러관계 20년의 평가와 교훈

1. 한러관계 20년

〈표 1〉에 요약되어 있듯이 1990년 9월 30일 이래로 양국관계는 국교수립 및 관계 정상화, 양국관계 조정, 소강상태 극복을 위한 관리, 새로운 동반자관계 발전, 미래지향적·전략적 협력 추진 등의 수순으로 변모하면서 포괄적인 분야에 걸쳐 협력관계를 강화해 나가는 성과를 보여주었다.

〈표 1〉

구분	시기	공식적인 관계 규정	주요 정상회담	특기 사항
국교수립 및 관계정상화 시기	1990.9.30 ~ 1995		노태우–고르바초프(모) 노태우–옐친(서울) 김영삼–옐친(모)	• 국교 수립과 대러 차관공여 • 「한러 기본관계 조약」(1992) • 급속한 과열과 불협화음 • 모스크바공동선언(1994)
양국관계 조정 시기	1996 ~ 1998	"건설적이고 상호보완적인 동반자관계" (1994.6.)	무(無)	• 4자회담과 급속한 냉각(1996) • 한러 경제·과학·기술 공동위원회 발족 및 정례화(1997) • 양국 경제위기(1997/1998) • 외교관 맞추방 사건(1998.7.)

구분	시기	공식적인 관계 규정	주요 정상회담	특기 사항
소강상태 극복을 위한 관리 시기	1999 ~ 2002	상기 관계의 강화 (1999.5.)	김대중-옐친(모) 김대중-푸틴(뉴욕)	• 5년 만에 정상회담 개최 • 한러수교 10주년 • 러시아 남북한 등거리외교
새로운 동반자관계 발전 시기	2003 ~ 2008	"상호 신뢰하는 포괄적인 동반자관계" (2004.9.)	노무현-푸틴(모) 노무현-푸틴(부산)	• 6자회담에 러시아 참여 • 6차례의 정상회담 및 만남 • 실질협력 강화를 위한 「Action Plan」 수립 (2005.11.)
미래지향적인 전략적 협력 추진 시기	2008.9. ~ 현재	"전략적 (협력) 동반자관계" (2008.9.)	이명박-메드베데프(모)	• 3~40년의 장기적 관점에서 양국 협력의 폭과 깊이를 심화시키는 데 합의 • 한·러대화 출범

　　한러 실질협력을 강화하는 데 중요한 계기를 제공한 것은 2005년 11월 19일 체결된 「대한민국과 러시아연방 간 경제, 통상 협력을 위한 행동계획」이었다. 한러 행동계획의 체결은 현재까지 양국 간 협력 분야 및 방향을 포괄적으로 제시함으로써 양자관계, 특히 경제협력관계의 중장기적인 발전을 견인해오고 있다는 데 그 의미가 크며, 그동안 많은 부문에 걸쳐 주목할 만한 성과를 낳았다고 평가할 수 있다. 정상 간 및 고위급 인사 간 정례적인 회동이 이루어지고 있으며, 한러 경제과학기술공동위원회를 비롯한 각종 협의채널들이 원활하게 운영되고 있고, 글로벌 경제위기 등의 여파로 다소 부침이 있기는 했지만 교역 및 투자도 꾸준히 증가하고 있고, 남·북·러 가스관 연결사업 등 에너지 및 천연자원 개발분야에서 대규모 프로젝트를 실현하기 위한 협력 논의가 진전되고 있다.

　　〈표 1〉에서 보듯이 2008년 9월 이후 양국은 미래지향적인 전략적 협력 실현을 향해 전진하고 있다. 2008년 9월 29일 이명박 대통령은 모스크바를 방문하여 러시아의 메드베데프 전前 대통령과 정

상회담을 갖고 양국관계를 '전략적 (협력)동반자관계'로 격상시키는 10개항의 공동성명을 발표하였다. 이처럼 양국관계를 전략적 동반자관계로 격상시킨다는 것은 양자 차원의 필요를 넘어 미래발전을 위해 서로를 인식하고, 양국관계를 새로운 단계로 발전시켜 나가겠다는 의지를 함축하고 있다. 이와 관련하여 양국관계가 전략적 (협력)동반자관계로 격상된다는 것이 과연 어떠한 함의를 갖는가를 정확하게 인식할 필요가 있다. 북핵문제에 대한 러시아의 국가이익의 구성은 러시아에게 정책적 딜레마를 제공하고 있다. 그리고 사실상 현재 북한문제는 한러관계의 발전을 저해하는 최악의 조건으로 작용하고 있다. 따라서 결국 양국 정부는 현재 양국관계의 발전을 가로막는 장애를 넘어서려는 노력과 동시에 북핵 이후 러시아와 한국이 한반도 및 동북아, 그리고 유라시아의 안정과 평화를 위한 건설적 기여를 할 수 있는 중장기적인 전략적 협력 방안과 대책들을 준비할 필요를 점차 인식하게 되었고, 이것이 바로 '전략적 협력동반자관계'라는 성격으로 표현된 것이다.

2. 현 단계 진단과 평가: 미래지향적 전략협력 추진

가. 한러관계의 현주소

'전략적 협력'이란 양자관계를 통해 지구적 및 지역적 수준에서의 전략적 협력을 추구해 나갈 수 있다고 상호 인식하게 된 당사국들이 그 협력의 내용을 지속적으로 채워 가면서 구성되는 관계이다. 전략적 협력의 내용은 첫째, 전략적 소통, 둘째, 전략의 조율, 셋째, 공통의 전략적 결과를 지향하는 프로젝트의 실천으로 요약될 수 있다.

이런 관점에서 한러관계는 어떻게 평가할 수 있는가?

첫째, 전략적 소통의 측면에서 지난 20년간 다양한 수준의 대화 통로를 발전시켜 왔다. 대화통로의 다기화 및 양적 증대라는 점에서 어느 정도의 성과는 있었다. 하지만 이러한 대화는 산발적이고, 피상적이며, 초점을 가지고 있지 못했다. 보다 중요한 문제는 이러한 대화를 통해 양국이 상대의 전략적 필요와 고민을 진지하게 이해하는 수준에는 도달하지 못했다는 데 있다. 또한 미국, 중국, 일본 등 주변국들과의 관계와 비교해 볼 때, 한국은 러시아와 전략적 소통을 할 수 있는 통로가 매우 제한적이다. 따라서 양국 정부는 다양한 수준에서 진행되고 있는 대화통로의 다기화 및 내실화를 더욱 촉진시키되, 이들의 다양한 대화들의 초점을 잡아줄 수 있는 의제를 잘 정리하고, 나아가 진정한 전략적 소통이 가능한 핵심통로를 개발함으로써 상대의 전략적 고민과 필요에 대한 이해에 도달하는 노력을 기울여야 한다.

둘째, 전략의 조율이란 측면에서 양국은 실패 및 제한적 성과를 거둔 경험을 가지고 있다. ABM 조약의 폐기를 두고 러시아와 미국이 신경전을 벌이는 가운데 한국이 매우 곤란한 상황에 처한 적도 있다. 4자회담과 그 후속조치의 결과로 탄생한 한반도에너지개발기구KEDO의 운용에서도 경쟁이 있었다. 천안함 사태에 대한 대응을 두고 전략적 소통과 조율을 시도하였으나 부분적 한계를 노정하기도 했다. 하지만 6자회담 진행과정에서 양국은 전략적 접근을 통하여 공조체제를 구축하면서 일정한 협력적 성과를 거두기도 하였다. 향후 미사일방어체제MD, 대량살상무기확산방지구상PSI의 운용, 동북아 다자안보체제 구상 등과 관련하여 양국 사이에 전략적 조율을 요구하는 상황이 발생할 수도 있다. 따라서 양국은 당면한 협력 현안들을 내실 있게 처리하는 일상적 관계발전의 노력을 지속하면서도, 동시에 좀 더 커다란 지역적, 지구적 질서의 미래를 두고 중장기적 차원에서 운영되는 정기적 대화의 장을 만들 전략적 조율의 토론을 증대시켜야 하며, 낮은 수준에서의 전략적 조율 경험을 학습할 수 있는 프로젝트의 공동실현부터 시작해 점차 높은 수준에서의 전략적 조율을 시도해야 한다.

셋째, 공동의 전략적 지향으로 선언된 프로젝트의 실천이란 측면에서 양국은 더욱 낮은 점수를 받을 수밖에 없다. 이는 그간 양국이 양자관계를 통해 얻는 파편적 이익에 대해서만 주의를 집중해 온 데 기인한 것이다. 물론 북한문제를 두고 양국이 기존의 한계를 넘어서려는 협력을 생각해 본 적도 있다. 남·북·러 삼각협력과 같은 경우가 그 예라 할 수 있다. 하지만 이러한 시도도 결국은 정치와 경제를 분리하는 한계를 극복하고 좀 더 넓은 지역적 동학을 품지 못하였다. 동북아 국제관계는 경제적 상호의존성이 증가하고 있지만 동시에 안보적 상충성도 커가고 있다는 점에서 정치와 경제가 상호 배타적으로 맞물려 상호작용하는 특성을 보이고 있다. 이러한 지역정치의 영향 하에서 양국은 자국의 전략적 이해구조를 침해받지 않으면서도 전략적인 협력을 실현할 수 있는 분야를 발굴하고 이를 구체적인 선언과 프로젝트로 외화外化시켜야 한다. 동북아와 아태지역, 그리고 지구적 수준에서 양국이 협력해 나갈 수 있는 다양한 의제는 풍부하게 존재하고 있으며, 현재의 동맹구조 속에서는 불가능해 보이는 과제도 유동적인 국제정치의 역학 속에서 열리는 기회를 포착하는 우회로 개발을 통해 실현해 낼 수 있다. 바로 이 지점이 양국의 전략적 협력을 실현해 낼 창의적 아이디어가 필요한 지점 중의 하나이다.

결국 한국과 러시아는 진정한 의미에서의 전략적 협력단계에 진입해 있다고 보기는 어렵다. 북핵위기와 같은 장애 요인을 차치하더라도 양국은 본격적 전략협력을 위한 동반길에 나서지 못했다. 냉정하게 평가하자면 현 단계 양국관계는 양자, 남·북·러, 동북아 지역협력, 지구적 의제에서의 다층적 협력의 균형점을 찾아가는 전략협력의 모색단계에 진입하고 있다. 따라서 전략협력에 대한 지나친 기대, 혹은 무시와 같은 극단적 판단은 배제하고, 균형적이며 현실적인 판단에 근거하여 전략적 협력동반자관계를 미래지향적으로 실현해 나가야 한다.

나. 양국의 상대국에 대한 인식과 한계

(1) 러시아의 한국에 대한 인식

러시아는 한국의 대미 의존적 외교의 한계를 양국 안보관계의 증진에 가장 큰 걸림돌로 인식하고 있다. 하지만 한미동맹의 제약 속에서도 러시아와 한국은 다양한 협력분야를 발굴할 수 있다. 에너지, 물류 등의 분야에서 진행되는 협력을 자연스럽게 안보적 영향력을 가진 협력기구로 발전시키는 중기적인 전략을 발전시킬 필요가 있다.

또한 러시아는 한국의 국가규모나 경제규모가 러시아의 아시아 파트너로서 가지는 한계에도 주목하고 있다. 따라서 러시아는 한국을 주변국, 즉 일본이나 중국의 대러협력을 유도하는 자극제 정도로 활용하려는 입장을 보이는 경우가 왕왕 있다. 하지만 이러한 러시아의 인식을 탓하기에 앞서 한국은 러시아와 한국 사이에만 존재하는 협력의 '블루오션Blue Ocean'을 개척해 나갈 필요가 있다. 이는 한국의 적극적인 이니셔티브가 요청되는 대목이다. 한국이 러시아를 한반도와 동북아에서 활용하고, 이를 지역정치 전환의 계기로 연결시킬 수 있는 아이디어를 발굴해 이를 둘러싼 양국 협력에 대해 러시아와의 진솔한 대화를 진전시킬 필요가 있다.

러시아의 한국에 대한 또 다른 부정적 인식은 말에 비해 행동이 따르지 않는 나라라는 생각이다. 과거에 수많은 공동 프로젝트가 논의되었지만, 성취된 것이 거의 없었던 것이 현실이다. 하지만 최근 러시아 상트페테르부르크에 건설된 현대자동차 공장의 직접투자는 러시아 측의 높은 만족도를 보여주는 성공사례로 들 만하다. 또한 남·북·러 가스관사업은 이런 부정적 인식을 일거에 해소할 수 있는 전략적 의미를 지닌 사업으로 신중하지만 적극적으로 추진해 봄직한 사업이다.

최근 러시아의 아시아 및 태평양 전략이 적극화되어 가고 있는 상황에서 러시아의 아태지역으로의 진출을 위한 새로운 파트너로서 한국이 지니는 가능성에 대한 재검토가 이루어지고 있다. 이런 러시아의 움직임에 한국이 적절히 반응하면서 러시아의 필요를 확인하고, 우리의 국익실현을 위해 협력할 수 있는 지점들을 함께 발굴하고 토론해 나가는 것이 필요하다.

(2) 한국의 러시아에 대한 인식

가장 큰 문제는 한국의 전반적 대외정책 지평에서 러시아가 차지하는 너무 낮은 존재감이다. 물론 러시아가 주변 주요국들 중 가장 낮은 영향력을 가지고 있는 것이 사실이지만, 그 정도는 너무 심하다. 한국의 외교정책 지평에서 러시아의 가능성에 대한 적극적 탐구 노력은 찾아보기 어렵다. 또한 주요 외교안보 정책결정에 참여하는 인사들의 인식 지평에서 러시아 자체가 무시되면서 러시아 관련 의제들은 그 우선순위가 뒤로 밀리는 상황이 자주 발생한다. 그러나 러시아가 가진 가능성과 미래적 가치를 적극적으로 탐구하고 실현해 보려는 노력은 한국외교의 운신의 폭을 넓혀줄 수 있다. 이를 위하여 정부 외교안보부처 내 러시아 관련 조직 및 인사의 충원이 필요하다.

냉전의 유산과 체제전환기 러시아에 대한 경험은 한국 정책결정자들에게 러시아를 신뢰할 수 있는 대상으로 인식하는 데 제약 요인으로 작용하고 있다. 또한 러시아의 외교적 행태를 해석하는 데 익숙하지 않으며, 미국과 서방의 인식틀에서 러시아를 해석하는 것을 답습함으로써 양국 사이에 가지고 있는 협력의 여지와 가능성을 가려내지 못하는 부분이 있다. 물론 러시아의 자의적 외교기준 등에 대한 비판의식도 존재한다. 하지만 신뢰는 꾸준한 대화와 협력 프로젝트의 진행, 그리고 성공사례들의 축적을 통해 형성되는 것이다.

한편 중러 전략적 협력의 축에 러북협력의 축이 결합되면서 북방삼각협력의 구도가 부활할 수도 있다는 전망 때문에 러시아가 한국에 대한 잠재적 적대국으로 전환할 가능성에 대한 우려를 완전히 해소하지 못하고 있는 측면도 있다. 그리고 최근 러시아의 한반도에서의 가능성과 대북 영향력의 회복에 대한 기대가 높아가고 있으며, 러시아의 가치를 현실적으로 평가하여 그 기반 위에 협력의 틀을 만들려는 실용적 태도들이 한국 내에 증대되고 있음은 긍정적 신호로 해석될 수 있다.

(3) 국제 및 지역 정치구조에서 오는 불협화음

한미동맹의 축에서 나오는 여러 정책들이 러시아의 한반도 내지 동북아에서의 영향력을 배제하려는 미국의 정책에 의해 제약을 받게 되는 측면이 있다. 미국의 아태전략에서 러시아가 이 지역에서 전략적 행위자로서의 입지를 회복하지 못하도록 배제시키려는 전략이 작동하고 있는 것으로 보이는데, 이러한 정책기조의 영향으로 한국이 러시아에 대한 독자적인 협력의 가능성이 제약되고 있는 측면이 있다.

나아가 국제정치무대 위 러시아와 미국의 대립구도 속에서 그 여파가 한반도에 미치는 경우에 한국과 러시아의 전략적 조율이 여의치 않은 측면이 분명히 존재한다. ABM미사일조약 폐기를 둘러싼 미러 간 갈등에 한국이 곤란을 당한 경우가 대표적이다. 이는 양자관계, 지역정치, 국제정치에 따른 인식의 수준이 양국 간에 일치하지 않기 때문에 나타나는 문제이기도 하다. 따라서 한국은 러시아의 전략을 좀 더 다차원적 수준에서 분석하고 이해하여 대응하는 것이 필요하다.

(4) 인식상의 불일치문제를 개선하기 위한 방향

대체로 양국 사이에 나타나는 인식상의 문제는 양국 사이에 공유할 수 있는 전략적 지향이 부재하고, 정책을 추진하는 전략 지평의 수준이 상이하며, 신뢰를 쌓기 위한 성공사례의 축적이 일천하고, 양국 국민들 간 상호인식 수준이 낮다는 데서 기인한다. 따라서 이러한 부분들을 보완하기 위해 한국의 입장에서는 러시아 외교에 대해 좀 더 주의를 기울일 수 있는 인프라를 구축하고, 전략적 소통과 조율을 위한 대화채널의 신설 및 내실화를 추진하고, 양국관계 증진과정을 관리해 나간다는 차원에서 민간 수준의 교류를 확대해 나가는 노력들을 적극적으로 기울일 필요가 있다.

다. 러시아가 보는 한국의 가치

러시아는 한반도를 대륙과 해양을 연결하는 동북아의 전략적 요충지로 보고 있으며, 역내 안보질서 구축에 있어 지전략적 가치를 지닌 것으로 판단하고 있다. 한국을 중국과 일본을 견제할 수 있는 동북아 세력균형의 중요한 거점으로 파악하고 있다. 나아가 동북아 안보의 새로운 평화유지의 기초로서 동북아 안보체계의 창출을 위한 다자안보체제 구축에 기여할 협력 대상으로 인식하고 있다. 또한 아태지역으로 진출하는 교두보로서 세계경제 편입을 위한 잠재적 시장을 보유하고 있으며, 가스관 건설사업, TSR, TKR 연결사업 등 남·북·러 3각 경협, 극동시베리아 개발에의 참여 등을 통한 경제적 실익의 도모 대상으로 인식하고 있다. 러시아의 아태지역 경제권에의 편입을 위한 교두보로서 시베리아 극동지역 개발에 대한 중요한 협력자로 파악하고 있다.

3. 한러 외교 분쟁의 해부

한러관계 발전에 있어 주요 분쟁 사례로는 4자회담에서의 러시아의 소외와 반발, 외교관 맞추방 사건1998, 최덕근 영사 피살사건1996, 탄도탄 요격미사일ABM 조약 파동2001, 서캄차트카 해상광구 개발사업 무산2009, 천안함 폭침사건2010을 둘러싼 외교적 조율 실패 등이 있다.

한국과 러시아 간 외교 분쟁이 단순히 한국 정부만의 잘못에서 비롯되었다고 볼 수는 없다. 하지만 이는 적어도 앞으로 한국이 러시아와의 관계에서 양국 모두 이득을 얻기 위해 어떠한 전략을 추구해야 하는지에 대해서 많은 시사점을 던져 주고 있다. 지금까지 한국과 러시아의 외교 분쟁 사례를 통해 얻을 수 있는 교훈은 다음과 같이 요약 정리될 수 있다.

첫째, 한국과 러시아의 많은 외교 분쟁이 한국의 러시아의 상황과 현실에 대한 몰이해에서 비롯된 경우가 있었다. 러시아의 대 한국 외교정책은 러시아 국내 상황, 국내정치에서 비롯될 수밖에 없다. 러시아의 대 한국 외교정책을 이해하고 예상하기 위해서는 러시아의 내부 상황과 국내정치에 대한 이해가 반드시 선행되어야 한다.

둘째, 러시아가 지구적 거시전략의 틀 속에서 대외정책을 전개하고 있다는 점을 유념해야 한다.

셋째, 러시아의 한국에 대한 정책은 그 자체가 아니라 아시아 혹은 한반도라는 지역적 고려에서 이루어지고 있다. 한동안 러시아는 북한을 버리고 남한 편향적인 정책을 펼치기도 했지만, 이것이 러시아의 대북한 영향력 약화와 한반도에서 지위 상실이라는 결과를 낳았음을 깨닫고 남북한 등거리정책으로 방향을 선회하였다.

넷째, 한국의 대 러시아정책은 단기적 결정에서 벗어나 장기적인 전략 수립과 더불어서 러시아 외교정책을 한국의 전반적인 외교전략에서 조율할 필요가 있다.

다섯째, 대러 외교정책은 주변국들과의 전반적인 역학관계 속에서 조율해야 한다.

여섯째, '자원·에너지 외교'에 편중되지 않은 다면적, 다층적 수준에서의 전략협력을 지향하여야 한다. 자원과 에너지 확보를 위한 외교는 한국의 대러 외교정책에서 중요한 부분이지만, 그것이 마치 전부인 것처럼 비춰져서는 안 되고, 반드시 러시아 국민에게도 이득을 주는 방향으로 진행되어야 한다.

일곱째, 특히 러시아에 대해서는 상호이해와 '감동의 외교'를 추진하여야 한다. 러시아인의 정서를 이해하고 그들의 감성적 이해를 고취하는 접근법이 필요하다.

Ⅱ. 2020년 미래 예측

1. 지구 2020

21세기를 들어 지구촌은 이전 세대에 비해 더욱 빠르고도 예측 불허의 상황을 맞이하고 있다. 2001년 발생한 9·11 테러 이후 테러전시대가 시작되었으며, 2008년 글로벌 금융위기를 계기로 중국의 부상 등 새로운 국제정치경제 질서가 재편되고 있다. 아울러 에너지 안보, 인간 안보, 기후변화 등 포괄적 안보 이슈가 더욱 중요하게 부각되고 있다. 2011년의 경우 튀니지의 청년 모하메드 부아지지의 분신자살을 계기로 '자스민 혁명'이 발생하였으며, 이후 민주화 혁명의 물결은 북아프리카와 중동지역으로까지 확산되었다. 정보통신기술 ICT의 발달에 따라 이제 세계는 한 울타리 내에서 상호작용하는 지구촌의 모습을 보여주고 있다. SNSSocial Network Service의 놀라운 파급영향 하에 새로운 패러다임의 정보전달 모습과 이전과는 차별화된 글로벌 현상이 나타나고 있는 것이다.

2020년 지구촌의 모습은 여러 각도에서 조망되고 있다. 지난 10

년의 반추에서 보듯, 다가오는 10년 후의 세계 모습도 예측불허의 상황이다. 그럼에도 불구하고 세계는 '지속과 변화'를 거듭해 나 갈 것이고, 이에 미칠 요인들을 면밀히 관찰해 보는 것은 국가외교 전략 수립에서 매우 중요하다. 미국 국가정보위원회2004가 출간한 『Mapping the Global Future: Report of NIC 2020 Project』[1]는 지 구적 단위에서 전개될 중대한 변화의 흐름을 다음 〈표 2〉와 같이 전망했다.

〈표 2〉

시나리오		주요 내용
세계화와 아시아 경제 부상 (시나리오 1)	세계경제의 확산	• 메가트렌드로서 세계화: 정보, 기술, 자본 등 교류 증대 • 세계경제 80% 성장, 평균소득 약 50% 증가 • 세계화의 혜택은 국가마다 차이
	기술혁명과 아시아 부각	• 나노, 바이오, 정보, 재료기술의 융합으로 중국, 인도 발전 • 다국적 글로벌기업은 국가통제권에서 탈피하여 신기술확산의 주체로 부상
세계권력 재편 (시나리오 2)	신흥권력으로 아시아 등장	• 중국과 인도가 주요 세력으로 부상, 중국은 제2 경제대국으로 성장(미국은 세력이 약해지지만 제1국은 유지)
	주요 국가의 권력 변화	• EU의 국제사회 비중은 증가되나 사회복지, 교육개혁 등 필요 • 일본은 인구 노령화로 경기회복 노력 곤란 • 한국은 통일문제, 북핵문제 등이 지속 • 러시아는 석유 및 가스 수출국으로 국제적 위상 강화 • 브라질, 인도네시아도 유럽국가들의 경제력에 접근
	에너지 수요증가와 정치관계 변화	• 세계경제 팽창으로 석유수요 증가: 향후 20년간 전체 에너지 소비 50% 증가 • 석유공급 중단을 대비한 각국 석유수요 확보경쟁 심화 • 2020년까지 석유, 천연가스 및 석탄의 화석연료가 지배적

....

[1]   NIC, *Mapping the Global Future*(2005.2).

시나리오		주요 내용
지배구조의 변화 (시나리오 3)	인터넷 영향력 증대	• 관심 분야별 가상 커뮤니티 확산으로 정부통치 어려움 • 인터넷을 통한 국제적 정치·사회운동 확산 가능
	종교적 영향에 의한 정치구도	• 종교적 신념에 따른 정체성 향상으로 개별 국가 압력 • 이슬람이 하나의 정치세력으로 단합 가능 • 국가권력을 넘은 권력 창출
	민주화의 정체 및 변형	• 구소련, 남동부아시아국가들의 민주화 퇴보 • 중국은 아시아적 민주화 방식(선거는 지역에서, 조율은 국가에서 수행) 추구
세계적 불안정 만연 (시나리오 4)	경제 불안정	• 세계화에 따른 경제적, 문화적, 정치적 격변 • 직업의 급격한 변화와 직업 재교육 필요
	내부갈등	• 약한 정부, 저성장 경제, 종교적 극단주의로 내부갈등 심화 • 정부통제가 없는 지역이나 집단 발생 가능성
	국제분쟁	• 권력갈등이 전쟁으로 발전할 가능성은 낮음 • 열강 개입으로 인한 갈등은 경고
	핵문제	• 중동, 동북아시아의 핵 미보유국의 핵보유 추진 가능
	국제테러	• 향후 15년간 국제테러 유발 갈등요인 감소하지 않음 • 알카에다는 비슷한 목적의 이슬람 극단주의 그룹과 대치 • IT를 이용하여 테러리스트 조직, 운영방식 변화 • 테러리스트들 대량살상 야기, 생화학무기 및 핵보유 우려

2. 러시아 2020

가. 러시아 미래지향적 목표

푸틴 시대 러시아 정부는 '강대국 러시아 재건'을 국가목표로 삼고
있으며, 2008년 이후 사회 전 부문에 걸쳐 '현대화', 특히 '혁신주도
형 경제로의 전환'을 핵심적인 국정운영의 방향으로 설정하고 있다.

현재 러시아의 중장기 발전전략의 대강을 결정짓는 청사진은
2007년 집권당인 통합러시아당이 작성한 일명 '푸틴플랜 2020'
이라고 할 수 있다. 이것과 보조를 맞추어 러시아는 '에너지 전략

2020·2030', '교통전략 2020·2030' 등과 같이 산업부문별로 2020년, 2030년을 목표 시한으로 정한 중장기 발전전략을 실행에 옮겨 오고 있다. '푸틴플랜 2020'은 석유·가스 등의 수출에 의존한 자원 의존형 경제구조에서 벗어나 정보통신기술ICT과 혁신활동이 중심이 되는 지식경제로의 체질전환을 통해 2020년까지 러시아를 세계 5위의 경제 대국, 1인당 국민소득 3만 달러의 경제부국을 만든다는 전략 목표를 설정하고, 국내 자원개발, 생산 인프라의 확충 및 투자 유치에 진력한다는 것이다.

2012년 5월 7일 푸틴 대통령의 공식 취임과 8일 메드베데프 전前 대통령의 총리 지명으로 러시아는 현재 푸틴-메드베데프 체제 2기에 들어섰다. 통상 푸틴 3.0시대로 명명되는 신정부 하에서도 위의 정책 기조는 계속 유지될 것으로 전망된다.

2020년에 이르면 러시아는 국제적 위상과 대외 영향력 측면에서 지금보다 훨씬 신장된 모습을 띨 것으로 예상된다. 러시아는 유엔 안전보장상임이사국 지위를 유지하는 가운데 군사력부문에서는 제2위의 위상을 지켜 나갈 것으로 전망된다. 또한 미국, EU와의 협력관계 재설정을 토대로 핵감축 등 세계전략부문에서 세력균형을 이뤄나가기 위해 노력할 것이다. BRICS의 일원으로 중국, 인도, 브라질 등 미래 주도국들과의 전략적 연대를 강화하면서 국제적 영향력도 제고될 것으로 전망된다. 또한 관세동맹 및 유라시아 경제공동체EurAsEC 통합을 확대·강화하는 등 유라시아 공간에서의 경제통합을 강화하고, 장기적으로는 유라시아연합 창설이라는 전략적 목표를 향해 전진할 것으로 전망된다.

나. 러시아 외교안보정책의 기본 방향

내용상의 지속, 형식상의 변화가 예상된다. 외교노선은 기존의 강대국 노선, 실용주의 노선, 다면적 전방위 외교를 통한 지전략적 복합화 노선을[2] 견지해 나갈 것으로 보이며, 이에 혁신화된 외교로서 공공외교가 덧붙여질 것으로 전망된다.[3] 그리고 권위주의적 국가체제, 정책 효율성 강조, 현실주의적 실용주의 외교노선 등이 국가발전모델의 중심을 이룰 것으로 전망된다. 또한 외교적으로 러시아는 독립된 전략적 행위자로서 자리매김하고, 서방의 첨단기술에 대한 접근을 강화하는 한편 G8에서부터 G20에 이르기까지 외교적 외연을 넓히며 CIS 국가들과의 독립된 경제 단위를 구축하는 데 주력할 것으로 전망된다.[4]

나아가 러시아는 석유·가스 수출국으로서의 지위 및 군사적 강국의 지위를 회복하고, 지정학, 지경학적 중요성을 지닌 러시아 극동시베리아 지역에 대한 개발도 현실화시켜 나갈 것으로 예상된다. 2012년 5월 푸틴 3.0 시대 출범과 함께 극동개발부를 새롭게 신설하거나 극동개발 프로젝트를 실질적으로 추진할 수 있는 시베리아·극동개발공사 설립을 추진하고 있는 점을 고려할 때 향후 보다 강력하게 시베리아·극동지역 개발을 추진하면서 아태경제권으로의 편입 및 동북아국가들과의 협력을 강화해 나갈 것으로 전망된다. 러

....

[2] 신범식, "참여정부의 대러시아정책에 대한 평가와 전망," 2005년 한국정치학회 특별 학술회의(2005).

[3] 바실리 미혜예프, 한양대 비공개 세미나(2011.2.23).

[4] Dmitri Trenin with Sergei Aleksashenko, Sam Greene, and Adnan Vatansever, "Russia in Mid-2011," Carnegie Policy Outlook(June 22, 2011).

시아의 장기 사회경제발전 전망에 따르면 극동·바이칼 동부지역은 2020년까지 역내 GDP가 12배 늘어나고, 30개에 달하는 대규모 산업시설들이 건설될 예정이다.[5]

현재 러시아는 '유로-태평양Euro-Pacific' 국가임을 천명하고, 서구 중시의 전통적 외교정책 성향에서 아태지역의 중요성을 재발견하고 있는 중이다. 우랄과 태평양 사이의 러시아 동부지역을 발전시킬 필요성을 느끼고 있으며, 중국 부상에 대한 관리, 한국, 일본 등 경제발전국가에의 접근 기회를 찾으려고 노력할 것이다.

다. 러시아 경제의 미래 전망

'러시아연방 장기 사회경제발전 개념'은 2020년까지 러시아를 세계 5위의 경제대국으로 진입시킨다는 목표를 설정하고 있다. 전체적으로 다원주의적 발전주의 국가모델이 형성되는 가운데 러시아는 세계 강대국의 면모를 확인하면서 다극화된 세계질서의 한 축으로서 자기 위상을 한층 강화해 나가게 될 것이다. 러시아가 냉전시기 누렸던 초강대국의 위상을 다시 회복할 가능성은 적어 보이지만, 중기적으로 종합 국력 세계 5위권의 국가로서 지구적 책임성을 감당하는 강대국으로 자리 잡게 될 가능성은 매우 높다.

세계 에너지 수요가 지속적으로 상승할 것으로 예상되는 가운데 러시아는 수요 전망에 맞추어 에너지 탐사 및 생산 계획(극동시베리아 자원개발), 그리고 수송시스템의 통합전략(UGSS, ESPO)을 추진하고 있다. 에너지 공급국으로서 러시아의 위상은 보다 강화될 것이

....

[5] 김학기, "러시아 2020년 장기 경제개발 전략과 시사점," e-KIET 산업경제정보(2008.7).

며, 주요 매장지 개발과 파이프라인 연결 등 에너지협력사업이 대외전략을 투사하는 통로로 활용될 것이다.

향후 푸틴 3.0 시대 러시아의 경제정책은 지난 시기 과도한 성장 편향적인 노선에서 벗어나 성장과 안정의 적절한 균형을 잡는 노선을 견지할 것이며, 사회발전을 위해 보건 및 교육제도 등을 개선하는 데 보다 많은 자원을 투입할 것으로 전망된다. 중장기적으로 러시아는 에너지복합체와 군산복합체에 대한 국가의 통제와 간섭을 유지하면서 자본의 집중·집적을 도모하고, 이들 기업들을 통해 글로벌 차원의 국제경쟁력을 강화하는 접근을 지속해 나갈 것으로 보인다. 향후 푸틴 3.0 시대에는 이전 메드베데프 시대보다 자유주의적 경제노선이 퇴조하고, 경제부문에 대한 강력한 정부개입을 요구하는 분위기가 보다 강화될 것이다.

한편, 2012년 8월 22일 러시아의 공식적인 WTO 가입 완료는 향후 러시아 경제에 추가적인 성장동력을 제공하면서 서비스 질 개선 및 가격 하락에 따른 생산성 및 경쟁력 향상을 가져올 것이며, 나아가 경제다각화 및 대외직접투자 활성화를 견인할 것으로 전망된다.

하지만 러시아 경제에 대한 낙관적인 전망이 현실성 있는 시나리오가 되기 위해서는 러시아 경제 내에 고착된 구조적 문제점, 즉 천연자원 수출에 의존하는 '자원의존형' 경제구조, 제도적인 규제개혁의 미흡, 취약한 금융시스템, 인구학적 위기, 사회 전체에 만연된 부패, 범죄의 조직화·구조화 등과 같은 도전 요인들을 극복해야 할 것이다.

3. 동북아와 한반도 2020

가. 동북아 향후 10년

동북아 지역은 다가오는 10년 동안 가장 역동적이며, 많은 변화가 예고되어 있는 용광로와 같은 지역이다. 가장 큰 변화의 핵심적 고리는 중국의 부상과 주변국들의 대응에 따른 질서 재편의 문제이다. 세력균형이 바뀌면서 그 공백을 둘러싼 미·일·중·러·남북한의 협력과 갈등 양상이 노정될 가능성이 높고, 장기적으로 이것은 새로운 국제체제, 국제질서의 출현과 맞물려 있다.

동북아에는 역내 국제질서 재편과 세력전이를 둘러싼 전략적 게임이 현재 진행형이며, 이는 중국의 부상이 계속되는 한 2020년과 그 이후 시기까지 지속될 가능성이 높다. 앞으로 미중 간 대화의 모색과 함께 경쟁도 더욱 격화되는 양상을 보이게 될 것이며, 지경학, 지정학, 지문화학적 전략 요소 등이 혼재된 복합적 상호의존complex interdependence 및 네트워크 시대가 부상할 것이다.

2020년까지 역내 동북아질서는 다음과 같은 특징을 띠며 전개될 것으로 예상된다.

첫째, 미국의 쇠퇴, 중국의 부상으로 집약되는 세력균형의 재편과 세력전이현상의 가시화로 불확실성, 혼돈의 동북아 질서 재편이 예상된다. 역내 세력권 확장과 확보를 둘러싼 주요국들의 갈등과 협력이 변화무쌍하게 전개될 것이다.

둘째, 앞으로 동북아 국제질서 재편과정에 있어 미·중·러, 미·중·일, 한·중·일 등 역내 3국 간의 역학관계와 성격이 매우 중요하게 작용할 것이다. 미·중·러 삼각관계는 역내 주요 강대국 간의 관계로 세계질서, 유라시아 질서와 연계되며, 세력균형의 형성과 재편에 핵심적 역할을 수행할 것이다. '미국 대 중러 전략적 동반자관계' 구도에서 '중국 대 미러'가 협력하는 구도로 변모해 갈 가능성도 배제할 수 없다.

셋째, 러중관계는 기본적으로 현재의 '전략적 동반자관계'를 더욱 심화, 발전시켜 나갈 것으로 예상된다. 그러나 중러 전략적 동반자관계는 미국이라는 최강국을 상대로 한 삼각관계에서의 한시적인 연대의 축을 의미하기 때문에 언제든지 미·중·러 삼각관계의 세력판도에 중대한 변화가 발생한다면 동반자관계의 균열이 발생할 가능성도 배제할 수 없다. 다만 향후 10년 내에 양국 간 이해관계의 충돌이 가시화될 것인지는 불분명해 보인다. 전반적으로 동북아의 정세 전개에서 양국관계를 위협할 불안 요인보다도 안정적 발전의 여건이 우세할 것으로 전망된다.

넷째, 군사적 측면에서 긴장 고조와 군비경쟁이 보다 심화될 것이다. 중국의 군사력 증강에 맞서 미국과 일본이 대응하고, 한반도의 급변사태에 대한 우려감 증대 등으로 역내 군사적 긴장이 높아질 것으로 예상된다. 북극항로 및 해상교통로SLOC: Sea Line Of Communication를 비롯한 해양안보의 중요성이 부각될 것이다. 또한 중국의 부상에 대한 주변국들의 우려와 결집 상황이 지속될 것으로 전망된다.

다섯째, 새로운 국제적 리더십 제고를 향한 주변 주요국들의 경쟁이 보다 심화될 것이다. 2012년 주요국의 지도자가 교체됨에 따라 새로운 국가비전과 국가발전 목표를 정비하고, 역내 질서 재편을 둘러싼 리더십 경쟁이 심화될 것이다.

여섯째, 양안과 한반도 등 분단국의 문제도 역내 질서 향배를 가늠하는 중요한 변인으로 계속 작용할 것이다.

나. 러시아의 동북아 전략적 목표

러시아의 관점에서 동아시아는 유라시아 전체 지역 중에서 동쪽의 한 축이자, 전략적 요충지이다. 세계에서 가장 역동적으로 발전하고 있는 한·중·일 3국이 있으며, 경제적 측면에서도 철의 실크로드 구상, 에너지망 연결 프로젝트 등 극동시베리아 개발과 연계될 수 있다. 이런 점에서 미래지향적 의미를 담고 있는 중요한 지역으로 인식하고 있다.

또한 러시아는 역내에서 유라시아권 동서 전략적 균형 도모, 북핵 6자회담에서 러시아의 역할 확대, 동북아 다자안보체제 구축, 극동시베리아 개발에 역내 국가 참여 유도 등의 정책 목표와 이해관계를 갖고 있다.

동북아 지역에서 러시아는 세력균형의 유라시아 연대망 구축, 지경학적 협력과 투자 유인, 포괄적 외교수단으로써 에너지 자원 활용 전략을 구사해 왔으며, 이러한 목표는 앞으로도 변함없이 추구될 것으로 전망된다.

다. 동북아 지역협력과 러시아

중국, 일본, 한국이 주도하는 동북아공동체 논의에서 러시아는 장외 행위자이다. 중국이 지역·글로벌 경제 강국이 될수록 러시아는 경쟁우위를 상실하게 되고, 정치적 입지도 약화될 수 있다. 이런 상황에서 러시아는 미중, 중일간 마찰을 이용하려는 정치적 유혹에 빠질 가능성이 높다. 그러나 이러한 외교적 행태는 소탐대실의 결과를 초래할 수도 있다.

중국의 부상과 관련하여 극동·동시베리아 지역에서 경제적인구학적 '침탈'로 해석되는 현상들은 정치적 분쟁의 가능성을 안고 있다. 반면에 중국의 시장화와 민주화로 촉발되는 역내 양자, 삼자, 다자 간 협력구도들은 그러한 잠재적 위협의 현실화를 최소화하면서 러시아에게 동북아 지역주의에 참여할 기회를 제공할 수 있다.

러시아는 지정학적 갈등의 공간에 둥지를 틀기보다는 러시아를 배제한 채 진행되는 역내 국가들의 파트너십의 구축을 경계한다. 역내 국가들의 이해관계가 결합되고 상호보완적 협력 메커니즘이 작동하는 분야를 선도적으로 발굴하고 현실화할 가능성을 갖고 있다.

러시아는 기본적으로 북핵문제는 6자회담을 통해 외교적·평화적 방식으로 해결해야 하고, 북한의 핵포기에 미국 등 관련국들의 안전보장 및 상응하는 경제원조 조치가 뒤따라야 한다는 입장을 견지하고 있다. 6자회담의 관련국으로서 러시아의 적극적인 참여와 역할은 강대국 지위 복원이라는 전략적 과제에도 부합되며, 북핵문제의 해결 과정에서 한반도 내 러시아의 입지를 제고하는 데 크게 기여할 것으로 판단하고 있다.

이외에 러시아는 아태경제협력체APEC, 동아시아정상회의EAS, 아시아유럽회의ASEM, 아세안안보포럼ARF 등의 지역 다자협력 기재에 적극적으로 참여함으로써 역내 영향력의 통로를 다기화하고 있다.

라. 러시아와 한반도

한반도와 관련하여 러시아는 남북한과 동시에 정상적 관계를 유지하는 입장을 견지할 것이다. 기본적으로 러시아의 대 남북한 균형접근 및 등거리 정책도 변함없이 지속될 것이다. 이러한 균형적 접근은 한국의 입장에서 크게 문제될 것은 없다. 왜냐하면 러시아의 북한에 대한 영향력의 유지는 한국과 러시아의 전략적 협력의 중요한 기반이 될 수 있기 때문이다.

또한 중국과 달리 러시아는 한반도 냉전구도의 해체와 통일로부터 상당한 이익을 볼 수 있는 국가이다. 러시아는 통일한반도와 접경국이 됨으로써 동북아에서 무시할 수 없는 발언권을 갖게 되고, 모스크바를 중심에 놓고 사고했던 한국 사회 내부의 '지리적 원격성'이라는 심리적 장벽을 해소할 수도 있을 것이다.

마. 러시아의 한반도정책의 목표

한반도에 대한 러시아의 외교정책적 목표는 안정적으로 국내개혁을 추진하기 위한 평화롭고 안정적인 한반도 안보환경을 조성하는 데 있다. 이러한 정책 목표는 향후에도 지속될 것이다.

이를 위해 러시아는 안보적으로는 북핵문제의 평화적 해결, 한반도 비핵화 및 대량살상무기 개발 및 확산 저지, 남북한의 반反러시아화 방지, 6자회담에서의 러시아 역할 강화, 한국에 대한 북한 지렛대 활용 강화 등을 추진하고 있다. 경제이익 측면에서는 아태지역 경제권 진출을 위한 교두보를 확보하고자 하며, 에너지자원의 안정적 수출과 극동시베리아 개발에의 참여 등을 우선적으로 추진하고 있다. 이 역시 변함없이 지속될 중장기적 정책 목표이자 방향이다. 지역협력 측면에서는 최근 아시아 및 아태지역에 대한 협력을 강화하기 위한 다양한 계획을 입안하고 외교적 자산을 투여하고 있다. 이러한 러시아의 아태지역 진입 및 영향력 강화를 위한 노력은 향후 러시아 외교의 가장 두드러진 특징으로 자리 잡게 될 것이다. '유로-태평양Euro-Pacific' 국가로서 러시아는 아태지역에서의 위상 강화를 위하여 한반도에서의 에너지, 교통인프라 및 물류, 식량안보, 해양자원, 교육 및 과학기술 등의 분야에서 협력을 강화해 나갈 것이다.

바. 러시아와 북한

러시아의 입장에서 북한은 군사안보적 완충국가로서 정치, 군사안보적 가치를 지니고 있어 이에 대한 기본적 이해는 변함이 없을 것으로 예상된다. 또한 권력세습, 경제난 등 북한의 대내정세 불안정에 따른 급격한 정치변동 출현 가능성에 대한 대비책도 마련해 나갈 것으로 보인다. 전반적으로 이전에 비해 고위급 인사 교류활성화, 인도적, 물적 지원 확대 등 대북 접근을 강화시켜 나갈 가능성이 높다.

북핵문제와 관련하여 러시아는 '한반도 비핵화'의 기본 입장을 견지한 가운데 북한의 NPT 복귀 및 IAEA 사찰 허용, 문서로 보장된 북한의 안전보장 확약, 북미 및 주변 다자 간 대화 지지, 6자회담을 통한 외교적·평화적 해결을 강조한다. 미북 간 중간자적 입장에서 건설적 중재자 내지 조정자로서의 역할을 부각시키려 노력할 것이다. 최근 6자회담이 재개되지 않은 가운데 3자 내지 4자회담 거론, 6자회담 무용론 등 러시아의 한반도문제의 당사자로서의 위상을 위협하는 상황이 현실화되지 않도록 사전에 대비하는 외교적 노력도 배가시켜 나갈 것이다.

러시아 정부가 북한의 급변사태에 대해 대비하고 있다고 밝힌 공식문건은 발견되지 않는다. 또한 러시아 내 한반도 전문가들도 북한에서 체제 와해, 또는 급격한 정치변동이 일어날 가능성이 비교적 낮은 것으로 평가하고 있다.[6] 그럼에도 불구하고 만약 급변사태 등 북한 내 불안정 상황이 발생할 경우에 러시아는 나름대로의 대북조치를 취할 것으로 판단된다. 자국 국경의 안정성 확보, 재북 러시아인 보호, 대량살상무기의 투명한 국제적 처리, 유엔 안보리 상임이사국의 임무 수행 등 다양한 개입 명분을 내세울 수 있다. 또한 러시아는 2000년 2월 체결한 북러 신新우호조약 제2조에 명기된 "양국 간 안보위협 발생 시 즉각 협의한다"는 내용을 토대로 북한에 개입할 수 있는 여지를 남겨 두고 있다. 러시아는 북한의 대내 상황은 물론, 주변국들의 비군사적 및 군사적 동향, 전략적 내지 경제적 이익관계 등을 다차원적으로 고려하면서 대응조치의 수위를 결정해 나갈 것이다. 다만 공세적이고 적극적인 행태보다는 국제법 준수와 한반도 당사자로서의 개입을 확증하는 수준에서 관련 정책을 추진할 것으로 보인다.

4. 소결: 한국의 대러 외교에 주는 시사점

동북아 2020년에 대한 전망은 전반적으로 역내 국가들이 변동의 불안정성을 관리하면서 지역적 안정과 평화를 구가하길 바라는 정책적 배경을 잘 드러내 주고 있다. 각국은 대내 발전을 위한 필요에 의해서도 그렇고, 국제적 가치의 공동 구현이라는 측면에서도 그렇다. 러시아도 예외는 아니며, 한국은 이를 잘 활용할 필요가 있다.

....

[6] Georgy Toloraya, "Transforming the Face of the Korean Peninsula?," *Россия в глобальнойполитике* (22 June 2011). www.globalaffairs.ru (검색일: 2011-7-30).

무엇보다 미·일·중·러 주요국들의 역내 안정과 평화에 대한 기본 인식과 필요성이 지속되도록 분위기를 만들어 가는 것이 중요하다. 한·미·일, 한·중·일 구도 외에도 한·러·미, 한·러·일, 한·미·중·러 등과 같은 다양한 형태의 소통과 대화의 틀을 동시에 활성화할 필요가 있다. 더불어 동아시아 소지역, 지역, 광역 및 글로벌 차원의 협력 네트워크를 강화해야 한다.

미·중·러 전략적 삼각구도 속에서 상호협력을 지향하도록 지역 정치구도를 개편해 나가는 것이 한국에게는 유리한 환경이 될 수 있다. 미·중·러 삼각구도에서 미중 간 경쟁과 갈등을 예방 내지 완화하는 러시아의 건설적 역할이 가능하도록 한러 협력방안을 찾아야 한다. 러시아의 중재자로서의 기여는 동북아에서 지역정치의 안정과 평화, 그리고 공동번영을 증진시킬 수 있다. 러시아의 역내 전략적 행위자로서의 역할이 촉진되는 것은 한국의 외교환경을 개선하는 일이 될 수 있다.

러시아는 내부적인 정치·경제적 굴곡을 겪으면서도 동북아 및 한반도에서의 영향력을 강화해 나가려 할 것이다. 다행스러운 것은 러시아가 경쟁의 대상이라기보다 협력의 대상이 될 가능성이 높다는 점이다. 즉 러시아가 우리와 상호이익을 추구할 수 있는 보완적 관계 구조 속에서 전략적 동반자관계를 추구해 갈 수 있다.

체제전환 이후 러시아는 자유민주주의 체제와 시장경제를 지향하는 가치적 동질 국가로서 동북아 평화와 발전을 위한 중재자와 조력자의 위상을 가지고 있다. 안보적 측면에서 북핵문제 해결에 있어서도 긍정적 역할을 기대할 수 있으며, 한반도 평화통일을 지원하는 우호 세력이 될 수 있다. 또한 중국의 부상에 따른 점증하는 미중 경쟁 구도 속에서 한국과의 협력을 통해 역내 균형과 안정을 달성하는 데 기여할 수 있다. 경제적으로 러시아는 우리에게 있어 향후 극동시베리아 개발과정에서 우리의 자본, 기술, 경영 능력을 펼칠 수 있는 기회의 땅이자 도전을 창출하는 뉴프런티어이다. 나아가 지역적으로 기존 '대륙세력 대 해양세력' 사이의 경쟁적 구도를 넘어서 역내 국가들의 공유이익에 대한 합의를 전제로 하는 지역협력모델을 가꾸어 나가는 과정에서 지역질서에 대한 관점과 이익을 공유하는 협력 파트너가 될 수 있다. 따라서 "가능성으로 존재하는 양국 간 공유이익"을 전략협력을 통해 현실화 및 심화하는 것이 향후 한국의 대러외교의 중심적 과제가 되어야 할 것이다.

Ⅲ. 대 러시아 외교의 목표와 추진방향

1. 한러관계 발전의 당면 목표는 무엇인가?

한러관계 발전을 위한 한국외교의 목표는 ① 한러 간 전략적 협력 관계의 실질화 및 심화 발전, ② 통일과정에의 후원자 및 통일한국에의 우호 세력화, ③ 한러경협 증진을 통한 공동번영 창출, ④ 한러 간 이해증진을 위한 네트워크외교 확대, ⑤ 동북아 다자안보협력체 구축에서의 전략적 협력 달성 등 총 다섯 개로 집약하여 설정할 수 있으며, 이를 구성하는 구체적인 내용은 〈표 3〉과 같다.

〈표 3〉 대러외교 목표 및 주요 내용

외교 목표	주요 내용
한러 전략협력의 실질화, 심화, 발전	• 한러 전략적 협력동반자관계 수립(2008. 9월 정상회담, 모스크바) • 외교적 수사가 아닌 실질적인 '전략 협력' 도모

한반도 통일 과정의 후원자 및 통일한국의 우호세력화	• 한반도 평화통일과 평화체제 구축과정에서 러의 긍정적·건설적인 역할 유도
	  − 북핵문제 해결을 통한 한반도 비핵화 실현
	  − 한반도 군사적 긴장 완화의 중재자 역할
	  − 대북 관련 정책에서 한러공조(북한의 개방·개혁 유도, 북핵문제 해결에의 영향력 제고, 북한 급변사태에 대한 정책 공조 등)
	  − 남·북·러 삼각경협의 구체화 및 경제적 실익 도모, 중국 동북공정(부상)에 대응한 남·북·러 삼각 공조

한러경협 증진을 통한 공동 번영 창출	• 교역, 투자, 과학기술 협력, 극동시베리아 공동개발 등 한러 간 전 부문에 걸친 경협 잠재력 극대화 • 장기 미래 경협 비전과 세부 목표의 설정 및 추진 − 2020년 5백억 달러, 2030년 1천억 달러 무역고 달성 등 • 한러 FTA 체결, 호혜적인 남·북·러 삼각경협의 실현, 에너지 자원과 물류협력 증대, 극동시베리아 개발사업에의 참여 • 러시아의 '경제현대화' 프로그램과의 전략적 협력 및 지원
한러 이해증진을 위한 네트워크 외교 확대	• 한러관계 질적 발전의 토대 구축 • 상호 왜곡된 이미지 및 오해 불식, 신뢰 구축 • 다양한 대화채널, 인사교류, 문화축전, 후속세대 및 차세대 발굴과 지원 등 공공외교와 저변 확충
동북아 다자안보협력체 구축에서의 전략 협력	• 한러 간 21세기 전략적 안보협력 도모 • 동북아 지역의 평화와 번영의 동반자 역할 제고 • 6자회담 이후 동북아 평화안보체제(peace and security mechanism) 구축 관련 논의 활성화

첫째, 대러 외교의 목표는 명실상부한 한러 전략적 협력동반자 관계를 구축하고 이를 심화 발전시키는 것이다. 2008년 9월 정상회담을 통해 한러 전략적 협력동반자관계가 수립되었지만, 실질적인 내용까지 담은 전략적 협력동반자관계를 이룩했다고 평가하기는 어렵다. 따라서 향후 2020년까지 단순한 외교수사에 그치는 것이 아니라 실질적인 '전략협력'을 도모해 나가는 것이 중요하다.

둘째, 한반도 통일과정에의 후원자 및 통일한국에의 우호세력화이다. 이는 한반도 평화통일과 평화체제 구축과정에서 러시아의 긍정적이고 건설적인 역할을 유도하는 것과 연계되어 있다. 이는 북핵문제 해결을 통한 한반도 비핵화 실현, 한반도 군사적 긴장 완화의 중재자 역할 등 궁극적인 한반도 평화와 안정에 기여할 것이다. 즉 러시아를 매개로 한 북한의 대외개방·개혁 유도, 핵문제 해결에의 영향력 제고 가능성 등 대북 관련 정책에서 한러가 공조할 수 있는 여지를 활용하는 것이다. 나아가 여기에는 남·북·러 삼각경협 구체화 및 경제적 실익 도모, 중국 동북공정(및 부상)에 대응한 남·북·러 삼각 공조, 북한 급변사태에 대한 정책 공조 및 대비 등도 포함된다.

셋째, 한러경협 증진을 통한 공동번영의 창출이다. 한러 간의 교역, 투자, 과학기술 협력, 극동시베리아 공동개발 등 한러 간 경협을 증진시켜 양국의 공동번영을 추구하는 것이다. 2020년 500억 달러, 2030년 1,000억 달러의 무역고 달성 등 미래 경협 비전과 세부 목표를 설정하는 것이다. 여기에는 한러 FTA 체결, 호혜적인 남·북·러 삼각경협의 실현, 에너지 자원과 물류 협력 증대, 극동시베리아 개발사업에의 참여 등이 포함되며, 현재 러시아 정부가 추진 중인 '혁신' 및 '경제현대화' 정책에 부응하여 이의 실현에 적극적으로 참여하는 것도 포함될 수 있다.

넷째, 한러 이해증진 네트워크 외교의 확대이다. 사실 이 부문은 지난 10여 년간 한러관계 발전을 가장 크게 제약한 요인이었으며, 따라서 향후 한러관계를 질적으로 진전시키는 토대가 될 수 있다. 상호 국가에 대한 잘못된 이미지와 오해를 불식시키고, 진정한 전략적 협력 동반자 관계로 가기 위한 신뢰를 구축하며 이해의 폭을 확대하는 것이 주요 내용이 될 것이다. 이에는 관·산·학을 비롯한 모든 분야가 포함되며, 다양한 대화채널, 인사교류, 문화축전, 후속 세대 및 차세대 발굴과 지원 등 공공외교와 저변 확충외교가 긴요하다.

다섯째, 21세기 역내 안보문제의 해결 기제로서 동북아 다자안보협력체를 구축하는 것이다. 이러한 목표 아래 한러 간 21세기 전략적 안보협력을 도모하고, 동북아 지역의 평화와 번영의 동반자 역할을 제고하는 것이다. 현재 러시아는 6자회담의 동북아 평화안보체제peace and security mechanism 실무그룹 협상 주관국이다. 결국 러시아와의 협력을 통해 포스트 6자회담의 전략적 틀을 만들어 내는 등 역내 안정과 평화에 기여할 다자안보협력체를 구축하는 것이 매우 중요하다. 이와 관련하여 동북아안보협의체, 북태평양안보협의체 NPSO, 동북아안보협력기구NASO, 아시아판 유럽안보협력기구OSCE의 아시아판 모형 등 다양한 다자안보협의체 아이디어가 제시되고 있고, 앞으로 이에 대한 논의는 더욱 활성화될 것으로 전망된다.

2. 전략적 협력의 범위와 내용

'전략적'이라는 용어 안에는 다층적 의미가 함축되어 있다. 일단 협력의 주체와 범위가 양자 단위, 지역적 단위, 글로벌 단위로 구분될 뿐만 아니라 포괄적 안보까지 확대된 개념으로 이해할 수 있다. 만일 협력의 공간적 범위가 지역적 수준으로 확대될 경우에는 주변국과 전략적 협의를 할 수 있는 소통 구조, 채널 구축이 중대한 과제로 떠오를 수밖에 없다. 한편, '전략협력'이 '전략적 소통, 공유이익,

실질적 프로그램' 등이 이뤄지는 것을 전제로 한다는 점에서, 그것은 양자관계에서 비전과 전략을 공유하고 상호 공동이해를 극대화해 나간다는 의미도 담고 있다. 결국 '전략적'이라는 용어는 만들어 가는 과정이자 지향점이라는 성격을 동시에 담고 있다.

이와 관련하여 최근 역내 동아시아 정치경제질서 재편과정 속에서 러시아의 정치경제적 중요성과 위상이 증대되고 있음에 주목해야 한다. 역내 주요 행위자로서 러시아의 중요성을 정확하게 인식하고, 러시아와 양자 수준이 포함된 포괄적 의미에서의 전략협력을 전개해 나가야 한다. 전략적 협력의 방향과 부문별 주요 협력 대상은 아래의 〈표 4〉와 같다.

먼저 양자 수준의 전략협력이 가장 핵심적이고, 기본적인 관계 발전의 출발선이 된다. 여기에서는 크게 전략적 협력동반자관계의 내실화 및 제도화, 호혜적 경제관계 구축으로 전략적 경협 추진, 군사부문에서의 교류 증진과 협력 등이 주요 전략적 방향으로 설정될 수 있다.

다음 동북아 지역 수준의 전략협력으로는 전략적 소통을 위한 외교안보 현안 해결의 네트워크 형성 및 긍정적 분위기의 안보 환경 조성이다. 여기에서는 한반도 비핵화의 실현 및 북한 핵문제 해결이 최우선 사안이며, 한러협력을 통한 북한의 개혁·개방 유도, 북한의 정상국가화와 급변사태 가능성 대비, 통일한국에의 기반 구축 등이 포함된다. 이 밖에도 역내 안보문제 해결의 메커니즘으로 포스트 6자회담 구상, 안보 네트워크 구축, 동아시아안보조약(선언), 대량살상무기WMD 비확산정책 공조, 한·미·일, 한·미·중, 한·미·러 등 3자(혹은 4자) 대화채널 구축도 이에 해당된다. 한국이 대중, 대일 견제의 세력균형자로서의 역할 제고가 이뤄질 가능성을 염두에 둔 것이다. 다양한 형태의 동북아 다자안보협의체 구축 논의도 전략협력의 일부를 이룬다.

마지막으로 지구적 수준의 전략협력은 양국 간 세계전략에 대한 인식의 공유, 보편적 가치에 대한 합의, 포괄적 안보 사안에 대한 정책 협의를 전제로 이뤄지는 것이다. 여기에서 기초적인 것으로 테러리즘 대처, 대량살상무기 확산금지 공조, PSI 공조, UN을 통한 PKO 활동 전개, 소말리아 해적 퇴치, 기후변화와 국제보건 협력 등을 꼽을 수 있다. 이 밖에 국제규범과 국제법 준수, NPT 체제 유지, ASEM, APEC, ARF, EAS, IAEA 등에서의 정책 공조, 빈국에 대한 한러 지원협력 프로그램 개발, 글로벌 거버넌스 강화에의 공조 등도 이에 해당된다.

〈표 4〉 전략적 협력의 범위와 부문별 협력 내용

주체와 범위	전략적 방향	부문별 협력 대상
양자 단위	전략적 협력 동반자관계의 내실화 및 제도화	• 한러관계의 '미래 비전' 제시 및 실천 • 대화채널의 활성화 및 네트워크 형성(기존 전략대화의 확충, KRD 제도화, 한러 의원연맹 활동 강화 등) • 문화·예술·스포츠 등 사회·문화적 소프트파워 요소의 소통
	호혜적 경제관계 구축으로 전략적 경협 추진	• 동북아 국제경협벨트 조성 및 국제투자 유치로 역내 관련국들의 경제발전 도모 • 창-지-투, 연해주, 나선특구를 묶는 국제삼각벨트 협력 구상, 프로젝트 시베리아(Project Siberia) • 판동해권 경제공동체 발전 구상, 환동해권 개발 구상 • 남·북·러 삼각경협 실천(극동시베리아판 개성공단과 농장 설립·운영, 북한통과 가스관건설, TSR-TKR 연결 등)
	군사부문에서의 교류 증진과 협력	• 고위급 군인사 교류 교육 • 군사훈련 상호 참관, 합동군사훈련 실시 • 불곰사업 등 군사무기 거래 • 해양안보에서의 공조 • 군사적 신뢰 구축

주체와 범위	전략적 방향	부문별 협력 대상

지역적
단위
	• 전략적 소통을
	위한 외교 안보
	현안 해결의
	네트워크 형성
	• 긍정적 분위기의
	안보 환경 조성
		• 한반도 비핵화의 실현 및 북한 핵문제 해결
		• 한러 협력을 통한 북한의 개혁·개방 유도, 북한의
		  정상국가화와 급변사태 대비, 통일한국에의 기반 구축
		• 역내 안보문제 해결 메커니즘으로 포스트 6자회담
		  구상, 안보 네트워크 구축, 동아시아안보조약(선언),
		  대량살상무기(WMD) 비확산정책 공조
		• 한·미·일, 한·미·중, 한·미·러 등 3자(4자) 대화채널 구축
		• 다양한 형태의 동북아 다자안보협의체 구축 논의

글로벌 단위	• 양국 간 세계전략에 대한 인식의 공유 • 보편적 가치에 대한 합의 • 포괄적 안보 사안에 대한 정책 협의	• 테러리즘 대처, 대량살상무기 확산 금지 공조, NPT 체제 유지 • UN을 통한 PKO 활동 전개 • 기후변화와 국제보건 협력 • 국제규범과 국제법 준수 • ASEM, APEC, ARF, EAS, IAEA 등에서의 정책 공조 • 빈국에 대한 한러 지원협력 프로그램 개발 • 글로벌 거버넌스 강화에의 공조

3. 전략적 협력의 추진방향 설정

한러 전략적 협력이 앞서 언급한 대로 각각의 범위에서 설정된 전략적 방향에 따라 일관되게 실행되기 위해서는 다음과 같은 기본 방향이 설정되어 있어야 한다.

첫째, '동북아 세력전이'와 지역질서 재편과정에 대한 조응 및 역내 안정적 안보환경을 창출하여야 한다. 앞서 '동북아와 한반도 2020' 절에서 평가한 바와 같이 현재 동북아 지역은 세력균형과 세력전이 양상이 두드러지면서 역내 안보질서가 재편되는 과정에 놓여 있다. 한편, 러시아는 미국 주도의 단극체제에서 벗어나 다극화된 국제체제를 지향하며 세계전략을 구사하고 있고, 세계화 등 글로벌 조류를 고려하며 '현대화'를 통해 국가 재건에 박차를 가하고 있다.

우리로서는 러시아의 이러한 전략적 입장을 고려하며 향후 전개될 역내 질서 재편에 적응해야 한다.

둘째, 역내 강대국 협조에 기반한 다자안보체제 형성을 위해 노력해야 한다.

셋째, 한반도 통일과정에의 우호적 국제환경 조성과 러시아의 긍정적 역할을 제고해야 한다. 러시아는 동북아 세력균형 조정 및 재편에 참여하고 있고, 중장기적으로 대중, 대일 견제의 지렛대로 한반도의 전략적 중요성을 인식하고 있다. 따라서 러시아와의 전략적 대화 및 소통을 견인할 수 있는 가능성이 열리게 된다. 통일한국이 상호 발전 비전을 공유하고, 공동이해의 극대화를 도모할 수 있는 지름길임을 설득하는 것이 필요하다.

넷째, 한반도 공영 네트워크를 구축하여야 한다. 이의 기본은 한러 간 실질협력의 강화에서 출발한다. 역내 안정과 평화, 공동 번영의 비전을 공유하는 네트워크를 창출해야 한다. 우선은 전방위적 전략협력 강화를 통해 양국 간 공유이익의 극대화를 도모하는 네트워크 구축이 필요하며, 여기에는 주변국들이 참여하는 다자 네트워크 창출도 포함된다.

다섯째, 남·북·중·러 지역경협벨트(가칭 북방지역국제경협)를 구축해야 한다. 국제경협을 통해 역내 국경지역을 벨트화하고 공동발전을 실천해가야 한다. 한러 간 호혜적 경제관계 구축에서 더 나가 동북아경제협력체(공동체)를 지향함으로써 궁극적으로 역내 국가 간 상호의존을 심화시키고 지역 전체의 공동발전을 가져오는 계기를 마련해야 한다.

여섯째, 공공외교부문에서 전략협력을 실현하여야 한다. 이는 양국의 이미지를 제고하고 함께 파트너로서의 협력을 학습하며 시너지 효과를 내는 이중적 효과를 거둘 수 있는 분야이다.

일곱째, 양국관계를 강화하기 위한 저변을 확충하여야 한다. 우선, 한러 대화KRD, 한러 포럼, 한러 비즈니스포럼, 한러 의원교류협의회 등 각종 대화채널들을 점검하여 그 효과성을 제고하는 방향으로 대화채널을 운영하고, 한러 정부 간 회의체는 그 기능을 확대하고 정례성을 확보하는 방향으로 진행되어야 한다. 또한 사회, 문화, 교육 등 분야별 네트워킹 허브를 발굴, 지원하는 것도 필요하다. 중장기적으로 여기에는 인재 및 전문가 양성, 차세대 친한·지한 지도자의 발굴 및 육성도 포함될 수 있다.

여덟째, 한러 간 올바른 국가이미지, 이해도 제고 및 신뢰 구축을 증진하여야 한다. 러시아는 한국이 안보를 미국에 의존하고 있으며, 경제적 대외의존도가 높아 국제경제 위기에 매우 취약한 국가로 인식하고 있다. 반면, 한국 사회에서는 사회주의 경제의 몰락과 구소련 체제의 붕괴 이후 러시아에 대한 우월감 내지 러시아 경시 분위기가 팽배하기도 했다. 이것은 모두 양국에 대한 이해가 부족했다는 것을 반영하는 것이다.

아홉째, 러시아가 추진하고 있는 국가발전 프로젝트, 즉 극동시베리아 개발 및 경제현대화 정책에 적극 호응하고 이에 대한 참여를 확대하여야 한다.

Ⅳ. 대러외교의 정책과제

이 장에서는 앞서 언급한 대러 외교의 목표와 전략적 추진방향에 기초하여 2020년 한러관계 발전을 위한 실천적 과제들과 해결방안을 검토한다. 이와 관련하여 외교·안보, 동북아 다자주의 및 소지역주의 협력, 실질협력 외교, 저변확충 외교 등 크게 4대 분야에 걸쳐 총 15개의 실천과제를 추출해볼 수 있으며, 그 구체적인 내용과 세부 실현방안은 아래와 같다.

1. 외교·안보 협력

첫째, 한러 전략적 소통협력을 강화하는 것이다. 이를 위한 세부 실현방안으로는 양국 정상회담을 연례화하고, 제1차관급 전략대화를 2+2(외무+경제), 3+3(외무+경제+문화) 수준으로 확대 격상시키는 것이 필요하다. 외교당국 간 전략대화 외에 한러 국회의원 간 정치대화, 국방 전략대화, 경협 전략대화 등 다방면의 전략대화를 신설·운영한다. 의원연맹을 통한 교류의 강화는 물론이고, 관·산·학을 연결하는 정책 네트워크 등 한·러 간 각계각층의 협력 네트워크를 강화한다. 기존 민간 차원의 대화채널을 보다 활성화하고, 공공외교를 확대한다. 군사, 정보 부문에서의 핫라인을 구축한다. 전략 거점 지역을 중심으로 총영사관과 KOTRA 사무소를 추가로 개설한다. 분야별, 지역별(중앙/지방) 대러 접촉창구의 다변화를 통해 러시아에 대한 인적 레버리지를 구축한다.

둘째, 한러 미래 비전 구상과 대러 그랜드전략 계획을 성안하여, 이를 실천해 가는 것이다. 이를 위한 세부 실현방안으로는 동아시아 질서 재편, 남북관계 변수, 대러 정책목표 등 향후 시대적 환경 및 여건의 변화를 반영한 한러 미래 비전을 성안하고, 정상회담을 통해 이를 추진해 나간다. 외교·안보 분야에서 '한러 전략적 협력 공동선언'을 위한 행동계획action plan을 수립하고 실천한다. 향후 새로 수립될 행동계획은 지구안보로서 핵 비확산과 환경, 원자력협력, 동아시아 질서 재편에 대한 이해 제고, 한반도 분단과 북핵문제의 해결, 군사협력, 다자안보체제 등에 관한 협의 내용을 포괄한다. 한국의 외교정책 대강과 연계하여 '유라시아 북방정책', '해륙국가(진출)론', '신북방외교' 등의 그랜드전략 구상을 수립·실천한다. 러시아의 혁신·현대화 외교에 부응하면서, 한국이 아시아를 연계하는 교량 역할을 수행할 수 있다는 사실을 러시아에 적극적으로 강조한다. 대러 에너지자원 외교에서는 수직적 분업이 아닌 수평적 협력을 기본원칙으로 정착시킨다.

셋째, 러시아 극동시베리아 진출 전략방안 강구 및 실천이다. 이를 위한 세부 실현방안으로는 러시아 극동시베리아 지역에서 모범적인 한러관계 발전의 성공사례를 창출한다. '극동·자바이칼 지역 사회경제발전전략 2025'에 부응해 한러 경협사업을 발굴하고, 구체적인 실천방안을 수립한다. 동시베리아 가스 도입사업, 원유 파이프라인 건설, 광물자원 개발을 비롯해 남·북·러 3각경협 사안인 북한통과 가스관 연결사업, TSR-TKR 연결, 전력계통 연계, 연해주 농업 개발 등을 실천에 옮긴다. 철도·항만·도로·공항 등 교통인프라 개발, 통신인프라 개발 및 통신서비스 사업, 물류복합단지 건설, 석유화학산업단지 조성사업 등에 참여함으로써 극동시베리아 인프라 구축사업에의 진출을 도모한다. 한러 극동시베리아 분과위원회, 극동 개발프로젝트 투자설명회, 극동경제포럼, 바이칼포럼 등을 통해 극동지역에서의 한러 간 전략적 정책공조 네트워크를 활성화한다. 한국, 러시아, 북한, 일본 4국 간 환동해권 해상협력(네트워크 구축) 및 환동해공동체 구상 실현에 주력한다.

넷째, 한반도 평화체제 구축 및 통일과정에서 러시아의 건설적 역할을 유도하는 것이다. 이를 위한 세부 실현방안으로는 북핵문제 해결을 위한 6자회담에서의 정책 공조, 한반도 평화정착을 위한 공동 노력이 긴요하다. 현재 중러 전략적 협력구도가 견고하게 작동하는 상황에서 한반도문제와 관련된 러시아의 태도를 친한 방향으로 유인할 수 있는 방안을 강구하고, 실천해 나가야 한다. 가장 확실한 방법은 한러 양국 간 전략적 상호의존도가 주변국들과의 수준을 뛰어넘고, 더불어 상호간 사활적 이해관계가 설정되는 것이다. 현 단계에서 이를 충족시킬 수 있는 여건이 조성되지 않았다는 것은 명확해 보이지만, 중장기적으로는 이러한 목표의식 하에 대러 정책을 전개하는 자세가 필요하다. 단기적으로는 한러관계 발전의 성공사례를 창출하고, 경협 증진을 통해 전략적 공유이익을 극대화해 나간다. 극동시베리아 지역과 연계된 남·북·러 3각경협의 실천은 접경지역 개발이라는 순수한 경제적 이익 외에도 한반도 평화정착과정에서 러시아의 역할을 제고할 것으로 전망된다. 다른 한편으로 단계적이고 점진적으로 한러 상호 이해 및 신뢰를 증진시켜 나갈 수 있는 일상적인 범주의 외교적 접근방법을 활용한다. 향후 통일한국의 출현은 이러한 과제의 실현을 훨씬 더 앞당기는 데 디딤돌 역할을 할 것으로 기대된다.

다섯째, 우리의 외교정책 추진에 있어 '러시아 변수'의 중요성을 인식하고, 이를 국가 어젠다화하는 것이다. 이를 위한 세부 실현방안으로는 우선적으로 우리의 외교정책 추진에 있어 대러외교의 정책적 우선순위를 끌어올리는 것이 필요하다. 현재 러시아는 역내 정치외교, 안보 현안 해결에 있어 결정적인 행위자로 작용한다고 말할 수 없고, 그 영향력도 미국, 중국에 비해 약한 것이 사실이다. 반면에 러시아는 UN 안보리 상임이사국, 제2의 핵무기 보유국, 미국과 함께 국제질서 재편의 주요 행위자로서의 위상을 보유하고 있어 결코 무시하거나 중요성을 간과해서는 안 되는 존재이다. 한반도 안보 환경에 대한 러시아 최고지도부의 이해도가 비교적 높다는 것을 고려해야 하며, 과거 '4자회담'과 같은 방식으로 러시아를 배제하려는 대안 모색은 치명적인 실책이 될 수 있다. 과거 러시아는 역내 안보 현안에서 소외되는 현상을 타파하기 위해 외교관 맞추방과 같은 공격적 행태를 표출한 바 있고, 그 여파로 우리 측 외무장관이 두 차례나 경질되는 사태가 발생했었음에 주목할 필요가 있다. 오히려 역내 평화를 위한 러시아의 역할이 제고되어야 한다는 점을 설득하고, 국제법, 국제레짐, 규범을 준수하는 성향을 강조해 정공법을 구사하는 것이 바람직하다. 구소련 이후 크게 변모한 러시아에 대한 올바른 이해 제고를 위해 국내 저명인사와 여론 주도층의 러시아 방문을 독려해야 하며, 러시아 측 주요 인사들에 대한 초빙외교도 강화해야 한다. 끝으로 사후약방문의 부정적 사태에 직면하지 않으려면 제도적으로 외교부 내 유라시아(러시아와 광역 중앙아시아)국을 독립 신설하고, 대러 외교사업의 예산도 대폭 증액할 필요가 있다.

2. 동북아 다자주의 및 소지역주의 협력

첫째, 한러관계의 발전전략을 동북아의 평화와 번영을 위한 역내 다자협력체제 구축의 관점에서 재구성하는 것이다. 이를 위한 세부 실현방안으로는 동북아에서 남북러삼각협력이나 황동해 협력과 같은 다자적 소지역협력을 동북아 전역에 걸친 협력 거버넌스로 발전시켜 나가는 대안을 창출해야 한다. 이와 관련하여 러시아의 극동시베리아 개발 전략과 한국의 대외전략을 상호 결합시켜 나가는 대안이 모색되어야 한다. 또한 북한 지역의 개발과 관련하여 중국의 창·지·투 개발 계획이 가지는 공세적 성격을 완화하고, 나진·선봉 지역 개발을 놓고 러시아와 중국이 경쟁하는 상황을 조율해 나가는 것도 필요하다.

러시아는 다자협력체제 속에서 아시아국가들과의 관계를 발전시키기 위한 노력을 진행하고 있다. 6자회담의 참가국이 된 것은 과거 4자회담에서의 소외와 같은 실패를 극복한 러시아 한반도정책의 성공사례로 높이 평가되고 있다. 하지만 러시아는 동북아 다자기구의 단순한 참여자가 되는 데 그치지 않고, 지역안보와 경제협력을 진전시킬 다자적 기재mechanism를 발전시키고 싶어 한다. 러시아는 6자회담을 다자적 평화·안보기구로 발전시키는 아이디어를 강력히

지지하고 있다. 다자적 협력기재는 러시아의 각 방향별 지역정책에서 가장 중요한 대외정책의 수단으로 활용되고 있다. 러시아는 동북아의 군비경쟁과 대량살상무기의 확산을 원치 않으며, 동북아의 불안정이 확산되는 것을 바라지 않는다. 한국의 창의적 아이디어가 요청되는 지점이다. 이와 관련하여 동북아 다자주의의 핵심적 내포 형성과 그 외연의 확대 과정에서 한러협력의 전략적 비전을 설정하고 실천하는 제도적 틀을 마련해가야 한다.

동북아의 기본적인 문제는 경제적 상호의존의 증대와 안보적 경쟁의 심화라는 이질적인 두 경향의 불협화음이다. 다자주의는 이러한 문제를 극복하는 데 실천적 의미를 갖는다. 아시아 지역에는 다양한 다자지역협력 프로젝트와 기구들이 존재하지만 지역협력 레짐의 핵심적 구심점은 동북아의 한국, 중국, 일본, 그리고 역외 참여자인 미국의 협력 형태에 의해 결정될 것이다. 중국이 주도하는 'ASEAN+3'가 그 기조가 될 것인지, 일본이 주도한 동아시아정상회의EAS 및 아태경제협력체APEC 등을 결합한 '아태공동체' 내지 '범태평양연대Trans-Pacific Partnership'에서 미국이 중요한 역할을 할 것인지가 관건이다. 한국의 입장에서는 ASEAN 등을 통해 우회하는 안보·경제 협력의 접근법을 넘어 동북아 이해당사자들이 직접 다자협력을 통해 안보·경제 협력을 추진할 기재를 창출하는 것이 북한문제를 포함한 한반도문제를 풀어가는 데 유리할 것이다. 이러한 동아시아 지역협력의 구도에서 러시아의 참여가 어떤 기여를 할 수 있으며 한러 간의 어떤 협력이 가능할지에 대해 러시아와의 다각적인 대화를 시작할 필요가 있다. 따라서 한국과 러시아가 기본축이 되어 동북아의 소지역주의적 협력을 실현할 수 있는 분야를 발굴하고 실천해야 한다. 특히 '동북아 에너지협력체' 결성과 같은 과제는 한국과 러시아의 주도적 역할이 돋보일 수 있는 분야이며, 이를 중심으로 일본과 중국, 그리고 나아가 미국의 참여를 유도하는 정책을 시도해야 한다.

둘째, 동북아 다자주의 및 소지역주의 협력과 연계된 미래를 구상하고 각종 프로젝트를 평가·선정하는 것이다. 이 과제를 해결하는 데 있어 러시아 극동개발과 동북아의 연계, 나아가 동북아와 유라시아의 연계라는 거시적 및 광역적 관점에서, 그리고 경제이익과 인간·사회·문화가 연계되는 장기·포괄적인 관점에서 접근하는 것이 필요하다. 한국에서는 경제이익의 단기적 성과에 대한 조급한 기대가 장애 요인으로 작용할 수 있는데, 이는 국가발전을 위한 장기적, 전략적 관점에서 극복되어야 한다.

러시아는 극동시베리아를 동북아 경제권에 통합시키기 위해 다양한 경제협력 프로젝트들을 추진하고 있는데, 한반도가 그 계획들의 중요한 이음쇠linchpin가 되도록 역할을 증대해 나가야 한다. 철도·도로망 연결, 석유·가스 파이프라인 네트워크 연결, 전력망 연결, 정보고속도로망 연결 등과 같은 기초인프라사업은 러시아의 동북아 외교의 중요한 수단이다. 하지만 망사업network project은 양자적이면서도 동시에 다자적인 협력체계를 요구한다. 따라서 이러한 망사업을 동북아 및 유라시아에 다자경제협력체제를 구축하는 기재로 활용해야 한다. 망사업 외에도 중국·러시아·북한을 잇거나 남한·북한·러시아 등을 연결하는 삼각경협 프로젝트에 대해 큰 관심을 갖고 있는 러시아와 긴밀한 공조체제를 구축해야 한다. 최근 들어 주목을 받고 있는 두만강유역개발사업GTI과 나진·선봉지구 개발사업 등과 같은 프로젝트에서 러시아와 협력하고 참여한다. 또한 남·북·러 가스관 연결사업에 거는 러시아의 기대에 조응하면서, 이를 북핵문제 해결 및 한반도 평화정착에 전략적으로 활용하는 실천방안을 강구한다.

셋째, 동북아 다자협력을 달성할 유력한 분야로 에너지분야에서의 협력을 신중히 검토하고 추진하는 것이다. 에너지협력은 경제적 이익과 안보적 필요를 모두 충족시킬 수 있는 분야로, 동북아에서 표출되고 있는 안보적 경쟁과 경제적 상호의존의 역설을 가장 효과적으로 극복할 수 있는 부문이다. 한국과 러시아가 주축이 되어 동북아에서 다자적 에너지협력의 기초를 구축해 내고, 이를 통해 양자협력을 넘어 역내 다자협력의 발전에 기여해야 한다. 특히 '동북아 에너지협력체'의 결성은 한국과 러시아의 주도적 역할이 돋보일 수 있는 분야이다. 현재까지 러시아의 아태지역 에너지공급 네트워크는 매우 빈약한 실정이고, 따라서 향후 이와 관련된 핵심 이슈는 동북아 에너지운송 네트워크를 조기에 구축할 수 있는가의 여부이다. 결국 한국과 러시아가 중심축이 되어 이러한 목표를 실현하는 데 일본과 중국, 그리고 나아가 미국의 능동적인 참여를 유도하는 것이 필요하다. 또한 러시아의 대 동북아 에너지외교 실천에 있어 한국이 중요한 파트너임을 설파해 내고, 주변국과 함께 지역적 협력의 틀 속에서 러시아 에너지에 대한 전략적 의미를 재규정하는 데 주도적인 역할을 담당해야 한다. 그리고 러시아의 전략적 자산인 에너지가 동북아의 지역협력을 촉진하고 유라시아와의 연계성을 강화하는 지렛대가 될 수 있도록 에너지협력에 대한 전략적 구상을 강구해야 한다. 또한 에너지를 놓고 벌이는 러시아와 유럽 사이의 갈등과 각축이 동북아에서 재현되지 않도록 하는 분쟁해결 시스템을 구축해야 한다.

3. 실질협력외교

실질협력을 강화함으로써 한러 간 호혜적 협력구조를 강화할 뿐 아니라, 이 과정에서 북한을 설득하고 공생 네트워크를 강화시켜 나갈 방안도 강구해야 한다.

이와 관련된 첫째 과제는 교역 잠재력의 실현과 새로운 투자협력분야의 발굴이다. 세부 실현방안으로는 기계제작, 첨단기술 등으로 협력분야를 확대함으로써 교역 증대의 기반을 강화하고, 공격적인 직접투자 진출과 함께 현지 생산체제를 구축한다. 한국기업의 대러 진출 지역을 기존 대도시 중심에서 지방 상권까지 확대하고, 시장의 성격에 맞추어 지역적 차별화·다변화 전략을 추진한다. 특히 기회선점, 거대한 자원공급지, 미래 통일한반도의 접경지역이라는 관점에서 극동 연해주 진출을 가속화한다. 「극동·자바이칼지역 사회경제발전전략 2025」 등에 따른 인프라개발 프로젝트에도 적극적으로 참여한다. 또한 러시아 시장에서 가격경쟁력을 확보하고 경제협력을 확대하기 위해서는 한러 FTA 체결을 향한 로드맵이 필요하다. 향후 한러 FTA 체결은 단순히 상품관세율을 낮추는 데 만족하는 것이 아니라 양국 간 투자협력의 분야와 방향을 정하고, 양국에 존재하는 '전략적인 보완성'을 현실화하는 도구로써 포괄적 경제협력협정CEPA을 체결한다. 또한 러시아와의 이익 공유라는 대원칙이 견지될 수 있는 '전략적 투자협력' 프로젝트를 지속적으로 개발해 나간다. 러시아 정부의 정책 방향을 지지·후원한다는 관점에서 현재 러시아 정부가 주력하는 각종 인프라 현대화사업 및 '혁신innovation' 관련 분야에서 양국 간 협력을 강화한다. 특히 러시아 정부가 발표한 에너지 효율화, 정보통신, 우주항공, 원자력 에너지, 의료기기 및 기술 등의 5대 중점육성분야를 중심으로 제조업 기반 및 원천기술의 상업화를 실현할 수 있는 상호보완적 협력기제를 구축한다. 더불어 한국과 러시아 사이의 투자 불균형을 해소한다는 측면 외에도 양국 기업인들 간의 소통 확대 및 신뢰 구축, 양국 간 전략적 경제협력의 확대를 위해 러시아의 대한국 투자 유치를 강화한다.

둘째 과제는 에너지, 교통, 물류 등의 분야에서 이미 추진되었던 유망한 프로젝트를 보다 창의적으로 조기에 실현하는 것이다.

(1) 에너지

한러 에너지협력 강화를 위해 정부·기업 내 의사결정권자 및 실무자들의 러시아에 대한 신뢰도를 증대시킬 방안을 강구한다. '전략적 투자협력'의 관점에서 대러 에너지협력도 개별 프로젝트가 아니라 양국의 이해관계가 결합된 각종 사업(IT, 조선, 건설, 플랜트 등)과 연계 통합된 형태로 협상을 전개해야 한다. 상호주의reciprocity 원칙에 입각하여 러시아와 상·하류 부문에 대한 개방 및 교차투자 가능성을 타진하고, 대신 러시아에는 수송노선 선정, 가격 및 공급물량 확보, 매장지 개발 참여 등을 관철하는 실익 극대화 협상전략으로 전환한다. 기업 간 상호신뢰가 축적되지 않았다는 것을 고려하여 우선 낮은 단계의 투자 파트너십partnership 사업부터 추진한 다음 이후 상대방에 대한 이해와 신뢰가 깊어지면 높은 단계의 전략적 제휴strategic alliance 등의 단계로 심화시켜 접근한다. 가즈프롬 Gazprom과 로스네프트Rosneft 등 러시아 주요 에너지 국영기업들의 지분 매입과 같은 방식으로 기업 간 전략적 협력관계를 모색해 나간다. 대러 에너지협력의 목표를 단순히 중동의존도를 낮추는 데 만족하는 것이 아니라 보다 적극적으로 러시아산 석유, 천연가스 등

에너지자원을 확보하는 공세적 대러 에너지외교 전략으로 전환해야 한다. 대러 에너지협력문제를 한반도의 지정학적 구도와 연계하여 접근한다. PNG 사업은 북한을 다자경협사업에 편입시켜 개혁·개방을 촉진시킬 것이며, 러시아의 개입을 강화하여 북한의 예기치 않은 도발 행위 가능성을 떨어뜨리는 효과도 얻을 수 있다.

(2) 물류(철도 연결과 교통인프라 개발)

유라시아대륙철도 네트워크 구축에 대한 대중의 관심과 지지를 다시 제고해야 한다. 소위 '나진-핫산 프로젝트'로 실현되고 있는 북-러 철도협력을 관망할 것이 아니라, 남-북-러 철도운영자회의를 조속히 재개하고, '나진-핫산' 구간의 북한 철도 현대화사업에 한국이 참여할 수 있는 방안을 마련해야 한다. 남-북-러 철도 연결 및 유라시아대륙철도 네트워크 구축을 전면에서 리드할 수 있는 전담기구control tower를 구축해야 한다. 대륙횡단철도 연구(전략, 정책, 기술 등)의 기반이 강화될 수 있도록 관련 연구기관에 대한 물적·인적 지원이 뒤따라야 한다. 현재 중국의 '창-지-투 개발계획'에 따른 북·중·러 국경지역 통합경제권 출현과 중국의 동해 출해권 확보로 가시화되고 있는 환동해권 물류네트워크에 대한 대응전략을 수립한다. 유라시아대륙철도 연결을 전제로 러시아를 포함한 관련국 철도에 대한 전문적인 지식을 갖춘 인력을 양성한다. 동북아 관련국의 철도정보를 수집하고 분석하는 연구기관과 연구 인력의 충원, 관련 분야 전문가들과의 협의체 구성 및 정보 공유 등이 필요하다. 향후 북한철도의 전면적 현대화를 대비하여 한국의 재정부담을 경감하고 대규모 국제자본을 유치할 수 있는 치밀한 금융계획을 수립한다.

(3) 북극해 지역개발

새로운 유라시아 국제운송로의 하나로서 무한한 잠재력을 보유한 북극항로 개발에 러시아와 전략적 협력관계를 강화하고, 이를 바탕으로 북극지역의 자원개발로까지 협력의 범위를 점차 확대한다. 북극항로는 실질적으로 러시아가 관할하고 있으므로 자원개발, 해운협력 등 사안별로 러시아 유관 부처와의 협력을 강화한다. 북극개발은 거대한 자본조달과 극지 개발의 기술적 한계를 모두 극복해야 한다는 측면에서 한국과 러시아가 전략적 이해관계를 공유할 수 있는 잠재적 협력국가임을 부각시킨다. 한국이 북극해로의 출로인 아태지역에서 고도로 발전된 물류네트워크의 중심국이라는 위상을 부각시켜 러시아와 유대관계를 강화하고, 러시아의 북극지역 개발전략에 대한 지지를 표명하며 공동프로젝트의 개발에 적극적으로 참여한다. 정부 차원에서 북극과 관련된 모든 이슈의 국제협의체 논의에 적극적으로 참여한다. 북극 관련 핵심 기구인 북극위원회Arctic council 회의를 비롯하여 Polar code, 북극 환경보호문제, 북극해에서의 수색 및 구조 등 북극해 관련 국제적 차원의 논의 과정에 참여한다. 북극해와 관련된 국가들과의 의사소통채널을 구축하면서 국제사회의 논의의 흐름을 파악하고, 북극 관련 각 분야에서 한국의 입지를 강화한다. 북극해문제를 다각도로 논의할 수 있는 정보교류 및 의사소통 채널을 구축한다. 국내 북극해와 관련된 정부부처, 연구기관 및 해운물류업체 등 관계자들 간의 협의체나 범정부 차원의 북극위원회를 구성하고, 관련 전문가들의 토론과 논의를 통해 장기 국가전략 방향을 수립한다.

셋째 과제는 농업·어업 분야에서 협력의 잠재력을 현실화하는 노력이 필요하다. 이를 위한 세부 실현방안으로는 에너지·물류·식량 문제에 초점을 맞춘 환동해 경제협력의 본격적인 실행으로 한반도와 연해주를 연결하는 단일한 식량 및 상품 공급사슬supply chain을 구축한다. 극동 연해주 농업개발과 관련하여 노동생산성이 높은 양질의 노동 인력을 적정규모로 유지·관리할 수 있도록 노동력 수급 안정을 위한 종합 대책을 수립한다. 부족한 극동지역의 노동력을 충원하는 문제는 북한 노동력을 공급받는 시스템 구축으로 해결한다. 예를 들어 한-러 합작의 인력 송출회사가 농업투자진출 회사와 장기 노동계약을 체결하고 노동력 공급·관리를 책임지는 방식으로 운영할 수 있다. 극동 연해주 지방정부의 압력에 굴복해 과잉인력을 고용하는 관행에서 탈피해 오히려 과감한 구조조정과 함께 사업다각화를 시도하고, 일자리 창출 등 지역사회의 발전에 투자진출기업이 기여할 수 있는 방안을 모색한다. 해외농업투자가 활발한 연해주 지역을 중심으로 정선-건조-보관-운송-판매와 관련된 농업기반시설 구축을 지원한다. 한국의 자본과 인력이 투입된 해외농업기지에서 생산된 농작물에 관세 혜택을 부여함으로써 민간 투자자들의 투자진출을 촉진한다.

2009년 12월 22일 체결된 '한러 IUU어업 방지협정'[7]을 준수하고, 국제사회에서 책임 있는 조업국으로서의 신뢰를 지속적으로 확보한다. 태평양 연안 지역의 어업자원 보호를 위해 고심하고 있는 러시

....

[7] 러시아 측은 2003년 방콕 APEC 회담 때부터 정상회담 차원에서 지속적으로 이 협정의 체결을 요구했다. 러시아 측은 자원자국화 정책기조 속에 자국에서 유출되는 일부 수산물이 자국 내 불법조직 등과 연계되어 있어 '국부유출'로 판단하고 자국 단속력의 한계로 인해 한국 측에 동 협정의 체결을 요청했다. 시간이 지나면서 러측은 동 협정 체결과 한국 측에 배정하는 명태 등 쿼터와 연계할 것임을 표명하였으며, 2008년 한러 정상회담을 계기로 동 협정 체결에 대한 의지를 양국이 확인한 뒤 명태 쿼터와 연계하여 협정 체결을 추진했었다.

아의 전략적 이해관계를 지지하면서, 반대급부로 러시아 수역에서 한국의 일정한 어업쿼터를 보장받는 방식으로 안정적인 조업기반을 구축한다. 러시아 극동지역의 어선조선소, 수산물 가공공장 등에 대한 한국 측 기업의 진출을 촉진한다. 이를 위해 러시아 극동지역의 수산 관련 인프라현황에 대한 심층적인 연구조사를 진행하고, 속초, 동해 등 동해안 연안 도시들과 극동 연해주와의 지방협력을 강화한다.

4. 저변 확충외교

첫째 과제는 양국 간 대화틀의 점검과 재편, 그리고 지속적 대화의 추진이다. 지금까지 한국과 러시아 사이에는 한러 대화KRD, 한러 포럼과 같은 민간 차원의 대화와 차관급 전략대화가 정례적으로 진행되고 있는데, 앞으로는 대화체들이 가진 장단점을 평가하여 이를 각각 특화된 형태로 운영해야 한다. 한러 대화는 미래지향적이며 포괄적인 대화의 창구로 활용하되, 양국의 폭넓은 분야의 인사들이 참여하는 대화체로 발전시킨다. 특히 의원외교, 비즈니스 종사자 및 기업가 사이의 대화, 언론인 교류, 사회·문화 분야 NGO의 교류, 그리고 차세대 지도자들을 발굴하고 교류하는 장으로 개편·강화되어야 한다. 한러 포럼의 경우에는 분야별 전문가들 사이의 대화채널로서의 성격을 강화해야 한다. 특히 양국 간의 중요 이슈들에 대한 심도 깊은 논의가 진행될 수 있는 대화로 발전시켜야 한다. 향후 1.5 트랙의 전략대화의 신설이 필요하다. 참여정부 시절에 시도된 이러한 대화체의 틀을 부활시키고, 제한된 수의 양국 관료 및 민간 전문가들이 현안과 중장기 전략과제를 조율할 수 있어야 한다. 이러한 전략대화는 양국의 정책에 직접 영향을 미치고, 반영될 수 있는 피드백 구조를 갖추어야 한다. 차관급 대화는 1.5 트랙 전략대화에서 논의된 내용을 확정하고, 이를 실천하기 위한 정부의 역할을 확정·조정하는 임무를 담당해야 한다. 1.5 트랙의 대화체를 지원하고, 양국 전략협력의 어젠다를 발굴하며, 관계기관 간 업무 협의 및 조정 기능을 극대화하기 위해 양국의 대학연구소 및 국책연구기관이 공동 참여하는 '한러관계발전연구협의회(가칭)'를 구축할 필요가 있다. 동 협의회 회의의 정례화, 이슈별 부정기 회동을 통해 상대국 전문가그룹에 대한 이해를 제고하고, 오피니언 리더를 통한 의사전달의 네트워크를 구축한다.

둘째 과제는 오피니언 리더들과의 소통채널 확대이다. 이를 위해 신 러시아 파워엘리트 및 오피니언 리더들과의 네트워킹을 강화하여 러시아에서 한국 및 동북아 관련 대외정책 결정 시 한국 측의 의사를 전달할 수 있는 통로를 확보한다. 한국의 대러외교 창구는 러시아 파워엘리트 그룹의 인맥지도를 정확히 파악하고, 그들 사이의 역학관계와 파워 경쟁을 주시하면서 단기적인 정책목표를 실현하는 데 이들의 영향력을 활용한다. '전략문제연구소', '현대발전연구원', '스콜코보재단Skolkovo Foundation' 등과 같은 연구기관들과 정례적이며 지속적인 협력 네트워크를 구축한다. 경제엘리트 그룹 네트워크와 관련하여 한국과 러시아의 기업가, 법률가, 경제학자가 주도하는 '유라시아 비즈니스포럼Eurasian Business Forum' 구축을 시도한다. 이러한 포럼을 통해 상업적 타당성이 높은 협력 프로젝트를 발굴하고, 한반도의 긴장 완화, 남북관계의 개선, 동북아 평화체제의 구축, 유라시아시대의 개막 등에 이들 프로젝트를 활용하는 접근법이 필요하다. 최근 조직되어 활동하고 있는 '한러비즈니스위원회KRBC: Korea-

Russia Business Council'와 같은 재계의 네트워크 조직들을 활성화한다.

셋째 과제는 한러경제과학기술협력위원회와 극동시베리아개발협력회의의 내실화이다. 한러경제과학기술협력위원회의 경우 양국 간 실질협력을 구체적으로 논의하는 장으로 활용한다. 한러경제과학기술협력위원회 내 분과체제를 정비하고, 일회성 논의구조에서 탈피하여 이들의 정례적인 논의과정을 제도화한다. 양국은 주관 연구소를 정하여 극동시베리아개발협력과 관련된 회의를 정례적이며, 지속적으로 진행한다. 특히 이 회의체는 양자 틀을 넘어 일본, 중국, 그리고 북한 등 주변국들과의 공동협력방안을 찾아가는 데 노력을 집중한다. 한국전기연구원KERI, 한국교통연구원KOTI, 대외경제정책연구원KIEP 등 남·북·러 삼각협력 프로젝트와 직간접적으로 관련된 국책연구기관 간 정보교류, 긴밀한 업무협력과 공동의 대응전략을 수립하도록 조율한다.

넷째 과제는 사회·문화·교육 관련 외교 강화이다. 이를 위해 사회단체 연석회의, 지자체 교류, 문화·교육 분야의 협력을 강화해 나간다. 이러한 사회, 문화, 재계, 교육계의 분야별 네트워킹의 허브를 발굴하고, 이들의 교류를 장려·지원하는 체계를 마련해야 한다. 러시아의 친한親韓 후속세대 및 차세대 신진 한반도 연구자를 발굴하고, 이들에 대한 지원을 강화해야 한다. 한국으로 유학 오는 러시아 학생들에 대한 지원을 확대해야 한다. 이는 러시아 내 한국의 이해관계를 대변하는 신세대New Generation 전문가 그룹을 양성하고 점진적으로 신·구세대를 교체하는 데 핵심적인 역할을 하게 될 것이다. 리더십의 발굴과 상시적인 대화의 장을 마련하는 것이 필요하다. '동북아공동체연구소(가칭)' 류類와 같은 상설 대화의 장을 마련함으로써 한국과 러시아가 이니셔티브를 갖고 동북아 지역공동체 형성에 기여할 수 있는 계기를 만들어야 한다. 특히 '지역형성 region-building'의 관점에서 미래의 '지역' 지도자를 육성하는 프로그램을 개발해야 한다. 지역 공동의 뿌리와 경험에 대한 고고학적이며, 역사학적인 연구들을 진행함으로써 지역협력의 기반을 구축하고 공동체의식을 고양하는 교육자료로 활용해야 한다. 이러한 지역공동체 구축의 노력을 통해 한러 양국을 포함한 동북아국가 엘리트들은 오늘날 동아시아의 '장 모네Jean Monnet'를 어떻게 배출할 것인가라는 질문에 답해야 한다.

<대러 외교의 목표, 추진방향, 정책과제>

대러외교 목표

한러 전략협력의 실질화, 심화, 발전
한반도 통일과정의 후원자 및 통일한국의 우호세력화
한러경협 증진을 통한 공동번영 창출
한러 이해증진을 위한 네트워크외교 확대
동북아 다자안보협력체 구축에서의 전략협력

추진방향

동북아 세력전이와 지역질서 재편과정에 대한 조응 및 역내 안정적 안보환경 창출
역내 강대국 협조에 기반한 다자안보체제 형성을 위한 러시아와의 협력
한반도 통일과정에의 우호적 국제환경 조성과 러시아의 긍정적 역할 제고
한반도 공영 네트워크의 구축을 위한 러시아와의 협력
남·북·중·러 지역경협(가칭 북방지역국제경협) 벨트 구축
공공외교부문에서 전략협력 실현
양국관계의 관계강화를 위한 제도 강화 및 저변 확충
한러 간 올바른 국가이미지, 이해도 제고 및 신뢰 구축 증진
러시아가 추진하고 있는 국가발전 프로젝트에의 적극 호응 및 참여 확대

추진방향

외교·안보	– 한러 전략적 소통 협력 강화 – 한러 미래 비전의 구상, 대러 그랜드 전략 플랜 성안·실천 – 러시아 시베리아, 연해주 진출 전략 방안 강구 및 실천 – 한반도 평화체제 구축 및 통일과정에서 러시아의 건설적 역할의 유도 – 우리의 외교정책 추진에 있어 "러시아 변수"의 중요성 인식 및 국가 어젠다화 　(유라시아국 신설 및 러시아 이슈의 관리)
동북아 다자주의 및 소지역주의 협력	* 한러 양국 사이의 지리적 범주에 따른 공유이익 발굴과 전략협력 실현 – 역내 다자협력체제 개발을 위한 관점에서 한러관계 발전전략을 재구성 – 동북아 다자주의, 소지역주의 협력과 연계된 미래 구상 및 각종 프로젝트 평가·선정 – 동북아 다자협력을 위해 에너지분야에서의 협력을 신중히 검토하고 추진
실질협력 외교	– 교역 잠재력의 실현과 새로운 협력분야의 발굴 – 기존 에너지 및 물류 분야의 프로젝트를 창의적으로 실현 　① 에너지 전략협력 실현 ② 물류(철도 연결과 교통인프라 개발) ③ 북극해 지역개발 – 농업·어업 분야에서 협력의 잠재력을 현실화
저변확충 외교	– 양국 간 다층적 대화 틀의 점검과 재편 및 지속적 대화의 추진 – 오피니언 리더들과의 소통 채널 확대 – 한러경제과학기술협력위원회와 극동시베리아개발협력 회의의 내실화 – 사회·문화·교육 관련 외교 강화

V. 정책 제언

한러관계의 개선을 위해 가장 시급히 실천해야 할 과제들은 어떤 것들이 있는가? 어떤 조건과 시간적 순서에 따라 정책과제를 실현해야 하는가?

1. 전략적 협력의 관점에서 대러정책 추진

다가오는 시기는 우리에게 국가도약의 전략적 환경을 제공한다. 동북아 국제질서의 재편은 세계적 범주에서 비롯되어 역내 특성을 함유한 채 진행되고 있어, 그 어느 때보다 전략적 사고와 큰 틀에서의 대외정책 전개가 긴요하다. 한러관계의 증진뿐만 아니라 내면에 담긴 전략적 의미를 도출하고 이를 현실화할 필요가 있다. 다양한 형태의 국제협력 어젠다를 발굴하고, '신북방정책', '유라시안 북방정책 가칭' 등의 구상을 강구하고 실천에 옮겨야 한다.

국제적, 다자적 경협을 통해 공동의 발전을 도모하고, 실리적 공유이익을 극대화함으로써 역내 긴장 완화와 평화유지에 공헌할 수 있는 접근방법을 구상한다. 대륙과 해양을 잇는 가교 역할을 제고하며 '가교국가론', '해륙국가론', 유라시아의 지정학적 판으로의 영향력을 확대하려는 정책의지를 표출한다. 북한의 개혁·개방을 유도하는 접근법으로서 국제협력을 강화한다. 룰과 규범을 준수함으로써 투명성을 보장하고, 신뢰성을 제고할 수 있는 접근법이 요구된다. 통일인프라 구축이 구체적인 대상이 될 수 있으며, 극동시베리아+창지투 지역+남북한을 엮는 국제지역경협 벨트 구축, 남·북·러 3자의 북한 통과 가스관 건설사업 등이 그 대표적인 예라 할 수 있다. 안보적 측면에서는 동북아안보협의체, 북태평양안보협의체, 유럽안보협력기구OSCE의 아시아판 모델, 동북아안보협력기구NASO의 구축 등 다양한 정책 아이디어를 현실화시켜 나갈 수 있다.

2. 대러 외교정책 조직 및 제도의 혁신적 개편·강화

러시아가 역내문제에서 소외되지 않도록 외교적으로 배려하는 자세가 필요하다. 대러관계 강화를 위해 대폭적인 예산증액이 필요하며, 외교부 내 러시아–유라시아국을 독립시켜 유연한 협력기능을 담당하도록 해야 한다. 러시아 전문가 출신의 국제비서관의 신설을 적극 검토한다. 대러 정책·전략 수립 시 관·산·학 연계를 강화하고, 전문가의 참여를 확대한다.

무비자 방문 등을 실현하여 인적 교류의 법적·제도적 장애 요인을 제거한다.

정상회담의 정례화문제를 구체화시켜 연례행사로 만들어 나가야 한다.

정부 간 대화채널 운영의 효율성 및 다원화를 추구해 나가야
한다. 한러 대화, 한러 포럼, 차세대 지도자 교류, 문화, 언론 홍보
측면에서의 전략적 제휴를 확대해 나가야 한다. 1.5 트랙 형태의 전
략대화를 신설하고, 차관급 전략대화를 경제 및 외교, 그리고 여건
이 조성되면 국방분야의 회담으로까지 확대해 나가야 한다.

3. 북핵 및 북한 문제 해결에서 러시아의 중재자적 역할 활용

북핵문제와 관련해서 러시아는 한반도 비핵화 실현의 연장선에서
평화적, 외교적으로 해법을 찾아내는 것이 바람직하다고 주장하고
있으며, 6자회담의 틀 속에서 이 문제가 해결되기를 기대하고 있다.
한편, 최근 거론되는 6자회담 무용론 및 이를 대체하는 3자, 4자
등의 여타 기제 논의에 대해 반대하는 입장을 견지하고 있다.

러시아는 6자회담에서 주도적인 입장에 있지는 않지만, 돌파구
가 마련되지 않을 경우에는 문제 해결에 직접 나서기도 한다. 2006
년 BDA은행 북한 자금 동결사태를 마지막에 해결한 국가도 러시
아였다. 러시아는 이미 2002년 2차 북핵위기 발생 시 단계적 동시
조치a dozen synchronized steps 내용이 포함된 일괄타결안을 제시한 바
있다. 우리와는 한반도 비핵화와 북핵 불용이라는 공동의 목표를
공유하고 있고, 6자회담 내에서 정책 공조를 할 여지가 많다. 향후
에도 러시아의 중재자적 역할을 적극 활용해 긍정적인 결과를 도출
하는 외교적 노력이 긴요하다.

우리 외교정책의 수립과 실천에 있어 러시아와 관련된 외교 어젠
다의 위상을 좀 더 격상시켜야 한다. 상대적 중요성이 크다는 현실

에도 불구하고 그간 미·중·일에 비해 소홀히 취급돼 온 경향을 극복해야 한다.

한러 차관급 전략대화에서의 의견 조율은 물론, 관·산·학 네트워킹을 활용해 양측 여론 주도층들이 북핵 폐기에 따른 한반도 비핵화의 중요성을 공감하도록 하는 것이 필요하다.

러시아가 주도하는 6자회담 실무그룹인 '동북아 평화안보 메커니즘'에서 한러 정책 공조를 유지하는 것이 필요하며, 이는 궁극적으로 통일한국을 준비하는 과정에서 러시아의 긍정적 협력과 지지를 얻어내는 데 일조할 것이다.

4. '성공사례'로서 남·북·러 3각경협 사안의 현실화

한러관계 발전의 상징적 의미를 담을 수 있는 '성공사례'를 조기에 현실화할 필요가 있다. 현재 협의 중인 북한 통과 '남·북·러 가스관' 건설사업도 좋은 사례가 될 수 있다.

정권의 사업이 아니라 국가의 사업으로 성공사례를 정초하고, 이를 바탕으로 동북아 에너지협력체를 구성하는 실천으로 확대해 감으로써 남·북·러 3각협력을 동북아 지역 전체의 공동체 형성과정으로 연결시켜야 한다.

'남·북·러 가스관' 건설사업을 시작으로 3각협력에 대한 기본원칙에 합의한다면 이 구도를 교통·물류 인프라 확충 및 국제운송로 건설(TSR-TKR 연결 등), 전력계통 연계, 극동 연해주 농업개발 등으로 확대하고, 이의 실행을 위한 본격적인 행동계획을 수립한다.

5. '극동시베리아 지역 개발을 한러 이니셔티브' 수립

현재 중국과 러시아는 동북3성 지역개발전략과 극동·자바이칼 지역 개발전략을 연계하여 상호 윈-윈할 수 있는 프로젝트를 개발 중에 있으며, 일본은 러시아측에 에너지, 교통, 정보통신 등 총 8개 분야에서 협력을 강화하자는 취지 아래 '러시아 극동동시베리아에서 일러협력을 강화하기 위한 이니셔티브'를 제안한 바 있다. 그러나 한국은 한러경제과학기술공동위원회 산하 극동시베리아분과위원회 회의를 통해 한국기업의 극동시베리아 투자진출 등 현안 중심의 문제들을 협의하고는 있지만 아직까지 한국의 극동시베리아 진출에 대해 러시아와 합의된 원칙, 목표, 방향 등을 총체적으로 규정한 로드맵과 행동계획을 수립하지 못하고 있다.

따라서 모든 범주를 포괄하는 기존의 '한러 행동계획'과 차별화하여, 지역적으로 보다 극동시베리아지역에 특화된 행동계획을 조기에 수립해야 한다. 이것은 러시아의 극동지역 개발전략의 실행에 부합되는 방향에서 한러 공동의 이해관계를 확인하고, 최우선적인 발전 목표와 방향을 제시하는 로드맵이 되어야 한다. 로드맵과 행동계획에 따라 양국의 상호보완적 경쟁우위 요소들을 최적으로 결합할 프로젝트를 선정해야 한다. 이 경우에도 기간별(단기 및 중장기) 및 자본규모별로 프로젝트를 구분하고, 단기에 소자본으로 실현할 수 있는 사업은 '성공모델' 구축형으로 추진하며, 장기 대규모 사업은 국제협력사업으로 관리하는 것이 필요하다.

현실성과 비전을 동시에 담보한 로드맵과 행동계획을 수립하기 위해서는 실행가능한 조건과 환경 등을 구체적으로 검증하는 절차가 전제되어야 한다. 이러한 차원에서 '한러 극동지역개발전략 공동

연구단가칭'을 구성하여 협의를 시작한다. 러시아 중앙정부가 주도하는 것이 아니라 개발의 주체와 잠재적 참여 당사자(한국기업)가 공동으로 개발전략을 수립할 수 있는 연구기획단을 구성해야 한다. 러시아 극동 정부와 관련 연구기관, 한국의 러시아 전문가 그룹, 대러 투자진출 기업의 연구소 등이 공동의 연구단을 구성할 수 있을 것이다. 한국과 러시아 극동의 산업현장 교차 방문, 수차례의 발표 및 토론 등을 통해 관심과 이해관계의 차이를 조정하고 합의를 도출하는 방식으로 진행한다.

또한 이 연구단과 더불어 극동지역의 단일한 노동시장의 형성 및 공동관리규제체계 확립, 그리고 법제 개선을 위해 연구작업반 working group을 구성하는 것이 필요하다. 극동지역의 개발이 본격화될수록 극동지역에 진출한 북한 노동 인력의 수요 증대가 예상된다. 공동의 일반화된 관리규제체계의 부재로 노동력 부족문제가 미해결 상태에 있으며, 이는 극동지역 개발의 근본적 한계로 작용하고 있다. 합리적인 노동력 충원계획이 수립되어야만 효과적인 극동지역 개발과 주변국들의 투자 진출이 가능하다.

6. 교역규모의 획기적인 증진 등 경제관계의 강화

경제적 실익 증대가 미래 전략협력의 핵심이 될 수 있음에 주목하고, 한러 간의 교역규모를 획기적으로 증진시키는 방안을 강구해 나가야 한다. 이를 위해 한러 FTA 체결, 2020년 500억 달러, 2030년 1,000억 달러 등 구체적인 교역목표 설정 등이 필요하다.

러시아 현지 생산체제 구축 등 대러 투자 활성화를 위해 투자정보와 서비스 제공을 전담하는 협력창구의 일원화가 필요하다. 중소기업에게 상세한 투자정보를 적시에 제공할 수 있는 '대러투자정보센터'와 같은 기관을 양국 정부의 지원으로 설립하는 것이 필요하다. 한편, 러시아의 대 한국 투자유치를 적극적으로 전개함으로써 한러 투자불균형문제를 해소하고, 전략적 투자협력의 범위를 확장하는 것도 필요하다. 러시아에 대한 관심이 비교적 높고 교류가 빈번한 지방자치단체 등을 중심으로 러시아 투자유치설명회 등 홍보활동을 활성화해야 한다.

러시아에서 공격적인 시장진출 전략을 실현하기 위해서는 제품을 적기에 개발·생산·공급할 수 있는 합리적이고 효율적인 물류망 구축이 필요하다. 러시아의 물류체계가 매우 열악하고, 경제활동에서 물류비가 차지하는 비중이 매우 높다는 현실을 고려한다면, 한국기업들을 위한 복합물류단지를 시장권역별로 건설하는 전략이 필요하고, WTO 가입 이후 물류시장의 개방을 고려하여 물류산업에 대한 본격적인 투자를 준비해야 한다.

7. 극동시베리아 개발에 대한 미국의 적극적 참여 유도

미중관계의 변화 속에서 러시아가 역내 일정한 전략적 행위자의 역할을 할 수 있도록 전략공간을 확보할 필요가 있다. 역내 전략적 사안에 대한 미러 간의 신뢰 구축 및 세력균형의 재편 가능성 등에 대비하여 미국이 러시아의 극동시베리아 개발에 적극 참여하도록 유도하는 것이 필요하다. 또한 향후 미중관계를 안정적으로 이끌 지렛대로서 러시아에게 지역협력을 도모하는 데 있어 건설적 역할을 부여한다.

8. 포괄안보 증진을 위한 전략협력외교 전개

한러 간 외교협력의 외연을 확장하는 차원에서 기후변화, 사이버 안
보, 마약, 밀매 등 국제범죄, 해적 방지, 핵 비확산 등에 대한 전략협
력 외교를 추진한다. 또한 러시아가 국제법 및 국제규범 준수를 강
조하는 것에 주목하고, 신공공외교부문으로서 한러 간 빈국에 대
한 지원프로그램 공동개발, PSI 공조, 소말리아 해적 퇴치에서의 공
동 협력체계 구축, UN을 통한 PKO 활동협력 등을 전개한다.

9. 양국 간 신뢰 회복 및 상호이해의 폭 확대

시급히 해결되어야 할 절박한 과제이자 중장기적으로 꾸준히 일관
되게 추진되어야 할 사안이다. 외교적 맥락에서 상호 관심 및 이해
제고를 실현하기 위해서는 기존의 인맥에서 완전히 탈피해 새로운
지한·친한 인맥을 구축해야 하며, 신뢰 회복의 측면에서는 조기에
경제협력부문의 '성공사례'를 만들어 국민들의 대러 이미지를 개선
해 나가야 한다.

　언론인들의 정기적 교류 확대, 여론 주도층과 권력엘리트들에 대
한 초빙외교가 강화되어야 한다. 한편, 활용 가능성과 파급효과 측
면에서 본다면 정관계 네트워크 구축이 매우 중대한 과제일 수 있
지만 한국의 정치과정상 지속성을 확보하기 어렵다는 한계가 존재
한다. 따라서 향후 네트워크의 주체는 학자 등 전문가그룹과 '한·

러비즈니스협의회KRBC' 등과 같은 기업가들이 중심적인 역할을 맡는 것이 바람직해 보인다.

상호이해의 폭을 확대한다는 측면에서 구소련 붕괴 이후 완전히 탈바꿈한 러시아를 국민들이 정확하고 올바르게 이해할 수 있도록 여건을 조성해야 한다. 특히, 러시아의 국익과 전략적 이해관계는 무시한 채 단순히 에너지 자원의 공급처, 상품판매시장으로만 바라보는 대러 시각의 왜곡된 편향을 시정해야 한다.

참고문헌

NIC, Mapping the Global Future: Report of NIC 2020 Project, Mapping the Global Future(2005.2).

Toloraya, Georgy. "Transforming the Face of the Korean Peninsula?," *Россия вг лобальнойполитике*(22 June 2011).

Trenin, Dmitri. Sergei Aleksashenko, Sam Greene, and Adnan Vatansever, "Russia in Mid-2011," Carnegie Policy Outlook(June 22, 2011).

김학기, "러시아 2020년 장기 경제개발 전략과 시사점," e-KIET 산업경제정보(2008.7).

미혜예프, 바실리. 한양대 비공개 세미나(2011.2.23).

신범식, "참여정부의 대러시아정책에 대한 평가와 전망," 2005년 한국정치학회 특별학술회의(2005).

대 동남아 외교

이선진

문제의 인식

• 한국외교는 '위기관리'와 '성장동력의 발굴'이라는 두 가지 과제를 동시에 추구해야 함.
  – 한국은 냉전 이후 국제질서의 전환과정에서 북한 핵문제, 1997년과 2008년 국제금융위기 등 다양한 위기를 경험하면서 새로운 위기관리체제가 필요
  – 1997년 동아시아 외환위기는 새로운 타입의 '21세기 형' 위기
    · 경제적 위기임에도 그 폐해의 규모가 한국전쟁 이후 최대
    · 위기의 경로가 동남아에서 시작하여 한국에 도착
    · 위기의 배후는 북한이나 공산권이 아닌 서구의 금융자본
    · 구제방식도 동맹국 미국, 일본의 양자지원이 아닌 IMF의 구제 금융
  – 한편, 위기관리에만 주력하고 새로운 성장동력 개발을 소홀히 할 경우 국제사회에서 낙오, 도태될 위험성
    · 한국도 일본과 같이 저성장시대에 접어들고, 고령화 추세가 빠르게 진행

• 2020년까지 동아시아 정세 변화를 고려 시, 한국의 대외관계에서 동남아의 정치, 안보, 경제적 비중은 계속 제고될 전망임.
  – 아세안은 현재 한국에 두 번째로 큰 경제 파트너(상세 후술)
  – 동아시아 정치의 중심이 '미국 축'에서 '미국·중국 두개의 축'으로 전환 중. 그 과정에서 미중의 각축전이 전개되면서 동남아와 동북아의 긴장이 상호 영향을 줌. 즉 동아시아 전 지역이 '한 개의 安保帶'로 변화됨.
  – 동아시아 경제의 '중국 중심' 체제는 계속되고, 동아시아 경제의 '成長軸'이 동북아에서 중국–동남아–인도(서남아)로 이동 중
  – 강대국들의 상호 불신과 경쟁 속에서 아세안, 그리고 아세안이 주도하는 지역 다자협력기구의 중요성이 계속 높아질 전망
    * 대 아세안 외교를 '4강 수준'으로 격상하여, 아세안을 위기관리 및 성장동력 개발의 파트너로 육성해야 함.

미래 도전 요인

• 한국 내 동남아 경시 풍조
  - 동남아는 세계에서 가장 빠른 경제성장을 이루고 있는 지역이며, 오바마 대통령이 재선된 후, 그리고 아베 총리의 첫 해외방문지로 동남아를 택할 정도로 동남아의 국제 정치, 전략적 비중도 높아지고 있음.
  - 실제 한국 경제에서 동남아의 비중이 크게 늘고 있음. 그럼에도 불구, 아세안을 시혜의 대상으로만 여기는 시각이 주류
  - 한국외교가 북한 핵, 동북아 안보, '4강' 등 한정된 주제와 위기관리 외교에만 집중. 그 결과 경제 및 문화 외교의 중요성, 장기 '성장동력 개발' 등에 무관심

• 대 동남아전략의 부재
  - 최근 동남아 지역과 경제교류, 인적 교류, 사회. 문화적 교류 증대에 맞추어 정상 간 교환 방문, ODA 및 정부 차원의 교류사업이 크게 늘어나고 있지만 단발적(ad hoc) 사업이 주류
  - 정책의 시너지 효과를 거두고, 한국기업 진출을 체계적으로 지원할 수 있는 장기 목표 하에 외교전략을 수립할 필요

대 동남아정책 강화 방향 (정책 목표)

• 위기 대응을 위한 지역협력체제 구축
  - 1997년 외환위기의 예와 같이, 동아시아 경제의 상호 연계성이 계속 증대되면서 국제경제 위기의 여파가 즉각 동아시아 경제로 전파. 따라서 국제경제 위기에 대한 예방과 대응책을 지역 공동으로 마련할 필요
  - 북한 핵문제는 협상만으로 해결 가능성이 난망. 북한 사회 변화 전략도 병행되어야 하며 아세안, 또는 지역다자협력기구를 활용하는 방안을 개발할 필요
  - 동아시아 전역에서 미중 각축전이 전개. 한·아세안 협력을 통하여 미중 대립을 완화하거나, 협력체제로 전환하는 전략 개발이 필요

- 한국의 외교적 주변화(marginalized Korea) 추세에 대응
  - 다수의 회원국들은 2010년 북한의 도발에 대하여, 또한 2022년 월드컵 등 국제행사를 유치하려는 한국을 지지하지 않음.
  - 지역별 그룹화를 통하여 외교적 고립을 탈피하고 있는 국제추세 하에서 한국은 점점 고립화되고 있음.

- 한국의 새로운 성장동력으로 부상
  - 아세안은 한국에 있어서 두 번째로 큰 경제 파트너로 부상
    - 한·아세안 무역은 한미, 한일 무역 규모를 상회
    - 대아세안 투자는 대중국, EU 투자를 상회
    - 인적 교류, 건설 시장, 주요 자원 공급원 등
  - 동남아 지역에 추진되고 있는 지역 경제통합이 진전됨에 따라 한국·아세안 경제교류는 앞으로도 계속 확대될 전망
    - 2015년 아세안 경제공동체 창설계획이 진행 중
    - 아시아개발은행(ADB)의 메콩-유역개발계획(GMS)이 진행 중
    - 중국, 중국 남부지방과 아세안의 경제 연계를 강화하는 전략 추진 중
  - 동남아의 경제열기 고조. 저성장 시대에 접어든 한일과 대조적
    - 2004년 한국과 아세안은 GDP 규모가 비슷하였으나 2011년 아세안의 GDP는 한국의 거의 2배 (아세안 100: 한국 52)
    - 세계 GDP 순위: 한국 15위, 인도네시아 16위, 태/말/싱 각각 30위권 등
    - 2017년 인도네시아 GDP가 한국을 추월할 것으로 전망(이상 IMF 통계)
  - 인적·문화 교류의 활성화: 동남아 '한류' 붐. 한국 내 다문화 캠페인 확대

핵심과제 (정책과제)

- 아세안 외교를 '4강' 수준으로 격상함.
  - 첫째, 신임대통령의 첫 해외방문지에 아세안(인도네시아)을 포함함.
    - 아세안 방문 시 '아세안 중시 정책'을 발표함.
  - 둘째, 동남아 주재 외교공관을 확대함.
    - 과거 대 미국, 일본 의존도가 높던 시절의 현 해외공관 배치구조를 전면

재검토
- · 아세안과 중국 남부 지역에 외교공관, KOTRA 설치를 확대하고 공관 인원 규모도 확대
- 셋째, 대 인도네시아 외교를 강화함.
  - · 인도네시아는 아세안 10개국 총 국토면적, 인구, GDP의 40%를 차지하고 정치적 맹주 역할
  - · 지난 수년간 연평균 6%의 경제성장. 불원 한국 GDP를 초월할 전망
- 넷째, 아세안에 대한 '무사증 또는 사증 간소화정책을 검토함.
  - · 한국은 현재 태국, 싱가포르, 말레이시아, 브루나이에 대하여 무사증. 한편, 아세안은 대부분 한국에 대하여 무사증, 또는 도착비자제도
  - · 아세안은 2015년 아세안 공동체 설립계획에 따라 상호 무사증 출입제도를 추진 중. 한국도 같은 시기에 무사증, 출입국 간소화정책을 검토

- 한국기업 지원체제를 강화함.
  - 첫째, 현행 단편적, 일회성 접근을 개선하여 장기 전략을 수립
    - · 각 부처의 사업을 종합 체계적으로 운영하는 제도적 장치 마련
    - · 동남아에 대한 ODA제도 재검토: 규모의 적정성, 우선사업 선정 기준, 현행 國別 심사제도를 '지역별' 심사제도로 전환하는 등
  - 둘째, 외교공관을 중심으로 한국기업 지원체제를 강화함.
  - 셋째, 동남아 경제에 대한 체계적 분석이 필요
    - · 특히, 동남아 지역 경제통합 움직임에 대한 정보, 즉 진행사항을 조사하고 장래 전망을 분석하여 한국기업들에게 제공하는 체제를 구축함.
    - · 아세안 진출기업 실태조사를 정례적으로 실시함.

- '지역다자협력'에 적극 참여함.
  - 첫째, 동아시아 지역다자기구 활용방안을 개발할 필요
    - · 한국 대통령, 외교부 장관 및 경제 장관들이 매년 지역다자기구에 참여. 이들이 특정 사안에 관하여 일관된 한국 입장 표명이 가능하도록 해야 하나 실제는 그렇지 못함.
    - · 한국이 제안하거나 토의한 내용을 정리하여 차기 회의에서도 일관된 한국 입장이 표명되고, 나아가 다자기구를 활용하는 방안을 개발해야 함.

- 둘째, 한·아세안 공동사업을 개발함.
  · 강대국들의 견제 속에서 한·아세안이 협력하여 동아시아 지역협력 사업, 예를 들어 non-conventional security 사업을 적극 개발
  · 동아시아 역내 보건, 환경, 밀수, 해적 등 초국가 범죄, 자연 재난 구조 등 다양한 이슈가 지역적 공동대응을 필요로 함.
- 셋째, ASEAN경제공동체 등 소지역 경제통합사업에 적극 참여함.

• 아세안과의 정책대화를 강화함.
  - 첫째, 분야별 정부 간 정책대화 수준을 높이고 정례화 함.
    · 한·아세안 정상회의를 5년마다 한국에서 개최하는 방안을 검토
  - 둘째, 정부뿐 아니라 track 1.5 또는 track 2 차원의 정책대화, 민간 학술 차원의 대화와 교류 등 대화의 다양화를 추진함.

• 상호 이미지 개선을 위한 노력을 강화함.
  - 첫째, 한국 내 아세안에 대한 이해 제고가 시급하고 지속적인 다문화 캠페인 전개
    · 아세안 커뮤니티가 한국 내 두 번째로 큰 외국인 커뮤니티
  - 둘째, 국제결혼 또는 이주 노동으로 입국한 동남아 사람들에 대한 한국 적응 교육 강화, 고용주들의 동남아에 대한 편견 불식을 위한 노력노 병행함.
  - 셋째, 동남아 지역의 '한류' 인기 지속방안, 한국 관광객 및 진출 기업 중 ugly Korean 퇴출 캠페인
    · 동남아에서 한국인에 대한 이미지는 '좋다. 좋지 않다'가 반반임.

I. 들어가는 말

앞장 총론에서 본 바와 같이, 한국은 불확실성의 시대가 주는 스트레스에 추가하여 경제마저 위험할 정도로 대외적으로 노출·개방되어 있다. 이러한 상황에서 한국외교는 '위기관리'와 '성장 동력' 두 가지 과제를 동시에 해결해야 하는 과제를 안고 있다. 위기관리는 살아남기 위한 활로를 찾는 일이며, 성장동력은 뒤처지거나 제자리걸음하면 결국 도태되고 마는 세계화 시대의 조류에 부응하려는 것이다. 이 글을 통하여 동남아 지역이 한국외교의 두 가지 과제 수행과 어떠한 관련이 있는지를 알아보고자 하였다.

이 글은 김대중 정부 이후 한국의 대 동남아외교정책, 한국의 위기당면, 잠재적와 동남아와의 관계, 동남아 지역의 '기회 외교' 및 정책제안 순서로 기술하겠다. 동남아 지역의 의미가 모호하나 이 글에서는 아세안을 중심으로 기술하되, 때로는 경제적으로 지역 통합 regional integration이 꾸준히 진행되고 있는 아세안, 중국 남부지역云南, 廣西 등, 대만, 홍콩을 포함하는 지역을 지칭하기도 한다.

II. 동남아 지역에 대한 관심: 김대중, 노무현, 이명박 정부

동남아에 대한 한국의 관심은 1990년대 들어 아세안 대화상대국이 되고1991년, 북방정책[1]의 일환으로 동남아 지역 사회주의 국가들과의 관계정상화를 추진하면서부터이다. 그러나 본격적인 관심은 1997년 동아시아 외환위기 이후였다고 할 수 있다.[2] 당시 김대중 정부는 "동남아, 동북아를 지리적으로 구분하는 것은 의미가 없다"고 선언하고 향후 유사한 위기를 사전 예방하고 공동대처하기 위한 지역협력의 중요성을 인식하고 동아시아 공동체 실현에 앞장서기도 하였다.[3] 그러나 김대중 정부에서마저 대 동남아외교의 비중은 낮았다.

....

[1] 한국은 베트남(1992년)을 시작으로 하여 캄보디아(1997년), 라오스(1999년)와 외교 관계 수립.

[2] 아세안도 1990년대까지는 자체 정비에 여념이 없었다. 아세안은 1967년 창설되었지만 1995년 베트남의 가입, 라오스 및 미얀마(1997), 캄보디아(1999) 등이 가입하여 오늘날의 10개 회원국으로 확대.

[3] 한국은 동아시아 공동체 실현을 위한 구체적 방안을 연구하기 위한 ASEAN+3 비전그룹(EAVG) 창설을 제의하고(2001년) 동 비전그룹 의장으로 한승주 전 외교부 장관이 취임하여 구체적 실현방안을 그 다음 해 ASEAN+3 정상회의에 보고하였다.

김대중 정부는 냉전체제 붕괴 이후 급변하는 한반도 주변 정세 속에서 탄생하여 남북관계의 변화, 북한 핵문제, 한미동맹 조정문제, 그리고 한·중국 관계의 시작 등 국제정치의 구조적 변화 속에서 한반도 정세를 안정화하는 데 외교력을 집중할 수밖에 없었다. 다만, 정부 취임 전에 발생한 외환위기를 어떻게 극복하느냐 하는 지상과제가 부과되어 이에 대응하는 과정에서 동남아국가들과의 협력, 동아시아 공동체 구상에 관심을 가질 수밖에 없었다. 그럼에도 불구, 동아시아 공동체 실현을 위한 '비전그룹EAVG' 작업 이후, 동 그룹이 제시한 구체적 방안에 관한 정부 차원의 논의과정에서 한국의 목소리는 거의 들리지 않았다.[4]

노무현 정부는 '동북아 중심론'으로 다시 돌아갔다. 노무현 대통령은 참여정부의 국정목표를 '평화와 번영의 동북아 시대'로 정하고[5] 신정부의 외교노선을 동북아로 선회하였다. 노무현 정부는 9·11 테러2001년, 부시 대통령의 '악의 축' 발언2002.1, 북한의 농축 우라늄 계획 공개2002.10 및 NPT 탈퇴 선언2003.1, 이라크 침공2003.3 등으로 한반도 전쟁위기설이 나돌고 반미 감정이 한국 사회에서 한껏 고조된 가운데 2003년 2월 출범하였다. 노무현 대통령의 유고 회고록에 의하면, 대통령 재임기간 중 최대의 과제는 한반도의 전쟁방지였다고 술회하고 있다. 동남아에 대한 관심을 쏟을 여유가 없었던 것으로 보인다.

또한, 경제적으로도 한국은 김대중, 노무현 정부까지 미·일·EU

....

[4] ASEAN+3 정상들은 EAVG 건의를 정부 차원(EA Study Group)에서 검토하도록 지시하였다. EAVG 건의 중 하나가 동아시아정상회의(EAS) 설립이었다.
[5] 노무현 대통령 유고 회고록 『성공과 좌절』 (학고재, 2009.5), 22p.

등 서구 지향적인 경제구조에서 벗어나지 못하고 있다. 두 정부가 취임하던 해 1998년과 2003년 전통적 무역 상대인 미국, 유럽 및 일본과의 수출입 합계는 각각 45%, 42%이나, 아세안의 비중은 10.8%, 10.5%이며, 중국의 비중은 8.1%, 15.3%로 동아시아에 대한 무역 비중이 크게 부각되지 않았다.[6] 2000년대 들어 미국, 일본, 중국 등 주요 경제 파트너와의 비중에 변화가 나타나고 있으나, 동남아가 새로운 투자 지역으로 부상된 것은 중국에 대한 투자 쏠림 현상이 사라지는 2000년대 후반부터이다.

이명박 정부는 2008년 2월 취임 직후 소위 '소고기 파동'으로 국내적으로 큰 어려움을 겪었고 그해 9월 '리만'사태를 시발점으로 금융위기가 세계를 강타하였다. 세계금융위기 이후 미국과 유럽 경제의 혼미가 계속되는 것과 대조적으로 중국, 인도, 아세안의 신흥 경제가 크게 부상되면서 동남아에 대한 관심도 고조되고 있다. 이명박 정부는 한·아세안 특별정상회의를 개최하는 등 동남아 지역에 대하여 과거 정부와 비교하면 보다 많은 정책적 관심을 보였다. 그러나 한국 정부의 관심과 정책이 일시적ad hoc이 아닌 장기적, 전략적이라는 증거는 아직 보이지 않고 있다. 동남아에 대한 한국 사회의 인식도 아직까지 매우 낮은 수준이다.

....

[6] 한국 수출입에서 주요 상대국의 비중 (무역협회 수출입 통계)

	1998년	2003년	2008년
ASEAN	10.8%	10.3%	10.5%
미국	19.1	15.8	9.5
일본	12.8	14.3	10.4
EU	12.8	11.8	11.4
중국	8.1	15.3	19.5
미+일+EU	45%	42%	31%

Ⅲ. 한국의 국가 위기와 동남아

한국은 김대중 정부 이후 크고 작은 위기를 경험하였다. 우리가 경험한 주요 위기다음들은 몇 가지 특징을 가지고 있다. 첫째, 국제정치의 세계 및 지역적 구조변화와 밀접히 연관되어 있다. 둘째, 유사한 위기의 재발 가능성이 높고 장기적인 해결을 요한다. 셋째, 지역적·다자적 해결을 요한다. 이를 반영하여 1997년 외환위기 이후 동북아와 동남아 사이 지역적 연계connectivity가 심화되고 있다.

1. 1997년 동아시아 위기와 2008년 세계금융위기

1997년 동아시아 외환위기는 태국에서 발발하여 인도네시아, 말레이시아 등을 거쳐 한국에 상륙하였고 동아시아 경제 전체에 큰 영향을 미쳤다. 동 위기는 동아시아 경제의 특징을 보여주었다. 첫째, 동아시아 경제의 상호연계성이다. 동아시아 역내무역intra-regional trade

비율이 외환위기를 전후로 이미 50%를 상회하였다.[7] 한국 무역에서 동아시아 지역[8]이 차지하는 비중은 계속 상승하여 미국이나 유럽과의 무역액을 상회하였다. 동아시아 지역과의 무역 비중이 크게 늘어나는 추세는 동아시아국가들에게 공통적인 현상이다.[9] 둘째, 동아시아 지역의 경제통합이 기업 주도로 이루어져 왔으나,[10] 외환위기 이후 동아시아 공동체ASEAN+3, CMI 및 AMF금융, FTA통상 등의 예와 같이 정부 차원에서 지역 협력을 제도화하자는 논의가 본격 대두되었다.

세계경제는 1973년 석유위기 이후 거의 6년마다 경제위기를 경험하였다.[11] 따라서 국제경제위기는 계속 나타나고 어떠한 유형의 위기가 한국 경제를 언제 타격할지 모르나, 무역 의존도가 매우 높은 한국 경제인 만큼 외부 위기에 크게 노출되고 있다. 2008년 세계금융위기의 진원지는 미국이다. 국제적 경제위기는 세계경제의 구조적 문제에 연결되어 있다. 따라서 국제경제 위기가 발생하기도 쉽고,[12]

....

[7]   METI, "Chapter 2 Japan growing with Asia's development," 『통상백서』, 2010.

[8]   동아시아 지역: 한국, 중국, 일본, ASEAN, 대만 및 홍콩을 의미.

[9]   ASEAN 10의 대외무역 동향: 1998년과 2008년 사이 국가별 교역비중을 비교하면 미국은 20.1%('98)에서 10.6%('08) 가장 큰 폭의 축소를 보인 반면, 중국은 3.5%('98)에서 11.3%('08)로 가장 큰 폭으로 증대. 아세안 상호교간 무역 비중이 26.8%('08)로 가장 크며, 아세안 상호간의 비중도 꾸준히 늘고 있음.(1998년도 21%에서 2008년도 26.8%) 반면, 유럽, 일본의 비중은 점점 축소되는 추세임.

[10] EU, NAFTA가 정부 주도(government-driven)인 반면, 동아시아 경제는 시장 주도(market-driven)이다.

[11] 松本 京大 총장, 세계경제는 6년 주기로 73년 및 79년 오일 쇼크, 85년 플라자 합의, 91년 일본 버블 붕괴, 97년 동아시아 위기, 03년 IT 버블 붕괴, 08년 금융위기가 발생하였다. 일본경제신문, 2008년 12월.

[12] 1997년 동아시아 외환위기가 이 지역의 crony capitalism에서 비롯되었다는 의견(Paul Krugman 교수, Greenspan/당시 미국 FRB 의장 등이 대표적 인물), 반면 J.

위기의 예측을 어렵게 하며 피해의 규모와 여파도 갈수록 커질 것
으로 전망된다.

가. 지역협력의 필요성과 아세안 중심주의centrality

이러한 성격의 위기를 한국이 혼자 대처하기 어렵다. 유로존 국가들
이 힘을 합쳐도 경제적 혼돈에서 쉽게 벗어나지 못하고 있는 현실
이다. 지역적인 공동대응이 충분조건은 되지 못하지만, 현 단계에서
한국이 할 수 있는 최선의 방안이다. SWAP 협정CMIM, 아시아 채권
시장, 아시아 금융기구AMF, 지역 FTA, 무역/환율 정책의 감시와 조
정이 지역 자원에서 이루어지도록 제도화를 서둘러서 지역적 대응책
을 강화하는 수밖에 없다.[13]

우리에게 닥칠 위기는 경제분야에 국한되지 아닐 것이다. 에너지
위기, 핵발전소 안전 위기, 조류 독감 및 SARS 확산 등 다양한 형태
로 발생할 것이며, 지역적 대응을 요구하는 사안들이다.

이에 비추어, 1997년 위기 이후 지역협력을 강화하려는 움직
임이 동아시아 지역에 대두되어 현재 진행형이다. 아세안은 ARF,
ASEAN+1, ASEAN+3, EAS, CMIM금융, ADMM+국방 등 대부분
동아시아 지역협력기구의 제안자이자 중심ASEAN centrality에 위치하고
있다. 미, 일, 중 등 지역 대국들 사이 경쟁이 치열할수록 아세안의

....

Sachs 등은 국제 금융 구조상의 문제점을 더욱 중시한다는 주장을 제기하여 대립
하였다.

[13] 1994년 이후 일본 '엔'화의 평가절상, 1994년 중국 '인민폐'의 devaluation이 동아시
아 위기의 遠因으로 분석(예로, Brookings paper: The East Asian Financial Crisis,
Jerrey Sachs et al. 1998.1 발표). 1998년 중국이 인민폐 환율을 올리지 않기로 한 정
책 발표에 동남아국가들이 크게 안도하였다. 그만큼 한 나라의 환율정책이 지역 경
제 전체에 영향을 미친다는 사실을 반증한다.

역할은 중시된다. 예로, 동아시아 지역 FTA를 둘러싸고 중국 방식 ASEAN+3 중심과 일본 방식ASEAN+6 중심이 지난 5~6년간 대립, 타협안을 내지 못하였다. 그러나 아세안이 2011년 ASEAN+6 방식을 채택하자[14] 중국도 이에 동조하겠다고 발표하였다. 한국이 동아시아 지역협력에 적극 참여하기 위해서는 지역협력의 중심고리 역할을 하고 있는 아세안과의 협력을 중시해야 한다.

2. 북한 핵 위기

북한 핵문제는 1980년대 후반부터 한국외교의 중심이 되어 온 미결과제이다. 20년 이상의 북한 핵문제를 다룬 경험은 몇 가지 교훈을 주고 있다.

첫째, 북한 핵문제는 더 이상 '협상'을 통해서 해결하기 힘들다. 1990년대부터 남북한 협상, 미·북한 협상, 6자회담 등 협상 참여국을 바꾸어 가면서 대응하였으나 결과적으로 북한의 '핵 무장화' 저지에 성공하지 못하였다.

둘째, 중국이 문제 해결의 핵심에 위치하고 있으나 중국이 '북한 핵' 포기를 강요하지 않을 것이다.[15] 중국은 미중관계, 한반도의 불

....

[14] 2011년 발리에서 개최된 아세안 정상회의에서 "to engage ASEAN FTA partners and other external economic partners to establish comprehensive economic partnership agreements." 합의함으로써 ASEAN+3 이외 국가들과의 '지역 FTA(RCEP)'를 추진키로 함.

[15] 미국이 2008년 북한을 '테러지원국 명단'에서 삭제할 즈음, 일본을 포함하여 다수의 해외 언론들은 미국과 중국은 북한의 핵을 "제거하기보다 관리"하는 방향에서 다루기로 내심 작정하였다는 요지의 기사들을 보도하였다. 즉 핵확산(다른 나라에 핵기술 이전) 방지에 중점을 맞추기로 하였다고 한다.

예측성이 지속되는 한, 북한을 포기하면서까지 핵문제 해결을 강요하지 않을 것이다.

셋째, 핵문제가 북한 내부문제와 밀접하게 연관되어 있음에도 불구, 북한 사회의 개혁.개방을 위한 노력을 소홀히 하였다.

북한은 협상이 장기간 중단되었을 경우 핵실험을 하거나 대규모 미사일 시험 등 도발적인 행동을 하였다.[16] 이러한 사실들은 6자회담 등 협상만 의존하는 한국의 전략이 얼마나 위험한가를 보여주고 있다.

가. 아세안의 역할

한국은 과거 북한 핵문제를 "협상을 통한 평화적 해결"과 "북한 사회의 변화를 통한 핵포기"라는 두 가지 전략에서 다루어 왔으며 "북한 사회의 변화"전략에 보다 큰 비중을 주기도 하였다. 그러나 언제부터인가 "협상 위주의 전략", 6자회담만이 남았다.[17] 한국은 6자회담이 미·중국, 일본, 러시아의 외교 기조나 국내정치에 좌우되어 북한의 핵저지라는 당초 의도가 훼손되어도 그냥 따라갔다.[18]

....

[16] 북한의 제1차 핵실험은 2006년 10월 실시되었으며, 당시 6자회담은 2005년 11월 이후 중단 상태. 제2차 핵실험은 2009년 5월 실시되었으며, 6자회담은 2007년 9월 이후 중단 상태이었음.

[17] 필자가 주인도네시아 대사로 재직하던 2006년 2월 비공식 채널을 통하여, 6자회담 중단이 장기화될 경우 북한이 '불장난' 할 위험성이 있음을 들어서 인도네시아 등 동남아국가들의 대 북한 접촉을 격려하여 북한의 고립감을 조금이나마 해소하자고 건의하였고 공관장회의 참석 차 귀국하여 통일부를 방문하여 다시 건의하였으나 "하지 말라"는 강한 메시지만을 받았다. 남북한 접촉채널도 있고, 제3자의 개입은 오히려 6자회담의 협상전략에 방해가 된다는 설명이었다.

[18] 부시 행정부의 "악의 축" 사고, 일본인 납치문제가 6자회담 협상에 많은 영향을 미쳤다.

이러한 경험에 비추어, 한국은 "협상을 통한 해결" 입장을 견지하면서도 "북한 사회의 변화" 전략을 병행해야 한다. 대 북한 접촉 채널을 다양하게 하고 경제적 어프로치를 포함하여 연성외교를 전개해야 한다. 그 과정에서 "선의의 중개자"를 찾는 노력도 중요하다. 과거 한국은 "선의의 중개자"로부터 많은 도움을 받았다. 페르손 스웨덴 총리를 포함 EU 대표단의 북한 방문2001년, 북한을 ARF에 가입시키고 계속 참여토록 지원을 아끼지 않은 태국과 인도네시아의 창의적인 역할 등이 그 대표적인 예이다. 그러나 남북한 접촉이 확대되고 6자회담이 열리면서 협상전략을 저해한다는 이유로 선의의 중개자 참여를 막아왔다.

아세안은 그동안 한반도 화해와 협력의 가교 역할에 적극적이었다. 예로, 남북한은 2011년 7월 인도네시아 발리 개최 ARF 회의를 계기로 남북한 간 핵접촉을 시작하였고 이것이 미·북한 핵대화로 연결되었다. 과거에도 남북한이 대화중단 상태를 해소하기 위하여 동남아 개최 국제회의를 이용하곤 하였다. 아세안 국가들은 남북한 양측으로부터 신뢰를 얻고 있으며, 한반도 긴장 완화에 대하여 적극적인 지원 의지를 가지고 있다. 그럼에도 불구, 남북한 대립에 대해서 철저히 중립적 입장을 유지하여 왔다. 한국이 지난 몇 년간 여러 차례 북한 도발문제를 아세안지역안보대화ARF에 상정하여 북한 비난을 유도하였으나[19] 아세안은 한국의 '否의 캠페인negative campaign'에 동조하지 않았다. 한국이 동남아국가 활용방안을 적극

....
[19] 이명박 정부는 2008년 금강산 관광객 총격 피살사건, 2009년 북한 핵실험, 2010년 천안함 사건과 연평도 폭격사건 등을 ARF에 제기하여 대 북한 비난 문구를 ARF 의장 성명에 포함시키려 하였으나, 싱가포르 등 아세안 의장국은 북한 비난 문구 삽입을 거부하였다.

모색하되, 현실에 맞는 외교정책을 전개해야 한다.

3. 世界 大國으로 가는 中國에 대한 대응

중국은 이제 지역 대국regional power 단계를 지나서 세계 대국global power으로 나아가고 있다. 중국의 부상은 한국에게 기회와 위협을 동시에 가져다 주고 있다. 대 중국관계에서 기회의 요소를 살리고, 위협 요소를 최소화하는 전략이 한국외교의 최대 과제이나 여기서는 동남아 관련 부분만 언급한다.

가. 아세안의 대응과 US presence

아세안의 대 중국전략의 중심에는 미국이 있다. 아세안 국가들은 미국이 동남아 지역에서 중국에 대한 균형자 역할을 해주기를 희망하고 있다. 그러나 US presence를 어떻게 확보할 것인가. 미국은 자국의 세계 전략적 필요에 의하여 언제든지 동남아로부터 떠날 수 있다는 불안감이 이 지역 저변에 갈려있다.[20] 아세안은 현재 US presence를 장기적으로 확보하는 방안을 두고 고민 중이다.

아세안의 또 다른 대 중국전략은, 'inclusive & equilibrium' 전략이다. 이는 미국의 균형자 역할을 희망하면서도 중국과의 경제적 교류를 중시하고, 미국과 연합하여 중국에 대항하는 자세를 보이지 않으려고 노력하고 있다. 또한 인도, 일본, EU 등 역외국들의 정치,

----

[20] 클린턴 국무장관, 국방장관 등 미국 정부 인사들은 이러한 동남아국가들의 우려를 인식하여 기회가 있을 때마다 미국은 이 지역의 resident power임을 강조하고 있다.

경제, 전략적 진출을 유인하고, 지역다자주의를 활성화한다. 다양한 지역협력기구를 만들고 이에 추가하여 유럽과의 대화, 남미와의 대화, 걸프 지역과의 대화 등 역외 지역과의 연계도 확대하고 있다.

아세안 학자들을 만나보면, 그들은 중국을 철저히 '기회와 위협' 두 가지 측면에서 파악하고 있으며, 위협 측면을 줄여 나갈 수 있다고 낙관하고 있다. 중국을 보는 시각에서, 그리고 대응 측면에서 우리에게 많은 점을 시사하고 있다.

나. 한 배를 탄 한국과 아세안

한국과 아세안은 중국과의 관계에 있어서 공통의 과제를 안고 있다.

우선, 양측은 중국과 경제적 실리를 확대하면서도 중국의 패권적 행태위협을 막아야 하는 동일한 과제를 가지고 있다. 대다수 국가들이 중국과 국경을 접하고 있어 중국의 패권적 행태를 두려워하고 있으나 각자 독자적으로 다루기에 능력의 한계가 있다. 최근 들어 중국은 국민 감정을 이유로 영토 분쟁에 강경자세를 취하고 있다.[21] 남중국해문제와 센카쿠조어 열도문제가 그 예이며, 중국은 한국의 '이어도'에 대한 관할권 주장도 계속하고 있다. 중국은 남중국해문제의 해결방식을 이어도에 대하여 그대로 적용할 가능성이 있기 때문에 한국은 남중국해문제에 대한 추이를 예의 주시해야 한다.

만약 영토 분쟁이 악화되는 경우, 한국이나 아세안 모두 최대 피해자가 될 것이다.[22] 왜냐하면 이들 경제의 대외무역, 해외투자, 인

....

[21] "중국은 이제까지 maintain stability 정책을 추구해 왔으나 safeguard sovereignty 정책으로 전환 중"이다. 인민일보, 2012년 7월 16일.

[22] 매일경제, 2012년 10월 17일 참고.

적 교류의 최대 파트너가 동아시아 인접국가들이기 때문이다. 이들이 상호 경제적 보복조치를 취하면 지역경제가 직격탄을 맞는다. 또한 중국이 영토 분쟁을 국제적 규범이 아닌, 국민 정서를 이유로 강압적인 수단을 취하는 것을 한국을 포함한 이 지역 국가들이 방임한다면 장차 '패권적 중국'의 가능성을 열어주는 것이다.

4. 미중 각축전: 아세안의 대응이 주는 교훈

중국의 부상과 미중 대립은 동전의 양면과 같다. 그럼에도 불구, 이지역 국가들에게는 '기존 세력' 미국과 '신흥 세력' 중국의 대립이 더어렵고 복잡한 과제이다. 양국의 전략적 대립은 현재 동북아와 동남아 지역을 가리지 않고 동아시아 지역 전체에서 진행되고 있다. 세계적 중국문제 전문가 Wang Gungwu 박사싱가포르 대학교 동아연구소는 동북아와 동남아 지역 안보가 이제 불가분의 관계가 되었다고말하고 있다.[23]

미중 양국은 동북아 지역에서보다 동남아 지역에서 훨씬 역동적인 외교전을 전개하고 있다. 미국 힐러리 국무장관은 2009년 취임후 해외 첫 방문지로 아시아를 택하고 동북아 3개국에 추가하여인도네시아를 방문하였다. 미 국무장관의 해외 첫 방문지로 아시아를 택한 것도 뉴스이지만 동남아를 방문한 것은 처음이다. 양제츠중국 외교부장은 2007년 취임하여 해외 첫 방문지로 북한에 이어인도네시아를 택하였다. 미중 외교 장관은 해외 첫 방문지로 인도네

....

[23] Wang 박사가 2011년 8월 필자와의 면담기회에 언급한 내용. 동 박사는 중국이 동남아 국가이자, 동북아국가이기 때문이라고 설명하였다.

시아를 택한 것이다.

중국은 1990년 후반부터 미소 외교, 경제적 진출, 및 다자지역 협력의 틀 속에서 대 동남아 진출을 시작하였으며, 2008년 세계금융위기 이후 경제협력을 앞세워 동 전략을 더욱 강화하고 있다.[24] 중국의 대 동남아전략은 자신의 영역sphere of influence을 구축하고 '세계 대국'으로 성장하려는 중국의 야심을 엿볼 수 있다. 반면, 미국은 2009년 1월 오바마 정부가 들어서며 아시아 중시정책으로 돌아섰다. 제1기 오바마 행정부의 국무장관 클린턴은 재임기간 동안 아시아를 수시로 방문하여 'America is back in Asia', 그리고 'rebalance to Asia'를 실증적으로 보여주기 위하여 동아시아 정상회의EAS 참가, '아세안 중심주의' 지지, 미얀마정책의 수정, 메콩 하류 외교부 장관회의,[25] 환태평양경제동반자협정TPP[26] 등 많은 정책을 쏟아내고 있다. 남중국해문제에 관하여도 중국의 '핵심이익'주장을 거부하였으며, 미국·베트남 사이의 군사협력 및 원자력협력[27]도 중국

....

[24] 중국의 대 동남아 진출 전략의 상세는 『중국의 부상과 동남아의 대응』(이선진 외, 2011 동북아역사재단 발간) 중 졸고 "중국의 대동남아 전략: 현황과 전망"(2장) 참조.

[25] 중국은 메콩강을 따라 중국 내(윈난), 라오스, 캄보디아에 다수의 댐과 수력발전소를 건설하여 미얀마, 라오스, 태국, 캄보디아, 베트남과의 기존 전력 공급망을 대폭 확대할 계획이나, 미국이 2009년부터 미얀마와 중국을 제외한 메콩 외교부 장관 회의를 개최하고, 일본도 메콩 유역개발에 적극 참가하여 중국을 견제하고 나섰다. 미국은 또한 일본, 한국을 포함하여 메콩 외교부 장관회의 개최국들과의 공동협력을 제의하면서 중국을 제외하고 있다.

[26] 미국 주도의 TPP 협상에 아세안 국가 중 베트남, 말레이시아, 싱가포르, 브루나이 4 개국이 참가하고 있다.

[27] 미국과 베트남은 2010년 4월 핵발전소 분야에서 협력에 관한 MOU를 체결하였다. (UPI, 2010.4.1 자 US-Vietnam sign nuclear agreement) 그 후 미·베트남 간의 원자력 평화적 이용에 관한 협상이 계속되고 있는 가운데 베트남에게 핵처리를 허용할지 여부를 두고 다양한 언론보도가 나오고 있다.

을 크게 자극시키고 있다.

미얀마의 사례가 미중의 경쟁과 각축이 전개되고 있는 현상을 실증적으로 보여주고 있다. 중국은 2013년 완공을 목표로 미얀마 경유 송유관/가스관 건설공사[28]를 서두르고 있다. 이 사업은 시베리아 파이프라인, 중앙아시아 파이프라인에 이어 중국 에너지 전략의 핵심이 될 것이다. 미국은 과거 '제재 일변도'의 미얀마정책을 수정하였다. 미얀마 내 민주화, 개혁/개방 정책이 정착되고 있는 가운데 미얀마 대통령과 아웅산 수치가 미국을 방문하기도 하였다.

동남아를 두고, 세계 대국으로 성장하고 있는 중국과 아시아 지역을 최우선 외교정책 순위에 두고 있는 미국[29]이 '경쟁과 협조'의 전략을 전개하고 있다. 동남아의 전략적 비중이 높아지고 있는 또 다른 이유는 인도의 부상이다. 동북아-동남아-인도서남아로 이어지는 지역이 세계 정치 및 경제적 동력dynamism의 중심에 위치하게 되면 그 연결고리에 있는 동남아의 전략적 중요성은 상승할 것이다.

가. 아세안의 대응

미중 대립에 대한 아세안의 대응은 한국의 전략에 직접적인 영향을 미치기도 하고, 교훈을 주기도 한다. 아세안의 대표적인 대응 사례를 소개한다.

- 'inclusive & equilibrium' 전략: 아세안은 중국의 硬性assertive

....
[28] 미얀마 경유 석유/가스 파이프라인 공급 루트는 시베리아, 중앙아시아와 함께, 중국의 3대 에너지 공급 루트가 되며, 미국 해군력이 우세한 말라카 해협을 통과하지 않고 중동 및 아프리카 석유를 인도양에서 육로로 수송할 수 있다는 점에서 미얀마-쿤밍 코리도의 전략적 중요성은 매우 높다.
[29] 힐러리 클린턴 국무부 장관의 2010년 10월 28일 하와이 연설 등.

외교에 집단적으로 대응하면서도 미국과의 연합을 피한다. 2010년 남중국해 문제를 두고 아세안은 단합하여 중국에 대하여 '집단의 목소리'를 냈다. 그러면서도 아세안은 당시 미국과 연합하여 중국에 대항하는gang up 모습을 보이지 않으려고 노력하였다. 미중 강대국들의 전략적 갈등에 끼어 피해자가 되거나 동남아 지역이 미중 각축장이 되지 않도록 하려는 계산이다.[30] 필리핀, 베트남이 개별적으로 미국과 연합하여 중국에 대항하는 것에 대하여 아세안은 관여하지 않는다. 아세안 국가들은 때론 독자노선, 때론 아세안 '집단 외교'를 교묘하게 활용하고 있다.

- 중견국가 협력론: 주로 호주, 인도네시아 등 학자들에 의하여 제기되고 있다. 아시아에 새로운 국제질서의 도입이 불가피하나 미국과 중국의 대립이 단기 종식되지 않을 것이며, 이러한 대립 속에서 지역안보가 예측하기 힘든 상황으로 빠져들고 있다. 이 지역의 중견국가들이 협력하여 미중의 대립을 완화하거나, 미중을 설득하여 지역협력체제로 전환하도록 하자는 주장이다.[31]

....

[30] Straits Times 기고 US-China power play puts heat on ASEAN (Evelyn Goh 2011.8.10), "아세안은 미국을 통하여 우려되는 중국의 침략을 저지하고, 중국과 분쟁을 평화적으로 해결하며, 이들 강대국들이 자신들의 세계전략을 추구하는 과정에 끼어들지 않도록 하는" 등 3가지 과제 사이에서 균형을 취해야 한다.

[31] 호주 국립대학 Peter White 교수의 "Concert of Asia"가 그중의 하나이다. 그는 새로운 질서로서 미중 패권적 대립구조, 또는 중국의 패권구조 모두 바람직하지 않다. 미국이 중국과 "균형관계를 유지하는 수준"에 머무르는 것이 가장 바람직한 시나리오다. 즉 미국이 engage in Asia to balance China's power, but does not try to dominate Asia으로 전환하는 시나리오이다. 이를 위하여 미중이 합심하여 Pax Pacifica 를 건설하도록 미국을 설득해야 한다고 주장한다.

– 미얀마의 대응전략: 미얀마를 두고 미중 간 치열한 경쟁이 벌어지고 있다. 이에 대해 미얀마는 양 대국의 전략적 이해를 만족시킴으로써 미중의 전략 경쟁에서 벗어나고 있다. 즉 민주화, 개혁/개방 정책을 추진하고 대규모 댐 건설 등 중국 프로젝트를 중단시킴으로써 미국의 이해를 만족시켰다. 반면, 중국이 전략적 이해를 가지고 중시하고 있는 미얀마를 경유하는 석유/가스 파이프라인 공사에 대하여 공사가 예정대로 진행되도록 지원하고 있다.

한국은 현재 미중 대립에 대하여 뚜렷한 대응전략을 내놓지 못하고 있다. 다만, 한미동맹에 경사傾斜된 상태에서 미국과 중국에 대하여 균형외교 자세를 취하는 등 엉거주춤한 자세를 보이고 있을 뿐이다. 한편, 되풀이되는 북한의 도발과 한·미·일의 대 북한 강경 대응 태세로 인하여 한반도 긴장상태는 지속되고 있다. 이러한 상황에서 미중 대립이 격화되는 경우 이들과 각각 동맹관계를 맺고 있는 남북한 사이 긴장이 고착되면서 새로운 타이프의 냉전구조가 한반도에 형성될 가능성이 높다.

나. 한국의 대응: 중국의 부상 및 미중 대립

한국은 중국의 부상과 미중 대립에 대한 다양한 대응전략을 마련해야 한다. 단선적인 대응전략보다 다층적인 전략이 필요하다. 우리가 동남아의 전략을 그대로 도입하기 힘드나 원용하여 다양한 전략을 구사할 수 있다. 우선, 경직된 대 북한정책을 유연성 있게 전환해서 한반도가 미중의 각축장이 되지 않도록 해야 하는 것이 가장 급선무이다미얀마 모델. 그리고 동북아 지역에 일본, 러시아, EU의 진출을 유도하고inclusive 전략, '사안별'로 인도네시아, 호주 등 중견국가들과 협력하여 우리의 목소리를 내야 한다중견국가론.

또한 아세안이 중시하는 다자지역주의에 한국도 참여해야 한다. 한국이 한미, 한중 등 양자관계bilateralism에서 미중 대립을 회피하려는 경우 어느 한쪽의 불만을 초래하기 쉽다. 따라서 지역다자협력 차원regionalism에서 미중 회피방안을, 그리고 '패권적 중국'을 방지하는 방안을 찾아야 한다. 즉 장기적으로 동북아 다자협력과 아세안과 협력하여 동아시아 다자협력체제를 구축해야 한다.

요약하면, 한국은 한미동맹을 유지하고, 동북아에 strong US presence를 추구하되 한미동맹이 중국을 겨냥하지gang up 않도록 준비해야 한다. 이를 위하여 첫째, 미얀마의 예와 같이 한국이 대 북한 긴장 완화조치를 선제적으로 취하여 한반도가 미중 각축장이 되지 않도록 한다. 둘째, 미국과 중국을 남북한관계 개선의 조력자로 끌어들인다. 셋째, 미중이 참여할 수 있는 동북아 지역다자협력, 또는 동북아 지역의 특정 사업을 창의적으로 개발해야 한다. 사안에 따라 러시아, 일본, EU, 호주 등 역외 국가를 참여시킬 수 있다.

우리는 이와 같이 미중이 참여하는 한반도와 동북아 다자지역협력방안을 적극 개발해야 한다. 이 지역에 대한 미국의 전략적 이해를 증대시킴으로써 미국을 장기적으로 이 지역에 남아 있도록 한다. 그리고 헨리 키신저가 한반도문제와 북한 핵문제를 "동북아 전반적 개념의 한 부분으로 접근할 것"을[32] 권하고 있듯이 미국, 중국과 역외국이 참여가능한 동북아 다자지역협력모델을 개발해야 한다.

....

[32] 헨리 키신저, 『중국 이야기』(권대기 번역본), 민음사, 2012, p.631.

5. 한국의 외교적 周邊化marginalized Korea 위기

2010년 11월 북한의 연평도 폭격이 있은 후 아세안은 성명에서 "artillery exchange"라는 표현을 써서 남북한 모두에게 책임이 있다는 의미이다. 2022년 월드컵은 카타르에서 개최키로 결정되어 한국 유치 노력은 수포로 끝났다. 2012년 세계기후변화총회 유치를 두고도 카타르하고 치열하게 경합하다가 우리가 자진 철회하였다. 교섭과정을 보면, 카타르는 아랍연맹 회원국 22개국 지지를 뒤에 업고 한국을 압박하였다. 아랍연맹, 아세안, EU 등 지역블록화가 점차 힘을 발휘하고 있는 가운데 우리의 지원세력블록은 어디인가. 사안의 민감성이 없는 체육이나 국제대회 유치에서 마저 우리의 전통적 지지 세력인 아세안으로부터 소외되거나 주변화되고 있다. 한국이 지원 세력블록을 구축하지 못하고 '이웃'으로부터도 지지를 받기 어렵다는 사실에 외교적 위기감을 느낀다. 아세안을 우리의 이웃이자 외교적 원군으로 만들기 위한 외교 전략이 필요하다.

IV. 동남아, 새로운 성장 동력

앞에서 '위기관리외교crisis management diplomacy'에 관하여 살펴보았다. 이 장에서는 동남아 지역이 가져오는 '기회외교'에 관하여 알아보고 자 한다.

1. 한국 경제에서 아세안의 급부상

아세안은 한국에게 가장 주요한 경제 파트너로 부상하고 있다. 아래 표에서 보는 바와 같이, 2011년 한국의 두 번째로 큰 무역 상대이며 아세안과의 교역액이 일본, EU, 미국을 능가하였다. 한국의 해외투자를 보면, 지난 수년간 아세안에 대한 투자가 중국에 대한 투자를 훨씬 넘어서고 있다. 전체 한국 해외투자에서 중국에 대한 투자 비중이 2004년 37%였으나 계속 하강세를 기록하여 2011년 14%에 불과하고, 미국과 EU에 대한 투자는 증가와 감소를 반복하고 있다. 반면, 아세안의 비중은 2004년 8%에서 계속 신장하여 2011년 18%를 기록하고 있다. 과거 중소기업 및 노동집약적인 산업이 주종

이었으나 최근 인프라, 철강과 같은 기간산업, 자원개발사업 등 대기업의 대규모 사업에 진출을 서두르고 있으며, 유통과 같이 동남아 소비시장을 겨냥한 움직임도 활발하다.

〈표〉 한국 주요 파트너와의 경제교류(2011년도)

분야	순위
한국의 무역 상대	중국 2,200억, 아세안 1,249억, 일본 1,079억, EU, 미국 1,007억 달러 순
한국의 최대 해외투자 대상(실적기준)	미국 58.7억, 아세안 46.0억, EU, 중국 35.7억 달러 순
한국인 해외방문지	중국 407백만, ASEAN 321, 일본 241, 미국 101 백만 명 순(2010년)

자료: 외교부 작성, ASEAN 주요 통계.

한국인이 가장 많이 찾는 지역은 중국 다음으로 아세안이다. 중동 다음의 건설 수주가 많은 곳도 아세안이며 2011년 수주액은 128억 달러로써 전 세계 수주액의 22%를 차지하고 있다. 한국은 인도네시아 한 나라로부터 매년 100억 달러 이상 천연자원을 들여올 정도로 동남아는 우리에게 최대 자원공여 지역의 하나이다.

앞으로 미국 및 유럽 시장의 회복에 많은 시간이 소요될 것으로 전망되는 가운데, 동남아 지역의 성장 열기 및 내수 시장의 신장, 중국 대체지로 동남아의 부상,[33] 지역경제 통합의 진행에 따라 이 지역에 대한 경제 진출은 더욱 늘어날 전망이다.

....

[33] 아세안에 대한 해외투자가 급증하고 있다. 2004년도 아세안 전체에 대한 FDI inflow는 24억 달러 수준이었으나, 2008년 470억 달러, 2009년 379억 달러 수준으로 5년 사이 수십 배 증가하였다. (아세안 사무국 통계 연감)

가. 동남아 지역의 성장 열기

아세안이 한국의 주요한 경제 파트너로 부상한 배경은 무엇보다 아세안의 경제성장을 들 수 있다. 아세안 10개국은 2003~2008년 사이 연평균 5.8% 성장하였다. 이 중에서 특히 주목되는 것은 인도네시아의 꾸준한 경제성장이며, 다른 하나는 아세안의 최빈국이면서도 아세안대륙의 지리적 중심에 위치하고 있는 캄보디아, 라오스, 미얀마 및 베트남CLMV 국가의 성장 열기이다.

인도네시아는 인구, 국토 면적, 경제 규모 면에서 아세안 10개국 전체의 약 40%를 차지하고 있고, 2억 3천만 명의 인구 대국이기도 하다. 이 나라는 2004년 현직 유도요노 대통령의 취임 이후 6% 전후의 안정된 경제성장을 지속해 오고 있으며,[34] 2025년까지 세계 10대 경제대국으로 성장하기 위한 계획을 2012년 4월 발표하였다.[35] 한편, CLMV 국가들은 상기 아세안 평균 성장률을 크게 상회하여 연평균 7.2% 성장률을 보이고 있는 바,[36] CLMV의 빠른 성장은 동남아 지역의 경제통합을 가속화할 수 있다는 점에서도 매우 중요하다.[37] 한국기업이 아세안 및 동남아 지역을 더욱 주목해야 하는 이유

....

[34] 인도네시아의 인구(2억 3천만 명)는 아세안 전체의 인구의 39%, 국토면적은 42%, GDP(명목)은 37%, 대외무역은 14%이다. 인도네시아는 아세안 10개국 중 무역의존도가 가장 낮은 국가이기 때문에 대외무역 비중은 낮다. (2009년도 아세안 사무국 통계)

[35] 2007~2010년 인도네시아 경제성장률은 각각 6.3%, 6.0%, 4.6%, 6.1%임. 세계금융위기 여파로 2009년 성장률이 4.6%로 쳐졌으나 그 외는 6% 이상의 성장을 계속하고 있으며, 2011, 2012년도 모두 6% 이상의 성장을 전망. (KOTRA 인도네시아 투자 뉴스 No.177/2011.4.21)

[36] 아세안 사무국 발간, 『ASEAN Statistical Yearbook』, 2008.

[37] 지난 몇 년 사이 아세안이 얼마나 빠른 경제성장을 이룩하고 있는가를 한국과 비교해 보면 바로 알 수 있다. 아세안 10개국과 한국의 GDP 규모가 2004년경 비슷하였으나, IMF 통계에 의하면 2010년 비율은 100(아세안) 대 58(한국)이다. 동 통계

는, 바로 동남아 지역의 경제통합이 빠르게 진행되고 있기 때문이다.

2. 동남아 경제통합- '새로운 경제권'을 예고

이 지역은 아세안 경제공동체 설립AEC 계획,[38] 메콩강 유역개발계획 GMS, 중국의 대 동남아 진출 전략이 서로 시너지 효과를 거두면 서 지역경제의 성장과 통합을 촉진하고 있다. 아세안은 '단일 시장 및 생산기지single market and production base'를 목표로 2015년까지 경 제공동체AEC를 창설한다는 계획을 가지고 있다. 이에 따라 아세안 은 매년 두 차례 정상회의를 개최하여 계획표에 따른 사업 진도를 독려하고 있다. 이를 위하여 교통망, 전력망의 연결 등 하드웨어 측 면은 물론 영zero 관세율, 비자 간소화, 국경 통관의 간소화, single window 등 소프트웨어 측면의 지역통합도 추진하고 있다.

GMS 사업은, 아시아개발은행ADB이 1992년부터 메콩강 유역 국 가, 즉 태국, 캄보디아, 라오스, 베트남, 중국윈난 및 광시 지역의 국경을 넘는 육상 도로망 연결계획을 추진하여 왔으며, 현재는 일부 구간 을 제외하고 도로망은 거의 완성 단계에 이르렀다. 도로망의 구축은 물적, 인적 교류를 크게 증진시키고 지역통합을 가속화하고 있다.

....

에 따르면 GDP 규모의 세계 순위는 한국 15위, 인도네시아 18위, 태국, 말레이시아 및 싱가포르 모두 30위권이다. IMF가 2011년 4월 발표한 2016년까지의 GDP 추계 에 의하면 100(아세안) 대 51(한국)으로 한국과 아세안의 격차는 더욱 벌어진다. 한 국이 거북이걸음을, 아세안은 토끼뜀을 계속할 것이라고 예고하고 있다. IMF, *World Economic Outlook Database*. 2011.4.11 발표.

[38] ASEAN은 2015년까지 인도네시아, 싱가포르, 태국, 말레이시아, 필리핀, 브루나이 6개국이 먼저 정치, 경제 및 사회/문화 공동체(Community)를 설립하기로 합의하였 다. 그중에서 경제공동체 추진계획이 가장 실효적으로 추진되고 있다.

중국은 1990년대 후반부터 동남아에 대하여 경제적 협력을 포함하여 다양한 연성軟性외교를 구사하여 다양한 성과를 거두고 있다. 중국은 자국의 국토개발계획인 '서부대개발사업'을 대 동남아 경제 진출전략과 연계, 중국 남부지방云南, 廣西 등과 아세안대륙 경제를 연결하고 있다. 그 결과 캄보디아, 라오스, 미얀마 및 베트남 접경국가의 경제가 중국 경제권에 많이 편입되었으며 중국이 아세안, HK, 대만을 포함하여 동남아국가들의 최대 무역 상대국으로 등장하였다. 중국은 2008년 세계금융위기를 계기로 동남아에 대한 경제 진출을 더욱 강화하고 있다. 250억 달러의 아세안기금 설립, 쿤밍윈난-싱가포르 철도 연결, 쿤밍-미얀마 석유 및 가스 파이프라인 공사2013년 완성 목표, 아세안 해양국가를 대상으로 하는 '범 北部灣통킹 만 경제협력 사업' 등 다양한 정책을 추진하였다.

한편 일본, 미국, EU, 인도 등 역외 국가들도 동남아에 대한 경제 진출을 강화하고 있다. 일본은 중국에 대한 투자 열기로 인하여 한때 동남아 투자 진출이 주춤하였다. 그러나 최근 동남아 지역, 특히 태국, 베트남, 인도네시아를 다시 찾고 있으며, 아세안 경제공동체 실현을 겨냥하여 동남아 지역의 생산기지를 재조정하고[39] 장기적으로 중국-동남아-인도서남아를 잇는 경제권 구상을 제안하고 있

....

[39] 가장 대표적인 사례가 일본 자동차 메이커의 동남아 지역 동향이다. 최근 도요타 포함 자동차 메이커 및 협력 기업(소위 선단 기업)들은 '엔 고'의 영향으로 일본 내 생산 공정을 대부분 동남아 지역으로 이전하고, 아세안 국가 사이 관세율의 인하, 인프라 환경의 개선에 힘입어 각 국가별로 흩어져 있는 생산공장을 통폐합하여 효율성을 증진시키는 전략을 진행 중. 특히 태국과 인도 사이 FTA에 의하여 자동차 부품에 대한 관세가 철폐됨에 따라, 태국의 기존 자동차 부품공장을 확장하여 인도에 공급하고, 인도에는 조립공장(assembly line)만 설립할 계획이다. 그렇게 함으로써 일본 자동차 메이커가 대규모 부품공장을 동반하여 인도에 진출할 경우의 위험성을 최소화할 계획이다.

다.[40]

필자는 지난 5년 동안 중국 남부와 동남아 지역을 육로로 여행하면서 지역통합이 빠르게 진전되고 있음을[41] 알 수 있었다. 그중 국경 통과수송의 원활화를 위한 정부협정[42]이 체결되어 국경지역에서 인적, 물적, 자본 교류가 활성화되고 있는 사실이 가장 인상 깊었다. 한국은 아세안 6억 인구의 통합이 가져오는 경제·외교적 시너지 효과, 중국 남부와 아세안, 대만, 홍콩으로 이어지는 '새로운 경제권'의 부상에 대비해야 한다. 중국은 중국과 아세안에게 '19억 인구를 한 경제권'[43]으로 만들자고 제의하였다.

....

[40] 일본 경제·통상·산업성(METI), "3.1.2 Mekong-India Industrial Corridor," 『동싱백서』, 2010.

[41] 2009년도 아세안의 최대 교역상대국은 intra-ASEAN(24.5%), 중국(11.6%0, EU(11.2%), 일본(10.5%), 미국(9.7%), 한국(4.9%) 순이다. 아세안 대외 교역에서 intra-ASEAN 교역이 차지하는 비중이 계속 늘고 있는 추세이다. (아세안 사무국 통계)

[42] Cross-border Transport Agreement, 태국, 라오스, 캄보디아, 베트남, 중국 등 5개 메콩강 유역 국가들이 21개 패키지 조약을 체결하여 국경을 넘는 교통의 원활화를 위한 조약. 태국을 제외하고 다른 나라들은 국내절차를 완료. 완전한 발효이전 상태임에도 일부 조항은 이미 시행 중. (화물차 통과, 일부 무비장 출입국 등)

[43] 중국의 13억 인구와 아세안의 6억 인구가 협력하여 '수출지향형 경제구조에서 내수지향형 경제구조'로 전환해 나가자는 제의이다. 곧 당 총서기에 취임할 시진핑 국가 부주석도 2012년 9월 난닝에서 개최된 제9차 중국/아세안 포럼에서 19억 인구의 경제협력을 촉구하였다.

V. 동남아 외교정책에 관한 제언

1. 최근 한·아세안 관계의 주요 특징

한국기업이 현재 세계에서 가장 활발하게 진출하고 있는 지역은 동남아이다. 동남아에 대한 기업 진출이 양적으로 빠르게 증가하고 있으며, 질적인 변화도 보이고 있다. 중소기업 위주에서 대기업으로 확대, 기술집약산업 및 기간사업의 진출 본격화, 현지 소비시장을 겨냥한 진출 등이 나타나고 있다. 한국 교민규모가 계속 커지고, '한류'의 활동이 가장 활발한 지역 중 하나이다.

한국 정부의 정책적 관심도 높아지고 있다. 이명박 정부 들어, 한·아세안 센터 설립, 한·아세안 특별정상회의이상 2009년, 제1차 한·메콩 외교장관회의 개최 및 ASEAN+3 비전그룹EAVG II 발족 및 의장국 수임이상 2011년 등 과거보다 아세안에 대한 관심이 높아지고 있다. 경제부처와 국영기업들도 다양하게 대 동남아사업을 활발히 추진하고 있다. 그럼에도 불구, 정부의 전략 부재가 여전하고 추진사업이 장기적인 결실보다 일회성이 강하다.

한편, 동남아 지역의 중요성에 대하여 한국 사회의 관심을 돌리는 데 성공하지 못하고 있고, 아세안을 '施惠 대상'으로 보는 잘못된 인식이[44] 우리 사회에 팽배하다. 아세안 사람들 사이 한국에 대한 이미지도 기대 이하이다.[45] 이러한 인식 수준이 효과적인 정부 정책 수립과 민간교류의 최대 장애 요인이다.

2. 정책 제언

현 단계에서, 동남아에 대한 외교정책의 기조를 다음과 같이 제안한다. 첫째, 한국기업에 대한 지원을 정책의 중점으로 삼는다. 이를 위해 아세안에 대한 외교적 수준을 높이고, 각종 정부사업을 체계적으로 재정비한다. 둘째, 동아시아 다자지역기구의 활용도를 높이고, 지역협력의 제도화와 장기적 과제로 지역 공동체 창설에 노력한다. 셋째, 아세안 회원국들을 국제무대에서 한국의 지원세력으로 만들어야 한다. 아세안에 대한 한국 사회의 인식과 동남아에서 한국의 이미지 개선을 위하여 전략적인 결단이 필요하다.

이러한 기조 하에서 구체적 정책 제안은 다음과 같다. 미중 대립에 대한 대응전략은 앞 장에서 설명하였으므로 여기서는 대 동남

....

[44] 대학생을 상대로 아세안에 대한 이미지 조사 결과, "못사는 나라", "한국의 원조를 많이 받는 나라", "부정부패가 많은 나라" 등이 가장 많이 나오고 있다.

[45] 한국 동남아연구소가 2년여에 걸쳐 15명의 동남아 전공 한국학자들을 동원하여 현지 조사한 결과 "동남아의 한국에 대한 인식"를 발표(2010.10). 동 연구소가 한국인의 예절, 정직성, 친절성 항목에서 "보통이다"라는 답변이 압도적이다. 총체적인 호감도 부분에서도 "좋다"와 "그렇지 않다"는 답변이 반반. 좋지 않다는 감정을 직설적으로 표현하지 않는 그들의 성격에 비추어 한국인에 대해 좋은 감정이 많지 않다고 해석되며, 실제 동남아 지식층을 만나보면 한국인의 오만을 지적하는 사람들이 많다.

아정책에 국한한다.

가. 대 아세안외교를 '4강 외교' 수준으로 높인다.

 – 해외 첫 방문지로 미국에 이어 아세안 방문인도네시아을 선택하
   여, 아세안외교의 중요성을 국내외에 과시한다.

나. 대통령의 동남아 첫 방문 때 '대 동남아 경제 진출전략'을 발
    표한다.[46]

 – 대통령은 동남아 첫 방문에 앞서 동남아에 대한 외교, 경제,
   문화 사업을 정비, 대 동남아 경제 진출정책을 준비하여 현지
   에서 발표한다.
 – 대 아세안정책 원칙, ODA, 동남아 경제통합 참여방안, 동남아
   정책 담당 정부부서 및 외교 공관의 정비, 인적/문화 교류사
   업 등을 포함한다.

다. 대 인도네시아외교를 중시한다.

 – 인도네시아는 아시아에서 중국, 일본에 이어 한국의 최대 경제
   파트너가 될 전망이다.
 – 한국이 대 북한, 중국의 부상, 미중 대립을 두고 정치적 지역
   협력을 강화하려면 우선적 협력대상이 될 나라이다.

....

[46] 이명박 대통령은 2009년 3월 인도네시아를 첫 방문하면서 '신아시아외교' 전략을 발
    표하였으나 구체적 내용을 밝히지 않았다.

라. 동아시아 지역다자외교를 전면 재검토한다.

- ASEAN+3 합의로 설치된 동아시아 비전그룹EAVG II[47]이 건의한 '2020년 동아시아경제공동체' 실현을 위하여 정부위원회 설치 등 추진 노력을 경주한다.
- 동북아와 동남아 안보를 연계할 의제와 기제를 개발한다.

마. 아세안에서 한국 이미지 개선방안을 마련한다.

- 아세안(전체) 또는 아세안 회원국에 대한 '무사증', 또는 사증 간소화정책을 전략적으로 검토한다.

....

[47] 한국은 2011년 ASEAN+3 정상회의에서 ASEAN+3에 대한 그동안의 평가와 향후 진로를 검토할 것을 제의하여 EAVG II를 설치하였으며, 윤영관 전 외교부 장관이 좌장이 되어 1년간 검토회의를 거쳐 APT 발전방안을 건의. 그중 핵심적 아이디어가 2020년까지 '동아시아경제공동체(EAEC)'를 설치하자는 안이다.

참고문헌

일본 경제·통상·산업성(METI), "Chapter 2 Japan growing with Asia's development,"
　　『통상백서』, 2010.

　　　　　　　　　　　　　　, "3.1.2 Mekong-India Industrial Corridor,"『통상백서』,
　　2010.

노무현, 『성공과 좌절』 (학고재, 2009. 5).

아세안 사무국 발간, 『ASEAN Statistical Yearbook』, 2008.

이선진 외, "중국의 대동남아 전략: 현황과 전망,"『중국의 부상과 동남아의 대응』 (동
　　북아역사재단, 2011).

키신저, 헨리. 『중국 이야기』(권대기 번역본), 민음사, 2012.

IMF, *World Economic Outlook Database*. 2011.4.11.

KOTRA 인도네시아 투자 뉴스 No.177/2011.4.21

Straits Times, "US-China power play puts heat on ASEAN," Evelyn Goh, 2011.8.10.

매일경제, 2012년 10월 17일.

인민일보, 2012년 7월 16일.